Über dieses Buch: Das Jahr 1945 markiert einen tiefen Einschnitt in die Geschichte des 20. Jahrhunderts. Fast 50 Jahre danach geben wichtige politische Veränderungen mehrfach Anlaß, die Ereignisse von 1945 neu zu betrachten.
Die beiden Kulminations- und Wendepunkte, das Ende des Zweiten Weltkrieges im Jahre 1945 und das Ende des »Kalten Krieges« 1989/90, stehen in engem Zusammenhang. Sie fixieren die Grenzen einer Epoche, die als »Nachkriegszeit« stets die Verbindung zum Zweiten Weltkrieg herstellte und erkennen ließ, daß die Folgen dieses Krieges noch lange nicht überwunden waren. Das herausragende Kennzeichen dieser Zeit war die Teilung Europas und der Welt in Ost und West durch die »Ordnung von Jalta«. Diese hatte den Grundstein gelegt für die anschließende Errichtung des »Eisernen Vorhangs« zwischen den beiden politischen Blöcken, der anschließend 45 Jahre lang mitten durch Deutschland verlief.
Die Autoren lassen aus »abgeklärter Distanz« von fast 50 Jahren die Geschichte des Jahres 1945 an uns vorüberziehen. Auf der Basis neuester Forschung deuten sie die dramatischen Ereignisse im historischen Zusammenhang. Entstanden ist so eine differenzierte Analyse der Ursachen für den Zusammenbruch des »Dritten Reiches«.
Im zweiten Teil des Buches werden ausgewählte Dokumente von deutscher und von alliierter Seite abgedruckt, auf die im Text verwiesen wird.

Die Autoren: Rolf-Dieter Müller, geboren 1948, Studium der Geschichte, Politikwissenschaft und Pädagogik in Braunschweig und Mainz, 1975 Staatsexamen, 1981 Dr. phil; seit 1979 Wissenschaftlicher Mitarbeiter am Militärgeschichtlichen Forschungsamt, Freiburg.
Zahlreiche Veröffentlichungen, davon im Fischer Taschenbuch Verlag: *Der Angriff auf die Sowjetunion* (1983 als Mitautor; 1991 Tb.-Ausgabe, Bd. 11008); *Hitlers Ostkrieg und die deutsche Siedlungspolitik* (1990, Originalausgabe, Bd. 10573).
Gerd R. Ueberschär, geboren 1943, Studium der Geschichte, Osteuropäischen Geschichte, Politikwissenschaften und Geographie in Frankfurt a. M., 1972 Staatsexamen, Wissenschaftlicher Assistent an der Universität Frankfurt a. M., 1976 Dr. phil.; seit 1976 Wissenschaftlicher Mitarbeiter am Militärgeschichtlichen Forschungsamt, Freiburg; seit 1986 Lehrbeauftragter an der Universität Freiburg.
Zahlreiche Veröffentlichungen, davon im Fischer Taschenbuch Verlag: *Der Angriff auf die Sowjetunion* (1983 als Mitautor; 1991 Tb.-Ausgabe, Bd. 11008); *»Unternehmen Barbarossa«* (1984 als Hrsg. zus. mit W. Wette; 1991 Neuausgabe unter dem Titel *Der deutsche Überfall auf die Sowjetunion,* Bd. 4437); *Stalingrad. Mythos und Wirklichkeit einer Schlacht* (1992 als Hrsg. zus. mit W. Wette, Originalausgabe, Bd. 11097).

Rolf-Dieter Müller / Gerd R. Ueberschär

Kriegsende 1945

Die Zerstörung des Deutschen Reiches

Fischer
Taschenbuch
Verlag

**Die Zeit des Nationalsozialismus
Eine Buchreihe**
Herausgegeben von Walter H. Pehle

Originalausgabe
Veröffentlicht im Fischer Taschenbuch Verlag GmbH,
Frankfurt am Main, Januar 1994

Alle Rechte vorbehalten
© 1994 by Fischer Taschenbuch Verlag GmbH, Frankfurt am Main
Umschlaggestaltung: Buchholz/Hinsch/Hensinger
Gesamtherstellung: Clausen & Bosse, Leck
Printed in Germany
ISBN 3-596-10837-3

Gedruckt auf chlor- und säurefreiem Papier

Inhalt

Vorwort 7

Erster Teil

I. Der Anfang vom Ende – Hitlers gescheiterte Kriegspolitik und die Deutschlandpolitik der Alliierten 11
Hitlers Krieg 11
Die Konferenz von Jalta 14

II. Alltag und Einsatz von Frauen in den letzten Kriegsmonaten 23
Frauendienstpflicht und Frauenarbeit für den totalen Krieg . 25
»Eingesetzt muß alles werden!« 29

III. Flammendes Inferno – Der totale Luftkrieg bis zum Ende . 34
Die Eskalation zum strategischen Luftkrieg 34
Flächenbombardements als Terrorangriffe gegen die deutsche Zivilbevölkerung 37

IV. Letzte Aufgebote und Anstrengungen für den »Endsieg« . . 42
»Volk steh auf, Sturm brich los!« 42
»Volksdivisionen« für den »Volkskrieg« 48
Die Aufstellung des »Werwolfs« für den Kampf ohne Ende . . 49
Hitler will aus Deutschland eine Wüste machen 51

V. Die Eroberung und Besetzung des Reiches durch die Alliierten 57
Von der Weichsel zur Oder: Der Angriff der Roten Armee . . 60
Von der Oder zur Elbe: Der sowjetische Vorstoß zur Einschließung Berlins 64
Bringen »Wunderwaffen« die Wende? 68

Vom Rhein bis zur Elbe: Der Vormarsch der
britisch-amerikanischen Armeen 72
Vom Main zur Moldau:
Die Besetzung Süddeutschlands und der »Alpenfestung« . . 76

VI. Der Zusammenbruch des europäischen Faschismus 80
Hitlers Tod in Berlin 81
Das Ende des SS-Staates 87
Hitlers Verbündete und Kollaborateure 94

VII. Die Kapitulation der »Regierung Dönitz« 99
Die Illusion der Kontinuität des Dritten Reiches 99
Die bedingungslose Kapitulation 105

VIII. Das Ende des Wahns vom »Tausendjährigen Reich« 111
Die Idee vom deutschen Ostimperium 111
Flucht und Rückzug aus dem Osten 113
Die Vertreibung der Deutschen aus den Ostgebieten 117

IX. Vom Kriegsende zur Nachkriegszeit 125
Deutschland und die Nachkriegsordnung auf der Potsdamer
Konferenz 126
Hiroshima und Nagasaki: Symbole für das Kriegsende
in Asien und den Beginn des atomaren Zeitalters 135

X. Kriegsende und Epochenwende – Ein Fazit 140

Zweiter Teil

Dokumente 151
Verzeichnis 151
Dokumente zum Kriegsende von deutscher Seite 154
Dokumente zum Kriegsende aus alliierter Sicht 183

Anhang 221
Anmerkungen 223
Quellen- und Literaturverzeichnis 236
Abkürzungsverzeichnis 252
Personenregister 257

Vorwort

Das Jahr 1945 markiert – trotz aller Kontinuitätslinien – als Epochengrenze einen tiefen Einschnitt in die an dramatischen Entwicklungen und Veränderungen reiche Geschichte des 20. Jahrhunderts. Fast fünfzig Jahre danach geben wichtige politische Veränderungen mehrfach Anlaß, die Ereignisse des Kriegsendes von 1945 neu zu betrachten. Das Ende des »Kalten Krieges« – deutlich geworden durch die Öffnung des »Eisernen Vorhanges« im Herbst 1989 – sowie die Vereinigung Deutschlands im Jahr darauf und die Auflösung der Sowjetunion im Dezember 1991 vermitteln den Eindruck einer neuen Zeitenwende. Beide Kulminations- und Wendepunkte, das Ende des Zweiten Weltkrieges im Jahre 1945 und das Ende des »Kalten Krieges« 1989/90, stehen in engem Zusammenhang; sie fixieren die Grenzen einer Epoche, die als »Nachkriegszeit« stets die Verbindung zum Zweiten Weltkrieg herstellte und erkennen ließ, daß die Folgen dieses Krieges noch lange nicht überwunden waren. Denn das herausragende Kennzeichen dieser »Nachkriegszeit« war die Teilung Europas und der Welt in Ost und West durch die »Ordnung von Jalta«.
Vordergründig betrachtet haben der Sieg der Anti-Hitler-Koalition und die Beschlüsse dieser Allianz auf den Konferenzen von Jalta und Potsdam die Bedingungen geschaffen, die dieser Nachkriegsepoche ihren Stempel aufdrückten. Aber nicht erst die politischen Ereignisse des Jahres 1945, sondern bereits die Erfahrungen der beiden alliierten Seiten im Kampf gegen Nationalsozialismus und Faschismus von 1939 bis 1945 legten den Grundstein für die anschließende Errichtung des »Eisernen Vorhanges« zwischen den beiden Blöcken, der zugleich 45 Jahre lang mitten durch Deutschland verlief.
An diesem Ereignis waren die Deutschen maßgeblich beteiligt. Zweimal haben sie im 20. Jahrhundert die Welt in Brand gesetzt, um ihren imperialen Traum zu verwirklichen. Als jüngste Großmacht auf dem europäischen Kontinent hat das Deutsche Reich – im Gegensatz zu den anderen Nationen Europas – sein Streben nach Weltmachtgeltung mit unvergleichbarer Härte, Entschlossenheit und ideologischer Verblendung verfolgt. Erst im Jahre 1945 war dieser »Sonderweg« zu Ende.

Ob dieser Einschnitt für die Deutschen selbst eine »Katastrophe« oder »Befreiung« gewesen ist, war zum 40. Jahrestag 1985 heftig umstritten. Auch dieser Band ist nicht losgelöst von der Diskussion über die Bewertung des historischen Datums der deutschen Kapitulation im Mai 1945 zu sehen. Er führt eigene Forschungen fort, die unter stärker regionalem Bezug in den achtziger Jahren entstanden sind, und versucht eine Bilanzierung der Geschichtsschreibung, soweit sie bis zum redaktionellen Schluß des Manuskriptes im Januar 1992 vorgelegen hat.

Die Rückbesinnung aus abgeklärter Distanz von fast 50 Jahren kann zu einer differenzierten historisch-politischen Bewertung und Einordnung der Ereignisse führen. Sie kann jedoch nicht an der besonderen Verpflichtung der Deutschen für die Überwindung der politischen Folgen des von Hitler entfachten Krieges in Europa vorbeigehen. Um das Verständnis für die politischen Entscheidungen der damaligen Zeit zu fördern, bieten die einzelnen Kapitel des Buches entsprechende Informationen, die gleichsam als »historische Ortsbestimmung« auf fundiertem Forschungsstand beruhen. Im Mittelpunkt dieser Bestandsaufnahme steht folglich nicht die Präsentation neuer Quellen und Detailergebnisse. Auch die Öffnung der ehemaligen sowjetischen Archive wird nicht dazu führen, daß die Geschichte des Jahres 1945 neu geschrieben werden muß.

Um so wichtiger erscheint es, das Kriegsende in Deutschland in mehreren Facetten zu beleuchten, die es zugleich ermöglichen, die Ursachen für den Zusammenbruch des »Dritten Reiches« deutlicher zu erkennen. Die Konzentration auf die Ereignisse in und um Deutschland als Hauptfeind der Siegerallianz darf jedoch nicht den Blick verschließen, daß der Zweite Weltkrieg nicht am 8. Mai 1945 mit dem Sieg über die deutsche Wehrmacht, sondern erst im August des Jahres mit der Kapitulation des japanischen Kaiserreiches zu Ende gegangen ist. Die Abwürfe der Atombomben auf Hiroshima und Nagasaki symbolisieren den entsetzlichen Höhepunkt der entfesselten Zerstörungskraft des Industriezeitalters und markieren zugleich den Beginn des Atomzeitalters.

Um den einzelnen Resümees eine breite Basis zu geben, werden im Anhang ausgewählte Dokumente als wichtige Quellenstücke abgedruckt. Die Verfasser danken den in den Belegstellen und bei den Dokumenten aufgeführten Archiven und Bilderdiensten für die bereitwillig gewährte Unterstützung.

Freiburg, im Januar 1992

Rolf-Dieter Müller und Gerd R. Ueberschär

Erster Teil

I. Der Anfang vom Ende –
Hitlers gescheiterte Kriegspolitik
und die Deutschlandpolitik der Alliierten

Es war von Anfang an ein gewagtes Spiel gewesen. Aber dies hatte er in Kauf genommen, der Glücksspieler und politische Rattenfänger aus Braunau am Inn, nachdem es ihm gelungen war, in knapp zwei Jahrzehnten eine beispiellose Karriere vom arbeitslosen Herumtreiber bis zum mächtigsten Mann Europas hinter sich zu bringen.[1] Adolf Hitler, der Begründer des nationalsozialistischen »Dritten Reiches«, hatte eigentlich schon 1938 Europa in Brand stecken wollen. Ein neuer Krieg sollte ihn und seine »germanische Herrenrasse« zur Weltherrschaft führen.[2] Dieses letzte Ziel seiner politischen Laufbahn hatte er zwar nie verschwiegen, aber nachdem er 1933 zum Reichskanzler des Deutschen Reiches ernannt worden war, zog er es doch vor, seine außenpolitischen Ziele zunächst »gemäßigt« zu formulieren.

Hitlers Krieg

Im Sommer 1939 zeigte sich Hitler entschlossen, endlich die Waffen sprechen zu lassen, die er sich in einer wahnwitzigen und wirtschaftlich ruinösen Aufrüstung von nur wenigen Jahren beschafft hatte. Polen sollte das erste Opfer sein, dann würde man weitersehen, ob zunächst die Westmächte geschlagen werden mußten oder ob die Wehrmacht gleich nach Osten weitermarschieren konnte. Dort in den Weiten Rußlands lag der ersehnte »Lebensraum im Osten«, dessen Eroberung und Kolonisierung die Grundlage für eine deutsche Weltmachtposition liefern sollten.[3]
Der Nichtangriffspakt mit Stalin im August 1939 war der wohl größte politische Überraschungscoup dieses Jahrhunderts gewesen. Mit der Rückendeckung seines langjährigen Erzfeindes konnte Hitler endlich den heiß ersehnten Krieg beginnen. Die militärische Niederwerfung und Auslöschung des verhaßten polnischen Staates wurden – wie erwartet – zur Blitzaktion. Engländer und Franzosen blieben im »drôle de guerre« stecken oder, wie die Deutschen sagten, im »Sitzkrieg«, ein halbes Jahr lang in ihren Bunkern und Stellungen fast wie gelähmt auf den tödlichen Schlag wartend. Im April/Mai 1940 war es dann soweit. In einem bei-

spiellosen Siegeszug von Narvik bis zur Biskaya machte die Wehrmacht Tabula rasa, zerstörte sie das damals stärkste Militärpotential der Welt – die französische Armee.[4] Einen ernsthaften Gegner gab es danach – so glaubte man im Generalstab – auf dem europäischen Kontinent nicht mehr. Die Rote Armee war nach ihrer »Enthauptung« durch Stalin, dem Massenmord an mehr als 50000 Offizieren zwischen 1937 und 1940, kein ernstzunehmender Faktor.

Die Briten hatte man nach den siegreichen Feldzügen im Westen sowie in Dänemark und Norwegen an die Peripherie gedrängt, und nur zu gern hätte sich Hitler mit ihnen auf eine Teilung der Welt geeinigt, die ihm die Herrschaft über den Kontinent und den Angelsachsen die Kolonien in Übersee beließ. Aber in Churchill, dem Nachfolger von Chamberlain als britischer Premierminister, hatte er einen Gegenspieler gefunden, der nicht bereit war, die westlichen Demokratien der »Nazi-Bestie« auszuliefern.[5] Fast ein Jahr lang stand England allein in diesem Krieg und mußte schwere Rückschläge hinnehmen. Aber die Luftschlacht um England im Herbst 1940 wurde zur ersten Niederlage Hitlers. Eine Landung auf der Insel kam danach nicht mehr in Betracht. Die Amerikaner begannen zwar gerade erst mit ihrer Aufrüstung, mußten aber längerfristig immer stärker ins Kalkül einbezogen werden.

So ließ Hitler keine Zeit versäumen und bereitete auf dem Höhepunkt seines Triumphes den nächsten, wie er meinte, entscheidenden Schlag vor. Während die Truppen in Paris einmarschierten, begann der Generalstab schon von sich aus mit Planungen für einen Angriff gegen die Sowjetunion. Daraus wurde in den nächsten Monaten die Vorbereitung des größten Militärunternehmens der Weltgeschichte, mit mehr als drei Millionen Soldaten, 500000 Kraftfahrzeugen und der gleichen Anzahl von Pferden.[6]

Die kurzfristig improvisierten Feldzüge auf dem Balkan und gegen Griechenland im April 1941 verbesserten Hitlers Ausgangslage und Stellung in Europa, sicherten die Gefolgschaft einer Reihe von Staaten, die vom großen Raubzug des Dreimächtepaktes Deutschland–Italien–Japan zu profitieren hofften. Auf Japans direkte Mitwirkung gegen Rußland verzichtete Hitler. Die Soldaten des japanischen Kaisers sollten die Amerikaner im Pazifik beschäftigen. In den künftigen deutschen Ostkolonien hatten nach Hitlers Ansicht – bei aller »Freundschaft« – Asiaten nichts zu suchen. Dort wollte er allein schalten und walten können.

Das »Unternehmen Barbarossa« bildete den Wendepunkt des Zweiten Weltkrieges: Der europäische Krieg entwickelte sich zum Weltkrieg, und der Krieg selbst löste alle Fesseln von Humanität und Völkerrecht. Es begann eine Orgie von Gewalt und Vernichtung, der blutigste Kampf der Weltgeschichte, der das 20. Jahrhundert in eine neue Richtung stieß.

Aber der geplante »Blitzkrieg« im Osten war bereits nach wenigen Wochen – gemessen an den Zielsetzungen – gescheitert. Die deutsche Wehrmacht geriet in einen erbarmungslosen Abnutzungskrieg. Die Niederlage vor Moskau im Dezember 1941 und der gleichzeitige Kriegseintritt der USA machten Hitler klar, daß der »Endsieg« in weite Ferne rückte. Und wieder überfielen ihn düstere Vorahnungen, schürten sie zugleich aber auch seine Entschlossenheit zum »Durchhalten« um jeden Preis.
Für welches Kriegsziel sollten also die Deutschen kämpfen und sterben? Die Verheißung einer neuen Siedlungspolitik im Osten verlor angesichts des erbitterten Widerstandes der Roten Armee rasch ihre Attraktivität.[7] So blieb nur das antibolschewistische Feindbild, die Beschwörung der Gefahr aus dem Osten. In der »Festung Europa« sollten die Deutschen den Ansturm der Feinde erwarten und ausharren, bis die Genialität des »Führers«, die »Vorsehung« oder neue »Wunderwaffen« die Wende des Krieges bringen würden. Der Glaube an Adolf Hitler und den Nationalsozialismus sollte also die wachsenden Zeichen einer drohenden Niederlage vertreiben.
Neue Offensiven, der Griff nach dem lebenswichtigen kaukasischen Öl – alles scheiterte unter den Schlägen der übermächtigen Feindkoalition. Die Initiative ging verloren; politisch war sie schon im Frühjahr 1941, militärisch spätestens seit der Katastrophe von Stalingrad im Winter 1942/43 verspielt. Mit der alliierten Luftoffensive kam der Krieg immer stärker auch nach Deutschland, in die Städte und Industrieanlagen. Über alle Krisen hinweg aber gelang es Hitler, die große Mehrheit seiner Untergebenen und Handlanger, der Minister, Funktionäre und Generale an seinen Durchhaltewillen zu binden. Nur wenige fanden sich zum Widerstand gegen Hitler bereit.[8] Die Deutschen schafften es nicht, und die meisten wollten es wohl auch nicht, sich von Hitler und seinem Regime zu befreien.
So ging der Krieg trotz der erfolgreichen Invasion der Alliierten vom Juni 1944 weiter, sogar noch dann, als die geschlagene Wehrmacht auf die Reichsgrenzen zurückgetrieben wurde. Hitlers verzweifelte Bemühungen, die verschiedenen Fronten zu stabilisieren, scheiterten auch im fünften Kriegsjahr. So blieb ab Sommer 1944 nur noch die irreale Hoffnung auf eine Krise im Feindlager. Sogar Hitlers fanatischste Gefolgschaft, Himmler und seine schwarzen SS-Schergen, hoffte, den Krieg zu überleben, und versuchte, selbst Friedenskontakte nach Ost und West zu knüpfen. Hitler freilich hielt von alledem nichts. Er wußte, daß keine der Feindmächte mit ihm einen Waffenstillstand abschließen würde. Die Casablanca-Forderung nach bedingungsloser Kapitulation des Reiches (vgl. Abdruck S. 183) bedeutete die Preisgabe des Nationalsozialismus, die Sühne der beispiellosen Verbrechen des NS-Regimes sowie die völlige

Entmachtung und das Ende des Bismarckschen Nationalstaates. Hitler konnte auch nicht wie Kaiser Wilhelm II. ins Exil gehen und sich rechtzeitig selbst opfern, um das eigene Volk zu retten – das kam ihm gar nicht erst in den Sinn.
So blieb er auf der Suche nach militärischen Erfolgen und Vergeltung, obwohl die Abwehr der Invasion im Westen gescheitert und die Ostfront unter der Sommeroffensive der Roten Armee im Juni 1944 zerbrochen war. Trotz örtlich und zeitlich begrenzter Abwehrerfolge sowie eines erstaunlich hohen Rüstungsausstoßes mußte sich die Wehrmacht hinter die Reichsgrenze zurückziehen. Im Dezember 1944 setzte Hitler noch einmal alles auf eine Karte. Der Vorstoß der mühsam zusammengekratzten Kräfte zur Schlacht in den Ardennen scheiterte jedoch.[9] Hitler hatte alles verspielt. Die Alliierten setzten ab Jahresanfang 1945 zum Sturm auf Deutschland an. In ihrer Hand lag nun das Schicksal des Reiches, das schon seit längerer Zeit zum bloßen Objekt bei ihren Tagungen und Konferenzen geworden war.

Die Konferenz von Jalta

Auch wenn weder Deutschland noch das mit ihm verbündete Japan Anzeichen dafür zeigten, daß sie die seit 1943 geforderte bedingungslose Kapitulation akzeptieren würden, war für die Alliierten die Vollendung ihres Sieges Anfang 1945 nur eine Frage der Zeit. Die »Großen Drei« – der amerikanische Präsident Franklin D. Roosevelt, der britische Premierminister Winston S. Churchill und der sowjetische Diktator Josef Stalin – verständigten sich deshalb darauf, die noch immer bestehenden offenen Fragen der künftigen Nachkriegsordnung bei einer neuen Zusammenkunft zu klären.[10]
Ihr letztes Treffen in Teheran vom 28. November bis 1. Dezember 1943 lag bereits mehr als ein Jahr zurück. Auf Wunsch Stalins fand diese neue Gipfelkonferenz der Anti-Hitler-Koalition in Europa in einer befreiten sowjetischen Stadt statt. So wurde Jalta, der ehemalige zaristische Kur- und Badeort auf der Krim, vom 4. bis 11. Februar 1945 zur Kulisse für Verhandlungen, die den Gang der Weltgeschichte für die nächsten vier Jahrzehnte bestimmen sollten. Das Ergebnis der Konferenz war die »Teilung Europas und der Welt«.[11] In Jalta begann die Epoche der bipolaren Welt, dominiert von den neuen Supermächten USA und UdSSR. Die Konferenz symbolisierte das Ende einer eigenständigen welthistorischen Rolle Europas. Das Klischee der »Bürde von Jalta« meint die damals vollzogene Auslieferung Ostmitteleuropas an das stalinistische Imperium.[12]

Diese Kriegsbeute wurde zur Grundlage des Aufstiegs der Sowjetunion zur Weltmacht. Damit wurde das Überleben des kommunistischen Systems für eine weitere Generation lang gesichert, obwohl es im eigenen Land seit fast drei Jahrzehnten viele Millionen von Menschenleben gefordert hatte. Der Sieg über Hitlers Armeen aber schien dem Stalinismus eine neue Legitimation und Zukunft zu verleihen. Erst späteren sowjetischen Historikern blieb die Einsicht vorbehalten, daß dieser Sieg nicht wegen, sondern trotz des Stalinismus möglich geworden ist.[13]
Haben die westlichen Regierungschefs also in Jalta versagt, haben sie sich von Stalin übertölpeln lassen und sind sie bei der Durchsetzung ihrer eigenen Kriegsziele gescheitert? Betrachtet man das Konferenzergebnis nicht von seinen Folgen, sondern von seiner Vorgeschichte, von der sich erst allmählich herausbildenden und wiederholt veränderten alliierten Deutschlandplanung her, dann wird der Verlauf der Konferenz verständlicher und das Urteil über Churchill und Roosevelt differenzierter.
Als die USA am 7. Dezember 1941 in den Krieg eintraten, stand Hitler auf dem Höhepunkt seiner Macht. Die westlichen Demokratien schienen ebenso bedroht zu sein wie die stalinistische Diktatur. Der gemeinsame Feind war Hitler, also mußten sich alle Anstrengungen auf seine Niederwerfung richten. Im Kampf gegen den japanischen Imperialismus standen die Westmächte allein. Sie mußten einen Zweifrontenkrieg führen, während Moskau an seinem Neutralitätsvertrag mit Japan festhielt und seine Kräfte an der Front gegen Hitler konzentrieren konnte. Wo also konnten die gemeinsamen Ziele jenseits des angestrebten militärischen Sieges liegen? Roosevelt und Churchill hatten am 14. August 1941 in der Atlantik-Charta lediglich vage Vorstellungen formuliert: Es sollte keine Eroberungen und Annexionen geben. Mit der Ausschaltung Deutschlands als militärischer Macht hoffte man, eine »bessere Zukunft der Welt« erreichen zu können.[14]
Diese Formel erinnerte an die Vorschläge, mit denen 1917 der amerikanische Präsident Wilson den Ersten Weltkrieg beenden wollte. Eine Wiederholung von Versailles kam jedoch nicht in Betracht. Wollte man den »preußisch-deutschen Militarismus« endgültig zerschlagen, dann mußte man das auch mit seiner eigentlichen Basis machen, dem Bismarck-Reich, jener Schöpfung aus »Blut und Eisen«. So waren im Laufe des Jahres 1942 in Washington erste Pläne für die Aufteilung Deutschlands in drei, fünf oder sieben einzelne Staaten entworfen worden.[15] Offizielle politische Vereinbarungen wurden aber noch nicht getroffen, als Churchill und Roosevelt vom 14. bis 24. Januar 1943 erneut, diesmal in Casablanca, zusammentrafen. Dort stand die Formel von der »bedingungslosen Kapitulation« (= unconditional surrender) im Mittelpunkt.[16] Stalin, der wegen der Schlacht um Stalingrad in Anspruch genommen war und

nicht teilnehmen konnte, sollte mit dieser Formel in seinem Mißtrauen beruhigt werden.
Der sowjetische Diktator fürchtete nämlich, daß seine westlichen Verbündeten mit der Errichtung der von ihm dringend geforderten »zweiten Front« absichtlich zögerten, weil sie mit einem Separatfrieden zu seinen Lasten liebäugelten. Dabei pokerte er selbst mit angeblichen Friedensfühlern in Richtung Berlin, um seine Verbündeten unter Druck zu setzen.
Mit ihrer Forderung nach totaler und bedingungsloser Kapitulation Deutschlands wollten die Westmächte zugleich verhindern, daß die Deutschen später wieder zu einer Dolchstoßlegende Zuflucht nehmen konnten. Anders als nach dem Ersten Weltkrieg sollten die Deutschen ihre völlige Niederlage begreifen, um diese Einsicht als Chance zu einem demokratischen Neuanfang nutzen zu können. Vor allem aber gewährte diese Formel den Alliierten freie Hand bei der Gestaltung einer künftigen Friedensordnung in Deutschland und Europa.
Die westalliierten Aufteilungspläne waren im Laufe des Jahres 1943 innerhalb der US-Administration zum Streitfall geworden. Auch auf der Konferenz der drei Außenminister in Moskau im Oktober 1943 wurde lediglich die Forderung nach der bedingungslosen Kapitulation erhoben, und man verständigte sich darauf, das Reich völlig zu besetzen, die deutschen Streitkräfte zu demobilisieren, das NS-Regime zu beseitigen und die deutsche Wirtschaft durch internationale Gremien zu kontrollieren.
Roosevelt konzentrierte sein Interesse auf die Verwirklichung des Traumes von der »Einen Welt«. Den Schlüssel dazu sah er in der Gründung der »Vereinten Nationen« als einer neuen Weltsicherheitsorganisation, die vor allem von den USA und der UdSSR getragen werden sollte. Bei der ersten Kriegskonferenz der »Großen Drei« in Teheran vom 28. November bis 1. Dezember 1943 sollten eigentlich die noch offenen Detailfragen, etwa über die Errichtung von Besatzungszonen und die Festlegung von Reparationen von Deutschland, geklärt werden. Die Aufgabe übertrug man aber schließlich einer Europäischen Beratungskommission (European Advisory Commission = EAC), die mit Sitz in London gegründet wurde.[17]
Die Gespräche in Teheran widmeten sich hauptsächlich der weiteren militärischen Zusammenarbeit und dem Problem der polnischen Nachkriegsgrenzen. Man ging davon aus, daß Polen »im Westen gewinnen sollte, was es im Osten verliert«.[18] Churchill demonstrierte das Verfahren mit drei Streichhölzern, die auf der Landkarte »ganz einfach« nach Westen verschoben wurden. Obwohl Roosevelt diesem Abweichen von der Atlantik-Charta nicht ausdrücklich zustimmen wollte, verständigten sich Stalin und Churchill bereits auf die Oder als neue Westgrenze Polens.

Damit erkannte der Westen zwangsläufig die Annexionen an, die Stalin 1939/40 dank seines Paktes mit Hitler hatte durchführen können. Trotz dieses, wenn auch noch nicht förmlich besiegelten Zugeständnisses zeigte sich Stalin jedoch nicht geneigt, im Gegenzug die westlich orientierte polnische Exilregierung zu akzeptieren. Beim Einmarsch der Roten Armee in Polen installierte er im Herbst 1944 vielmehr ein eigenes Satellitenregime und dokumentierte so eindeutig seinen imperialen Herrschaftsanspruch.

Zu diesem Zeitpunkt, nach der erfolgreichen Landung der Alliierten in der Normandie im Juni 1944, beschäftigte man sich in den USA mit gänzlich euphorischen Vorstellungen zur Zukunft Deutschlands. Finanzminister Henry Morgenthau jr. hatte Präsident Roosevelt für die totale Entmilitarisierung und Zerstörung der Industrie des Reiches gewinnen können.[19] Ruhrgebiet, Rheinland und das Gebiet um den Nord-Ostsee-Kanal sollten internationaler Verwaltung unterstellt werden. Die Deutschen würden künftig nur noch von Ackerbau und Viehzucht leben. Solche radikale Vorstellungen wurden aber schon im eigenen Regierungslager als »Pläne voll blinder Rache« charakterisiert und nicht zuletzt auch deshalb kritisiert, weil ein derartig zerstörtes Deutschland leicht zur Beute des Bolschewismus werden konnte. Obwohl Morgenthau und Roosevelt auf der Konferenz von Quebec (11. bis 16. September 1944) sogar Churchill für diese Idee gewinnen konnten, mußte bald ein Rückzieher gemacht werden. Angesichts der heftigen Reaktionen in der öffentlichen Meinung beiderseits des Atlantik entschloß sich Roosevelt, den Morgenthau-Plan aus dem Wahlkampf um seine Wiederwahl im November 1944 herauszuhalten.

Um so drängender wurde es zum Jahresende 1944 jedoch, sich mit Stalin endlich über die künftige Europa- und Deutschlandpolitik zu verständigen. Schon im Juli hatte Roosevelt eine neue Konferenz der »Großen Drei« vorgeschlagen. Der Termin mußte mehrmals verschoben werden. Athen, Konstantinopel und Jerusalem waren als Tagungsorte im Gespräch gewesen. Schließlich hatte man sich Ende Dezember auf Jalta geeinigt.

Eine Grundlage für das Gipfelgespräch bildeten die Arbeitsergebnisse der EAC. Der Konferenz lagen vor: der Entwurf für die Urkunde zur bedingungslosen Kapitulation Deutschlands, ein am 12. September 1944 unterzeichnetes Protokoll über die Aufteilung der drei Besatzungszonen (mit einer Änderung vom 14. November) sowie ein an diesem Tag verabschiedetes Abkommen über die Kontrolleinrichtungen im Nachkriegsdeutschland. Churchill hatte Wert darauf gelegt, zunächst eine britisch-amerikanische Vorkonferenz durchzuführen. Sie fand vom 30. Januar bis 2. Februar 1945 in Malta statt. Dieser Besprechung hatte Roosevelt

aber nur sehr zögernd zugestimmt. Er fürchtete das Mißtrauen Stalins, mit dem er gerade doch in Jalta ein offenes, unbelastetes Gespräch führen wollte.
Durch die amerikanische Zurückhaltung war also in Malta eine genaue Klärung der angloamerikanischen Vorstellungen unterblieben. Roosevelt und Churchill flogen getrennt nach Jalta. Mit seiner Haltung kam der US-Präsident dem sowjetischen Diktator weit entgegen. Churchill stand mit seinen Bemühungen, eine europäische Balance herzustellen und das machtpolitische Ausgreifen der UdSSR einzudämmen, praktisch allein.[20] Es war längst deutlich geworden, daß Englands militärische und ökonomische Stärke im Nachkriegseuropa nicht ausreichen würde, um ein Gegengewicht zur Sowjetunion zu bilden. Jalta brachte dann zutage, daß Großbritannien nicht mehr als gleichberechtigter Partner der »Großen Drei« agieren konnte. Als »Juniorpartner« mußte sich der britische Premierminister nach den Leitlinien der Amerikaner ausrichten. Die Delegation Roosevelts aber zeigte sich entschlossen, strittige Fragen über Deutschland bis auf die Zeit nach dem Kriegsende in Europa zu verschieben.
Durch den späten Termin des Gipfels hatte sich Stalins Position erheblich verbessert. Der neue Vorstoß der sowjetischen Streitkräfte am 12. Januar 1945 von der Weichsel zur Oder hatte die Rote Armee bis auf 60 Kilometer an Berlin herangebracht, während die Amerikaner in den Ardennen erst noch die vordrängenden Deutschen zurückwerfen mußten. Es sah alles danach aus, daß es die Russen sein würden, die dem Hitler-Reich den Todesstoß versetzen würden. Moskau interpretierte dementsprechend den bevorstehenden Sieg als eigenes Verdienst; zudem beherrschte es inzwischen große Teile Osteuropas. Das von polnischen Kommunisten auf Geheiß Stalins gebildete Lubliner Komitee war als provisorische Regierung bereits in Warschau etabliert worden, während die Westmächte noch immer versuchten, die polnische Exilregierung in London ins Gespräch zu bringen.
Roosevelts Erwartung, die Konferenz von Jalta in einem Klima der Freundschaft, der gegenseitigen Achtung und des allgemeinen Vertrauens zu einem raschen Abschluß bringen zu können, wurde enttäuscht. Stalin stimmte zwar dem Lieblingsprojekt des US-Präsidenten, der Gründung der Vereinten Nationen, zu; aber dafür verlangte er auf nahezu allen Gebieten Zugeständnisse der westlichen Alliierten. Unter der Wiederherstellung der Demokratie in Europa im Sinne der Atlantik-Charta verstanden beide Seiten etwas anderes, auch wenn man in Jalta eine »Erklärung über das befreite Europa« verkündete.[21] Darin wurde ein gemeinsames Vorgehen bei der Lösung der politischen und wirtschaftlichen Probleme des Kontinents »auf demokratischer Grundlage« vorgesehen.
Diese Worte blieben aber von Anfang an nur papierne Absichtserklärun-

Abb. 1: Am Ende der Konferenz von Jalta ist zwischen den drei großen Alliierten der Keim der Zwietracht bereits gelegt. (V. l. n. r.:) Großbritanniens Premierminister Winston Churchill, US-Präsident Franklin D. Roosevelt und der sowjetische Generalissimus, Marschall Josef Stalin (Foto: Keystone Pressedienst, Hamburg)

gen. In der Realität setzte Moskau in den »befreiten« Staaten Ost- und Südosteuropas eigene Marionettenregime ohne demokratische Legitimation ein, gestützt allein auf die Bajonette der Sowjetarmee. Für die britische Regierung war besonders der Fall Polen schmerzlich, denn man war schließlich 1939 zur Verteidigung der Unabhängigkeit dieses Landes in den Krieg gezogen. Hinzu kam, daß nun den Kommunisten jene territorialen Kompensationen zugestanden werden mußten, die sich aus der Verschiebung der polnischen Ostgrenze ergaben. Das Ausmaß dieser »Entschädigung im Westen« blieb jedoch umstritten. Die ursprüngliche Vereinbarung hatte die Oder als Grenze vorgesehen, doch nun verlangte Stalin die Anerkennung der erweiterten Oder-Neiße-Linie.
Um Churchills Einwände gegen diese Linie zu entkräften, stellten Stalin und der sowjetische Außenkommissar Molotow mehrmals im Verlauf der Konferenz die falsche Behauptung auf, daß die gesamte deutsche Bevölkerung aus den betroffenen östlichen Reichsgebieten bereits geflüchtet sei. Aber es ging bei diesem Schacher wohl nicht so sehr um moralische

I. Der Anfang vom Ende – Hitlers gescheiterte Kriegspolitik

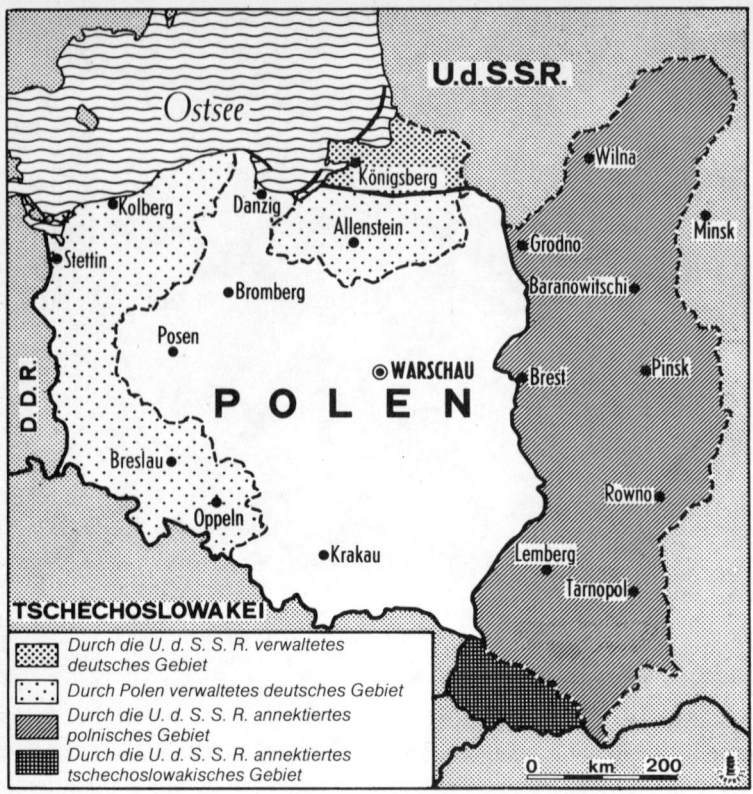

Karte 1: Die auf der Konferenz von Jalta besprochene Westverschiebung Polens (aus: Ueberschär/Müller, Deutschland am Abgrund, S. 15)

Skrupel oder humanitäre Bedenken. Churchill selbst formulierte zynisch sein Bedauern, »wenn man die polnische Gans dermaßen mit deutschem Futter mäste, daß sie an Verdauungsbeschwerden eingehe«.[22] Man verständigte sich schließlich darüber, zunächst die Meinung der polnischen Regierung einzuholen und die endgültige Westgrenze Polens erst auf einer späteren Friedenskonferenz festzulegen. Daraus wurde dann im August 1945 bei der Potsdamer Konferenz die Anerkennung der von Moskau geschaffenen Realitäten und somit die Überlassung der Gebiete östlich der Oder-Neiße-Linie an die polnische Verwaltung.
Trotz seiner machtpolitisch-territorialen Erfolge hatte Stalin in Jalta al-

lerdings auch eine herbe Enttäuschung einstecken müssen. Er hatte sich bemüht, die Frage der Reparationen Deutschlands ins Gespräch zu bringen und seine Forderung auf zehn Milliarden Dollar beziffert, d. h. 50 Prozent der angenommenen Gesamtsumme von 20 Milliarden Dollar. Die Westmächte stimmten dieser Forderung aber nicht zu und überwiesen die Klärung der Frage an eine alliierte Reparationskommission, die – soweit ging das Zugeständnis an den drängenden Bundesgenossen – in Moskau eingerichtet werden sollte.

Auch bei den von westlicher Seite favorisierten Teilungsplänen (Dismemberment of Germany) kam man zu keiner Einigung. Ein weiteres Komitee sollte zunächst einmal detaillierte Entwürfe anfertigen. Der Grundsatz der Zerstückelung des Reiches wurde zwar im EAC-Entwurf für die Kapitulationsurkunde aufgenommen, aber eine praktische Folge ergab sich daraus nicht. Die Siegermächte zogen es später vielmehr vor, an der Fiktion einer Einheit Deutschlands festzuhalten und die Aufteilung in Besatzungszonen nur als vorübergehende Lösung zu bezeichnen.

Neben der Frage der Vereinten Nationen hatte dem todkranken amerikanischen Präsidenten noch ein anderes Problem am Herzen gelegen. Auch hier fiel es Stalin leicht, dem Wunsche Roosevelts entgegenzukommen. Es ging um den Krieg gegen Japan. In einem Geheimprotokoll sicherte Moskau zu, zwei bis drei Monate nach Abschluß des Krieges in Europa an der Seite der Westmächte in den Krieg gegen Japan einzutreten und damit den bilateralen Nichtangriffsvertrag mit dem fernöstlichen Kaiserreich zu brechen. Dieses Ergebnis ist später heftig kritisiert worden, denn militärisch erwies sich das sowjetische Eingreifen im August 1945 als überflüssig, da Japan – erst recht nach dem Einsatz der amerikanischen Atombombe – ohnehin am Ende war. Dagegen erhielt Stalin die Chance, auch im Fernen Osten den sowjetischen Einfluß erheblich zu erweitern. Roosevelt allerdings baute im Februar 1945 auf die Prognose seiner Militärs, daß der Krieg gegen Japan nach der Niederlage Deutschlands noch mehr als 12 bis 18 Monate andauern könnte und hohe Verluste befürchtet werden mußten. Insofern buchte der amerikanische Präsident Stalins Zusage als großen Erfolg für sich.

Als zum Abschluß der Jalta-Konferenz eine Presseerklärung und ein Schlußkommuniqué veröffentlicht wurden (vgl. Anhang S. 189), waren die unterschiedlichen Standpunkte in vielen Fragen deutlich zu erkennen. Auch die Ankündigung, daß Frankreich künftig als vierte Besatzungsmacht in den Kreis der Siegermächte aufgenommen werden sollte, war kein Zeichen der Einigkeit, denn Stalin hatte dieser Regelung nur zugestimmt, weil sie zu Lasten der Briten und Amerikaner ging. Roosevelts Bemühungen, die Sowjetunion in eine von westlichen Vorstellungen geprägte Weltfriedensordnung einzubinden, hatten sich als illusionär erwiesen. Zweifellos hatte der Präsident eine Teilung Europas nicht beabsichtigt, aber er war zu schwach gewesen, den machtpolitischen Gelüsten des überlegen agierenden sowjetischen Diktators entgegenzutreten.[23]

Die Anti-Hitler-Koalition stand offenbar vor ihrer Auflösung, denn außer dem gemeinsamen Feindbild verband die Alliierten praktisch nichts. Das Vertrauen, das Roosevelt als Vorschuß für ein künftiges Zusammengehen in Jalta eingebracht hatte, wurde von der anderen Seite nicht erwidert. Unter diesen Umständen aber mußte der Traum einer Weltfriedensordnung auf den Trümmern des besiegten »Dritten Reiches« unerfüllt bleiben.

II. Alltag und Einsatz von Frauen in den letzten Kriegsmonaten

Eigentlich sollte die deutsche Frau nach der Ideologie der Nationalsozialisten einen umsorgten Platz als Mutter in Heim und Familie haben. Doch als Hitlers Reich im Krieg stand, ging man von dieser Vorstellung Schritt für Schritt ab. Schließlich stellte der Diktator am 2. März 1945 – als sich die militärische Niederlag längst abgezeichnet hatte – unverhohlen fest, auch Frauen müßten für den Waffendienst rekrutiert werden, um eine neue Front aufbauen zu können. Was er früher abgelehnt hatte, war ihm nun »völlig gleichgültig« geworden, er erklärte: »Es melden sich jetzt so viele Weiber, die schießen wollen, daß ich auf dem Standpunkt stehe: auch die muß man sofort nehmen.«[24] Es wurde wahr, was man sich zuvor niemals hätte träumen lassen: bewaffnete Frauen und Mädchen als letztes Aufgebot zur Verteidigung des »Tausendjährigen« Reiches, das bereits nach zwölf Jahren am Abgrund stand.

Kampf und Waffendienst galten in Deutschland als Männersache, auch schon vor der Machtübernahme der Nationalsozialisten. Die NS-Bewegung hatte sich von Anfang an als Männerbund verstanden. Konservativ und rückwärts gewandt, beharrte sie auf einem Rollenverständnis, das von der Vorherrschaft des Mannes ausging und den weiblichen Lebensbereich auf Familie, Kinder und Haushalt beschränkte. Schon bei der ersten Mitgliederversammlung der Partei im Jahre 1921 war beschlossen worden, daß Frauen in der NSDAP keine Führungspositionen einnehmen durften.[25] Ferner wurde in Artikel 21 des 25 Punkte umfassenden Parteiprogramms der Mutterschutz als Hauptziel künftiger NS-Sozial- und Familienpolitik betont.[26]

Viele Frauen hatten diese politische Entmündigung und die entwürdigende Reduzierung ihrer Persönlichkeit auf die biologische Funktion keineswegs als bedrückend empfunden. Sie schwärmten für den »Führer« Adolf Hitler, der als Idol der Massen ängstlich jeden Einblick in sein Privatleben vermied. Dankbar empfanden die Frauen die umfassenden sozialpolitischen Maßnahmen des Regimes zur Förderung von Ehe, Mutterschaft und Hausfrauentätigkeit.[27] Sie übersahen dabei zumeist die Kehrseite der Medaille: Eheverbote nach dem »Blutschutzgesetz«, Sterilisierung angeblich minderwertiger Frauen, sittliche Entgleisungen der SS bei der Züchtung »rassisch wertvollen« Nachwuchses, die bis zum Kindesraub in den eroberten Ländern führten, und die verbrecherische Vernichtungspolitik gegen Millionen rassisch unerwünschter Menschen im deutschen Machtbereich während des Zweiten Weltkrieges – in der Mehrzahl Frauen und Kinder. Viele wußten davon oder ahnten doch zumindest das Ausmaß dieser Verbrechen, von denen die Männer auf »Heimaturlaub« während des Krieges unter dem Druck schwerer seelischer Not oder nur in Andeutungen berichteten, sofern sie Augenzeugen dieser verbrecherischen Aktionen geworden waren.

Die »Ritterlichkeit«, mit der die Nationalsozialisten gern ihr Verhältnis zur deutschen, »arischen« Frau umschrieben, demaskierte sich gegenüber den Frauen in den eroberten Gebieten, den Fremdarbeiterinnen im Reich, weiblichen KZ-Insassen und jüdischen Frauen rasch in voller Brutalität. Neben Sklavenarbeit und »Vernichtung durch Arbeit« umfaßte das entsetzliche Spektrum eine Vielzahl anderer verbrecherischer Maßnahmen: Heranziehung als lebendes Objekt für medizinische Versuche, Folter, Erhängen, Erschießen und Vergasen. Hier kehrte der Rassismus und die biologistische Denkweise der Nationalsozialisten seine menschenverachtenden, barbarischen Grundlagen bis zur letzten Konsequenz hervor.

Die Frauen der deutschen »Volksgemeinschaft« wurden dagegen auch während des Krieges mit ungewöhnlicher »Schonung« behandelt. Während z. B. in England und der Sowjetunion Frauen in den Produktionsprozeß eingespannt wurden – ähnlich wie in Deutschland während des Ersten Weltkrieges –, verzichtete die NS-Führung darauf, das Potential von etwa fünf Millionen zusätzlicher weiblicher Arbeitskräfte nutzbar zu machen. Neben der Rücksicht auf die Stimmung an der »Heimatfront« war es vor allem die Sorge um die Gebärfreudigkeit der deutschen Frauen, die für die Besiedlung des »Großgermanischen Reiches« nach dem »Endsieg« benötigt wurde.

Appelle zum freiwilligen Arbeitseinsatz blieben ohne große Resonanz, wie der folgende Auszug aus dem Nachrichtendienst der Reichsfrauenführung zeigt:

> »Wir bekommen zum Einsatz immer nur die, die wissen, was arbeiten heißt. Wir bekommen auch die sogenannten oberen Zehntausend, vor allem Offiziersfrauen und Menschen, die man beim Ehrgefühl packen kann. Wir können gar nicht bekommen eine gewisse obere Mittelschicht. Frauen, die es früher gar nicht allzu gut gehabt, die nicht allzu viel gelernt haben, sich aber dann gut verheirateten, und nun auf ihrem guten bürgerlichen Glück sitzen und sich bei jedem Aufruf auch zum allereinfachsten Einsatz schwerhörig stellen. Es sind Menschen, die nach dem alten egoistischen Grundsatz leben: Jetzt haben wir uns das erarbeitet, jetzt sorgen wir erst einmal für uns, nach ein paar Jahren

können wir uns ein Kind zulegen und dann vielleicht noch mal eins. Das wird so ineinandergerechnet, wie es am besten paßt. Da wird der Küchenschrank mit dem zweiten Kind verkoppelt und der Toilettenspiegel oder Radioapparat mit dem dritten Kind. Diese Menschen sind schwer für eine selbstlose und für die Gemeinschaft nützliche Idee zu gewinnen.«[28]

Hitler sorgte dann dafür, daß der Platz der deutschen Frauen in den Rüstungsfabriken von rund zehn Millionen Kriegsgefangenen und ausländischen Zwangsarbeitern eingenommen wurde. Hunderttausende ukrainischer Mädchen wurden ins Reich geholt, um in den deutschen Haushalten auszuhelfen. So hatten dann viele deutsche Frauen teil am »Herrenmenschentum«, und doch war die NS-Reichsfrauenführung besorgt um die weibliche »Konkurrenz« der Ostarbeiterinnen. Das russische Mädchen »wirke erfahrungsgemäß auf den deutschen Mann so anziehend und verlockend, daß sogar schon zahlreiche Parteigenossen eine Eheschließung mit Russinnen oder Ukrainerinnen in Erwägung gezogen hätten. [...] Wo bliebe bei alledem die deutsche Frau und das deutsche Mädchen, die angesichts der gewaltigen Verluste an jungen Männern im gegenwärtigen Kriege nicht auf ihre Rechnung kommen könnten!« Das einzige Mittel dagegen sei, die Ostarbeiterinnen zu diffamieren und sie, »wenn man sie überhaupt aus dem Hause lasse, so schmutzig und ungepflegt herumlaufen zu lassen, daß sie einem deutschen Mann nicht gefährlich werden können.«[29] Diese Forderungen wurden von der Nazi-Führung erfüllt.

Frauendienstpflicht und Frauenarbeit für den totalen Krieg

Selbst noch nach der Katastrophe von Stalingrad zögerte die NS-Führung vor der Einführung einer allgemeinen Frauendienstpflicht. Zwar versuchte sie, zumindest auf die Gruppe der berufslosen Frauen, die keine oder keine Kleinkinder zu betreuen hatten, Druck auszuüben. Dabei hatten aber die »Damen der Gesellschaft« die größten Chancen, der Erfassung zu entgehen. Bezeichnend war ein Resümee des im März 1942 eingesetzten Generalbevollmächtigten für den Arbeitseinsatz, NSDAP-Gauleiter Fritz Sauckel, von Ende 1943: Seit Beginn des Jahres seien 3,6 Millionen Frauen untersucht worden, davon seien 1,6 Millionen einsatzfähig. »Von diesen wurden nur halbtags beschäftigt 0,7 Millionen. Im Laufe des Jahres mußten von den zu Beginn eingestellten Frauen auf Grund ärztlichen Attests wieder 0,5 Millionen entlassen werden.«[30]
Die Inkonsequenz bei der Durchführung der Frauendienstpflicht beeinträchtigte verständlicherweise die Arbeitsmoral derjenigen Frauen, die entweder ihr Leben lang in den Fabriken gearbeitet hatten oder gedrängt

worden waren, vom Büro in die Produktion überzuwechseln. Der starke Anstieg der Krankmeldungen und Zusammenbrüche von Frauen war jedenfalls nicht nur auf unzureichende Ernährung oder auf körperliche und seelische Belastungen sowohl im Betrieb als auch in der Familie zurückzuführen. Soziale Unterschiede wurden deshalb im Zeichen des »Totalen Krieges« und der prahlerischen Propaganda mit besonderer Verbitterung registriert. Der Groll richtete sich oft auch gegen die wachsende Zahl von Studentinnen. Obwohl das Studium schon längst jeden Anklang an alte »Studentenherrlichkeit« verloren hatte – überfüllte Hörsäle, Raumnot, verkürzte Lernzeiten, politische Schulungen, Pflichteinsätze in Lazaretten und bei der Ernte bestimmten den Studentenalltag –, unterstellte man gerade den Studentinnen gern, daß sie sich hauptsächlich vor der Dienstpflicht in den Rüstungsfabriken drücken wollten.

Die Nationalsozialisten schwankten in dieser Frage zwischen unumgänglichen Zugeständnissen und grundsätzlicher Ablehnung »bildungsversessener« Frauen. Ohne einen gewissen Bestand an wissenschaftlichen Fachkräften konnte man auch in der Kriegswirtschaft nicht auskommen, und die zum Kriegsdienst einberufenen männlichen Akademiker mußten momentan und auch in nächster Zeit ersetzt werden. Wenn man z. B. auf die Entwicklung neuer »Wunderwaffen« hoffte, dann brauchte man dafür eine große Zahl von Spezialisten und Forschern. Die Wehrmacht war deshalb im Herbst 1944 bereit, einige von ihnen wieder aus dem Kriegsdienst zu entlassen. Als eine »letzte Reserve für Berufe mit höherer Schulbildung« waren aber Frauen unentbehrlich geworden, wie Reichserziehungsminister Rust erkannte.[31]

Den Gegenpol vertrat der Münchner NSDAP-Gauleiter Giesler, der die Studentinnen aufforderte, anstelle des Studiums lieber dem »Führer ein Kind zu schenken«. Sie sollten in jedem Universitätsjahr ein »Zeugnis« in Form eines Sohnes vorlegen. »Wenn einige Mädels nicht hübsch genug sind, einen Freund zu finden, würde ich gern jeder einen von meinen Adjutanten zuweisen, und ich kann ihr ein erfreuliches Ergebnis versprechen.«[32] Einig war man sich letztlich darin, daß die Ausdehnung des Frauenstudiums nur vorübergehend sein sollte, bis »männlicher Nachwuchs wieder in ausreichendem Maße vorhanden« wäre.[33]

Immer wieder scheiterten Vorstöße Sauckels, die deutschen Frauen stärker für die Kriegswirtschaft heranzuziehen. Selbst noch Anfang 1944 lehnte Hitler es »brüsk und scharf« ab, dem Gauleiter Vollmachten »à la Stalin« zu geben und so eine Million Frauen zu rekrutieren. Er erklärte vielmehr, »daß unsere deutschen hochbeinigen, schmalen Frauen mit den ›kurzstampfeten‹ primitiven und gesunden Russinnen nicht zu vergleichen seien«. Mehr als »sanften moralischen Druck« durfte Sauckel nicht ausüben, um deutsche Frauen zur Arbeit heranzuziehen.[34]

Deshalb war die Kritik von Goebbels an Sauckel unberechtigt, dem er vorwarf, bei der Mobilisierung von Frauen zu »lasch« vorzugehen. Goebbels meinte: »Hier fehlt uns ein Stalin. Es müßte mit eiserner Hand durchgegriffen werden, damit die faulenzenden Frauenzimmer endlich einer wichtigen Kriegsarbeit zugeführt würden.«[35] Hitler war eben nicht Stalin, auch wenn er den russischen Diktator in anderen Bereichen an Radikalität und Entschlossenheit übertraf. Die Frauenfrage blieb für den deutschen Diktator hochgradig ideologisch befrachtet, und hier konnte er, trotz dringlichster Kriegsbedürfnisse, nicht über seinen Schatten springen. Insgesamt erhöhte sich die Zahl der weiblichen Arbeitskräfte während des ganzen Krieges im Vergleich zum Jahre 1939 nur geringfügig, auch wenn die Propaganda von Goebbels eifrig das Bild der Briefträgerin, Straßenbahnschaffnerin, LKW-Fahrerin usw. verbreitete. Weitere Maßnahmen, Männer durch Frauen zu ersetzen, brachten in der letzten Kriegsphase zwar einige Verschärfungen der Dienstpflichtbestimmungen, aber keine grundsätzliche Änderung. Noch im September 1944 gab es 1,3 Millionen Hausgehilfinnen. Die Propagandaformel von der »Volksgemeinschaft« wurde dadurch gerade in der Zeit des »Totalen Krieges« ab 1942/43 unglaubwürdiger denn je.

Krasse Unterschiede in der persönlichen Betroffenheit durch den Krieg kennzeichneten somit die Situation der Frauen und ihrer Familien. Unterschiede, die Göring als Gegner der allgemeinen Frauendienstpflicht zynisch rechtfertigte, als er im März 1942 gegenüber Sauckel erklärte, Frauen aus den unteren Schichten seien nun einmal zur Arbeit bestimmt, weil Arbeit für sie immer schon lebenswichtig gewesen sei. Frauen, die es nicht nötig hätten zu arbeiten, sollten vorrangig Kinder bekommen, denn: »In der Pferdezucht unterscheide man auch zwischen Arbeits- und Rassepferden. Wenn aber das eine zur Zucht bestimmte Rassepferd am Pflug eingespannt würde, verbrauche es sich schneller als ein Arbeitspferd«.[36]

Am schwersten hatten es die Bäuerinnen in Klein- und Mittelbetrieben, die ihren Hof zumeist allein bewirtschaften mußten, allenfalls unterstützt von Arbeitsmaiden des Reichsarbeitsdienstes und Pflichtjahrmädeln oder von Kriegsgefangenen. Arbeits- und Mutterschutzbestimmungen waren für sie ohne Bedeutung. Im Gegensatz zu den verbalen Verrenkungen der NS-Ideologie vom angeblichen »Blutsquell« der Nation war die Geburtenrate auf dem Lande am niedrigsten; das war eine Folge der extrem langen und schweren Arbeitsbelastung. Auch der Aufruf zur letzten »Erzeugungsschlacht« im Frühjahr 1945 richtete sich in erster Linie an die alleinstehende Bäuerin. Von ihr wurde erwartet, daß sie trotz der näherrückenden Kriegsfurie und mit völlig unzulänglichen Mitteln die Felder bestellte.

Für die Frauen in den Rüstungsfabriken und in den vom Bombenkrieg heimgesuchten Großstädten war die Last der Entbehrungen nicht viel geringer. In den letzten Kriegsmonaten verschlechterte sich dann auch zunehmend die Situation der erwerbstätigen Frau in den Klein- und Mittelstädten sowie im Dienstleistungsbereich. Sie alle empfanden – will man den geheimen Stimmungsberichten des Sicherheitsdienstes glauben [37] – die ungleiche Belastung im Vergleich zu den bessergestellten Kreisen, auch wenn diese natürlich vom Krieg keineswegs unberührt blieben. Im Juni 1944 hatte man zur Sicherstellung des weiblichen Kräftebedarfs in der Kriegswirtschaft den Geburtsjahrgang 1927 für den Reichsarbeitsdienst der weiblichen Jugend gemustert. Ausgenommen wurden lediglich solche Mädchen, die bereits eine Ausbildung als technische Zeichnerin, chemisch-technische Assistentin, Chemotechnikerin oder Metallographin aufgenommen hatten. Da das Aufbringungssoll gegenüber dem Vorjahr erheblich vergrößert worden war, mußte man für den Arbeitsdienst auch auf Dienstpflichtige aus der gewerblichen Kriegswirtschaft zurückgreifen, was wiederum Einbrüche in wichtigsten Fertigungen hervorrief.

Bei den herrschenden bürokratischen Wirrnissen und ideologischen Widersprüchen waren solche widersinnigen Maßnahmen keine Seltenheit. Die ungleiche Arbeitsbelastung der Frauen verminderte sich trotz großsprecherischer Parolen der Partei nur geringfügig. Während z. B. für Arbeiterinnen, deren Betriebe Aufträge des Jägerprogramms übernommen hatten, eine 54- bis 56-Stunden-Woche zur Pflicht gemacht wurde, hatten die Arbeitsämter größte Schwierigkeiten, bisher zurückgestellte Frauen zu erfassen.

Angesichts der zusammenbrechenden Fronten verschärfte sich allerdings ab Jahresende 1944 der Druck gegen solche Vorbehalte und Rücksichten. Selbst die Schüler wurden nun partiell in die Kriegsproduktion eingespannt. Mitte Januar 1945 zog eine Referentin beim Frauenamt der Deutschen Arbeitsfront vor Pressevertretern folgende Bilanz des Fraueneinsatzes in der Rüstung: Millionen Frauen seien aufgrund der verschärften Meldepflicht in die Betriebe gekommen, wo sich die Betriebsfrauenwalterinnen ihrer annähmen, um ihnen zur Seite zu stehen und »die Angst vor dem Betriebe zu bekämpfen«; Halbtagseinsatz werde kaum noch zugestanden; von den »Halbtagsfrauen« werde eine Mindestarbeitszeit von 30 Stunden pro Woche verlangt, außerdem die Beteiligung am Luftschutzdienst sowie an der Nachtarbeit, mit der die durch Fliegeralarm ausgefallenen Arbeitsstunden nachgeholt würden; die durch Familienpflichten stark gebundenen Frauen würden gedrängt, »Kriegsheimarbeit« mit einer Verpflichtung von täglich drei bis vier Stunden zu übernehmen und leichte, schnell erlernbare Einfachstfertigungen durchzuführen; neben der zahlenmäßigen Steigerung des Fraueneinsatzes werde man in den nächsten Monaten auch eine qualitative Steigerung anstreben, und zwar durch systematische Anlernung, Erziehung zur Selbständigkeit am Arbeitsplatz, durch Ausbildung zur vollwertigen Facharbeiterin und Unterführerin.[38]

»Eingesetzt muß alles werden!«

Mitte März 1945 ließ Hitler alle Skrupel fallen. Um den eigenen Untergang hinauszuzögern und den Faktor Arbeitskraft zu steigern, sollte die gesamte Bevölkerung rücksichtslos eingesetzt werden; ob es sich dabei um Mädchen oder Frauen handelte, war ihm »ganz Wurscht: eingesetzt muß alles werden«.[39] Der Zusammenbruch der Produktion im Frühjahr 1945 verminderte allerdings den beabsichtigten Leistungsdruck auf die Frauen.

Subjektiv unterschiedlich durch den Krieg betroffen waren nicht nur Frauen der verschiedenen Gesellschaftsschichten, sondern auch Frauen der verschiedenen Generationen. Die Älteren erinnerten sich noch an die Not des Ersten Weltkrieges, die sich in dieser Form jedoch nicht wiederholte. Die mittlere Generation war geprägt von den Entbehrungen der Inflationszeit und der Weltwirtschaftskrise, aber auch von dem Aufschwung in den dreißiger Jahren, oft ihre persönlich schönsten Jahre, die sie an das NS-Regime banden. Obwohl die Jüngeren im Hitler-Staat aufgewachsen waren und in die Pflicht genommen wurden, z. B. im Bund Deutscher Mädel (BDM), im Arbeitsdienst, beim Geländemarsch, bei Heimatabenden und im Zeltlager, verstanden es nicht wenige, sich der geistigen und tatsächlichen Uniformierung zu entziehen.[40] Die Vorliebe für modischen Chic und andere verpönte Attribute westlichen Lebensstils war unausrottbar und symbolisierte auch unter Kriegsbedingungen oft Sehnsüchte nach einem besseren Leben. Vor allem bei der Jugend wuchs die Bereitschaft zu abweichenden Verhaltensweisen, eine Folge der zwangsläufig gelockerten sozialen Kontrolle in den Kriegswirrnissen und der häufig zerstörten Familien. Oft machte auch die drängende Not ein größeres Maß an Selbständigkeit zum Überleben erforderlich. Der Partei waren Erscheinungen wie die »Swing-Cliquen« – Jugendliche, die für amerikanische Musik schwärmten – ein Dorn im Auge, und dort, wo abweichendes Verhalten in unterschiedliche Widerstandsformen überging – wie z. B. bei den »Edelweiß-Piraten« in Köln – schlug sie erbarmungslos zu. Insgesamt aber war die Anpassung auch der weiblichen Jugend in so weitem Maße gelungen, daß die wenigen, die den Weg in den Widerstand gingen, isoliert blieben.

Wie sah der Alltag für die Frauen an der »Heimatfront« aus? Hier ist –

neben der Arbeitspflicht für die Kriegswirtschaft – zunächst an die zunehmende Erschwerung der Haushaltsführung zu denken, durch die Rationierung von Lebensmitteln – obwohl diese nicht so knapp wurden wie in den meisten anderen europäischen Ländern – und die besonders schwierige Versorgung mit Konsumgütern. Selbst Schuhe und Babywäsche waren oft nur noch auf dem Schwarzen Markt zu bekommen. Stundenlanges Schlangestehen vor den wenigen geöffneten Verkaufsstellen, nächtliche Fliegeralarme, Kohlenmangel, Stromsperren usw. kamen noch hinzu.

Mit immer neuen Kampagnen und Appellen – die sich in erster Linie an die Frauen richteten – versuchte das Regime, das durch wachsende Not erschwerte Alltagsleben zu steuern und damit zum »Durchhalten« zu ermuntern. Frauen sollten z. B. »Waffen gegen den Kohlenklau« schmieden. Gemeint war der Bau einer »Kochkiste«, ausgepolstert mit Papier, Stroh oder Heu, die insofern energiesparend war, als die Speisen nur kurz auf dem Herd angekocht werden mußten, bevor sie in der wärmeisolierenden Kiste fertiggarten.

Zusammenrücken in den wenigen noch erhaltenen Wohnungen, fleißige Gartenarbeit, um sich selbst ernähren zu können – solcherart Parolen waren die eine Seite, tägliche Belehrungen über das Verhalten bei Tieffliegerangriffen die andere Seite des Alltags. Während Aufrufe des Reichsführers SS Heinrich Himmler gegen »Drückeberger« – gerade die deutschen Frauen und Mädchen seien berufen, »diese Männer an ihrer Ehre zu packen, zur Pflicht zu rufen, ihnen statt Mitleid Verachtung entgegenzubringen und hartnäckige Feiglinge mit dem Scheuerlappen zur Front zu hauen«[41] – in den letzten Kriegsmonaten wohl kaum noch ernstgenommen wurden, war es doch empfehlenswert, weiterhin vor Nazi-Spitzeln auf der Hut zu sein. Auf Flüsterpropaganda konnte die Todesstrafe stehen.

Zu den drängenden Alltagssorgen gehörten vielfach die Erschütterungen der familiären und persönlichen Beziehungen, wenn der Ehemann oder Freund an der Front stand und die Frau jeden Tag mit dem Schlimmsten rechnen mußte. Die langen Trennungen lösten zwangsläufig die Bindungen und führten nicht zuletzt auch zu sexuellen Problemen. Für die Männer wurden diese zwar von der Wehrmacht an der Front »geregelt«, aber den Frauen in der Heimat brachte man kein Verständnis entgegen. Die Stimmungsberichte des Sicherheitsdienstes waren voll von Klagen über den »unmoralischen« Lebenswandel vieler Frauen[42], und das Regime versuchte, mit härtesten Strafen Kontakte mit Kriegsgefangenen und Fremdarbeitern zu verhindern.

Der »Totale Krieg« verschonte weder Frauen noch Kinder. Frauen im unmittelbaren Kriegsdienst – gegen diese Konsequenz hatten sich die NS-Machthaber lange Zeit gesperrt. Dennoch nahm die Zahl von Rotkreuz-

Abb. 2: Deutsche Frauen in Uniform bei ihrer Gefangennahme 1945 (Foto: Privatbesitz)

Helferinnen und anderen Hilfskräften der Wehrmacht ständig zu, um Männer für den Frontdienst freizubekommen. Zunächst vorwiegend im Nachrichten- und Stabsdienst eingesetzt, gerieten die »Blitzmädel« immer stärker in den Strudel des Krieges. Die Gefahr, als »Offiziersmatratze« u. ä. verleumdet zu werden, war wohl noch die geringste. Seit Sommer 1944 standen etwa 50000 dienstpflichtige Mädchen des Reichsarbeitsdienstes an den Scheinwerfern der Flakbatterien, und die Zahl der Wehrmachtshelferinnen erreichte Anfang 1945 ungefähr eine halbe Million.
Die ideologischen Barrieren schwanden, je näher die militärische Niederlage rückte. Frauen und Mädchen wurden, zum Teil aufgrund freiwilliger Meldungen, hinter der Hauptkampflinie als Hilfspersonal oder sogar als Melder eingesetzt. Am 23. März 1945 gab das Oberkommando der Wehrmacht bekannt, daß Hitler die Ausstattung von Frauen im freiwilligen Einsatz und zur Selbstverteidigung mit Handfeuerwaffen und Panzerfäusten genehmigt habe.[43] Die Panzerfaust wurde von der NS-Propaganda als »Waffe der Frau« gepriesen. Und schließlich genehmigte Hitler die versuchsweise Aufstellung von Frauenbataillonen.[44] Davon versprach er

sich eine »entsprechende Rückwirkung auf die Haltung der Männer«.[45] Dazu ist es dann infolge der Kriegsereignisse zum Glück nicht mehr gekommen.

Die heimliche Trauung Adolf Hitlers mit seiner langjährigen Begleiterin Eva Braun am 28. April 1945, kurz bevor beide im »Führerbunker« Selbstmord begingen, ist in diesem Zusammenhang von symbolischer Bedeutung: In ihr kommt die Befangenheit, Zwiespältigkeit und Heuchelei zum Ausdruck, die das Verhältnis Hitlers und seines Regimes gegenüber den Frauen charakterisieren; sie kennzeichnet zugleich aber auch die Bereitschaft, im Strudel des Untergangs alle bisherigen Grundsätze über Bord zu werfen.

Der von den Nazis entfesselte Krieg schlug letztlich mit voller Gewalt auf die deutsche Zivilbevölkerung zurück. Die meisten Frauen hatten – ob freiwillig oder gezwungen – in den vergangenen fünf Jahren ihre Ehemänner, Söhne und Freunde zum Bahnhof gebracht für einen Krieg, der sich in fernen Ländern abspielte. Im Rahmen der Kriegswirtschaft – am Pflug, an den Maschinen, beim Stricken von Wollsachen usw. – hatten sie ihren eigenen Teil zur Kriegführung beigetragen. Hitlers »Paradefrau«, die »Reichsfrauenführerin« Gertrud Scholtz-Klink, hatte das 1941 so ausgedrückt: »Unsere Männer haben zu den Waffen gegriffen, und wir Frauen reichen ihnen diese Waffen zu, bis der letzte Sieg errungen ist.«[46] Diese Frauen mußten nun erleben, daß die Welle der Gewalt zurückflutete, die im deutschen Namen über die Nachbarvölker gebracht worden war. In den ersten Wochen des russischen Vormarsches auf deutschem Boden kam es zu entsetzlichen Massakern und zu zahllosen Vergewaltigungen. Die Willkür der Sieger war im Osten sicher härter als im Westen, aber auch dort unübersehbar.

So bezahlten am Ende auch deutsche Frauen den Krieg mit dem Verlust von Heimat und Habe, mit Entehrung und Tod. Viele verloren ihre Männer – es gab 1945 etwa 1,2 Millionen Kriegerwitwen –, ihre Kinder oder andere Angehörige. Da die überlebenden Männer zumeist für mehrere Jahre in den Gefangenenlagern festgehalten wurden, hatten die Frauen auch noch die Last des Überlebenskampfes nach Kriegsende und den ersten Wiederaufbau zu tragen. Die Trümmerfrauen wurden zu Symbolfiguren.

Sich mit der Vergangenheit auseinanderzusetzen, dazu waren viele Frauen ebensowenig bereit wie ein Großteil der übrigen Deutschen, zumal ihnen jahrelang eingeredet worden war, die Frau habe kein politisches Verständnis. Der im Krieg möglich werdende und zum Teil unvermeidliche Emanzipationsschub war von den Nationalsozialisten mit allen Mitteln behindert worden. Durch das erfolgreiche Durchstehen von Not, Todesangst und Sorgen hatten viele Frauen soviel Selbstbewußtsein und

Selbständigkeit gewonnen, daß sie auch nach dem Kriege noch eine Weile daran festhalten konnten. Dieser Impuls für gesellschaftliche Strukturveränderungen begünstigte anfänglich den Neuaufbau nach 1945 in erheblichem Maße. Als jedoch die größte Nachkriegsnot beendet und die Männer wieder zurückgekehrt waren, trat die Mehrzahl der Frauen auf den Platz zurück, der ihnen erneut als angeblich »angestammt« zugewiesen wurde.

III. Flammendes Inferno –
Der totale Luftkrieg bis zum Ende

Die unterschiedliche, vielfache Heranziehung zum Kriegsdienst und die unmittelbare Lebensbedrohung beim Einmarsch feindlicher Truppen waren jedoch nicht die einzigen Auswirkungen des Totalen Krieges auf den Alltag der Frauen und der übrigen Zivilbevölkerung. Ebenso schwerwiegend, beängstigend und gefährlich, zum Teil sogar lebensbedrohlich für jeden einzelnen waren die Folgen des alliierten Luftkrieges gegen die deutsche Heimatfront ab 1942/43. Zwar hatten die Regierungen in Berlin, London und Paris bei Kriegsbeginn dem Appell des amerikanischen Präsidenten Franklin D. Roosevelt zugestimmt, keine Luftangriffe auf die Zivilbevölkerung durchzuführen, im Verlauf des Krieges kam es aber gleichwohl zu umfangreichen und verheerenden militärischen Kampfmaßnahmen aus der Luft gegen die jeweilige Zivilbevölkerung des Landes.

Wie war es zu diesem rücksichtslosen »Krieg der Bomber«[47] gekommen? International anerkannte vertragliche Abmachungen über die Beschränkung der Luftkriegführung gab es bei Beginn des Zweiten Weltkrieges nicht. Schon bei der Eroberung Warschaus im September 1939 durch die deutsche Wehrmacht hatte es sich als unmöglich erwiesen, zwischen zivilen und militärischen Zielen oder sogenannten »offenen und unverteidigten« und befestigten Städten zu unterscheiden. Die gleichen Erfahrungen machten die Briten, als sie bis zum Frühjahr 1940 Bombenangriffe gegen deutsche Küstenanlagen und Schiffsziele in Norddeutschland flogen.

Die Eskalation zum strategischen Luftkrieg

Nachdem der deutsche Angriff gegen Frankreich und die Benelux-Staaten am 10. Mai 1940 begonnen hatte, wurde irrtümlicherweise die Stadt Freiburg im Breisgau von deutschen Flugzeugen bombardiert. Unter der Zivilbevölkerung gab es zahlreiche Tote und Verletzte. Fortan erklärte die NS-Propaganda, mit Freiburg hätten die Westmächte die Bombardierung der Zivilbevölkerung begonnen – dies war eine Lüge, die bis Kriegsende aufrechterhalten wurde, obwohl Hitler, Göring und Goebbels schon

wußten, daß die deutsche Luftwaffe selber versehentlich die Breisgau-Stadt bombardiert hatte.[48]
Nach dem Regierungsantritt Churchills beschloß das britische Kriegskabinett am 11. Mai 1940, den Bombenkrieg durch strategische Einsätze in das Innere Deutschlands zu tragen. Wenige Tage darauf bombardierte die deutsche Luftwaffe Rotterdam, um die rasche Übergabe der Stadt zu erzwingen. Die Eskalation des Luftkrieges führte ab Sommer 1940 zu verstärkten Angriffen auf die Städte im Hinterland. Hitler wollte die britischen Städte »ausradieren« und ließ während der Luftschlacht um England London, Birmingham, Portsmouth, Southampton und Liverpool angreifen. Vernichtend war die schwere Bombardierung von Coventry am 14. November 1940. Als Vergeltung flogen die Briten größere Angriffe auf Berlin.
Damit setzten sich die schon nach dem Ersten Weltkrieg entwickelten Luftkriegstheorien des italienischen Generals Douhet durch, in denen der Terror- und Vernichtungskrieg gegen die Zivilbevölkerung im Rahmen des Totalen Krieges eine maßgebliche Rolle spielte.[49] Als der britische Luftmarschall Arthur Harris, später berüchtigt als »Bomber-Harris«[50], im Februar 1942 den Befehl über das Bomber-Kommando der »Royal Air Force« (RAF) übernahm, lag bereits die Entscheidung des britischen Kriegskabinetts vom 14. Februar 1942 vor, in erster Linie nicht militärische Einzelobjekte, sondern die Arbeiter-Wohngebiete der deutschen Industriestädte als Zielpunkte auszuwählen. Dabei ging man ab Frühjahr 1942 zum bewußten Flächenbombardement (area bombing) über, um die Kampfmoral der deutschen Zivilbevölkerung in der Heimat zu brechen. Harris bewies mit den schweren Angriffen auf Lübeck und Rostock im März und April 1942 sowie mit den »Tausend-Bomber-Angriffen« auf Köln (30./31. März 1942), Essen (1. Juni 1942) und Bremen (25./26. Juni 1942), daß Flächenbombardements zu verheerenden Ergebnissen führen konnten.
Auf der Casablanca-Konferenz vom 14. bis 26. Januar 1943 verständigten sich die alliierten Stabschefs darauf, »die Militärmaschinerie, Industrie und Wirtschaft Deutschlands konsequent zu zerstören und zu vernichten sowie das deutsche Volk zu demoralisieren bis zu einem Punkt, an dem seine Widerstandskraft gebrochen ist«.[51] Die dabei vereinbarte »kombinierte Bomberoffensive« erfolgte im Rahmen einer britisch-amerikanischen Arbeitsteilung: die Briten hatten nachts und die Amerikaner tagsüber ihre Luftangriffe zu fliegen. Die deutsche Flak sowie die Tag- und Nachtjäger der Luftwaffe konnten die fast pausenlosen Einflüge schon lange nicht mehr abwehren, so daß die alliierten Luftstreitkräfte weitgehend unbehinderte Angriffsmöglichkeiten erhielten.
Zweifelhaft ist jedoch, ob es den Alliierten gelang, mit diesen Flächen-

bombardements Moral und Kampfgeist des deutschen Volkes zu brechen, wenn auch das »Unternehmen Gomorrha«, d. h. die mehrmaligen, vernichtenden Großangriffe auf Hamburg im Juli 1943[52], die totale Zerstörungskraft eines konzentrischen Luftangriffs mit Brandbomben auf ein dichtes Wohngebiet demonstrierte. Weitere Großangriffe auf Dortmund, Leipzig, Braunschweig, Augsburg und Schweinfurt sowie auf die Reichshauptstadt während der »Battle of Berlin«[53] bis zum Frühjahr 1944 forderten schwere Verluste und Opfer unter der deutschen Zivilbevölkerung.

Da dies nicht verheimlicht werden konnte, versuchte die NS-Führung, die Bevölkerung mit speziellen Sprachregelungen zu beruhigen. Reichspropagandaminister Goebbels verfügte im Dezember 1943, daß das Wort »Katastrophe« im Zusammenhang mit Meldungen über feindliche Luftangriffe und entsprechende Rettungsmaßnahmen aus dem Sprachgebrauch der Wehrmacht und offiziellen Berichten zu streichen sei – sogar bei Meldungen über Rettungsmaßnahmen im »Katastropheneinsatz« –, da es »psychologisch und politisch unerfreulich« sei; anstelle von »Katastropheneinsatz« mußte deshalb einheitlich die Bezeichnung »Soforthilfe« verwendet werden.[54] Das neue Wort setzte sich jedoch nicht überall durch, so daß man die Katastrophe auch trotz dieser Anordnung weiterhin beim Namen nannte.

Im Februar 1944 wurde den Stadtoberhäuptern des Deutschen Reiches von der NS-Führung sogar eine positive Einstellung zur Luftbombardierung ihrer Städte durch die Westalliierten abverlangt, als der Reichsführer SS, Heinrich Himmler, in seiner zusätzlichen Eigenschaft als Reichsinnenminister die deutschen Oberbürgermeister zu einem kommunalpolitischen Kongreß nach Posen zusammenrief. Diese Reichsversammlung diente der Information über die mit den schweren Bombenangriffen der Alliierten verbundenen Probleme in den Städten. Himmler belehrte die Oberbürgermeister persönlich über die sich aus einer Bombardierung ergebenden »Vorteile« für ein nationalsozialistisches Stadtoberhaupt: Die Bombenangriffe hätten auch »ihr Gutes«. Denn die Städte und Gemeinden könnten danach »ohne die Bausünden des 19. und 20. Jahrhunderts, wo regellos und ohne Sinn liberalistisch gebaut wurde«, im Sinne echter nationalsozialistischer Architektur neu errichtet werden. Die Stadtoberhäupter, so Himmler unverblümt, könnten dadurch »ihren Namen in die Geschichte ihrer Stadt einmalig einschreiben«.[55]

Nach den Stimmungsberichten des Sicherheitsdienstes war es jedoch den Bewohnern der jeweiligen Städte besonders im Westen des Reiches verständlicherweise angenehmer, wenn sie auf diese »gute« Sache verzichten konnten. Sie hofften immer wieder, daß ihre jeweilige Heimatstadt von den Luftangriffen des Totalen Krieges, wie ihn Goebbels propagiert

hatte, verschont würde. Arbeiter und Bewohner westdeutscher Industriestädte empfahlen den anfliegenden feindlichen Piloten auf charakteristische Weise: »Lieber Tommy, fliege weiter, wir sind alle Bergarbeiter. Fliege weiter nach Berlin, die haben alle ›ja‹ geschrien!«[56]
Ab Sommer 1944 – nach der Landung der Alliierten in der Normandie – sank bei jedem Tag- und Nachtangriff der Westalliierten ein Wohngebiet nach dem anderen in Schutt und Asche – am 29./30. August Königsberg und Stettin, am 11./12. September Darmstadt, am 5. Oktober Saarbrücken, am 14./15. Oktober Duisburg, am 23./24. und 25. Oktober Essen, am 4./5. November Bochum und Solingen, am 27. November Freiburg, am 4. Dezember Heilbronn und Karlsruhe, am 9. Dezember Stuttgart und am 17. Dezember Ulm.
Die Moral der Bevölkerung wurde dadurch nicht gebrochen. Der Terror des NS-Systems stand dagegen und dessen durchaus erfolgreiche Propaganda, die schon bald in der deutschen Bevölkerung den Ruf nach Vergeltung aufkommen ließ. Dieser konnte jedoch nicht mehr in die Tat umgesetzt werden. Weder die von Hitler befohlenen »Wunderwaffen«-Einsätze der V 1- und V 2-Geschosse auf London ab Juni 1944 noch die ersten Jagdeinsätze von Turbinen-Düsenmaschinen (Me 262 und Me 163) konnten die Luftherrschaft der Alliierten erschüttern, die unbeirrt und planmäßig ihre Ziele für die Flächenbombardierungen auswählen und angreifen konnten. Vergeblich blieb auch das letzte Aufbäumen der deutschen Luftwaffe im »Unternehmen Bodenplatte« Anfang Januar 1945, als mit fast 900 Flugzeugen noch einmal die alliierten Flugplätze, Radaranlagen und Stützpunkte im Westen angegriffen wurden. Ein Drittel der dabei eingesetzten Maschinen ging verloren – viele sogar durch die eigene Flak.

Flächenbombardements als Terrorangriffe gegen die deutsche Zivilbevölkerung

Die deutsche Luftwaffe hatte danach in den Januar- und Februar-Wochen den Großangriffen der Angloamerikaner nichts mehr entgegenzusetzen. Am 13. und 14. Februar 1945 legten deren Luftstreitkräfte mit drei dicht aufeinander folgenden schweren Luftangriffen Dresden, die Kunstmetropole an der Elbe, in Schutt und Asche. Nach dem Einbruch der Roten Armee in die östlichen Provinzen Deutschlands hatten sich in dieser Stadt Tausende von Flüchtlingen versammelt, die dort auf ihrem Weg nach Westen Zwischenstation machten: Rund 950000 Menschen hatten sich zu dieser Zeit in der Stadt aufgehalten. Es stellt sich die Frage, ob vielleicht gerade diese flüchtenden Menschen Ziel der Alliierten waren?

Zur Unterstützung ihrer Landoperationen an der Ostfront hatte die Sowjetführung die Westalliierten wiederholt um Bombardierung deutscher Verkehrsknotenpunkte im Raum Berlin oder Leipzig gebeten. Kurz vor der Jalta-Konferenz wollte der britische Premierminister Sir Winston Churchill diesem Wunsch entsprechen, um dem östlichen Verbündeten die britische Militärmacht und Schlagkraft zu demonstrieren. Er bestimmte dafür Dresden als Ziel eines Panikangriffes, ohne daß die Moskauer Führung ausdrücklich um die Bombardierung dieser Stadt ersucht hatte.

Die Dresdner Luftabwehr- und Luftschutzmaßnahmen waren für einen solchen Doppelschlag der RAF und US-Air Force nicht gerüstet. Das RAF-Bomber-Kommando unter der Leitung von Luftmarschall Harris warf in der Nacht vom 13./14. Februar in zwei Angriffswellen mit 772 schweren Lancaster-Bombern rund 2650 Tonnen Bomben, darunter 650000 Brandbomben, auf die Wohngebiete der Dresdner Innenstadt. Innerhalb weniger Minuten glich der größte Teil des Stadtzentrums einer tosenden, brennenden Hölle; ein Feuersturm wütete mit orkanartiger Gewalt. Als am nächsten Tag der dritte Angriff durch die 8. US-Luftflotte in der Mittagszeit erfolgte, stand über Dresden bereits eine dichte Staub- und Rauchwolke. Die 316 US-Bomber warfen nochmals 781 Tonnen Spreng- und Brandbomben.

Über die Zahl der Toten gab es immer wieder heftigen Streit.[57] Sie ist nicht exakt feststellbar, da sich damals viele Flüchtlinge unregistriert in der Stadt aufhielten. Nach neueren Forschungen schätzt man 35000 bis 70000 Tote. Fast 7000 Leichen mußten auf Stahlrosten mitten in der Stadt auf dem Altmarkt möglichst rasch und zum Teil nicht identifiziert verbrannt werden, um den Ausbruch von Epidemien und Seuchen zu vermeiden.

Mehr als Dreiviertel des Zentrums von Dresden wurde völlig vernichtet; 15 bis 20 Quadratkilometer des Stadtgebietes waren nach dem Tag- und Nachtangriff nur noch ein großes Schutt- und Trümmergebiet. Viele Kunst- und Kulturdenkmäler – wie Oper, Hofkirche, Zwinger, Frauenkirche, Schloß – wurden zerstört oder schwer beschädigt.

Der britische Rundfunk BBC in London berichtete bereits in seiner Abendmeldung am 14. Februar 1945, daß im Zentrum von Dresden aufgrund des erfolgreichen konzentrischen alliierten Angriffes »Brände von vernichtender Konzentration« wüteten.

Die Nazi-Führung zögerte anfangs, das ganze Ausmaß des Infernos für die eigene Propaganda zu nutzen und es so der eigenen Bevölkerung bekanntzugeben. Der Wehrmachtsbericht meldete am 14. Februar daher nur kurz: »Die Briten richteten in der vergangenen Nacht Terrorangriffe gegen das Stadtgebiet von Dresden.«[58] Am nächsten Tag wurde dann

aber ergänzt, daß in den Wohnvierteln durch weitere Tagesangriffe »umfangreiche Schäden« entstanden und »unersetzliche Bau- und Kunstdenkmäler vernichtet« worden seien.
Erst Anfang März ließ Goebbels in der NS-Wochenzeitung »Das Reich« einen schonungslosen Bericht abdrucken, der nunmehr allein die Alliierten für den Bombenkrieg gegen die Zivilbevölkerung verantwortlich machte: Die Angriffe auf Dresden hätten die »radikalste Vernichtung eines großen, zusammenhängenden Stadtgebietes und im Verhältnis zur Zahl der Einwohner und der Angriffe die weitaus schwersten Verluste an Menschenleben hervorgerufen. Eine Stadtsilhouette von vollendeter Harmonie ist vom europäischen Himmel gelöscht. Zehntausende, die unter ihren Türmen werkten und wohnten, sind in Massengräbern beigesetzt, ohne daß der Versuch einer Identifizierung möglich gewesen wäre.« Das Stadtgebiet sei nun »menschenleer«, es gebe darin nur Tote und »Lebende nur, um Tote zu bergen und Vermißte zu suchen«. Mit der Zerstörung Dresdens sei die Absicht der Alliierten offenkundig geworden, die deutsche Bevölkerung »durch Massenmord zur Kapitulation zu zwingen«.[59]
Als kurz darauf die Presse in den neutralen Staaten Europas das Ausmaß der Vernichtung sowie die vermutlichen hohen Totenzahlen meldete und dabei auch nach dem militärischen Sinn dieser Aktion fragte, schien die Goebbelssche Propaganda international Erfolg zu erzielen. Diese Diskussion irritierte auch die Öffentlichkeit in England. Am 6. März kam der strategische Bomberkrieg der Westalliierten im britischen Parlament zur Sprache; die Regierungsvertreter hatten Mühe, angesichts der Zerstörung Dresdens die Praxis des westalliierten Luftkrieges zu verteidigen.
Churchill erkannte sogleich die Gefahr eines Stimmungsumschwunges zuungunsten der Westmächte. Mit Hilfe eines ungewöhnlichen persönlichen Memorandums an den Stabschef der britischen Luftstreitkräfte versuchte er am 28. März 1945, die eigene Regierung aus der Schußlinie der öffentlichen und internationalen Kritik zu nehmen und einen politischen Kurswechsel einzuleiten. Er schrieb deshalb an RAF-Luftmarschall Sir Charles Portal:
»Mir scheint der Zeitpunkt gekommen zu sein, daß man das Problem der Bombardierung deutscher Städte um des wachsenden Terrors willen – denn darum geht es doch, auch wenn andere Motive vorgeschoben werden – neu überdenken sollte. Sonst werden wir in den Besitz eines völlig zerstörten Landes kommen.« Ergänzend bemerkte der Premierminister, »die Zerstörung von Dresden hinterläßt einen ernsten Zweifel an der Art und Weise des alliierten Bombenkrieges. Ich bin der Meinung, daß in Zukunft militärisch wichtige Ziele verstärkt in Erwägung gezogen werden müssen, weit mehr in unserem eigenen Interesse als in dem des Gegners.«

III. Flammendes Inferno – Der totale Luftkrieg bis zum Ende

Abb. 3: Münchener versuchen nach einem Luftangriff ihre Habe aus den brennenden Häusern zu retten. (Foto: Süddeutscher Bilderdienst, München)

Er halte »eine genauere Konzentration der Angriffe auf militärisch relevante Ziele, wie Ölanlagen und Verkehrswege unmittelbar hinter der Front, für notwendiger als weitere Terrorakte und zügellose Zerstörung, so eindrucksvoll diese auch sein mögen«.[60]
Dies war eine bemerkenswerte Stellungnahme und Anweisung Churchills, nachdem die britische Regierung all die Jahre seit 1942 konsequent den Flächen-Bombenkrieg gegen die deutsche Zivilbevölkerung verlangt und die Terrorangriffe auf deren Städte ausdrücklich unterstützt hatte. Die Forderung Churchills führte allerdings noch nicht zur Beendigung des totalen Luftkrieges: Noch kurz zuvor war Würzburg am 16. März 1945 durch einen schweren Nachtangriff der 5. RAF-Bomber-Gruppe zu 85 Prozent zerstört worden. 5000 Menschen kamen in dem Feuersturm um. Dresden, das Symbol für den totalen Luftkrieg, wurde am 17. April noch einmal von der 8. US-Luftflotte bombardiert. Am 22. März fiel das Zentrum von Hildesheim, am 27. März große Teile von Paderborn und am 14. April der historische Stadtkern von Potsdam weiteren schweren Luftangriffen zum Opfer. Ganz offensichtlich sollte durch die Zerstörung Potsdams die preußische Militärmacht symbolisch vernichtet werden.

Bremen und Kiel waren die letzten großen deutschen Städte, die noch am 22. April und am 3. Mai 1945 bombardiert wurden. Nach Churchills Memorandum protestierten die britischen Luftmarschälle einhellig gegen die einseitige Schuldzuweisung an die Militärs. Churchill mußte sein Telegramm vom 28. März 1945 korrigieren; danach schrieb er am 1. April 1945 – seine Formulierungen vom 28. März abschwächend:

»Mir scheint, daß der Zeitpunkt gekommen ist, da man die Frage des sogenannten Flächenbombardements im Hinblick auf unsere eigenen Interessen überprüfen sollte. Wenn ein gänzlich ruiniertes Land unter unsere Kontrolle gelangt, wird es dort einen großen Mangel an Unterbringungsmöglichkeiten für uns und unsere Alliierten geben, und wir werden nicht in der Lage sein, Baumaterial für unseren eigenen Bedarf aus Deutschland bekommen zu können, weil eine zeitweilige Versorgung für die Deutschen selbst gewährleistet werden müßte. Wir müssen darauf achten, daß unsere Angriffe auf lange Sicht uns selbst nicht mehr schaden als den unmittelbaren Kriegsanstrengungen des Feindes. Bitte lassen Sie mich Ihre Ansichten wissen.«[61]

Erst danach wurde die strategische Luftoffensive am 16. April von den Vereinigten Stabschefs für abgeschlossen erklärt. Leider kam die veränderte Bombenpolitik für viele deutsche Städte zu spät. Wie Dresden sahen bei Kriegsende fast alle größeren Städte des Reiches aus.[62] Das Gesamtergebnis des modernen, hochtechnisierten Luftkrieges gegen die Zivilbevölkerung war erschütternd: Rund 3,6 Millionen Häuser wurden in Deutschland durch Luftangriffe zerstört, über 7,5 Millionen Obdachlose hinterließ der Krieg. In Deutschland starben etwa 600000[63], in Großbritannien circa 60000 Menschen im Bombenhagel; noch in den letzten drei Kriegsmonaten fanden 120000 Deutsche den Tod.

Aber nicht die Flächenbombardements von Luftmarschall Harris führten zur deutschen Kapitulation, sondern erst die strategische Bombardierung der deutschen Kriegs- und Treibstoffindustrie sowie die raschen Landoperationen und Erfolge der britischen, amerikanischen und sowjetischen Armeen ab Sommer 1944. Nach wie vor ist die Bewertung des Erfolges der anglo-amerikanischen Nachtangriffe auf die deutsche Zivilbevölkerung und insbesondere die Notwendigkeit der weiteren konsequenten Durchführung in den letzten Kriegswochen, als die Niederlage des Dritten Reiches bereits erkennbar war, auch in Großbritannien und in den USA umstritten. Die von beiden Seiten durchgeführten Bombenangriffe auf Frauen, Kinder und Greise gehören gleichwohl zu den schrecklichsten Ereignissen der totalen Kriegführung im Zweiten Weltkrieg.

IV. Letzte Aufgebote und Anstrengungen für den »Endsieg«

Lange Zeit glaubte Hitler, den selbst entfesselten Zweifrontenkrieg ohne umfangreiche Hilfe von Verbündeten und ohne völlige Ausschöpfung aller personellen Reserven und materiellen Ressourcen führen und zudem rasch gewinnen zu können. Mehrmals äußerte er in seinen »Tischgesprächen« während des Krieges die Befürchtung, eine totale Mobilisierung im Reich sowie kriegsbedingte Einschränkung bei der Versorgung der Zivilbevölkerung könne zu Unruhen und sogar größeren Aufständen gegen sein Regime führen. Die Revolution des Jahres 1918 bezeichnete er dabei wiederholt als warnendes Beispiel.[64] Dagegen hatten die Feindmächte in größter Not und Bedrängnis – so London im Sommer 1940 und Moskau im Sommer 1941 – die Aufstellung von sogenannten Heimatschutzverbänden (»Home Guards« mit »Local Defence Volunteers« bzw. Volkswehr-Divisionen) durchgeführt. Das waren Miliztruppen im Rahmen einer umfassenden Heranziehung des gesamten Wehrpotentials der Bevölkerung, um den bevorstehenden oder erfolgten deutschen Einfall abwehren zu können.

Nach den geglückten Offensiven der Alliierten in der Normandie und im Mittelabschnitt der Ostfront sowie deren Vorstöße zur Reichsgrenze stand Hitler im Herbst 1944 vor einer ähnlichen Situation: Am 21. Oktober 1944 fiel Aachen in die Hand der Amerikaner und die sowjetischen Truppen erreichten Ostpreußen. Hunderttausende deutscher Soldaten waren mittlerweile in Kriegsgefangenschaft geraten. Viele Wehrmachtseinheiten waren personell und materiell völlig unzureichend ausgestattet, um dem Ansturm der Roten Armee und der westalliierten Streitkräfte widerstehen zu können.

»Volk steh auf, Sturm brich los!«

Angesichts der großen Personalverluste an allen Fronten besann man sich im »Führerhauptquartier« auf die Möglichkeit, gemäß Wehrgesetz von 1935 den Kreis der Wehrpflichtigen in Kriegs- und Notzeiten auch über das 45. Lebensjahr auszudehnen[65], um die letzten Reserven für die

»Volk steh auf, Sturm brich los!« 43

Abb. 4: Das »letzte Aufgebot«: der Volkssturm (Foto: Süddeutscher Bilderdienst, München)

Reichsverteidigung aufzubieten. Schon ab Anfang September 1944 war die Zivilbevölkerung – ähnlich wie die Angehörigen des weiblichen Reichsarbeitsdienstes – zu Schanzarbeiten für die vom Generalstab des Heeres erwünschte Wiederherstellung der alten Befestigungsanlagen an der Ost- und Westgrenze (Westwall) zwangsverpflichtet worden. Mit der Durchführung dieser Schanz- und Baumaßnahmen waren die NSDAP-Gauleiter als Reichsverteidigungskommissare beauftragt worden. Um die Grenzbefestigungen überhaupt personell besetzen zu können, wurde schließlich der »Deutsche Volkssturm« als eine Art Landsturm früherer Zeiten aufgestellt. Er sollte die in den bedrohten Ostprovinzen zur Front abgezogenen Festungstruppen ersetzen sowie Panzersperren errichten und Sicherungsdienste übernehmen.

Da Hitler den militärischen und staatlichen Dienststellen schon seit längerer Zeit mißtraute, beauftragte er den »Sekretär des Führers«, den neuen mächtigen Mann in der Parteizentrale, Reichsleiter Martin Bormann[66], mit der Aufstellung des Deutschen Volkssturms als Parteiformation im gesamten Reichsgebiet. Fanatischer Wille war Hitler bei der Reichsverteidigung wichtiger als militärische Erfahrung. Die Führer des neuen Volkssturms sollten sich dann auch in erster Linie nicht durch militärisches Wissen und Können, sondern durch »Treue zum Führer und nationalsozialistische Standhaftigkeit« ausweisen.[67]

IV. Letzte Aufgebote und Anstrengungen für den »Endsieg«

Abb. 5: Sonderbriefmarke der Deutschen Reichspost mit dem Volkssturm-Motiv, Februar 1945 (Foto: Ueberschär)

Zum Einsatz im Deutschen Volkssturm wurden alle waffenfähigen Männer im Alter von 16 bis 60 Jahren aufgerufen. In seiner Proklamation zur Gründung des Volkssturms machte Hitler verlogen und fälschlicherweise das »Versagen aller europäischen Verbündeten« dafür verantwortlich, daß der Gegner nunmehr »in der Nähe oder an den deutschen Grenzen« stehe.[68] Es gelte deshalb, dem »jüdisch-internationalen Feind den totalen Einsatz aller deutschen Menschen entgegenzusetzen« und einen unerbittlichen Kampf überall dort zu führen, »wo der Feind den deutschen Boden betreten will«.

Hitlers Erlaß vom 25. September 1944 wurde aus Propagandagründen jedoch erst anläßlich des Jahrestages der Völkerschlacht von Leipzig am 18. Oktober 1944 publik gemacht und zwei Tage später offiziell verkündet, als die ersten Volkssturmverbände bereits wirksam in Erscheinung treten konnten; denn auf die Propaganda kam es den Nationalsozialisten sehr an. Mit nationalem Pathos und Fanfarenstimme proklamierte Goebbels dann auch die dem Dichterwort von Theodor Körner entnommene Losung: »Nun Volk steh auf, Sturm brich los!« Ebenso wurde die Aufstellung des Volkssturms von der Reichspost durch eine Sonderbriefmarke mit dem besonderen Motto »Ein Volk steht auf« (vgl. Abb. 5), und von der Ufa-Filmgesellschaft durch den Durchhaltefilm »Kolberg«, der den verzweifelten Endkampf der Zivilbevölkerung einer eingeschlossenen Stadt heroisierte, propagandistisch unterstützt.

Die NS-Führer Bormann, Himmler und Sauckel propagierten in ihren Reden und Aufrufen den Volkssturm sogleich als »letztes und entscheidendes Aufgebot«[69] für den seit dem Kriegsbeginn von 1939 nunmehr anstehenden »zweiten Großeinsatz« des ganzen deutschen Volkes. Der Kampf der nationalsozialistischen »Volksgemeinschaft« sollte »mehr und mehr den Charakter eines geschichtlich beispiellosen Volkskrieges annehmen«, wie der NSDAP-Gauleiter Robert Wagner anläßlich des Verteidigungsappells des ersten Volkssturmbataillons aus Baden-Elsaß in Straßburg am 12. November 1944 erklärte.[70]

Nach den Plänen der Partei wurden vier altersmäßig und waffentauglich bedingte Aufgebote des Volkssturms aufgestellt[71]: Das erste Aufgebot umfaßte alle tauglichen und waffenfähigen Männer der Jahrgänge 1884 bis 1924. Die aus ihnen gebildeten Volkssturmbataillone konnten sogar außerhalb des Heimatgaus eingesetzt werden. Das zweite Aufgebot bildeten die bisher noch am Arbeitsplatz in der Heimat verbliebenen sogenannten »uk (unabkömmlich)-gestellten« Männer von 25 bis 50 Jahren. Das dritte Aufgebot betraf die Jahrgänge 1925 bis 1928, soweit deren Angehörige nicht schon bei der Wehrmacht oder Waffen-SS Dienst taten. Der Jahrgang 1928 (16 Jahre) sollte bis zum 31. März 1945 in den Wehrertüchtigungslagern der Hitlerjugend (= HJ) und des Reichsarbeitsdienstes (= RAD) militärisch ausgebildet werden. Das vierte Aufgebot umfaßte alle Männer, die zum Waffendienst untauglich waren, jedoch für Wach- und Sicherungsaufgaben herangezogen werden sollten. In der Regel wurden aber nur die beiden ersten Aufgebote gebildet und aufgestellt. Reichsleiter Bormann wachte eifersüchtig darüber, daß der Volkssturm eine Angelegenheit der Partei und deren Gliederungen blieb. Die einzelnen NSDAP-Gauleiter, die SA-Führung unter SA-Stabschef Wilhelm Schepmann und die Führung des Nationalsozialistischen Kraftfahrkorps unter NSKK-Korpsführer Werner Kraus hatten die Aufstellung und Ausbildung durchzuführen. Die Parteikanzlei verstand den jeweiligen Gauleiter als »unbeschränkten Herrn« und »obersten Gerichtsherrn«[72] der Volkssturmbataillone seines Gaues. Dem Reichsführer SS, Heinrich Himmler, der nach dem Attentat vom 20. Juli 1944 von Hitler als neuer Befehlshaber des Ersatzheeres eingesetzt worden war, oblagen Bewaffnung, Ausrüstung und Kampfeinsatz. Erst im letzten Moment des Einsatzes sollten die Volkssturmeinheiten unter den Kampfauftrag der Wehrmacht treten.

Mit der Bewaffnung des Volkssturms war es allerdings nicht weit her. Es war zum Jahresende 1944 unmöglich, die fast sechs Millionen volkssturmpflichtigen Männer ausreichend auszurüsten. Für die beiden ersten Aufgebote wären etwa vier Millionen Karabiner (98 K) und über 200 000 Maschinengewehre notwendig gewesen. Doch woher sollten die Waffen kommen? Nachdem viele Produktionsstätten in Feindeshand gefallen waren und das Verkehrs- und Transportsystem durch die ständigen alliierten Bombenangriffe weitgehend zerschlagen war, konnte seit Januar 1945 nicht einmal mehr der Ersatzbedarf an Waffen für die Wehrmacht gedeckt werden. Zahlreiche Volkssturmeinheiten waren folglich nur mit Jagd- und Sportflinten oder mit veralteten italienischen, belgischen oder sonstigen Beute-Waffen aller Art ausgestattet. Munition und schwere Infanteriewaffen fehlten fast immer. Zum Teil standen nur fünf bis zehn Schuß Munition pro Mann zur Verfügung.

Um den Waffenmangel notdürftig zu beheben, wurde mit der Produktion eines neuen, vereinfachten und aus Blechteilen gebauten »Volksgewehrs« und einer materialsparenden »Volksmaschinenpistole« begonnen sowie eine »Volkshandgranate« entwickelt. Relativ günstig war dagegen die Ausstattung mit den neu entwickelten Panzernahbekämpfungsmitteln »Panzerfaust« und »Ofenrohr«. Der Volkssturm wurde dann auch in der Propaganda als spezielles Panzerjägerkommando herausgestellt: Mut und Panzerfaust würden jeden Panzer besiegen, so ließ Goebbels großsprecherisch verkünden.

Weil zudem keine Uniformen mehr vorhanden waren, mußten viele Volkssturmsoldaten ihren Dienst – auch im Kampfeinsatz – in Zivil versehen. Durch eine Armbinde mit dem Aufdruck »Deutscher Volkssturm – Wehrmacht« (vgl. Abb. 4) waren sie wenigstens als Kombattanten im Sinne des Kriegsvölkerrechts entsprechend der Haager Landkriegsordnung von 1907 gekennzeichnet und konnten im Falle einer Gefangennahme eine Behandlung nach dem Völkerrecht erwarten.

Um die kümmerliche Ausstattung des Volkssturms zu verbessern, ließ Bormann vom 7. bis 28. Januar 1945 eine Volksopfer-Sammlung durchführen. Die Bevölkerung solle »ihr Letztes« (wie z. B. Altspinnstoffe, Wäscheteile und Kleidungsstücke aller Art, alte Schützenuniformen und Uniformteile, Schuhe und private Zelte, Kochgeschirre und Ferngläser) abgeben. In der Bevölkerung stieß der Volkssturm-Aufruf auf zwiespältige, die unzureichende Bewaffnung überwiegend auf kritische Reaktion. Ironisch erzählte man sich unter der Hand, daß mit dem Taschenmesser oder der Sense wohl kaum erfolgreich gegen moderne Kampfpanzer oder viermotorige Bomber zu kämpfen sei.

Der Volkssturm konnte denn auch gegen die hohe Schlagkraft der überlegenen und modern ausgerüsteten alliierten Truppen wenig ausrichten. Bedingt durch die mangelhafte Bewaffnung, Ausrüstung und viel zu kurze Ausbildung war sein Kampfwert relativ gering. Die Mobilisierung von Kranken, Jugendlichen und Unausgebildeten war keine Kriegführung im bisherigen Sinne mehr, eher ein unverantwortliches Hinführen zur »Schlachtbank« des Krieges. Schon im Dezember 1942 hatte Hitler davon gesprochen, daß er notfalls die 14jährigen einziehen werde, denn es »wäre immer noch besser, sie fielen im Kampf gegen den Osten als daß sie bei einem verlorenen Kriege zermartert oder in niederster Sklavenarbeit zerschunden würden.«[73] Zudem konnten die waffenfähigen Männer durch die Einberufung zum Volkssturm als Potential für einen Umsturzversuch gegen das NS-Regime in der Heimat »neutralisiert« und vielmehr für die eigenen Zwecke gebunden werden.

Im Osten kam es infolge des schnellen Vorstoßes der Roten Armee ab Jahresanfang 1945 zum vorzeitigen und überstürzten Einsatz der seit Oktober 1944 aufgestellten, jedoch noch immer unzureichend ausgebildeten und ausgerüsteten Volkssturmbataillone. Dennoch vollbrachten sie dort erstaunliche Leistungen. Während die Volkssturmeinheiten im Osten wesentlich dazu beitragen konnten, den raschen Durchbruch der Sowjetarmee auf Berlin zu verhindern, wirkte sich ihr Einsatz im Westen in keiner Weise verzögernd auf die Operationen der Alliierten aus, obwohl den Volkssturmeinheiten dort längere Ausbildungszeiten zur Verfügung gestanden hatten und sie frühzeitig in die Heeresverbände eingegliedert worden waren.

Angesichts der offenkundigen Material- und Personalüberlegenheit der Angloamerikaner wurde besonders im Westen die weitere Zerstörung der Heimat durch fortgeführte Kampfhandlungen als sinnlos und der rasche Einmarsch der Westalliierten sogar als wünschenswert angesehen. Viele auf sich allein gestellte Volkssturmeinheiten lösten sich beim Erscheinen des Feindes und nach Verlust des heimatlichen Wohngebietes auf.

In den letzten Kriegswochen ließ im gesamten Reichsgebiet die Begeisterung für den »fanatischen Endkampf« sehr rasch nach. Der Sicherheitsdienst der SS konstatierte in seinen letzten Stimmungsberichten und »Meldungen aus dem Reich« von Ende März 1945: »Die eingehenden Meldungen lassen ein Umsichgreifen der Vertrauenskrise zur Führung erkennen. [...] Die Zweifel an der Führung nehmen auch die Person des Führers nicht aus.«[74]

»Volksdivisionen« für den »Volkskrieg«

Um die Niederlage des Reiches möglichst lange hinauszuschieben, waren den Nationalsozialisten alle Mittel recht. Zur Bekräftigung der Propaganda vom »Volkskrieg« waren schon seit Sommer 1944 sogenannte »Volksgrenadierdivisionen« gebildet worden. Sie sollten mit ihrer besonderen Bezeichnung die enge Verbindung zwischen Bevölkerung und Partei dokumentieren. Wurden sie anfangs noch aus regulären Heeres- und Ersatzeinheiten aufgestellt, so waren sie in den letzten Kriegsmonaten aus versprengten Soldaten und hastig ausgebildeten Alarm- und Volkssturmverbänden zusammengesetzt. Schließlich wurden sogar Luftwaffensoldaten und Matrosen der Kriegsmarine zu Luftwaffenfeld- und Marineinfanterie-Divisionen sowie zu Kampfbrigaden für den Infanterieeinsatz zusammengefaßt und den alliierten Truppen entgegengeworfen.

Ab Februar 1945 wurde bereits der Jahrgang 1928 zum Wehrdienst eingezogen. In letzter Not ordnete Berlin schließlich am 5. März die Einberufung des Jahrganges 1929 an. 16jährige sollten als junge Soldaten in Ersatz- und Ausbildungsdivisionen im Rahmen der Aktion »Heimat an die Front« ebenso wie völlig unausgebildete Hitlerjungen das »Tausendjährige Reich« vor dem Untergang bewahren. Jugendliche Freiwillige aus der Hitlerjugend standen schon seit Herbst 1944 in der SS-Panzerdivision »Hitlerjugend« an der Front; sie kämpften unter schweren Verlusten bis zum Kriegsende in Ungarn und Österreich.

Ohne Rücksicht auf mangelnde Ausrüstung und Bewaffnung ließ Hitler immer neue, eilig zusammengeraffte Kampfeinheiten bilden. Er redete sich ein, die unausgebildeten und unzulänglich bewaffneten Verbände, die er als Volksdivisionen, Volkswerfer-Brigaden und Volksartilleriekorps bezeichnete, könnten die Masse der modern ausgerüsteten alliierten Truppen, deren Stärke er mehrmals verächtlich als »Bluff« und »Täuschung« abtat, aufhalten. Als letzte Neuaufstellungen des Heeres sollten Verbände mit klangvollen Namen nach »berühmten Deutschen«, wie die Divisionen »Albert Leo Schlageter«, »Theodor Körner«, »Scharnhorst«, »Ulrich von Hutten«, »Ferdinand von Schill« und »Clausewitz«, zum fanatischen Kampf um die Heimat anspornen. Sie waren jedoch ebenso wie das im April 1945 aus fanatisierten NS-Funktionären gebildete »Freikorps Adolf Hitler«, nur mit alten Gewehren, Panzerfäusten und ohne jede Artillerie, Panzer, Sturmgeschütze sowie ohne Pioniergerät ausgestattet und für den von Hitler zu seiner Befreiung befohlenen »Endkampf um Berlin« völlig ungeeignet.

Ähnlich wie Hitler versuchte auch Himmler durch Aufstellung immer neuer fremdländischer Kampfverbände seiner Waffen-SS die militärische Niederlage aufzuhalten. Auch nichtgermanische Soldaten wurden in

Himmlers SS eingereiht. Ungarische, kroatische, russische, italienische, lettische, estnische, ukrainische, weißruthenische, albanische, holländische, belgische, französische und Kosaken-Einheiten wurden als SS-Freiwilligen- und Waffen-Grenadier-Divisionen der SS aufgestellt. Zum Teil wurden dabei Kriegsgefangene zum deutschen Waffendienst gezwungen; entsprechend gering war ihr Kampfwert. Dies erkannte auch Hitler in seiner Lagebesprechung vom 23. März 1945, als er Zweifel am Kampfwert jener Divisionen äußerte: »Ich will nicht behaupten, daß man mit diesen Fremdländischen nichts machen kann. Damit kann man schon etwas machen. Aber man braucht Zeit dazu. [...] Aber wenn man sie kriegt und die Gebiete (der Fremdländischen) irgendwo drüben (hinter der Front) liegen – warum sollen die dann überhaupt noch kämpfen?«[75] Dementsprechend ließ die Einsatzbereitschaft mancher Ost- und sonstiger SS-Hilfstruppen dann auch sehr rasch nach; andere Einheiten kämpften dagegen verläßlich an der Seite der Wehrmacht und Waffen-SS bis zum bitteren Ende.

Die Aufstellung des »Werwolfs« für den Kampf ohne Ende

Als Ausdruck des fanatischen Kampfwillens der für »Freiheit und Ehre« des deutschen Volkes kämpfenden NS-»Freiheitskämpfer« wurde ferner im Herbst 1944 der »Werwolf« als eine »aus nationalsozialistischem Geist geborene Organisation« zur Durchführung besonderer Aufgaben hinter den feindlichen Linien auf deutschem Boden gebildet.[76] Sie stand unter geheimer Leitung des SS-Obergruppenführers und »Reichswerwolfs«, Hans Prützmann, im Stabe Himmlers. Nach erfolgter Besetzung sollte sie im Rücken des Feindes den Sabotagekampf und Kleinkrieg ohne Beschränkung in den Mitteln aufnehmen sowie die deutsche Bevölkerung von jeglicher Zusammenarbeit mit den Alliierten abhalten. Plakate mit der Aufschrift »Der Werwolf ist da, wer sich ergibt, wird erschossen!« hingen in den letzten Kriegstagen an vielen Hauswänden des westlichen Reichsgebietes, um insbesondere vor der vielerorts festgestellten – und von Goebbels sehr beklagten – Bereitschaft zur Zusammenarbeit mit den anglo-amerikanischen Besatzungstruppen zu warnen.
Durch einen Rundfunkappell wurde der »Werwolf« auf Anweisung von Goebbels am Ostersonntag, dem 1. April 1945, als angeblich »spontane Untergrundbewegung« in den besetzten deutschen Gebieten bekannt gemacht.[77] Das Motto der über den »Werwolf«-Sender verkündeten Proklamation lautete: »Haß ist unser Gebet und Rache ist unser Feldgeschrei«; alle Mittel seien recht, dem Feind zu schaden, so hieß es. Die Terrorakte der fanatischen, meist jugendlichen Werwolf-Leute standen außerhalb des Kriegsvölkerrechts. Sie blieben jedoch vereinzelte

Aktionen und entwickelten sich nicht zu einem umfassenden »Volks«- und Guerilla-Krieg, den die NS-Führung erhofft hatte. Als spektakulärste kriminelle Aktion ist die auf Himmlers Befehl von einem hinter der Westfront abgesetzten »Werwolf«-Kommando durchgeführte Ermordung des Aachener Oberbürgermeisters Franz Oppenhoff am 25. März 1945 zu verzeichnen. Sie erfolgte, weil sich dieser angeblich als Verräter in der seit 21. Oktober 1944 von den Alliierten besetzten Stadt dem Gegner zur Verfügung gestellt hatte; die Täter konnten erst 1949 bestraft werden. Glücklicherweise fanden die Aufrufe zur Bildung des »Werwolfs« unter der Bevölkerung und den Soldaten kein großes Echo, obwohl Reichsleiter Bormann die Gauleiter bedrängte, mit Hilfe zuverlässiger Parteigenossen Personal für die »Werwolf«-Organisation zu benennen.

Noch Anfang April 1945 führte auch die Luftwaffenführung eine spektakuläre »Werwolf«-Aktion durch. Als selbstmörderisches Rammjäger-Unternehmen ließ sie einen Einsatz gegen die an Zahl weit überlegenen alliierten Bomber fliegen, ohne aber den Strom der einfliegenden Feindflugzeuge aufhalten zu können.[78] Erst nach Hitlers Tod wurden schließlich von der Regierung Dönitz am 5. Mai 1945 weitere »Werwolf«-Aktionen im westlichen Gebiet des Reiches als illegale Kampftätigkeit untersagt.

Im März und April 1945 häuften sich noch einmal die Durchhalteappelle der NS-Führung. Mehrfach rief Hitler zu »Sein oder Nichtsein« auf. Reichsleiter Bormann feuerte aus Berlin zum heroischen Kampf an. Anfang April verkündete er: »Der Kampf gegen den im Reich eingedrungenen Gegner ist überall mit aller Unnachgiebigkeit und Unerbittlichkeit zu führen. Gauleiter und Kreisleiter [...] kämpfen in ihrem Gau und Kreis, siegen oder fallen. Ein Hundsfott, wer seinen vom Feind angegriffenen Gau ohne ausdrücklichen Befehl des Führers verläßt, wer nicht bis zum letzten Atemzug kämpft.«[79]

Zur Unterstreichung der Forderung nach unerbittlicher »Kampfentschlossenheit und Hingabe bis zum Äußersten« wurden am 15. Februar 1945 auf Befehl Hitlers durch den Reichsjustizminister Otto Thierack in den feindbedrohten Gebieten Standgerichte gebildet, die von Parteifunktionären ernannt und eingesetzt wurden (vgl. Dok. 5 auf S. 161). Sie waren für alle Straftaten zuständig, »durch die die deutsche Kampfkraft oder Kampfentschlossenheit gefährdet« wurde und bestanden aus einem Strafrichter, einem politischen Leiter der NSDAP oder sonstiger Parteigliederung sowie einem Offizier der Wehrmacht oder Führer der Waffen-SS und Polizei. Himmler ließ ab 26. Februar 1945 noch zusätzliche »Sonderstandgerichte zur Bekämpfung von Auflösungserscheinungen« einrichten.

Am 9. März setzte Hitler zudem ein besonderes »Fliegendes Standgericht« unter Generalleutnant Rudolf Hübner ein, das ihm direkt unterstellt war und die »Aufträge« von ihm persönlich erhielt. Es war für alle strafbaren Handlungen von Angehörigen der Wehrmachtsteile und der Waffen-SS ohne Unterschied des Ranges zuständig und besaß ein uneingeschränktes Bestätigungsrecht für alle Urteile, um diese sofort vollstrekken zu können.[80] Die ersten Todesurteile dieses mobilen Mordapparates wurden am 13. März nach dem militärischen Verlust der Brücke von Remagen gegenüber den angeblich verantwortlichen Offizieren gefällt und sofort vollstreckt.

Tausende Bürgerinnen, Bürger und Soldaten fanden durch diese Nazi-Gerichte, die kaum etwas mit Recht und Gerechtigkeit zu tun hatten, in den letzten Wochen vor dem Kriegsende den Tod. Unter diesen Ermordeten befanden sich auch Volkssturmmänner und Zivilisten, die den weiteren nutzlosen Kampf und die unnötige Zerstörung ihrer Heimatorte und -gemeinden angesichts der heranrückenden Alliierten verhindern wollten und dann noch – wie z. B. im Falle von Brettheim – wenige Tage vor dem Kriegsende von fanatischen SS-Angehörigen durch ein Standgericht zum Tode verurteilt wurden. In den letzten Kriegswochen wurden etwa monatlich 500 Todesurteile gefällt, von denen viele sofort vollstreckt wurden; während des ganzen Ersten Weltkrieges waren es vergleichsweise ca. 150 Todesurteile gewesen.

Hitler will aus Deutschland eine Wüste machen

Wäre es allein nach Hitlers Willen gegangen, wären die Zahl der Toten und das Ausmaß der Zerstörungen bei Kriegsende allerdings noch erheblich größer gewesen. Denn er hatte einen teuflischen Plan gegen das eigene Volk ausgeheckt, um dessen verzweifelten Schlußkampf zu steigern und ihm keinen Ausweg zur Beendigung des Krieges zu lassen. Was hatte Hitler vor? Am 19. März 1945 verkündete er seinem Rüstungsminister Albert Speer, der an diesem Tag seinen 40. Geburtstag feierte: »Wenn der Krieg verloren geht, wird auch das Volk verloren sein. Es ist nicht notwendig, auf die Grundlagen, die das deutsche Volk zu seinem primitivsten Weiterleben braucht, Rücksicht zu nehmen. Im Gegenteil es ist besser, selbst diese Dinge zu zerstören. Denn das Volk hat sich als das schwächere erwiesen, und dem stärkeren Ostvolk gehört ausschließlich die Zukunft. Was nach diesem Kampf übrigbleibt, sind ohnehin nur die Minderwertigen, denn die Guten sind gefallen!«[81] Damit bezog Hitler deutlich Stellung gegen eine ihm gerade von Speer übergebene Denkschrift, die den endgültigen Zusammenbruch der Produktion in vier bis

acht Wochen voraussagte, entsprechende politische Konsequenzen anmahnte sowie die Einstellung unnötiger weiterer Zerstörungen beim Rückzug verlangte.[82]
Am nächsten Morgen präzisierte Hitler seine düstere Ankündigung der staatlichen und ökonomischen Selbstzerstörung. Im berüchtigten »Führerbefehl« vom 19. März 1945 ordnete er die totale Vernichtung des wirtschaftlichen Lebens in Deutschland an (vgl. Dok. 8, S. 164).[83] Alle Verkehrs-, Nachrichten-, Industrie- und Versorgungsanlagen sollten zerstört werden. Speer wurde teilweise entmachtet und die NSDAP-Gauleiter mit der Durchführung dieses »Nero«-Befehls beauftragt. Dies war das Prinzip »Verbrannte Erde«, wie es bereits seit 1943 bei den deutschen Rückzügen im Osten in schärfster Form praktiziert worden war.[84] Mehr als 250000 Güterwaggons mit »Räumungsgut« waren damals ins Reich geschafft, Hunderttausende als Zwangsarbeiter verschleppt worden; selbst Kinder wurden in spezielle Lager gebracht oder als Flakhelfer mißbraucht. Man hatte dem Feind eine Wüste überlassen, und Hitler war fest entschlossen, mit Deutschland auch nicht anders zu verfahren.
Eigentlich wollte Speer, der Rüstungsminister des Dritten Reiches, der auch als Hitlers Lieblingsarchitekt dem »Führer« so nahe stand wie kaum ein anderer in der NS-Hierarchie, mit seinem Vorstoß das Gegenteil von Hitlers Zerstörungsbefehl erreichen. Er hatte deshalb den Zeitpunkt seines 40. Geburtstages sorgfältig als günstige Übergabemöglichkeit der eigenen Denkschrift gewählt. Der Inhalt der Denkschrift war allerdings so brisant, daß sie dem Baumeister des deutschen »Rüstungswunders« nicht nur die Sympathie seines väterlichen Freundes, sondern leicht auch das Leben kosten konnte.[85]
Am Vorabend hatte es eine stürmische Lagebesprechung im Tiefbunker unter der Reichskanzlei gegeben, bei der es um die Verteidigung des Saargebietes ging. Hitler bestand trotz aller Einwendungen hartnäckig darauf, daß die Parteistellen die gesamte Saar-Bevölkerung zwangsweise evakuierten. Schon in den letzten Wochen war Speer bemüht gewesen, Hitlers häufige regionale Zerstörungsbefehle so weit wie möglich zu hintertreiben, um die industrielle Substanz und die Lebensmöglichkeiten für die Bevölkerung der betroffenen Gebiete über das bevorstehende Kriegsende hinaus zu erhalten. »Wir haben kein Recht dazu«, so schrieb er dann auch in seiner Denkschrift, »in diesem Stadium des Krieges von uns aus Zerstörungen vorzunehmen, die das Leben des Volkes treffen könnten.«[86]
Schon knapp drei Jahre zuvor, am Jahreswechsel 1941/42, hatte Speers Vorgänger, Fritz Todt, in einer ähnlich dramatischen Situation den »Führer« beschworen, eine politische Beendigung des Krieges herbeizuführen, da nach dem militärischen Scheitern des »Unternehmens Barba-

rossa« vor Moskau und dem Kriegseintritt der USA, bei gleichzeitiger Desorganisation der deutschen Kriegswirtschaft, keine Aussicht mehr bestand, den Krieg zu gewinnen.[87] Hitler hatte seinem damaligen Rüstungsminister klarzumachen versucht, daß es einen politischen Ausweg, nach allem was passiert war, nicht geben konnte; es blieb nur der verzweifelte Kampf um Sieg oder Untergang. Todt kam bald darauf unter mysteriösen Umständen ums Leben, und mit der Einsetzung seines Architekten Speer als Rüstungsminister faßte Hitler wieder Mut.
Speer setzte mit großem Erfolg die eingeleiteten organisatorischen Änderungen Todts fort. Auch wenn seine Produktionsrekorde nicht immer das hielten, was Speer dem »Führer« mit phantastischen Zahlen, Statistiken und Prognosen vorgaukelte, so blieb er doch der unersetzliche Organisator der deutschen Rüstung. Sein System der Selbstverwaltung der Wirtschaft, das den Unternehmern einen größtmöglichen Freiraum gab, um die gestellten Aufgaben zu erfüllen und sie vor Eingriffen der Wehrmacht, Partei und SS weitgehend schützte, hatte sich bewährt. Von den Ideologen war es wegen seiner erkennbaren Anlehnung an angloamerikanische Vorbilder in der Wirtschaftsordnung stets argwöhnisch betrachtet worden.[88]
Die deutsche Wirtschaft lieferte Hitler die Waffen zur Fortsetzung seines Krieges, obwohl dieser längst sinnlos geworden war und immer mörderischer und zerstörerischer wurde. Mehr als sieben Millionen Zwangsarbeiter und Kriegsgefangene arbeiteten unter teilweise unmenschlichen Bedingungen in Bergwerken und Fabrikhallen.[89] Viele von ihnen fanden dabei den Tod. Aber auch die deutsche Bevölkerung wurde in immer stärkerem Maße in den Produktionsprozeß einbezogen. Bestandteil dieser Kriegswirtschaft war schließlich auch der »Sklavenstaat« der SS.[90] Millionen politisch Verfolgter und rassisch »Minderwertiger« gingen dort ihrer »Vernichtung durch Arbeit« im Rahmen der Kriegsproduktion entgegen. Die deutsche Industrie war darin tief verstrickt. Es gab aber auch Konflikte, da die SS im Verständnis Speers »unrationell« arbeitete und mit ihrem Machtanspruch eine zunehmende Bedrohung des Rüstungsministers und seiner Schützlinge darstellte.
Im Herbst 1944 zeichnete sich der wirtschaftliche Zusammenbruch bereits in aller Deutlichkeit ab: Zunehmende Produktionsausfälle, ein dem Zerfall preisgegebenes Verkehrssystem, monatlich fast 25000 total zerstörte Wohngebäude durch den Luftkrieg, Millionen Menschen, die alles Hab und Gut verloren hatten, und ein immer größerer Mangel an lebenswichtigen Versorgungsgütern.
Die zentrale Lenkung der Wirtschaft wurde daraufhin gelockert, die einzelnen Regionen des Reiches sich selbst überlassen und durch Bevollmächtigte und Einsatzstäbe wirtschaftlich verwaltet. Sogar der Schwarze

Markt, auf dem sich die notleidende Bevölkerung versorgte, wurde nun amtlich toleriert. Die Lösung hieß nicht mehr Konzentration auf die leistungsfähigen Großbetriebe, sondern Streuung der Rüstungsproduktion auf zahlreiche kleine und kleinste Fertigungsbetriebe sowie Mobilisierung der Heimarbeit. Auch Lazarettinsassen wurden eingespannt. In unterirdischen Anlagen wurden die wichtigsten Waffen montiert. Hunderte von mittelständischen Betrieben der Gebrauchsgüterindustrie in wenig luftkriegsgefährdeten Gebieten entgingen auf diese Weise der drohenden Stillegung. Statt Betten wurden Munitionspackgefäße, statt Haushaltsgeräte Panzerfäuste produziert.[91]

Der Zusammenbruch der Kohleversorgung beendete aber nicht nur diese letzten Anstrengungen, sondern verschärfte zugleich auch die schlechten Lebensbedingungen der Bevölkerungsmehrheit.[92] Am stärksten betroffen waren die Ausgestoßenen der »Volksgemeinschaft«, politische Gefangene, Häftlinge in den Konzentrationslagern, Zwangsarbeiter und Kriegsgefangene, die auf der untersten Stufe des Versorgungssystems standen.

Im Februar und März 1945 befand sich die deutsche Wirtschaft bereits in tiefer Agonie. Das Millionenheer der Flüchtlinge aus dem Osten brachte neues Elend. Während im »Führerhauptquartier« noch immer fiktive Rüstungspläne geschmiedet wurden, kämpften die Arbeiter in den Betrieben, die Landbevölkerung, die Opfer des Bombenkrieges und der ersten Vertreibungen einen verzweifelten Kampf ums Überleben.[93]

Die Industriellen und Wirtschaftsführer bereiteten sich auf diese Situation schon seit Monaten vor. Von den einzelnen Betrieben und Branchen ausgehend, hatten sich im vorausgegangenen Jahr verschiedene Gremien mit dem Problem des Übergangs von der NS-Kriegswirtschaft zur Friedenswirtschaft befaßt.[94] Man suchte nach Lösungen, um jeden abrupten Bruch zu vermeiden und das Abkoppeln vom Nationalsozialismus langsam zu vollziehen. Die Bewahrung der kapitalistischen Wirtschafts- und Gesellschaftsordnung, das zeigten die Erfahrungen des Zusammenbruchs am Ende des Ersten Weltkrieges und der nachfolgenden Revolution deutlich, hing entscheidend davon ab, daß es gelang, die wirtschaftlichen Probleme nach Kriegsende rasch in den Griff zu bekommen. Schwierigste Bereiche waren die Versorgung mit Nahrungsmitteln und Rohstoffen sowie die Schuldenkonsolidierung. Mit der aufgestauten, verdeckten Inflation war praktisch die Vermögenssubstanz des deutschen Volkes aufgezehrt. Überall stießen die Planer, unter ihnen auch der spätere »Vater des westdeutschen Wirtschaftswunders«, Ludwig Erhard[95], auf die dominante Rolle der USA. Ohne Hilfe von außen, soviel war sicher, würde es keine Chance geben, sich aus der dirigistischen Zentralverwaltungswirtschaft zu lösen und den Weg in eine freie Wirtschafts-

form zu finden. Obwohl Erwägungen auf amerikanischer Seite, Deutschland nach dem Plan des Finanzministers Morgenthau rücksichtslos in ein reines Agrarland zu verwandeln[96], durchaus ernstzunehmen waren, und damit gerechnet werden mußte, daß sich die Sowjetunion einen Anteil an der politisch-wirtschaftlichen Neuordnung Deutschlands sichern würde, waren doch zumindest die materiellen Voraussetzungen für ein Überleben der gewachsenen Wirtschaftslandschaft nicht ungünstig.
Der Rüstungsboom hatte innerhalb der deutschen Wirtschaft einen enormen Modernisierungs- und Konzentrationsschub bewirkt. Zukunftsorientierte Branchen wie Elektrotechnik und Chemie hatten sich stark entwickeln können. Das Facharbeiterpotential war vergrößert worden, und rationelle Fertigungsmethoden wie die Fließbandproduktion hatten sich durchgesetzt. Der Schaden, den der Bombenkrieg der Alliierten anrichtete, wurde durch die Erweiterungen der Produktionsanlagen während des Krieges wettgemacht, so daß die Industrie insgesamt nur auf den Stand von 1939 zurückgeworfen wurde.[97]
Die anderen europäischen Industrien jedoch, soweit sie unter deutscher Herrschaft gestanden hatten, waren durch Stillegungen, Zerstörungen und Ausschlachtungen für deutsche Zwecke erheblich schwerer betroffen. Damit konnte die Überlegenheit der deutschen Industrie als gefestigt in die Nachkriegsplanungen einkalkuliert werden. Wenn es zudem gelang, die mit den USA nach dem Ersten Weltkrieg geknüpfte Partnerschaft auch nach dem Zweiten Weltkrieg aufzunehmen, boten sich also günstige Aussichten.
Auch die sich abzeichnende Aufteilung Deutschlands in mehrere Besatzungszonen der Siegermächte barg keinen lähmenden Schrecken, da Art und Dauer noch nicht absehbar waren. Die Dezentralisierung der Kriegswirtschaft nahm die Selbständigkeit einzelner Regionen quasi teilweise schon vorweg, erhöhte unternehmerische Spielräume und sicherte sie gegen die Einwirkung von Partei, Staat und Wehrmacht, da Unternehmer gleichsam die Verantwortung für ganze Wirtschaftsregionen übernahmen. Bereits im geheimen liefen Bemühungen, Anlagen und Betriebsteile der Rüstungsfertigung, die von einer späteren feindlichen Demontage bedroht waren, abzustoßen, um nicht das Gesamtunternehmen zu gefährden. Parallel dazu wurden wehrmachtseigene Betriebe getarnt privatisiert, um eine Beschlagnahme durch den Feind zu verhindern, und Vermögenswerte ins neutrale Ausland verschoben. Es gab offenbar sogar eine partielle Wiederaufnahme der zivilen Fertigung, wie z. B. beim Bau von Landmaschinen, die das Überleben der Bevölkerung zu sichern vermochte.
Über diese stille Umorientierung vom Krieg auf den Frieden, zu einem Zeitpunkt, als die Rüstungsproduktion einen ungeahnten Höhepunkt er-

lebte, gibt es bislang nur wenige Untersuchungen. Die Indikatoren für einen solchen Prozeß sind aber deutlich zu erkennen. So konnte z. B. die angeordnete Untertageverlagerung der wichtigsten Rüstungsanlagen, obwohl die Aktion in enger Zusammenarbeit mit der SS erfolgte, von der Industrie genutzt werden, um den wertvollen Maschinenpark zu vergrößern und über den Krieg zu retten, ohne die Rüstungsziele des Diktators zu erfüllen.[98] Dazu gehörten auch Bemühungen, die Betriebe möglichst lange durch Rüstungsaufträge intakt zu halten, Rohstoffe trotz aller Strafandrohungen zu horten und, soweit die Betriebe ins Operationsgebiet gerieten, Zerstörungen durch die Sprengtrupps der Wehrmacht zu verhindern. Speer wußte die Betriebsführer hinter sich. Im Bereich der Wehrmachtsstellen und vor allem im Einflußgebiet der NSDAP-Gauleiter als Reichsverteidigungskommissare konnten Hitlers Vernichtungsbefehle jedoch verheerende Auswirkungen zur Folge haben. Es kam deshalb darauf an, das in allerletzter Minute beabsichtigte Inferno des Untergangs zu verhindern.[99]

Tatsächlich gelang es Speer und anderen Stellen – teilweise durch die Bewaffnung von Betriebsangehörigen und durch einschränkende eigene Anordnungen –, die Durchführung des Hitlerschen Vernichtungsbefehls größtenteils zu verhindern. Aber es blieb für die Betroffenen und Engagierten bis zum Ende ein riskantes Spiel.

Bis in den April 1945 hinein verfügte der Diktator zudem über ein weiteres Mittel im Kampf für den erträumten »Endsieg«, das die Wirkung von herkömmlichem Sprengstoff bei weitem übertraf: Das ungeheure Arsenal chemischer Kampfstoffe, deren Einsatz den Untergang Deutschlands wohl tatsächlich herbeigeführt hätte. Aber solange sich Hitler in seinem Bunker in Berlin an die Hoffnung einer eigenen letzten Überlebenschance klammerte, zögerte er, diesen Einsatz zu wagen. Als es dann schließlich zu raschen Zerfalls- und Auflösungserscheinungen im Partei- und staatlichen Bereich sowie zum Zusammenbruch der inneren Ordnung des NS-Staates kam und Hitler in der eingeschlossenen Reichshauptstadt den Tod ins Auge fassen mußte, war diese letzte furchtbare Waffe nicht mehr einsatzbereit und das Leben der deutschen Bevölkerung sowie seine Existenzgrundlagen gerettet.[100]

V. Die Eroberung und Besetzung des Reiches durch die Alliierten

Hitlers Wehrmacht war die »tüchtigste« Armee in der deutschen Militärgeschichte. Niemals zuvor seit der Einrichtung einer stehenden Armee waren in Deutschland soviele Männer für den Krieg mobilisiert und in ganz Europa eingesetzt worden. Fast sechs Jahre kämpfte sie als stählerner Garant des NS-Staates einen letztlich aussichtslosen Kampf. Als Hitlers Schwert schob die Wehrmacht alle völkerrechtlichen Bindungen und soldatischen Traditionen beiseite, um den rassenideologischen Vernichtungskrieg und den Aufstieg zur Weltmacht führen zu können. Als Schild eines verbrecherischen Regimes schützte sie ein einmaliges System von Lagern, Folterkammern und Mordfabriken.
Militärisch war die Wehrmacht effizienter und erfolgreicher als die »kaiserliche« Armee des Ersten Weltkrieges. Die jungen Leutnante und Hauptleute von 1914–1918 erkämpften als Hitlers Generale seit 1939 noch mehr Siege, und waren doch nach vier Jahren Kampf, im Sommer 1943, ebenso am Ende ihres »Lateins« wie im Sommer 1918. Doch anders als damals fügte man sich nicht in die absehbare Niederlage. Der sinnlose Krieg wurde gegen die erdrückende Übermacht der Gegner fortgesetzt, weitere zwei Jahre eines Gemetzels, das mehr Deutschen an der Front und in der Heimat den Tod kostete, als die Jahre zuvor.
Seit auf den Schlachtfeldern nicht mehr gesiegt wurde, wuchs Hitlers Groll über seine Generale. Immer heftiger wurden seine Vorwürfe. Doch trotz ihres Wankens und Weichens stand die Mehrzahl der Generale zu ihrem »Führer«, wenn auch der Zweifel auf beiden Seiten zunahm. Im Februar 1944 mahnte Hitler seine militärischen Gefolgsleute zur Treue. Wenn es dereinst zum letzten Gefecht kommen sollte, so erklärte er, dann vertraue er darauf, daß seine Feldmarschälle sich mit dem Degen in der Hand um ihn scharen würden.[101] Und das versprachen sie ihm auch. Das Bündnis von Eisernem Kreuz und Hakenkreuz war fest geschmiedet. Die Armee hatte ihren guten Ruf längst ruiniert und ihre Moral angesichts der Beteiligung an den NS-Verbrechen dem Diktator verkauft.
Die kleine Gruppe von Verschwörern des 20. Juli 1944 blieb allein und weitgehend isoliert. Ihre mutige Tat riß die Mehrheit der Wehrmacht

nicht von der Seite des »Führers« los. Die Loyalität der meisten Generale zum NS-Regime blieb trotz der Schauprozesse gegen die gescheiterten Kameraden ungebrochen. Selbst jene Offiziere, die sich nicht als Nationalsozialisten verstanden, glaubten sich als Patrioten in der Pflicht, nun, da der Feind vor der Grenze stand, das Reich notgedrungen mit Hitler zusammen verteidigen zu müssen. Die Verteidigung des Reiches bildete freilich nur den Schlußakt eines verbrecherischen Krieges. Dadurch, daß sich Hitlers geschlagene Armeen an der Reichsgrenze noch einmal zur Schlacht stellten, erhielt der Krieg keine neue Rechtfertigung, wurde der Krieg nicht zur sinnvollen und legitimen Landesverteidigung.

Den Kampf zwischen Rhein und Oder zur Verteidigung des Reiches hatte die Wehrmacht nach der Niederlage im Ersten Weltkrieg fast zwanzig Jahre lang in Manövern und Kriegsspielen geprobt, bis die Verteidigungsplanung dann zur Offensivplanung wurde.[102] Die umfangreichen Befestigungsanlagen an den natürlichen Verteidigungslinien waren während des Krieges vernachlässigt worden. Ihr zweifelhafter Wert im modernen Kriegsgeschehen litt aber vor allem durch das Fehlen operativer Reserven und der Luftherrschaft. Es war auch Ende 1944 nicht mehr die gesamte Wehrmacht, die sich – entsprechend früheren Verteidigungsplänen – zum Schutz des Reiches hinter diesen starren Linien zum Kampf aufstellte. Rein zahlenmäßig standen allerdings beträchtliche Kräfte bereit. Noch immer umfaßte die Wehrmacht, obwohl sie bereits ein Drittel ihrer Mannschaftsstärke verloren hatte, rund 10 Millionen Mann. Das war doppelt so viel wie bei Kriegsbeginn (1.9.1939: 4,5 Millionen) und rund 30 Prozent mehr als auf dem Höhepunkt der deutschen Siege im Sommer 1941 (15.6.1941: 7,3 Millionen).[103] Die Verbände des Feldheeres waren aber durch die Rückzüge des Jahres 1944 auf die Reichsgrenze schwer angeschlagen und durch die alliierten Luftkriegseinsätze nahezu unbeweglich geworden. Die enormen Verluste hatte man durch Einberufung von ungeübten jungen und alten Männern nicht ausgleichen können. Auch der Verlust schwerer Waffen und moderner Kriegstechnik ließ sich durch ein neues »Rüstungsnotprogramm« bei weitem nicht ersetzen.[104]

Das Ersatzheer, mit seinen Schulen und Ausbildungseinrichtungen unverzichtbares Rückgrat einer organisierten Verteidigung, war inzwischen weitgehend aufgelöst und in das Feldheer überführt worden. So standen über lange Frontabschnitte unerfahrene Volkssturm- und Ersatzeinheiten, schlecht bewaffnet und demoralisiert, einem weit überlegenen Feind gegenüber. Görings Luftwaffe, mit fast zwei Millionen Mann und mehr als 8000 Maschinen doppelt so stark wie zur Zeit der Luftschlacht um England im August 1940, war gleichwohl vom Himmel praktisch verschwunden und stellte sich nur noch selten zum Kampf. In den Flakbatterien standen vor allem Schulkinder als »Luftwaffenhelfer« im Einsatz.[105]

Die Kriegsmarine konnte sich nur noch in der Ostsee einigermaßen sicher bewegen.

Unter diesen Umständen war schwer nachvollziehbar, weshalb Hitler die Masse seiner kampfkräftigsten Verbände nicht zur Verteidigung des Reiches an Rhein und Oder einsetzte. Dabei handelte es sich um mehr als 2 Millionen Mann, die in Kurland (400000), in Norwegen (400000), in Österreich und Ungarn (600000), in Jugoslawien (400000) und in Italien (400000) das Vorfeld des Reiches sicherten. Sie fehlten bei der Verteidigung der Reichsgrenzen.

Planmäßige Vorbereitungen für eine Evakuierung der Zivilbevölkerung in den Grenzgebieten lehnte Hitler ab, denn er wollte einen fanatischen »Volkskrieg« entfesseln. Die Gauleiter sollten als Reichsverteidigungskommissare die Bevölkerung zur Verteidigung an Ort und Stelle zwingen. Kein Befehlshaber vom Divisonskommandeur aufwärts durfte nunmehr irgendeinen Rückzug durchführen, ohne diese Absicht vorher Hitler gemeldet zu haben. Der Diktator konnte daher jederzeit in die Operationen eingreifen. So verkündete er großsprecherisch der ganzen Welt seine Entschlossenheit zum Widerstand und weckte in seiner Neujahrsansprache an das deutsche Volk vom 1. Januar 1945 neue Illusionen.[106]

Eine Strategie, wie dieser Kampf gewonnen werden konnte, hatte Hitler nicht mitzuteilen. Vielleicht vertraute er insgeheim darauf, wenigstens einige Schlüsselpositionen im Lande halten zu können – wie z. B. das Ruhrgebiet, den Berliner Raum und die im Aufbau befindliche »Alpenfestung«. Für diesen Endkampf ließ Hitler seit Herbst 1944 einen neuen »Führerbunker« bauen, das Projekt »Olga« in Jonastal/Ohrdruf in Thüringen, wo 30000 KZ-Häftlinge 25 Stollen in das Kaligestein treiben mußten. Bis zum 20. April 1945, Hitlers nächstem Geburtstag, sollte der Bunker fertig sein, das war Himmlers Versprechen.

Den kürzesten Weg nach Berlin hatten die Russen. Im Oktober 1944 war ihre erfolgreiche Sommeroffensive an der Weichsel und an der Grenze Ostpreußens zum Stehen gekommen. Zwar konnten die schwer angeschlagenen Ostarmeen Hitlers kaum noch organisierten Widerstand am sogenannten Ostwall, der reaktivierten Befestigungslinie entlang von Narew, Weichsel und San, leisten; aber auch die erschöpfte Rote Armee brauchte Zeit, um sich nach dem gewaltigen Geländegewinn eine Versorgungsbasis für den Einmarsch nach Deutschland zu schaffen.

Die Westmächte hatten bereits im Oktober 1944 bei Aachen die Reichsgrenze erreicht, mußten aber noch erhebliche Anstrengungen auf sich nehmen, um die linksrheinischen Stellungen der Wehrmacht zerschlagen und das Rheinufer auf voller Länge besetzen zu können.[107] Hitlers Vorstoß in die Ardennen im Dezember 1944 verzögerte ihren Aufmarsch erheblich.[108] Für Briten und Amerikaner kam es darauf an, den Krieg in Europa möglichst schnell und ohne große Verluste zu beenden, um sich dann vorrangig dem pazifischen Kriegsschauplatz zuwenden zu können. Das Risiko eines Rückschlages mußte aus ihrer Sicht unbedingt niedrig gehalten werden. Der NS-Führung trauten sie alles Schlimme zu, sogar den selbstmörderischen Einsatz von Giftgas, Bakterien oder anderen »Wunderwaffen«. Daher lief der strategische Bombenkrieg mit unverminderter Härte weiter. Das alliierte Oberkommando wollte, wenn es gelang, den Rhein zu überschreiten, die Wehrmacht am Laufen halten und den Deutschen keine Zeit für den Einsatz unkonventioneller Kampfmittel lassen.

Von der Weichsel zur Oder: Der Angriff der Roten Armee

Mehrfache Voraussagen des eigenen Geheimdienstes über die zu erwartende massive Winteroffensive der Sowjetarmee hatte Hitler, der mit seinem »Führerhauptquartier« am 16. Januar nach Berlin ging, geringschätzig als »größten Bluff seit Dschingis Khan« bewertet.[109] Mit mehreren Heeresgruppen (1., 2. und 3. Belorussische Front, 1. und 4. Ukrainische Front) traten die Armeen Stalins am 12./14. Januar 1945 aus ihren Brückenköpfen an der Weichsel bei Baranow, Magnuszew und Pulawy zum Angriff an. Bis Ende Januar entfaltete sich die Großoffensive über die gesamte Ostfront. Den beiden angeschlagenen deutschen Heeresgruppen »Mitte« (Generaloberst Reinhardt) und »A« (Generaloberst Harpe) war eine auch nur hinhaltende Abwehr nicht möglich, da sie über keinerlei Reserven verfügten. Die vordere Verteidigungslinie wurde rasch durchstoßen. Große Teile der 3. und 4. deutschen Panzerarmee sowie der 2. Armee wurden völlig zerschlagen. Schon nach vier Tagen gab es keine zusammenhängende deutsche Abwehrfront mehr. Die polnische Hauptstadt mußte am 17. Januar, Krakau am 19. Januar von der Wehrmacht geräumt werden. Am gleichen Tage erreichte die Rote Armee die schlesische Grenze. Posen, Thorn und Graudenz wurden eingeschlossen und von Hitler sogleich zu »Festungen« erklärt.

Das kriegswichtige Industriegebiet Oberschlesiens fiel den Russen Ende Januar unzerstört in die Hände.[110]

Auch in Ostpreußen ließen sich die überlegenen sowjetischen Panzerverbände nicht mit zusammengewürfelten Ersatz- und Etappenverbänden, Landesschützen- und Volkssturmeinheiten, Polizei und Hitlerjugend aufhalten.[111] Bei der Infanterie war das Kräfteverhältnis 9 bis 11 : 1 und bei der Artillerie sogar 10 bis 20 : 1 zugunsten der Roten Armee. Die sowjeti-

Von der Weichsel zur Oder: Der Angriff der Roten Armee 61

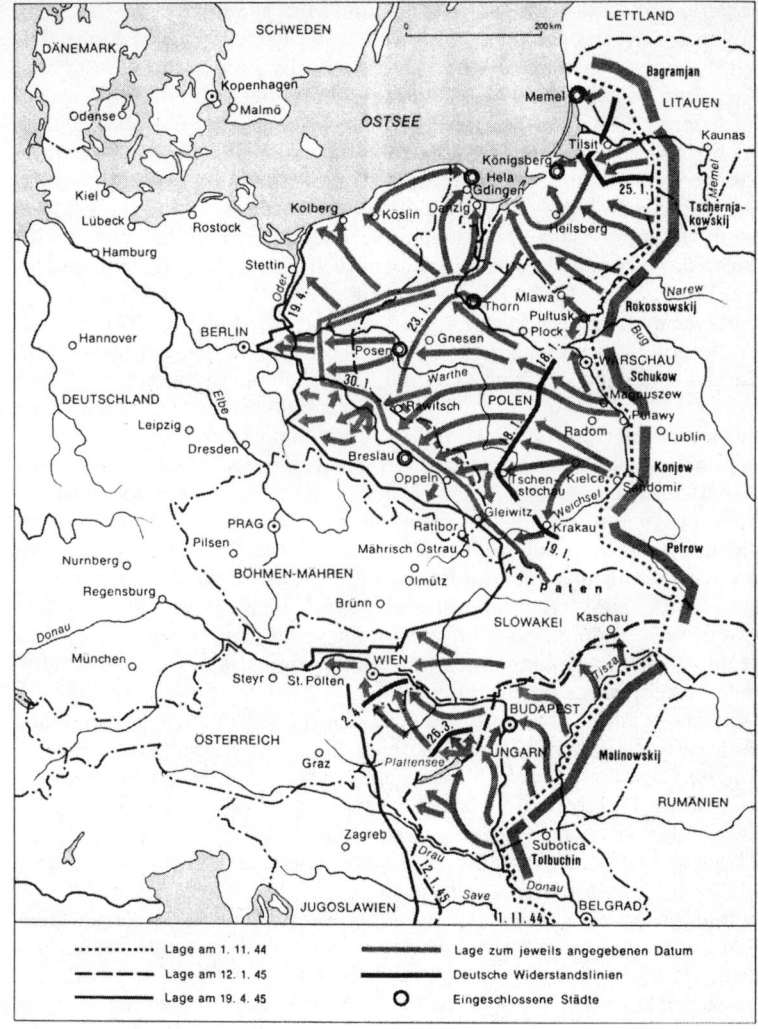

Karte 2: Die Lage an der Ostfront, von November 1944 bis April 1945 (aus: Cartier, Der Zweite Weltkrieg, S. 954)

schen Streitkräfte besetzten am 21. Januar das symbolträchtige Tannenberg, den Ort des deutschen Sieges über die Russische Armee im Jahre 1914. Am 29. Januar 1945 schlossen sie die alte preußische Festung und Krönungsstadt Königsberg ein. Kurz darauf erreichte die Rote Armee bei Küstrin die Oder. Am letzten Januartag gelang es ihr, einen strategisch wichtigen Brückenkopf über den Fluß zu erzwingen. Breslau wurde Mitte Februar eingeschlossen. Durch Volkssturmverbände und eilig zusammengeraffte Wehrmachtseinheiten konnte die zur »Festung« erklärte Stadt bis zum 6. Mai 1945 hartnäckig verteidigt werden.[112]
Trotz des offensichtlichen Zusammenbruchs seiner Ostfront sandte Hitler die aus den Ardennen abgezogene 6. SS-Panzerarmee (unter SS-Oberstgruppenführer Sepp Dietrich) nicht an die Oder, sondern an den Plattensee. Dort in Ungarn sollte eine neue Offensive gestartet werden, um die wichtigen Ölfelder zu halten, vor allem aber, um den möglichen Verlust von Wien zu verhindern. Verstärkung bekam die Ostfront lediglich in Gestalt treu ergebener Generale und fanatischer Parteiführer: Generaloberst Schörner sollte mit der Heeresgruppe »Süd«, unterstützt durch den Gauleiter Hanke, Schlesien verteidigen; Generaloberst Rendulic übernahm die neue Heeresgruppe »Nord« (bisher Heeresgruppe »Mitte«) und hatte mit dem Gauleiter Koch die Verteidigung von Ostpreußen zu organisieren; der Reichsführer SS Heinrich Himmler schließlich wurde zum Oberbefehlshaber der neugebildeten Heeresgruppe »Weichsel« ernannt und sollte Pommern verteidigen. Gleichzeitig hatte Himmler »hinter der gesamten Ostfront auf deutschem Boden die nationale Verteidigung« zu gewährleisten.[113]
Mit diesem Personalwechsel ließ sich die Front jedoch nicht halten. Ohne eine ausreichende Zahl einsatzbereiter Soldaten und moderner Waffen konnte auch die deutsche Wehrmacht mit ihrer vielbeschworenen Führungskunst und trotz »eisernen Willens« keine Wunder vollbringen. Weder Schlesien noch Ostpreußen oder Pommern waren zu halten. Am 22. Februar bereits mußte Posen kapitulieren, am 26. Februar erreichte die Rote Armee bei Kolberg die Ostsee.[114] Die eingeschlossene Stadt wurde zur »Festung« erklärt. In den Kinos des noch unbesetzten Teils Deutschlands lief derweil das gerade noch rechtzeitig fertiggestellte Propaganda-Epos von der Verteidigung Kolbergs im Jahre 1807. Trotz wiederholter Verteidigungsbefehle Hitlers mußte Kolberg aber am 18. März aufgegeben werden. Am 28. März fiel Gdingen und am 30. März Danzig, das seit dem 14. März eingeschlossen war.
Die mit unzulänglichen Kräften geführten Abwehrkämpfe in Ostdeutschland führten in den strengen Wintertagen zu hohen Verlusten unter der Zivilbevölkerung. Das war aber nicht Ergebnis eines fanatischen Volkswiderstandes, den die Nationalsozialisten organisieren wollten. Die anti-

bolschewistische Haß- und Greuelpropaganda hatte nicht den Widerstandswillen gestärkt, sondern zu einer unorganisierten Fluchtbewegung von Millionen Menschen geführt. Da sie zu spät, oft erst in letzter Minute erfolgte, wurden viele Flüchtende direkt in die Kämpfe verwickelt oder auf der Flucht von den russischen Panzern eingeholt und getötet. Auch die großspurig angekündigten »Gegenoffensiven« mußten bei vielen die Hoffnung nähren, der näherrückenden Front durch ein vorübergehendes Verlassen der Heimatorte entgehen zu können.

Hohe Verluste forderten auch die militärisch sinnlosen Straßenkämpfe in den zu »Festungen« erklärten Städten. Als Breslau am 6. Mai kapitulierte, waren 70 Prozent der Gebäude durch Artilleriebeschuß vernichtet oder schwer beschädigt. Auch Königsberg war nahezu vollständig zerstört, als es am 9. April von der Roten Armee erobert wurde.[115] Gauleiter Koch hatte sich rechtzeitig aus der Stadt abgesetzt und war auf einem Eisbrecher über die Ostsee nach Dänemark geflüchtet. Er wußte, daß ihn die Russen als ehemaligen »Reichskommissar für die Ukraine« zur Rechenschaft ziehen würden. Auch Schlesiens Gauleiter Hanke ließ seine Mitkämpfer in Breslau im Stich und machte sich mit dem Flugzeug davon.

Schließlich nahmen auch die Übergriffe und Morde einer teilweise rachedurstigen und verwilderten sowjetischen Soldateska, die in Ostpreußen begonnen hatten, in Schlesien und Pommern kein Ende. Es vergingen 45 Jahre, bis dieses Unrecht in der sowjetischen Presse offen benannt werden konnte. Alexander Wasinskij schrieb in der »Iswestija« vom 10. Juli 1991:

> »Im Krieg gab es Greueltaten der Deutschen und der unseren. Man brachte [Menschen] so um, als würde man Wasser ausgießen. Sysojew erzählte, daß er einmal in Pommern einen Stiefelabdruck sah, ›es war ein frischer Abdruck, einer von uns [...]‹ Er folgte der Spur, hinter einem Wäldchen lag eine Villa. Er tritt ein – ein aschgrauer alter Mann liegt mit dem Gesicht nach unten in einer Blutlache, ein Hund leckt das Blut. Er jagte den Hund fort, betrat die Zimmer, dort liegen auf dem Boden, ›wie die Finger‹, vier junge Frauen. Alle haben ein Loch in der Stirn. Und im nächsten Zimmer saß eine ganz junge bei einem Kinderwagen, so als seien die Hände daran angewachsen. ›Ich schaue, im Kinderwagen liegt ein Säugling mit einem Loch in der Stirn. Ich wandte mich zurück zu dem erschlagenen Alten, drehte ihn um; auch der Alten war in die Stirn geschossen worden wie allen sieben [...] Vielleicht haben die Deutschen seine [d. h. des sowjetischen Täters, die Verf.] Familie umgebracht oder verbrannt [...]«[116]

V. Die Eroberung und Besetzung des Reiches durch die Alliierten

Abb. 6: Hitlers letzter Besuch an der Ostfront bei der 9. Armee im März 1945 (Foto: Bibliothek für Zeitgeschichte, Stuttgart)

Von der Oder zur Elbe:
Der sowjetische Vorstoß zur Einschließung Berlins

Ende Januar 1945 bereits hatten sowjetische Truppen an einigen Stellen die Oder, das letzte natürliche Hindernis vor Berlin erreicht und sogleich Brückenköpfe gebildet.[117] Wiederholte deutsche Gegenstöße scheiterten. Strategisch wichtig für den Vorstoß auf die 70 km entfernte Reichshauptstadt war die erfolgreiche Ausweitung des Brückenkopfes bei Küstrin. Damit war die gesamte Oderfront aus deutscher Sicht gefährdet, die von der bereits geschlagenen Heeresgruppe »Weichsel« verteidigt werden mußte. Die »Nibelungenstellung« entlang von Oder und Neiße sollte nach früheren Überlegungen des deutschen Generalstabs als »Rückhalt im entscheidenden Kampf um den Kern des Deutschen Reiches dienen«.[118] Der Ausbau eines Verteidigungssystems wurde aber viel zu spät in Angriff genommen. Erst am 9. März 1945, als der Beginn der Entscheidungsschlacht an der Oder bereits unmittelbar bevorstand, erging ein Befehl zum Bau befestigter Stellungen in und um Berlin, als Rückhalt für drei Stellungssysteme an Oder und Neiße.
In aller Eile wurde die Bevölkerung angetrieben, Panzergräben auszu-

heben und tiefgestaffelte Stellungen zu bauen. Besonders stark befestigte man die Seelower Höhen, die den kürzesten Weg nach Berlin versperrten. Alle noch verfügbaren Reserven wurden zur Auffüllung des Abwehrriegels genutzt und große Minenfelder angelegt. Obwohl ausreichende Reserven fehlten, um etwaige Durchbrüche abriegeln zu können, gab sich Hitler Mitte April zuversichtlich, daß die Schlacht vor Berlin mit einem »Abwehrsiege« enden werde.[119] In seinem »Tagesbefehl an die Kämpfer der Ostfront« vom 16. April 1945, der auch in allen noch erscheinenden Zeitungen des Reiches publiziert wurde, fand er beschwörende Worte zum Durchhalten:

> »Zum letzten Male ist der jüdisch-bolschewistische Todfeind mit seinen Massen zum Angriff angetreten. Er versucht, Deutschland zu zertrümmern und unser Volk auszurotten. Ihr Soldaten aus dem Osten wißt zu einem hohen Teil heute bereits selbst, welches Schicksal vor allem den deutschen Frauen und Kindern droht. Während die Alten, Männer und Kinder ermordet werden, werden Frauen und Mädchen zu Kasernenhuren erniedrigt. Der Rest marschiert nach Sibirien.«[120]

Auch die Rote Armee bereitete sich auf den entscheidenden Angriff mit großer Intensität vor. In den Oderbrückenköpfen bei Frankfurt und Küstrin wurden große Mengen an Artillerie zusammengezogen. Zahlreiche Brücken konnten, teilweise unter Wasser gelegen und so gegen Fliegersicht geschützt, im eiskalten Fluß gebaut werden. Innerhalb von zwei Wochen sollte die Elbe erreicht werden. Den schwierigsten Auftrag hatte die 1. Belorussische Front unter Marschall Schukow, die im Frontalangriff über die Seelower Höhen Berlin einnehmen sollte.[121]
Am 16. April 1945 begann der sowjetische Großangriff mit einem gewaltigen Trommelfeuer. Nach ersten Geländegewinnen blieb der Vorstoß auf Seelow aber in blutigen Kämpfen mit der deutschen 9. Armee und den hier stationierten Verbänden der Berliner Flak liegen. Lange konnte die geschwächte 9. Armee aber nicht standhalten. Nach wenigen Tagen brach die deutsche Abwehrfront der Heeresgruppe »Weichsel« unter Generaloberst Gotthard Henrici unter den sowjetischen Schlägen auseinander.
Erfolgreich war auch der gleichzeitige Angriff der 1. Ukrainischen Front unter Marschall Konjew südlich an der Lausitzer Neiße bei Muskau. Unter der Wucht sowjetischer Massenangriffe wurde die schwache Front der 4. Panzerarmee, die den linken Flügel der Heeresgruppe »Mitte« bildete, aufgerissen. Da auf deutscher Seite keine Reserven mehr bereitstanden, stießen Tausende von sowjetischen Panzern und mehrere Infanterie-Armeen nach Sachsen hinein sowie in nordwestlicher Richtung zur Einschließung Berlins und nach Westen in Richtung Elbe vor. Müh-

66 V. Die Eroberung und Besetzung des Reiches durch die Alliierten

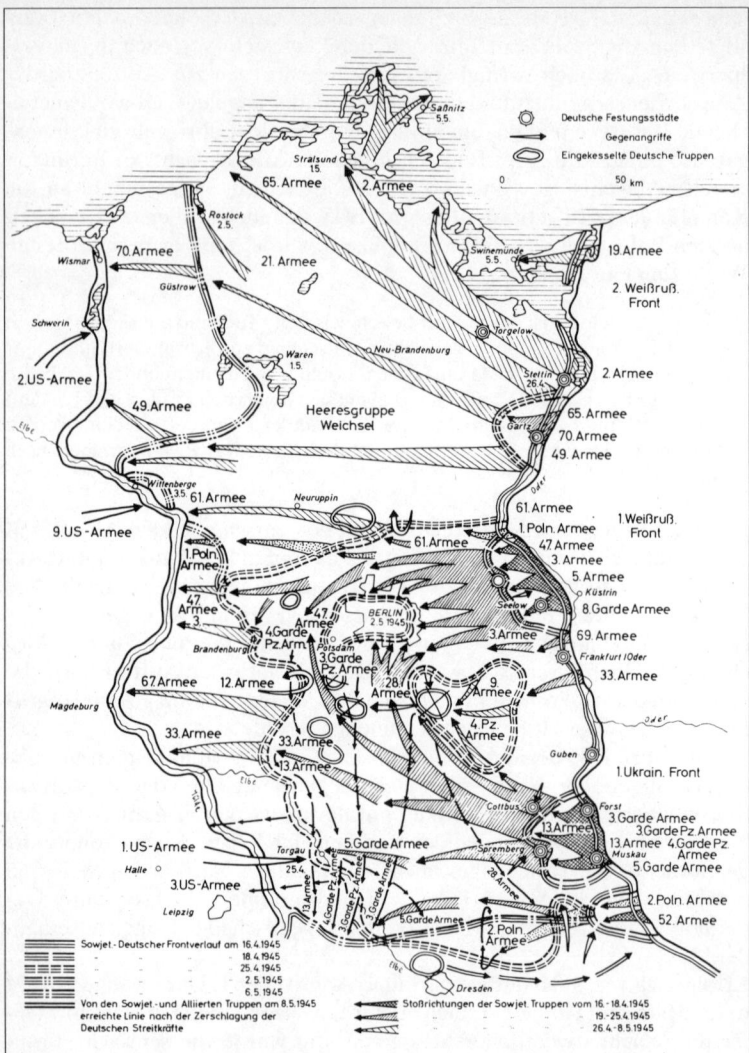

Karte 3: Sowjetische Operationen zur Einschließung Berlins, April–Mai 1945
(aus: Dollinger/Jacobsen, Die letzten hundert Tage, S. 145)

sam versuchte die Heeresgruppe »Mitte«, einen Gegenangriff in nördlicher Richtung zu organisieren, und konnte doch den Vorstoß der Verbände Konjews auf Cottbus nicht verhindern.
Der sowjetische Vormarsch vollzog sich mit solcher Geschwindigkeit, daß das Oberkommando des Heeres sein Quartier bei Zossen Hals über Kopf räumen mußte. Sowjetische Panzer erschienen am 20. April – Hitlers Geburtstag – südlich von Berlin an der Autobahn und bedrohten den Rücken der 9. Armee. Eine Zurücknahme dieser Armee an der Hauptstadt vorbei, um zusammen mit der 3. Panzerarmee eine neue Verteidigungsfront östlich der Elbe aufzubauen, wurde von Hitler untersagt. Zersprengte Reste deutscher Einheiten und Flüchtlingskolonnen zogen verzweifelt durch das Land nach Westen. Am 21. April war die 9. Armee südostwärts von Berlin eingeschlossen. Ihr letzter Kampf dauerte bis Anfang Mai.[122]
Auch die 4. Panzerarmee konnte sich in ihrer dünnen Verteidigungsfront im südlichen Sachsen nicht lange halten. Am 25. April 1945 trafen bei Torgau an der Elbe Truppen der 69. US-Infanteriedivision und der 58. sowjetischen Gardedivision aufeinander. Am selben Tage konnte bei Ketzin, nordwestlich von Postdam, der Belagerungsring um Berlin geschlossen werden. Hitlers Befehl an die 4. Panzerarmee in der letzten Aprilwoche, einen Entlastungsangriff aus dem Raum Dresden über 200 km in Richtung Berlin zu führen, war völlig illusorisch. In heftigen Abwehrkämpfen zog sie sich in Richtung auf die tschechische Grenze, zurück.
Am 20. April 1945 trat die 2. Belorussische Front am Unterlauf der Oder zur nördlichen Umfassung an. Trotz schwieriger Geländeverhältnisse gelang es unter heftigen Gegenangriffen, einen Brückenkopf südlich von Stettin zu bilden. Beide Seiten erlitten schwere Verluste. Die Deutschen büßten dabei ihre letzten Reserven ein. Der 3. Panzerarmee drohte von beiden Flanken her eine Umfassung, denn auch bei Seelow war die 1. Belorussische Front unter hohen Verlusten mittlerweile durch das deutsche Verteidigungssystem gestoßen. Die Russen verloren dabei 30 000 Mann und 727 Panzer. Im schnellen Vorstoß auf Berlin und nördlich an Berlin vorbei rissen die Truppen des Marschalls Schukows die Flanke der 3. Panzerarmee auf.[123] Die Bildung neuer Auffanglinien mißlang. Selbst Eliteverbände lösten sich auf deutscher Seite auf und suchten den Weg nach Westen. Ein Stoßkeil der 2. Belorussischen Front suchte in Richtung Pritzwalk zur Elbe vorzudringen und traf am 3. Mai bei Grabow mit britischen Soldaten zusammen. Unter Einbeziehung der Mecklenburger Seenplatte sollten die Reste der 3. Panzerarmee und der 21. Armee, zusammen mit eilig aus Kurland herbeigeschafften Verstärkungen, eine neue Verteidigungsfront bilden.[124] Drei

weitere Stoßkeile der Russen in Richtung Ostseeküste machten diesen Plan jedoch rasch wieder zunichte. Am 30. April wurde Greifswald besetzt, am 1. Mai Stralsund, einen Tag später Rostock. Am 3. Mai begegneten sich südwestlich von Wismar ebenfalls sowjetische und britische Soldaten.

Nach dem Durchbruch der Oderfront hoffte man im deutschen Hauptquartier auf die Stärke des Berliner Verteidigungssystems. Darüber hinaus bemühte man sich, unter Aufbietung weiterer Reserven die Front vor Berlin zu stabilisieren. Gegenangriffe an verschiedenen Frontabschnitten sollten die Hauptstadt entlasten und den Feind entscheidend schwächen. Um jeden Preis wollte man Zeit gewinnen.

Bringen »Wunderwaffen« die Wende?

Anfang April 1945, als sich die Wehrmacht an der Oder auf die letzte Offensive der Russen vorbereitete und die Angloamerikaner nahezu ungehindert in Richtung Elbe marschierten, traf Hitler eine lebenswichtige Entscheidung. Er ordnete an, daß die sogenannten Spitzenkampfstoffe, d. h. die modernsten und tödlichsten chemischen Kampfstoffe, nicht in Feindeshand fallen durften. Wollte Hitler also seine letzte Schlacht mit der furchtbarsten Massenvernichtungswaffe schlagen, die damals in der Welt bekannt war?

Über »Wunderwaffen«, die eine Wende des Krieges bringen würden, raunte die deutsche Propaganda schon seit der Niederlage in Stalingrad Anfang 1943. Immer wieder hatte man auf diese Weise den Widerstandswillen der Wehrmacht und der deutschen Bevölkerung zu stärken versucht. Die Ankündigung von »Wunderwaffen« sollte wohl auch die anderen Mächte beeindrucken und die Feindkoalition von einer Verschärfung der Kriegführung abhalten. Auch wenn diese Propaganda nicht wenige Deutsche zeitweilig blenden mochte, im großen und ganzen jedoch blieb ihre Wirkung gering. Was Hitler von Zeit zu Zeit an neuen Waffen auf dem Schlachtfeld zum Einsatz brachte, ob das moderne Sturmgewehr, den Tiger-Panzer oder die sensationellen Düsenjäger, reichte mengenmäßig nicht aus, eine durchschlagende militärische Wende herbeizuführen. Der technische Vorsprung auf einzelnen Gebieten zahlte sich nicht aus, da der Gegner meist rasch nachzog und in seiner quantitativen wie qualitativen Überlegenheit nicht zu erschüttern war. »Wunder« konnten die neuen Waffen also nicht bewirken.

Das galt ebenso für die sogenannten Vergeltungswaffen (V-Waffen), die modernen Fernraketen »V 1« und »V 2«.[125] Auch sie hatten nicht die Erwartungen erfüllt, die von deutscher Seite bei der Vorbereitung ihres

Einsatzes gehegt worden waren. Seit dem Beginn der alliierten Bomberoffensive hoffte Hitler brennend darauf, eine Vergeltungswaffe in die Hand zu bekommen. Das Mitte Juni 1944 einsetzende Bombardement auf London löste, wie Goebbels notierte, einen Freudentaumel in der deutschen Bevölkerung aus.[126] Mit den Raketen konnte Hitler zwar den Briten schmerzhafte »Nadelstiche« zufügen, für eine militärische Wende reichte das aber nicht aus. Bis zum 31. Dezember 1944 waren 13714 Flugbomben »V 1« und 1561 »V 2«-Raketen abgefeuert worden, im Frühjahr 1945 dann nochmals 9000 Flugbomben und 1913 Raketen. Am 27. März war in London die letzte V 2 detoniert, am 5. April in Antwerpen.[127]

Auf alliierter Seite fürchtete man nicht zu Unrecht, daß die Deutschen noch über stärkere Waffen verfügten, die als »Waffen der letzten Entscheidung« zwar den Nazis nicht zum Sieg verhelfen, aber den bislang konventionellen Charakter des Krieges verändern konnten. Immerhin hatte Deutschland seit dem Ersten Weltkrieg auf dem Gebiet der chemischen Kampfstoffe eine führende Stellung inne.[128] Die Wehrmacht verfügte in der Tat über riesige Bestände an Gasmunition und über entsprechende Fabrikationsanlagen. Es war ihr sogar gelungen, mit den neuen Nervengift-Kampfstoffen eine chemische Superwaffe zu entwickeln, die den Alliierten unbekannt geblieben war.

Solange die Wehrmacht in der ersten Kriegshälfte auf dem Vormarsch war, hatte man einen möglichen Einsatz dieser Massenvernichtungswaffe als unpraktisch eingestuft, aber in der Abwehr boten sich neue Einsatzchancen. Aus dem Blickwinkel der Alliierten stellte sich die Lage natürlich umgekehrt dar. Sie brauchten diese Waffe nicht für die Eroberung Deutschlands, mußten aber einen deutschen Verzweiflungsschlag fürchten. Hitler hatte im Frühjahr 1944 die Vorbereitungen für den Gaskrieg erheblich intensivieren lassen. Doch im Wettlauf der Entwicklung neuer Superwaffen war er längst ins Hintertreffen geraten. Seine Gaswaffe wurde durch die glaubhafte Androhung einer Vergeltung mit neuentwickelten biologischen Waffen der Briten und durch die kurz vor dem Abschluß stehende Entwicklung von Atombomben der Amerikaner[129] zu einem stumpfen Schwert. Die eigene Entwicklung von biologischen und atomaren Waffen steckte noch in den Anfängen und war von Hitler ohne den nötigen Nachdruck betrieben worden.

Eine erste sich anbietende Gelegenheit, die neue chemische »Wunderwaffe« einzusetzen, war während der Invasion in der Normandie ungenutzt geblieben. Auch die zweite Option, zu der Hitler von Goebbels und anderen führenden Nazis gedrängt worden war, die Ostfront mit Hilfe von Giftgas zu stabilisieren, hatte der Diktator ausgeschlagen. Er wußte, daß er mit diesen Waffen keinen »Endsieg« erreichen konnte, sondern

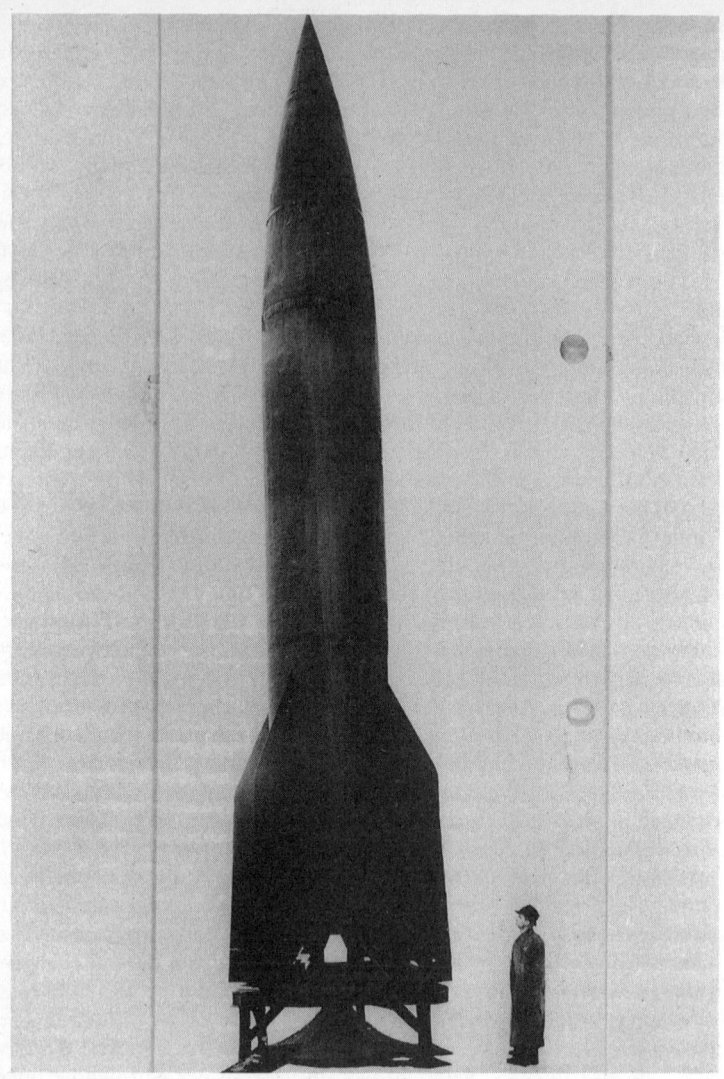

Abb. 7: Hitlers Wunderwaffe »V-2« bringt nicht die Wende. (Foto: BA-MA, Freiburg)

lediglich einen begrenzten Überraschungserfolg. Eine vernichtende Vergeltung durch den Feind wäre aber gewiß gewesen. So blieb nur die verzweifelte Hoffnung auf einen Zerfall der gegnerischen Koalition. Dann hätte der Besitz einer Superwaffe ein geeignetes Verhandlungsobjekt sein können.

So ist zu verstehen, daß die modernsten Anlagen zur Herstellung der Nervengifte Tabun und Sarin im März 1945 nicht rechtzeitig zerstört worden waren. Die Fertigungen in Dyhernfurth an der Oder nördlich von Breslau und in Falkenhagen östlich von Berlin liefen auf vollen Touren, obwohl die Rote Armee in Reichweite war. Ihr Besitz war, wenn es gelang, die Oderfront zu halten, von unschätzbarem Wert. Darüber hinaus war man bemüht, die aus Posen evakuierten Anlagen zur Herstellung von bakteriologischen Waffen, insbesondere von Pesterregern, in Thüringen wieder aufzubauen. Hitlers bereits erwähnter Befehl von Anfang April 1945 zielte also darauf ab, die in Niedersachsen und Mitteldeutschland gelagerten Vorräte von »Spitzenkampfstoffen« vor dem Zugriff der Angloamerikaner zu bewahren.

Schon längst hatte sich aber in deutschen Führungskreisen eine Gruppe von Männern gebildet, die entschlossen war, den sinnlosen Einsatz von Giftgas und Bakterien zu verhindern. Zu ihr gehörten Rüstungsminister Speer und der Generalstab des Heeres. Auch der Wehrmachtführungsstab stellte Mitte April 1945 neue Überlegungen an, um die riskanten Verlagerungen zu beenden. Es gehe vor allem darum, so hieß es in einer Vortragsnotiz, dem Feind keinen Vorwand zu bieten, um gegen das restliche Reichsgebiet mit seiner eng zusammengedrängten Bevölkerung einen Gaskrieg größten Stils zu eröffnen.[130] Vorgeschlagen wurde daher die Abgabe einer Erklärung gegenüber dem neutralen Ausland, daß Deutschland keinen Gaskrieg beabsichtige. Dem Feind sollten die Vorratslager zur Kenntnis gebracht und geordnet übergeben werden. Der Chef des OKW trug diese Anregungen am 16. April dem Diktator vor, vergeblich, denn Hitler blieb bei seinen Anordnungen. Der Schutz der eigenen Bevölkerung war für ihn, der in der Weltuntergangsstimmung seines Bunkers in Berlin bereits unmittelbar von sowjetischen Truppen bedroht war, kein bedenkenswerter Gesichtspunkt. Mit dem Einsatz dieses Massenvernichtungsmittels ein letztes Fanal zu setzen, in Deutschland tatsächlich eine »Verbrannte Erde« zu hinterlassen, blieb ihm jedoch zum Glück aus Mangel an technischen Einsatzmöglichkeiten versagt.

Vom Rhein bis zur Elbe:
Der Vormarsch der britisch-amerikanischen Armeen

Knapp vier Wochen nach den Sowjets setzten auch Briten und Amerikaner zum Sturm auf das Reich an. Am 8. Februar 1945 eröffneten die 21. englische Armeegruppe unter Feldmarschall Montgomery und die 12. US-Armeegruppe unter General Bradley zusammen mit kanadischen Verbänden den Angriff.[131] Nach wenigen Tagen mußten die deutschen Truppen das linksrheinische Gebiet aufgeben und sich hinter den Rhein zurückziehen. Am 6. März ging Köln verloren. Einen Tag später erreichte die 9. US-Panzerdivision die unzerstörte Eisenbahnbrücke bei Remagen. Der Vorstoß war so überraschend erfolgt, daß die strategisch wichtige Brücke über den Rhein nicht mehr gesprengt werden konnte. Die Amerikaner nutzten die günstige Gelegenheit und bildeten sofort am rechten Rheinufer einen Brückenkopf. Am selben Tage begannen die 3. US-Armee unter General Patton sowie die nach Süden einschwenkende 1. französische und 7. US-Armee der 6. US-Armeegruppe unter General Devers, den saarpfälzischen Raum zu besetzen. Das Saargebiet, Kaiserslautern und Bingen wurden von den Alliierten eingenommen.

Zwei Wochen später, am 23./24. März 1945, setzten die Angloamerikaner zum Hauptangriff an. Der alliierte Oberbefehlshaber Eisenhower hatte sich entschieden, die auf Norddeutschland gerichtete Konzentration seiner Kräfte aufzulösen.[132] Den Hauptstoß sollte Bradleys 12. US-Armeegruppe weiter in Richtung Dresden–Leipzig führen. Die nördliche Flanke hatten die Briten unter Montgomery durch einen Vorstoß in Richtung Hannover-Lübeck zu decken. An der südlichen Flanke sollte die 6. Armeegruppe mit amerikanischen und französischen Verbänden nach Süddeutschland und Österreich vorstoßen. Nicht Berlin, sondern die sogenannte »Alpenfestung« wollte Eisenhower möglichst rasch erobern.

Für den amerikanischen Oberbefehlshaber standen militärische Zielsetzungen im Vordergrund. Es ging ihm darum, die deutschen Armeen an der Westfront in zwei Teile zu spalten und gründlich zu zerschlagen. Von besonderer Bedeutung war die Einnahme des Ruhrgebietes, der traditionellen Rüstungsschmiede des Reiches, und des mitteldeutschen Industrieviers, dem Zentrum der modernen Rüstungsfertigung. Darüber hinaus war Eisenhower über Meldungen besorgt, daß die Deutschen in der »Alpenfestung« starke Verteidigungsanlagen errichten wollten. Churchill protestierte heftig gegen diese Absage an einen schnellen Vorstoß auf Berlin. Er konnte sich jedoch nicht durchsetzen. Mit seiner Entscheidung zum Vorstoß nach Süden überließ es Eisenhower der Roten Armee, den Berliner Raum freizukämpfen.

Vom Rhein bis zur Elbe: Der Vormarsch der britisch-amerikanischen Armeen

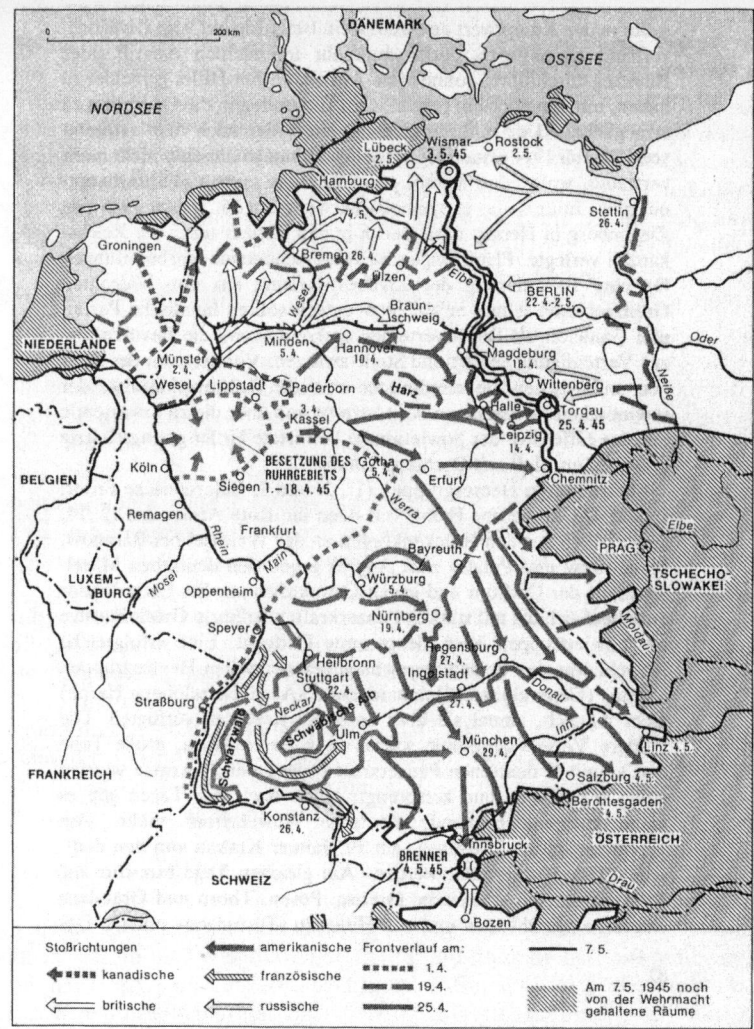

Karte 4: Die West- und Südfront, 1945 (aus: Cartier, Der Zweite Weltkrieg, S. 900)

Aus dem Brückenkopf bei Remagen trat Bradleys Armeegruppe am 23./ 24. März an. Bereits am 29. März war die im Ruhrgebiet unter dem Befehl von Generalfeldmarschall Model kämpfende Heeresgruppe »B« ohne Verbindungen zu ihren Nachbarn. Ein Entlastungsvorstoß der Deutschen aus dem Raum Kassel blieb stecken, denn die Amerikaner sicherten schneller als erwartet die Flanken ihrer Panzerverbände mit kampfkräftigen Infanteriedivisionen ab. Nach schweren und verlustreichen Kämpfen im Raum Paderborn gegen SS-Verbände konnte Bradley schließlich am 1. April mit der Einnahme von Lippstadt den Ring um Models Verbände schließen.

Mehr als 20 Divisionen mit rund 325 000 Mann, größtenteils unbeweglich und mit geringer schwerer Bewaffnung, sollten auf Hitlers Befehl im Ruhrkessel ausharren. In teilweise erbitterten Kämpfen drangen die Amerikaner in die Ballungszentren vor. Die Versorgung der Zivilbevölkerung in den dicht besiedelten und seit Jahren bombardierten Städten war längst zusammengebrochen. Zehntausende von waffenlosen versprengten Soldaten tauchten in den schwer zerstörten Großstädten unter.[133] Model lehnte jedes Kapitulationsangebot ab. Seine Heeresgruppe löste sich schließlich auf und stellte am 25. April den Kampf ein. Der Oberbefehlshaber flüchtete in den Selbstmord, seine Soldaten gaben sich gefangen.

Schon während der Zerschlagung des Ruhrkessels setzte Bradley mit seinen vier Armeen und 1,3 Millionen Soldaten den Vormarsch in die mehr als 200 km breite Lücke nach Osten fort. Ziel war, Leipzig einzunehmen und an die Elbe heranzurücken. Pattons 3. US-Armee übernahm nach der Einnahme von Darmstadt, Frankfurt und Aschaffenburg die Spitze mit einen tiefen Vorstoß über Fulda nach Thüringen hinein. Da die 9. US-Armee noch im Teutoburger Wald im Kampf mit deutschen Fallschirmjägern festhing, mußte Patton anhalten, bis die Flanken gesichert waren.

Nach dem Verlust der Werra- und Fuldalinie befahl Hitler die Bildung der »Festung Harz«. In ihrem Schutz sollte sich eine neue Armee formieren und anschließend einen Gegenstoß führen. Fast zwei Wochen brauchten die Amerikaner, um in heftigen Waldgefechten die 11. deutsche Armee bis zum 23. April zu zerschlagen. Bereits am 5. April war die 9. US-Armee mit Teilkräften nach Niedersachsen hineingestoßen, hatte im Kampf gegen größere deutsche Flakverbände am 10. April Hannover eingenommen und einen Tag später die Elbe erreicht. Am 13. April setzten die Amerikaner südlich von Magdeburg über den Fluß. Widerstand wurde von den Deutschen kaum noch geleistet. Selbst die Parteifunktionäre hielten sich nur selten an die aus Berlin gegebenen Appelle zum fanatischen Durchhalten.

Der Vorstoß nach Thüringen hatte den Amerikanern einen weiteren, sicher nicht unwillkommenen Vorteil verschafft. Dort befand sich nämlich die geheime Schatzkammer des Reiches. In zahlreichen unterirdischen Räumen waren die wertvollsten Museumsstücke aus allen Reichsgebieten eingelagert worden. Noch am 6. März 1945 hatte Hitler angeordnet, die Kunstschätze der Museen und Schlösser im bedrohten Berlin mit größter Eile zu evakuieren. Deshalb war der Goldschatz der Reichsbank und zahllose wertvolle Kunstgüter mit Hilfe der SS nach Thüringen transportiert worden. Auch in einer Saline nahe Helmstedt hatte man Einlagerungen vorgenommen. Bei den Verantwortlichen spielte dabei die Überlegung eine nicht unwesentliche Rolle, diese eigenen Schätze sowie die während des Krieges in den von Deutschland besetzten Gebieten geraubten Kunstschätze als Faustpfand für seperate Friedensverhandlungen mit den Westmächten oder einen späteren Friedensvertrag nutzen zu können. Die Rechnung ging zumindest teilweise auf. Bereits am 12. April 1945 besichtigten Eisenhower, Bradley und Patton im Depot Kaiserroda/Merkers in Thüringen die erbeuteten deutschen Pretiosen. Bei der späteren Übergabe des Gebietes an die Russen versäumten die Amerikaner nicht, diese Schätze rechtzeitig wegzuführen – viele unersetzliche Kunstgüter sind auch fünfzig Jahre danach noch spurlos verschwunden.[134]

Montgomery hatte mit seinen Truppen am 23./24. März bei Wesel den Rhein überschritten und war ins Emsland vorgestoßen.[135] Im Raum der »Festung Holland« gelang es der Heeresgruppe »H« unter Generaloberst Blaskowitz, organisierten Widerstand zu leisten und den Vormarsch von Briten und Kanadiern zu verzögern. Die persönliche Rivalität zwischen Eisenhower, Bradley und Montgomery spielte bei diesem Ergebnis keine geringe Rolle.[136] Auch ein Durchbruch der Alliierten zur Nordseeküste konnte vorerst verhindert werden. Die britische 2. Armee erreichte am 10. April Celle und befreite das Konzentrationslager Bergen-Belsen. Am 9. April stießen die Briten bei Lauenburg bis zur Elbe vor. Mit dem Gebiet der »Festung Holland«, dem Besitz der wichtigen Nordseehäfen und dem Zugang nach Dänemark und Norwegen verblieb die Wehrmacht aber noch immer ein straff organisiertes Kräftezentrum im Nordraum.

Vom Main zur Moldau:
Die Besetzung Süddeutschlands und der »Alpenfestung«

Zur südlichen Abdeckung des amerikanischen Hauptvorstoßes nach Mitteldeutschland war die 6. alliierte Armeegruppe unter General Jacob L. Devers eingesetzt. Seit der Räumung des deutschen Brückenkopfes um Colmar am 9. Februar stand die ganze linksrheinische Seite bis zur pfälzischen Grenze unter der Kontrolle der westlichen Alliierten. Die 3. US-Armee unter General Patton setzte am 22./23. März bei Oppenheim/Mainz über den Rhein.[137] Mit der Eroberung von Mannheim am 29. und der kampflosen Einnahme von Heidelberg begannen die US-Truppen, die deutsche Rheinfront von Norden nach Süden aufzurollen.

Die amerikanische 3. Armee setzte ihren Vorstoß entlang der Mainlinie in Richtung Nürnberg fort. Dadurch wurde die deutsche Heeresgruppe »G« am Oberrhein in ihren Verbindungen zur nördlich stehenden 7. Armee gefährdet. Der Oberbefehlshaber der Heeresgruppe, SS-Oberstgruppenführer und Generaloberst der Waffen-SS Hausser, beantragte vergeblich einen allgemeinen Rückzug nach Süden und Südosten. Hitler ließ ihn ablösen und verlangte vom neuen Oberbefehlshaber, General der Infanterie Friedrich Schulz, mehrere Wochen Widerstand in Süddeutschland zu leisten. Dann würden sich durch den Masseneinsatz von Strahlflugzeugen die Kriegsbedingungen entscheidend verändern.[138]

Obwohl Schulz alle verfügbaren Kräfte mobilisierte und bei Aschaffenburg und bei Crailsheim die nach Süden einschwenkenden Teile der 7. US-Armee abzufangen versuchte, brach die bislang geschlossene Front der Heeresgruppe »G« Mitte April auseinander. Die nun folgende Absetzbewegung nach Osten und Südosten artete rasch in einen fluchtartigen Rückzug aus. Anlaß dazu bot die Überflügelung der Heeresgruppe durch die 3. amerikanische Armee, die in Richtung Thüringen vorstieß und dabei mit Teilen in südlicher Richtung nach Coburg-Bayreuth eindrehte. Darüber hinaus näherten sich die Verbände der 7. US-Armee und der 1. französischen Armee Ulm und Stuttgart, nachdem die Franzosen im Rheintal vorgedrungen waren und am 4. April Karlsruhe eingenommen hatten.

Nach Absprache des alliierten Oberkommandos sollten die Truppen de Gaulles die deutschen Verbände am Oberrhein eigentlich nur passiv binden und erst später nach erfolgreichem Vorstoß der US-Armeen Südwestdeutschland besetzen. Der französische Staatschef war aber aus machtpolitischen Gründen nicht mit dieser Aufgabe zufrieden. Er gab dem Oberbefehlshaber der 1. französischen Armee, General de Lattre de Tassigny, den Auftrag, möglichst rasch und notfalls ohne Zustimmung der

Abb. 8: NS-Propaganda-Plakat mit Durchhalte-Appell für Frankfurt am Main, Januar 1945 (Foto: Privatbesitz)

Amerikaner über den Rhein vorzustoßen und Südwestdeutschland durch eine eigene Offensive zu erobern.[139]

General de Lattre entschloß sich, am 31. März 1945 bei Speyer mit dem II. französischen Korps über den Rhein zu gehen und auf diese Weise die Oberrhein- und Schwarzwaldrand-Stellung von Nordwesten zu umgehen. Die Franzosen stießen von Karlsruhe, das sie am 4. April eingenommen hatten, nach Süden vor und machten die nach Westen ausgerichteten Riegelstellungen der Deutschen wertlos. Mitte April setzten die Franzosen zusätzlich mit einem Korps bei Straßburg über den Rhein. Den konzentrischen Angriffen aus mehreren Richtungen hielten die Deutschen nicht länger stand. Ab 19. April drückten Amerikaner und Franzosen die gesamte Nordfront der Armee mit Übermacht nach Süden. Tübingen wurde am gleichen Tag erobert.[140] Hier wie auch in anderen badischen Städten kam es durch französische Kolonialtruppen zu erheblichen Exzessen gegenüber der Zivilbevölkerung. Am 24. April erreichten die Franzosen bei Lörrach die schweizerische Grenze.[141]

Nach der Eroberung von Stuttgart und Ulm am 22. und 24. April hatte General Eisenhower den Schwerpunkt der Offensive in Süddeutschland auf den linken Flügel verlegt und entlang der Donau in Richtung Linz angegriffen. Nach erbittertem Kampf drangen die Amerikaner am 20. April (Hitlers Geburtstag) in Nürnberg, der »Stadt der Reichsparteitage der NSDAP«, ein. Mit raschem und breitgefächertem Stoß setzten sie die Offensive nach Süden fort. München, die »Hauptstadt der nationalsozialistischen Bewegung«, fiel am 30. April in ihre Hand.[142] Teile der 3. US-Armee stießen über den Böhmerwald in Richtung Karlsbad und Pilsen vor. Sie waren aber zu schwach, um Prag noch vor der Roten Armee einnehmen zu können.

Die 7. US-Armee rückte in breiter Front auf die Alpen vor. Bei Vorstößen in Richtung Tirol und Kärnten kam ihr die 11. alliierte Armeegruppe aus Oberitalien entgegen. Nach der völligen Zertrümmerung der deutschen 19. Armee in Südwestdeutschland standen zur Verteidigung des nördlichen Alpenrands keine nennenswerten Truppen mehr bereit. Der »uneingeschränkte Besitz der Alpenfestung«, wichtiges Ziel der deutschen Kriegführung, um noch einige Monate durchhalten zu können, war nicht mehr gewährleistet.[143]

Die Vorbereitungen in der »Alpenfestung« waren nur halbherzig durchgeführt worden. Die Reste der deutschen Truppen in Norditalien lösten sich bereits ebenfalls auf und ihre Führer suchten ein Arrangement mit den Amerikanern. In Österreich wurde die Heeresgruppe »Ostmark« von den Russen schwer bedrängt.[144] Am 3. Mai stand die amerikanische 7. Armee in Innsbruck und traf zwei Tage später am Brenner auf die aus

Italien vorrückenden alliierten Verbände. Am 6. Mai stellte schließlich die Heeresgruppe »G« für die noch verbliebenen deutschen Truppen den Kampf in Süddeutschland ein.
So kam auch für Hitler ein mögliches Ausweichen von Berlin in die Alpen nicht mehr in Betracht. Resignierend erklärte er am 25. April in einer Lagebesprechung im Bunker der Reichskanzlei: »Es ist völlig zwecklos, im Süden zu sitzen, weil ich dort keinen Einfluß und keine Armee habe. Ich wäre dort nur mit meinem Stabe. Einen süddeutsch-ostmärkischen Gebirgsblock könnte ich nur halten, wenn auch Italien als Kriegsschauplatz behauptet werden könnte.«[145]
Die endgültige Zerschlagung der Wehrmacht im März/April 1945 zwischen Rhein und Oder bedeutete für den Diktator den Verlust seiner letzten Machtmittel. Auf die verbliebenen »Inseln« im Norden und Süden hatte er, wie er es selbst empfand, kaum noch Einfluß. Ihr militärischer Wert war ohnehin gering. Daraus politische Faustpfänder zu machen, dieses zweifelhafte Geschäft überließ er lieber anderen. Auch ein Umzug in den fast fertiggestellten »Endkampf«-Bunker in Thüringen kam nun nicht mehr in Betracht. Hitler zog es vor, trotzig in Berlin – in seiner »Festung« – auszuharren und dort, anstatt in der Einsamkeit des Thüringer Waldes, das Ende zu erwarten.

VI. Der Zusammenbruch des europäischen Faschismus

Die Beseitigung von Nationalsozialismus und Faschismus war das erklärte Kriegsziel der Anti-Hitler-Koalition. Mit der Niederwerfung der Wehrmacht als dem äußeren Schutzschild des Deutschen Reichs war dieses Ziel noch längst nicht erreicht. Bevor die Siegermächte an die Zerschlagung der inneren Kräfte und Strukturen des NS-Systems gehen konnten, mußten noch seine beiden stärksten Bollwerke fallen. Die eigentliche Seele des Widerstandes und der Kriegsverlängerung war der deutsche Diktator. Während andere Kräfte seines Regimes schon seit längerem nach Möglichkeiten eines Arrangements mit den Siegermächten suchten, beharrte Adolf Hitler, der diesem System seit 1933 seinen Stempel aufgedrückt hatte, auf Fortsetzung des Kampfes bis zum »Endsieg«. Solange dieser Mann lebte, das hatten ein Jahr zuvor auch die Verschwörer vom »20. Juli« gewußt, gab es kaum Chancen, den Nationalsozialismus aus Deutschland zu vertreiben.
Die stärkste Stütze des Diktators bildete, neben Wehrmacht, Partei und Staatsapparat, die SS Heinrich Himmlers. Sie hatte sich während des Krieges zum Staat im Staate entwickelt und hielt das Land mit einem einzigartigen System von Terror und Vernichtung fest im Griff. Hitlers persönliches Regiment und Himmlers SS-Staat mußten fallen, um den Nationalsozialismus als Gefahr für die Welt auslöschen zu können.
Hitler, der Nationalsozialismus und das »Dritte Reich« bildeten zugleich den Kern des faschistischen Systems in Europa. Seit Mussolinis »Marsch auf Rom« im Jahre 1922 hatten sich in vielen Ländern faschistische Bewegungen und Parteien entwickelt. Die Zeit von 1920 bis 1945 ist auch als »Epoche des Faschismus« charakterisiert worden.[146] In unterschiedlichen Graden und Ausprägungen waren faschistische bzw. autoritäre Staaten entstanden, für die Hitler und der deutsche Nationalsozialismus keineswegs immer das Vorbild gewesen sind, bei denen aber in vielen Fällen der deutsche Diktator als Geburtshelfer gewirkt hatte. Abgesehen von Spanien und Portugal setzten sich diese Regime im Zweiten Weltkrieg dann aktiv auf der Seite Deutschlands ein. Allein waren sie alle nicht lebensfähig. Mit der Beseitigung Hitlers und seines »Dritten Reiches« zerfiel auch zwangsläufig das faschistische System in Europa.

Hitlers Tod in Berlin

Als Hitler am 20. April 1945 seinen 56. Geburtstag feierte, zeichnete er im Garten seiner Reichskanzlei Angehörige der Jugend, die seinen Namen trug, mit dem Eisernen Kreuz aus. Sie wurden als letzte in den sinnlosen Kampf geworfen, um mit ihrem Opfer dem Diktator noch einige Tage Überleben zu sichern. An diesem Tage traf die Bewohner Berlins ein schweres Luftbombardement der Angloamerikaner, und die Panzerspitzen der 1. Ukrainischen Front standen bereits 20 km südlich der Stadt bei Zossen, wo das Oberkommando des Heeres schleunigst Reißaus nehmen mußte.

Die Bomben der Amerikaner und die Artillerie der Russen spürte Hitler allerdings wenig. Er befand sich im Anschluß an seine Geburtstagszeremonie im Garten wieder 16 Meter unter der Erde im sogenannten »Führerbunker«.[147] Dort konnte er den aufmunternden Worten seines Propagandaministers lauschen, der sich, wie in den Jahren zuvor, am Vorabend des Geburtstages über den Rundfunk an die »Volksgenossen« gewandt hatte. Joseph Goebbels, der als einziger der alten Weggefährten und Paladine Hitlers in Berlin geblieben war, sprach melodramatisch von der »letzten Prüfung«.[148] Das hofften wohl auch die meisten Berliner, allerdings in dem Sinne, daß endlich der Krieg aufhörte. Der Minister jedoch wollte erreichen, daß die Deutschen in diese bevorstehende »schwerste Probe« hineingingen »voller Hoffnung und in einer tiefen unerschütterlichen Gläubigkeit« an das »Genie« Hitlers. Den »Führer« bezeichnete er noch einmal als den »größten Staatsmann« seiner Zeit.

Ähnliche Beschwörungsformeln richtete Goebbels in den nächsten Tagen an die eingeschlossene Berliner Bevölkerung. Als Gauleiter und Reichsverteidigungskommissar war er jetzt auch für die Verteidigung der Reichshauptstadt als »Frontstadt« zuständig. Er rief zum Kampf »mit fanatischer Verbissenheit« auf. Die Stadt werde »bis zum Letzten verteidigt«. An den Mauern Berlins werde und müsse »der Sturm der Bolschewisten« gebrochen werden.[149]

Mit der Hysterie seiner Propagandasprache überdeckte Goebbels aber lediglich seine eigenen Zweifel. Er hat sich keine Illusionen über die Wirksamkeit seiner Propagandaformeln gemacht. Seit mehr als einem Jahr hatte er seinem Tagebuch die niederschmetternden Erkenntnisse über den Zerfall der Ostfront und den Niedergang der Kampfmoral anvertraut.[150] Er mußte also wissen, daß weder von den Soldaten noch von der Bevölkerung »Wunder« des Heldenmuts zu erwarten waren. Das eigentliche Wunder hatte er in den letzten Wochen deshalb auch von einem Zerfall der feindlichen Koalition erwartet. Nachdem diese Erwartungen fehlgeschlagen waren, blieb ihm nur noch die Inszenierung des

Untergangs. Goebbels war es dann auch, der Hitler in seinem Entschluß bestärkte, in Berlin zu bleiben. Nach Abschluß der makabren Geburtstagsfeier erklärte der »Führer« seine Absicht, selbst die Leitung der Verteidigung Berlins zu übernehmen. Seinen Gefolgsleuten erlaubte er, sich nach Nord- und Süddeutschland abzusetzen. Großadmiral Karl Dönitz, der Oberbefehlshaber der Kriegsmarine, ging nach Plön in Schleswig-Holstein. Heinrich Himmler fuhr nach Hohenlychen in Norddeutschland, und »Reichsmarschall« Hermann Göring ließ sich von seiner Luftwaffe nach Berchtesgaden bringen. Auch Rüstungsminister Speer zog es vor, sich aus Berlin herausfliegen zu lassen und im Westen Deutschlands das Kriegsende abzuwarten.

Gleichzeitig mit der politischen Führungsspitze gliederte sich auch die Wehrmachtführung um. Das Oberkommando der Kriegsmarine hoffte, gestützt auf seine noch weitgehend feindfreien Basen an der Nord- und Ostsee, sich durch Verhandlungen mit den Briten glimpflich aus der Niederlage davonstehlen zu können. Mit allen Mitteln wollte man eine Wiederholung der »Schmach« von 1918, als eine meuternde Marine das Signal zur Revolution gab, verhindern. Das Oberkommando der Luftwaffe löste sich auf, da es keine Luftstreitkräfte mehr zu kommandieren gab. Das Oberkommando des Heeres wurde mit dem Oberkommando der Wehrmacht zusammengelegt. General Hans Krebs, der letzte Generalstabschef des Heeres, blieb als Gehilfe Hitlers bis zum Ende in dessen Nähe.

Als am 22. April 1945 die letzte größere Lagebesprechung tief unter der Erde im »Führerbunker« stattfand, mußte Hitler erkennen, daß seine verzweifelten Befehle, Berlin durch Entlastungsangriffe von außen zu retten, keinen Erfolg gebracht hatten. Ihre Ausführung wurde von den Befehlshabern zumeist nicht einmal ansatzweise versucht, weil die verfügbaren Kräfte für größere militärische »Operationen« schon längst nicht mehr vorhanden waren. Hitler, mittlerweile durch seinen körperlichen und psychischen Verfall sowie die übermäßige Einnahme von Medikamenten und Drogen in schlechter Verfassung, erlitt bei dieser Besprechung einen Zusammenbruch. Er gab nun den Krieg für verloren. Die Schuld an der Niederlage schob er »Verrätern« zu, die ihn jahrelang umgeben hätten. Kapitulieren wollte er aber nicht. Er verkündete seinen Entschluß, sich zu erschießen. Die Reichshauptstadt Berlin aber sollte weiter verteidigt werden. Ihre Millionenbevölkerung wollte der Diktator offenbar mit in seinen Untergang hineinziehen.

Doch die im Bunker versammelten Gefolgsleute machten ihm noch einmal Mut. Sie redeten ihm ein, es bestünde noch Hoffnung durch einen Entsatzangriff der im März neuaufgestellten 12. Armee unter General Walther Wenck. Sie sollte aus westlicher Richtung auf den Einschlie-

ßungsring vorstoßen, ebenso wie die »Armeegruppe Steiner« (III. SS-Panzerkorps unter SS-Obergruppenführer Felix Steiner) aus dem Norden. Beide Armeen besaßen allerdings ihre volle Kampfstärke nur noch auf dem Papier. Sie waren außerstande, die Belagerungskräfte der Sowjetmarschälle Schukow und Konjew wirkungsvoll anzugreifen. Am 23. April ernannte Hitler den Kommandierenden General des LVI. Panzerkorps, General der Artillerie Helmuth Weidling, der sich mit seinen Resttruppen eigentlich nach Westen hatte zurückziehen wollen, überraschend zum Kampfkommandanten und »Befehlshaber des Verteidigungsbereichs von Berlin«. Mit den darauf in die Stadt zurückgenommenen Kampftruppen des Panzerkorps konnte die bereits an den Stadtrandsiedlungen verlaufende Frontlinie nochmals verstärkt werden.
Am selben Tag geschah etwas Ungeheuerliches – aber für den Zerfall des NS-Systems zugleich Symptomatisches: Göring sandte aus Berchtesgaden einen Funkspruch, in dem er mitteilte, er wolle als Hitlers Nachfolger die Macht übernehmen. Er berief sich darauf, daß Hitler selbst ihn am 29. Juni 1941 zu seinem Stellvertreter und designierten Nachfolger ernannt hatte und der »Führer« jetzt in Berlin nicht mehr frei handeln könne. Kurz darauf erfuhr Hitler aus einer im Bunker mitgehörten Meldung der britischen Nachrichtenagentur Reuter, daß Himmler über den schwedischen Grafen Bernadotte den Angloamerikanern die Kapitulation der Westfront angeboten hatte.
Hitler und die im Bunker verbliebenen Nazi-Führer tobten. Göring und Himmler wurden vom Diktator, der – den eigenen Selbstmord bereits vor Augen – dieses Handeln nur noch als feigen Verrat interpretieren konnte, ihrer Ämter enthoben. Bormann sandte an Großadmiral Dönitz und die SS-Stelle am Obersalzberg Funksprüche, wonach gegen beide mit schärfsten Mitteln vorgegangen werden sollte. Ihre Festnahme wurde befohlen. Himmlers Verbindungsoffizier bei Hitler, SS-Gruppenführer Fegelein, wurde als Mitwisser – man hatte ihn bereits in Zivilkleidung aufgegriffen – im Hof der Reichskanzlei erschossen. In einer waghalsigen Aktion ließ Hitler außerdem den Generaloberst Ritter von Greim nach Berlin kommen. Er wurde zum Generalfeldmarschall und an Stelle Görings zum Oberbefehlshaber der nicht mehr existenten Luftwaffe ernannt.[151] Nachdem der Flugplatz Gatow am Wannsee bereits von den Russen erobert worden war, gelang der bekannten Pilotin Hanna Reitsch am 29. April der Rückflug mit Greim aus Berlin nur mit Mühe von der Ost-West-Achse, die zur behelfsmäßigen Start- und Landebahn hergerichtet worden war.
Der eigentliche »Endkampf« um das eingeschlossene Berlin begann mit einem mehrstündigen Trommelfeuer durch die Artillerie der Roten Armee und pausenlose Jagdbomberangriffe auf die inneren Stadtviertel.[152] In Berlin standen Alarm- und Volkssturmeinheiten sowie die Reste des

LVI. Panzerkorps und Flakverbände als Verteidigungskräfte zur Verfügung. Das waren rund 45 000 Soldaten aller Waffengattungen, darunter auch viele Freiwillige der Waffen-SS aus Frankreich, Holland, Norwegen, Belgien und Lettland, sowie 40 000 Angehörige des Volkssturms und 4000 Hitlerjungen. An schweren Waffen gab es 40 bis 50 Kampfpanzer. Für eine regelrechte Verteidigung als »Festung« reichten die Vorbereitungen nicht aus. Auf der anderen Seite waren weit überlegene sowjetische Streitkräfte mit rund 2,5 Millionen Mann aufmarschiert.

Es kam zu großen Verlusten unter der Zivilbevölkerung. Die Berliner lebten seit Tagen in Kellern und Ruinen unter erschwerten Bedingungen, da die Versorgung mit Lebensmitteln, Strom, Gas und Wasser ausgefallen war. Am 27. April gab Hitler den folgenschweren Befehl, die Schleusen der Spree zu öffnen und die S-Bahn-Tunneldecke sowie die Schottenkammern des Landwehrkanals zwischen Schöneberger- und Möckernbrücke zu sprengen. Auf diese Weise sollten die S- und U-Bahn-Schächte, in die sowjetische Soldaten immer wieder eindringen konnten, geflutet werden. Der Preis war hoch: Viele verwundete deutsche Soldaten und Zivilisten, die unter dem Anhalter und dem Postdamer Bahnhof Schutz gesucht hatten, kamen dabei um.

Trotz hartnäckiger Straßenkämpfe, bei denen es teilweise zu einem Kampf »von Dachstuhl zu Dachstuhl« kam, mußten sich die Verteidiger allmählich auf das Stadtzentrum zurückziehen. Hier war um den »Führerbunker« der engere Verteidigungsbereich »Zitadelle« unter dem Kommando von SS-Brigadeführer Mohnke gebildet worden. Ihm unterstanden im Abschnitt »Unter den Linden« die auf deutscher Seite kämpfenden Franzosen der 33. Waffen-Grenadier-Division der SS »Charlemagne« und die lettischen Freiwilligen der 15. Waffen-Grenadier-Division der SS. Bei ihnen zog die politische Parole vom »Krieg Europas gegen den Bolschewismus« noch am ehesten.[153] Sie hatten aber auch als Kollaborateure nichts mehr zu verlieren. Der Weg in die Heimat war ihnen auf alle Fälle versperrt.

Mit Waffen und Munition konnten die Verteidiger nicht ausreichend versorgt werden. Dafür erhielten sie den »Panzerbären« ausgeteilt, das »Kampfblatt für die Verteidiger von Groß-Berlin«. Goebbels und sein Staatssekretär Naumann veröffentlichten hierin ihre letzten verlogenen Durchhalte-Appelle. Sie schürten die Illusionen um den Entsatzversuch der »Armee-Wenck«[154] und ermahnten die Berliner, die Hoffnung auf den »Endsieg« nicht aufzugeben. In der letzten Ausgabe vom 28. April proklamierte Goebbels: »Unsere Aufgabe ist klar: Wir stehen und halten! Bei uns ist der Führer! Wo aber der Führer ist, ist der Sieg!«[155] Das war ein schwacher Trost, selbst für fanatische Nationalsozialisten, denn vom »Endsieg« war nichts zu sehen. Am Tag zuvor waren Potsdam und

Spandau verlorengegangen, und das Oberkommando der Roten Armee hatte schon den ersten sowjetischen Stadtkommandanten, Generaloberst Bersarin, ernannt.

Dennoch zwangen fanatische Parteifunktionäre und junge SS-Führer Bevölkerung und Soldaten mit Hilfe von fliegenden Standgerichten und Exekutionskommandos zum Weiterkämpfen.[156] Der sinnlose »Endkampf« um die Millionenstadt wurde dadurch noch einmal verlängert. Den von General Weidling entworfenen Ausbruchsplan lehnten Hitler und Goebbels ab. Der Diktator erklärte dazu: »Wenn schon das Ende kommt, dann in der Reichskanzlei. Es gibt für mich keinen Kompromiß. Die Gefangennahme schon gar nicht. Ich bleibe in Berlin.«[157] Das entsprach seiner seit Kriegsbeginn eingenommenen Haltung. Doch nun, tief unter der Erde im »Führerbunker«, blieb nichts übrig von den immer wieder beschworenen Phrasen einer »Götterdämmerung« oder vom bevorstehenden »Heldentod des Führers«. Im Angesicht des nahen Endes war Hitler schließlich sogar bereit, seine langjährige heimliche Geliebte Eva Braun zu heiraten. Sie befand sich seit dem 15. April 1945 in der Reichskanzlei und hatte eine Flucht aus Berlin abgelehnt. Am späten Abend des 28. April fand die Trauung im Bunker statt. Ein Mitarbeiter des Propagandaministeriums spielte bei der gespenstischen Szene den Standesbeamten.

Am nächsten Tag beschoß die sowjetische Artillerie bereits das Gelände der Reichskanzlei. General Weidling erklärte nun, daß er den Kampf mit seinen Truppen nur noch 24 Stunden fortsetzen könne. Daraufhin verfaßte Hitler sein persönliches und politisches Testament (vgl. Dok. 17 u. 18, S. 173 ff.).[158] Wichtigste Bestimmung war die Ernennung von Großadmiral Karl Dönitz zu seinem Nachfolger als Reichspräsidenten und Goebbels zum Reichskanzler. Am Morgen des 30. April bestätigte das Oberkommando der Wehrmacht per Funk, daß ein Entsatz Berlins nicht mehr möglich sei.

Gegen Mittag stürmten sowjetische Soldaten der Schützenregimenter Nr. 380, 674 und 756 zum nahegelegenen Reichstag. Um 14.25 Uhr konnten sie auf der Kuppel des zerstörten Gebäudes die Rote Fahne hissen. Um 15.30 Uhr zerbiß Hitler, bis zuletzt selbstgerecht und voller Vorwürfe gegen andere, die ihn angeblich verraten hatten, eine Zyankalikapsel und erschoß sich; seine Frau starb durch die Giftkapsel. Wie es Hitler zuvor befohlen hatte, verbrannten SS-Adjutanten die beiden Leichen im Garten der Reichskanzlei. Dadurch sollte verhindert werden, daß sie sowjetischen Soldaten in die Hände fielen und möglicherweise – wie Tage zuvor in Norditalien die Leichen Mussolinis und seiner Geliebten – öffentlich zur Schau gestellt wurden; gleichwohl fiel Hitlers Leichnam in die Hand der Roten Armee, womit eine groteske Odyssee beginnen sollte.[159]

Nach Absprache mit dem neuen »Reichskanzler« Goebbels fuhr General Krebs am 1. Mai zu dem sowjetischen Armeegeneral Tschuikow, um ihm den Waffenstillstand anzubieten.[160] Da die sowjetische Seite aber die bedingungslose Kapitulation verlangte, wurden die Gespräche ergebnislos abgebrochen.
Martin Bormann, als Hitlers persönlicher Sekretär bisher die »graue Eminenz« des Regimes, funkte erst jetzt an Dönitz, daß Hitler ihn zum Nachfolger ernannt habe, ohne dem Admiral jedoch mitzuteilen, daß der Diktator bereits tot war. Am Abend dieses dramatischen Tages kam aus dem »Führerhauptquartier« endlich die offizielle Meldung über den Tod Hitlers. Auch diese letzte Meldung war – wie viele zuvor – eine Lüge: Der »Führer« – den man doch schon lange nicht mehr mit einer Waffe in der Hand gesehen hatte – sei in der Reichskanzlei »bis zum letzten Atemzug gegen den Bolschewismus kämpfend für Deutschland gefallen«.[161]
Kurz darauf vergiftete sich Joseph Goebbels mit seiner ganzen Familie. Die Generale Krebs und Burgdorf erschossen sich. Noch in der Nacht zum 2. Mai versuchten mehrere Kampfgruppen unter SS-Brigadeführer Mohnke, mit Reichsleiter Bormann, Reichsjugendführer Axmann und Staatssekretär Naumann aus Berlin auszubrechen. Dabei ist Bormann nach Augenzeugenberichten umgekommen.[162] Noch Jahrzehnte hielten sich dennoch Legenden über eine angeblich gelungene Flucht nach Südamerika. Anderen gelang es tatsächlich, sich noch bis nach Schleswig-Holstein ins Hauptquartier von Dönitz durchzuschlagen. In den ersten Stunden des 2. Mai akzeptierte endlich General Weidling als Kampfkommandant von Berlin die Forderung General Tschuikows nach bedingungsloser Kapitulation. Sie trat um 15 Uhr in Kraft.
Am Abend dieses 2. Mai 1945 schoß man in der sowjetischen Hauptstadt Freudensalut. Gerade die Moskauer Bevölkerung jubelte aus verständlichen Gründen über die Einnahme der Reichshauptstadt. Vor dreieinhalb Jahren, im Dezember 1941, als deutsche Truppen die Vororte von Moskau erreicht hatten, war sie nur knapp ihrer völligen Vernichtung, die Hitler angeordnet hatte, entgangen.[163]
Das Oberkommando der Wehrmacht berichtete am 4. Mai, während noch an vielen Stellen geschossen und gestorben wurde, in einer Meldung aus dem Hauptquartier von Großadmiral Dönitz noch im gewohnten Nazi-Pathos: »Der Kampf um die Reichshauptstadt ist beendet. In einem einmaligen heroischen Ringen haben Truppen aller Wehrmachtsteile und Volkssturmeinheiten, ihrem Fahneneid getreu bis zum letzten Atemzuge Widerstand geleistet und ein Beispiel besten deutschen Soldatentums gegeben.«[164] Kein Wort war von den Generalen darüber zu vernehmen, daß dieses Soldatentum von Hitler bis zuletzt für sein persönliches Machtstreben mißbraucht worden war, und daß sich die Repräsentanten dieses Sol-

datentums tief in Hitlers verbrecherische Kriegführung hatten verstricken lassen. Die meisten Deutschen, die bei den letzten sinnlosen Kämpfen ums Leben kamen oder ihre Gesundheit verloren hatten, waren ohnehin keine »Soldaten«, sondern Zivilisten!

Das Ende des SS-Staates

Hitlers Aufrufe zum fanatischen Widerstand »bis zum letzten Atemzug« waren trotz des Terrors der Standgerichte in den letzten Kriegswochen von der Mehrheit der Deutschen nicht befolgt worden. Das galt auch für seine »treuesten« Anhänger, die sich nicht scheuten, andere als angebliche Defaitisten und Deserteure zu ermorden und dabei doch bereits selbst nach einer Fluchtmöglichkeit aus dem befohlenen Untergang suchten. Heinrich Himmler, der »treue Heinrich«, wie er sich gern titulieren ließ, hielt seinen SS-Staat mit aller Strenge zusammen, konnte aber nicht verhindern, daß sein »Schwarzer Orden« zerfiel und Tausende von SS-Männern den Kampf von sich aus einstellten.
Der »Reichsführer SS«, uneingeschränkter Herr dieses zerbröckelnden Imperiums der Konzentrationslager und Folterkammern[165], hatte sich als militärischer Oberbefehlshaber am Oberrhein und in Pommern gründlich blamiert. Weder er noch seine SS-Soldaten hatten »Wunder« vollbringen können. Danach versuchte er mit allen Mitteln, seinen Kopf zu retten. Er, der seinen Männern das Motto »Unsere Ehre heißt Treue« auf das Koppelschloß hatte prägen lassen, warf alle Prinzipien über Bord und klammerte sich verzweifelt an die Illusion, er könnte sich aus dem Untergang freikaufen.
Sein Faustpfand, wie er meinte, waren die Konzentrationslager mit Hunderttausenden von Gefangenen. Noch galt Hitlers Befehl, die Lager beim Herannahen des Feindes rücksichtslos zu evakuieren oder mitsamt ihren Insassen in die Luft zu sprengen.[166] Betroffen waren Menschen aus allen Teilen Europas, auch die Nazi-Gegner aus Deutschland, zu deren Befreiung die alliierten Truppen angetreten waren. Im Juli 1944 hatten sowjetische Truppen das zerstörte Vernichtungslager Majdanek in Polen betreten, der erste Einbruch in das gigantische System der Versklavung und Vernichtung, mit dem Himmlers SS ganz Europa überzogen hatte.[167]
Am frühen Nachmittag des 27. Januar 1945 befreiten dann Rotarmisten Auschwitz, das zweite große Konzentrations- und Vernichtungslager im Osten, Symbol des Nazi-Völkermords an den europäischen Juden. Die »Fabrik des Todes« mit ihren Gaskammern und Krematorien, den Baustellen und Rüstungsfabriken war in aller Eile von den SS-Wachmannschaften nur halb zerstört worden. Für rund 8000 zurückgelassene Häft-

linge endete ein unvorstellbares Martyrium somit doch noch mit der Befreiung. Die Masse der Arbeitssklaven von Auschwitz befand sich – ebenso wie Häftlingskolonnen anderer Lager – Anfang 1945 auf dem Weg in das rückwärtige Reichsgebiet. Es ist kaum möglich, die furchtbaren Bedingungen dieser Transporte zu beschreiben. Bald begannen auch die Räumungen und Liquidierungen im Westen des Reiches.
Während die SS an den zusammenbrechenden Fronten und im Hinterland weiterhin durch Terror und Massenmord ihr Schreckensregiment praktizierte, hatte ihr allmächtiger »Reichsführer« bereits seine Fühler ausgestreckt, um sich mit den Westmächten zu arrangieren. Eine Schlüsselrolle bei diesen Kontakten spielte in der letzten Kriegsphase sein Leibarzt Felix Kersten. Er übte auf Himmler großen Einfluß aus und besaß über Schweden Verbindungen sogar zu internationalen jüdischen Organisationen.[168] Seinen größten Erfolg erreichte Kersten am 12. März 1945: Himmler unterzeichnete eine schriftliche Vereinbarung, in der er seine Bereitschaft erklärte, die Durchführung des »Führerbefehls« zur Zerstörung der Konzentrationslager zu verhindern. Die Lager sollten »ordnungsgemäß« übergeben und jede weitere Tötung von Juden unterlassen werden. Ausgerechnet innerhalb der SS schien sich also in letzter Minute die »Vernunft« durchzusetzen, was in der Wehrmacht, z. B. im Hinblick auf die Bildung von Sanitätszonen[169], nicht möglich war.
Die Aktion der SS lief zunächst erfolgreich an. Um die Durchführung seiner Anordnungen sicherzustellen, ernannte Himmler am 6. April 1945 den SS-Standartenführer Kurt Becher zum »Reichssonderkommissar« für die Lager. Knapp eine Woche später, am 11. April, konnten amerikanische Truppen das erste große Konzentrationslager in Deutschland, Buchenwald bei Weimar, kampflos befreien.[170] Becher wandte sich sofort einem anderen Lager zu, dessen Name – neben Auschwitz – zum Symbol für die Grauen des SS-Staates geworden ist: Bergen-Belsen.
Anfang 1943, nach der Niederlage von Stalingrad, war – im Anschluß an ein großes Kriegsgefangenenlager – auf Anregung des Auswärtigen Amtes ein Speziallager in der Lüneburger Heide errichtet worden.[171] Die Idee der Diplomaten: Juden mit Pässen neutraler und überseeischer Staaten, insbesondere mit britischer und amerikanischer Staatsangehörigkeit, sollten aus dem systematischen Völkermord herausgehalten werden. Man wollte sie in einem »Aufenthaltslager« zur Verfügung haben, um sie als Tauschobjekte für Deutsche in alliierten Internierungslagern nutzen zu können.
Die SS entwickelte diese Idee schließlich weiter. Adolf Eichmann, der Regisseur des Völkermords an den europäischen Juden, wollte im Herbst 1944 die ungarischen Juden, derer die Deutschen nach dem Staatsstreich in Budapest nun habhaft geworden waren, gegen 10000 amerikanische

Lastkraftwagen austauschen. Dieses wie auch viele andere Projekte, die letztlich nur dazu dienten, mit den Westmächten ins »Geschäft« zu kommen, scheiterte. Nur 357 der etwa 5000 »Austauschjuden« gelangten auf diesem Weg in die Freiheit, außerdem Ende 1944 noch einmal 1685 ungarische Juden, die für rund 1000 US-Dollar pro Kopf freigekauft worden waren.[172]
Mitte 1944 war das Lager Bergen-Belsen zu einem sogenannten Erholungslager erweitert worden. Häftlinge vieler Nationalitäten, die beim Kommando »Dora«, einer riesigen unterirdischen Fabrikationsstätte für V-Waffen im Harz, schwer erkrankt waren, wurden – sofern man sie nicht direkt zur Ermordung ins Lager Majdanek schickte – nach Bergen-Belsen gebracht. Das »Erholungslager« war aber nichts anderes als ein Sterbelager, wo man die Kranken und Schwachen praktisch sich selbst überließ. Seit dem Herbst 1944 kam eine weitere Funktion hinzu. In ununterbrochenem Strom trafen Überlebende der Evakuierungstransporte aus den östlichen Lagern ein. Innerhalb von drei Monaten verdreifachte sich dadurch die Zahl der Lagerinsassen, ohne daß entsprechende Vorkehrungen getroffen worden waren. Ein französischer Häftlingsarzt beschrieb die Situation in den letzten Monaten:

»Belsen war das Lager, wo man die Greuel mit Scheinheiligkeit verübte. Hier gab es keine Massenhinrichtungen am Galgen; hier gab es keine Gaskammern. Man starb langsam, aber sicher. Der peinigende Hunger, die organisierte Vernachlässigung der Hygiene, die gewollten Epidemien, die Überfüllung der Unterkünfte, die Mißhandlungen, das Gefühl einer totalen Erniedrigung – das alles sicherte dem Krematorium die Erfüllung seines massiven und regelmäßigen Solls.«

Häftlinge, die andere deutsche Konzentrationslager kannten, nannten es den »wahrscheinlich schmutzigsten und verkommensten Platz, der je die Oberfläche der Erde verunzierte«.[173] Im März 1945 kamen noch die Transporte aus dem südwestdeutschen Raum dazu. Mehrere KZ-Außenkommandos der Lager Natzweiler (Elsaß) und Dachau (Bayern) konnten noch aus Baden und Württemberg evakuiert werden. Sie bildeten einen Teil des Wirtschaftsimperiums der SS.[174]
Im Zeichen des »Totalen Krieges« waren kriegswichtige Produktionsstätten teilweise unter die Erde verlagert worden. Bei den Bauarbeiten und auch zur Rüstungsfertigung setzte die SS Tausende von Häftlingen ein oder verlieh sie an private Unternehmer.
Zwei der wichtigsten Projekte im Südwesten waren der Ölschieferabbau auf der Schwäbischen Alb bei Schömberg und der Stollenbau bei Überlingen am Bodensee gewesen. Nach dem verheerenden Luftangriff auf Friedrichshafen hatte Hitler befohlen, die Produktion dieses wichtigsten

Rüstungszentrums in Südwestdeutschland in unterirdischen Stollen wiederaufzunehmen. Die mit dem Bau beauftragte Münchener Firma setzte dazu 2000 KZ-Häftlinge aus Dachau ein, ohne aber die Vorgabe – Fertigstellung in 100 Tagen – erfüllen zu können.[175]
Hier zeigte sich wie in vielen anderen Fällen eine letzte Metamorphose des SS-Staates in dem Wechselspiel von Zwangsarbeit, Ausbeutung und Vernichtung. Eines der schrecklichsten Beispiele war die unterirdische Rüstungsfabrik »Mittelbau Dora« in Thüringen.[176] Dort wurden seit 1943 in Serienfertigung Hitlers Raketen montiert. Die Aufgabe hatte Himmler dem SS-Brigadeführer Dr. Kammler übertragen. Schon während der Bauphase war ein großer Teil der aus dem KZ Buchenwald herantransportierten Häftlinge ums Leben gekommen. Als wahrhaft »menschenmordend« erwiesen sich die Arbeitsbedingungen. Tausende von Häftlingen mußten in den Gesteinsstollen Schwerstarbeit vollbringen, die meisten von ihnen Russen, Franzosen und Polen. Schwerkranke Gefangene wurden in mehreren Sammeltransporten zur Ermordung nach Majdanek und schließlich nach Bergen-Belsen verschleppt. Die katastrophalen Arbeitsbedingungen sorgten dafür, daß diese Transporte nicht aufhörten:

> »Tag und Nacht wurden weitere Hallen ausgesprengt. Gase und Gesteinsstaub wurden beständig aufgewirbelt, legten sich auf die Schlafstellen und wirkten verheerend auf Augen und Lungen der Häftlinge. Der Lärm der Detonationen beeinträchtigte ihre wenigen Schlafmöglichkeiten. [...] Die Bettstellen waren aus Brettern gefugt und 4fach übereinander montiert, bei einem Abstand von nur 60 cm, der es den Häftlingen unmöglich machte, sich aufzusetzen. Als Unterlage dienten Strohsäcke, die infolge der unbeschreiblich schmutzigen und unhygienischen Verhältnisse in den Stollen sowie der mangelnden Entlausungsmöglichkeiten binnen kurzem von Ungeziefer wimmelten. [...] In den Stollen gab es weder Wasch- noch Trinkwasser. Bis zu vier Monaten lang lebten und arbeiteten die Häftlinge ohne irgendeine Wasch- oder Bademöglichkeit. Ein Teil urinierte aus Verzweiflung in die Hände, um sich den Kalkstaub wenigstens aus dem Gesicht zu waschen. Eine Wasserleitung lief durch den Tunnel, doch wer sich mit Leckwasser zu waschen versuchte, wurde von den SS-Wachen geschlagen. Die Abortanlagen bestanden aus halbierten Benzinfässern. Diese Latrineneimer waren nach Zahl und Beschaffenheit so unzureichend, daß man allerorten in den Stollen auf menschliche Exkremente stieß.«[177]

In der Schlußphase des Krieges steigerten sich Terror und Grauen in einem unvorstellbaren Ausmaß. Obwohl der SS eigentlich im Interesse steigender Produktionszahlen daran gelegen sein mußte, die Häftlinge zumindest notdürftig am Leben zu erhalten, gingen die Todeszahlen kaum zurück. In der Zeit von Januar bis März 1945 trafen zusätzlich fast 18 000 Gefangene aus dem geräumten Auschwitz im Lager ein. Mit über 40 000 Insassen war das KZ Mittelbau nun hoffnungslos überfüllt. In den

Monaten Februar und März starben rund 5000. Das Krematorium reichte nicht aus, die unter den Schlägen oder infolge von Hunger und Krankheiten gestorbenen Menschen zu verbrennen. Massenexekutionen von skelettartig abgemagerten Gefangenen sollten Ausbruchsversuche verhindern.
Mitte März traf die Anweisung ein, daß kein Häftling den näherrückenden alliierten Truppen lebend in die Hände fallen dürfe.[178] Die Gefangenen sollten in den Stollenanlagen vergast oder auf dem Appellplatz erschossen werden. Nachdem sich ein Teil der SS-Besatzung abgesetzt hatte, verhinderte lediglich der Streit unter den Wachen die Ausführung des Befehls. Verstärkt durch ein bewaffnetes Kommando von Berufsverbrechern wurde schließlich Anfang April 1945 die Evakuierung des Lagers durchgeführt. Die mörderischen Transportbedingungen führten noch einmal zu einem Massensterben von Gefangenen.

> »Wir fuhren in Sonderzügen drei Tage lang in der Gegend herum, ohne ein Ausfahrtgleis zu finden, da viele Strecken durch Tiefflieger inzwischen zerstört waren. In den Viehwaggons, in die wir bis zu 150 Mann hineingepreßt waren, spielten sich furchtbare Szenen ab. Die Häftlinge durften nicht austreten, um ihre Notdurft zu verrichten. Viele erstickten in der qualvollen Enge. Dabei hatten die Häftlinge seit vielen Tagen nicht die geringste Nahrung mehr bekommen. In den Russenwaggons fielen die Häftlinge über ihre sterbenden Kameraden her und schnitten sich Fleischstücke heraus, die sie roh verzehrten. Schließlich mußte der Transport zu Fuß fortgesetzt werden... Wer aus Müdigkeit zurückblieb, wurde von der SS abgeschossen. Die SS hatte zahlreiche kriminelle Häftlinge bewaffnet, [...] die sich eine Lust daraus machten, politische Häftlinge abzuknallen.«[179]

Die Reste des Häftlingszuges erreichten am 11. April das KZ Bergen-Belsen. Überlebende Insassen der Nebenlager trafen in Gardeleben ein. Dort wurden auf Anordnung des Kreisleiters der NSDAP über 1000 Häftlinge in einer Scheune abgesondert. Unter Mitwirkung von Angehörigen der Wehrmacht, des Volkssturms und des Reichsarbeitsdienstes zündete man die Scheune an. Als amerikanische Truppen am 14. April in Gardeleben eintrafen, war erst die Hälfte der Opfer verscharrt worden.[180] Auch an vielen anderen Stellen in Deutschland versuchte die SS, die Spuren ihrer Verbrechen zu verwischen.
Himmlers Beauftragter Becher war am 10. April 1945 in Bergen-Belsen eingetroffen. Nach einem Bericht über die Lage erteilte der Reichsführer SS die Vollmacht, das ganze Lagergebiet der anrückenden britischen Armee zu übergeben. In dem riesigen Areal der Truppenübungsplätze Bergen und Munsterlager, zu dem nicht nur das KZ, sondern auch die geheimsten Produktionsstätten für neuentwickelte Nervengase gehörten, hatte sich die Wehrmacht bereits zur Verteidigung eingerichtet. Gegen

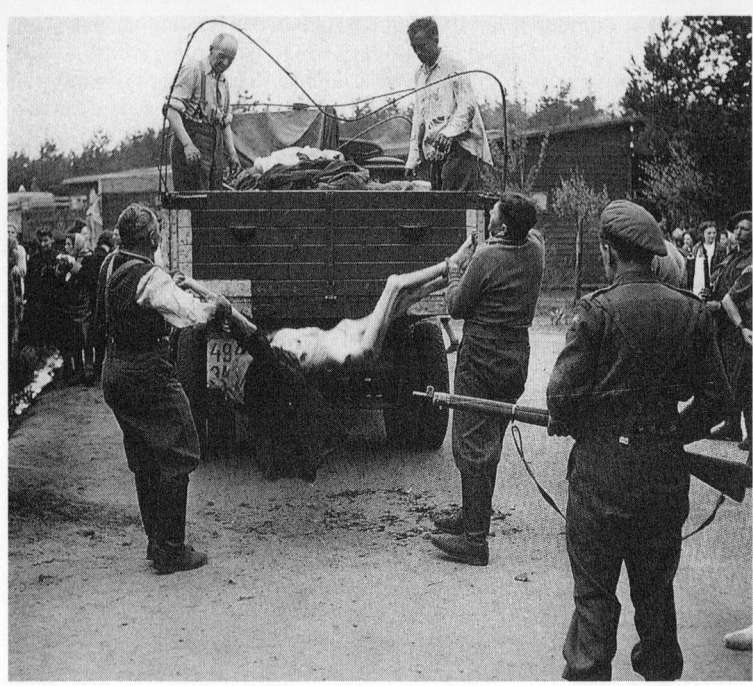

Abb. 9: Die »Hinterlassenschaft des SS-Staates« im befreiten KZ Bergen-Belsen (Foto: Imperial War Museum, London)

den anfänglichen Widerstand der Offiziere erreichte Becher schließlich die Übergabeverhandlungen mit den Briten. Es wurde ein förmlicher Waffenstillstand für den Raum Belsen abgeschlossen. Die SS-Mannschaften durften sogar ungehindert abziehen.
Am 15. April übernahmen die Briten das Lager. Der Anblick, der sich ihnen bot, war grauenhaft. Überall befanden sich Leichenberge. Fast 50 000 Menschen waren in den letzten Wochen ums Leben gekommen. Tausende von Häftlingen lagen schwerkrank oder zu Tode erschöpft und apathisch in den Blocks. Die meisten von ihnen überlebten die nächsten Tage nicht. Von den Briten gemachte Aufnahmen gingen durch die ganze Welt. Belsen, ein bisher unbekannter Name, wurde so zum Symbol für den verbrecherischen Charakter des SS-Staates.[181]
Vielleicht erkannte auch Himmler plötzlich, daß auf diese Weise kein Geschäft mit den Westmächten zu machen war. Einen Tag vor der Über-

Das Ende des SS-Staates 93

Abb. 10: Gedenktafel in Rheinsberg bei Neuruppin/Brandenburg zum Todesmarsch von KZ-Häftlingen aus Sachsenhausen im April 1945 (Foto: Ueberschär)

gabe von Bergen-Belsen hatte er sich offenbar eines anderen besonnen. In einem Funkbefehl an alle anderen noch bestehenden Lager verlangte er, daß kein Häftling lebend in Feindeshand fallen dürfe. In dem großen süddeutschen Konzentrationslager Dachau, Auffangstation für viele aufgelöste Außenkommandos, begannen die Evakuierungsmärsche der entkräfteten Gefangenen in Richtung »Alpenfestung«. Die nicht transportfähigen Häftlinge in den Außenkommandos bei Landsberg wurden in Erdhütten getrieben und lebendig verbrannt.[182]

Einem Blutrausch der SS fielen in den letzten Tagen des Krieges vor allem die politischen Gefangenen zum Opfer, darunter auch viele inhaftierte Angehörige des deutschen Widerstandes. Ihnen sollte die Befreiung und der Triumph über die braunen Machthaber nicht gegönnt werden. Furchtbare Szenen spielten sich dann noch einmal am 3. Mai 1945 ab, als britische Kampfflugzeuge in der Lübecker Bucht irrtümlich die »Cap Arcona« und andere Schiffe versenkten, auf denen evakuierte Häftlinge aus dem KZ Neuengamme zusammengepfercht worden waren.[183]

In seinem politischen Testament rühmte sich Hitler seiner erfolgreichen Vernichtungspolitik gegenüber den Juden und verstieß zugleich Heinrich Himmler, seinen Vollstrecker, weil er von dessen Westkontakten erfahren hatte. Himmler erlitt ein erbärmliches Ende. In Wehrmachtsuniform wurde er in einem britischen Gefangenenlager entdeckt und beging Selbstmord. Einigen seiner engsten Mitarbeiter erging es besser. Ihnen gelang – teilweise mit Unterstützung katholischer Priester und westlicher Geheimdienste – die Flucht nach Südamerika. Die Fälle Adolf Eichmann und des ehemaligen Gestapochefs von Lyon, Klaus Barbie, der erst vierzig Jahre später nach Frankreich ausgeliefert und dort endlich verurteilt wurde, sind die bekanntesten aus einer langen Reihe. Hitlers Appell an die Deutschen, den Kampf gegen die Juden fortzusetzen, fand zwar keinen Widerhall. Aber es dauerte nach Kriegsende Jahrzehnte, bis man das volle Ausmaß des Völkermordes an den europäischen Juden zu begreifen begann. Dieses von Deutschen begangene Verbrechen geht nicht nur auf das Konto der SS. Im bürokratischen Prozeß der »Endlösung der Judenfrage«, wie es die Nazis nannten, blieb kaum eine Behörde unbeteiligt. Nicht wenige Deutsche haben davon gewußt oder durch Gerüchte davon erfahren.

Hitlers Verbündete und Kollaborateure

In den letzten Wochen seines Lebens hatte Hitler im »Führerbunker« unter der Reichskanzlei noch einmal Gelegenheit, seinem »letzten Getreuen« Martin Bormann politische Reflexionen mitzuteilen, die er als sein Vermächtnis für die Nachwelt verstand. Von eigenen Fehlern war dabei allerdings nicht viel die Rede. Weder die Anzettelung des Zweiten Weltkrieges noch den befohlenen Völkermord an den Juden betrachtete Hitler als falsche Entscheidung. Nein, sein größtes Mißgeschick sei es gewesen, so meinte er, sich während des Krieges auf »unzuverlässige Verbündete« verlassen zu haben.
Vor allem bereute er als »Fehler« seine angebliche »unverbrüchliche Freundschaft« zum »Duce«, Benito Mussolini. Dabei bildete das faschistische Italien seit Mitte der dreißiger Jahre die wichtigste Stütze des »Dritten Reiches«. Es ist bezeichnend, daß Hitler als Erklärung für seine Enttäuschung auf tiefsitzende rassische und kulturelle Vorurteile zurückgriff.[184] Obwohl er erkannt habe, daß er sich an »Schwächlinge« gebunden hatte, so erklärte er gegenüber Bormann, sei er doch immer bemüht gewesen, die Verbündeten »von gleich zu gleich zu behandeln«. Sollte Hitler das wirklich ernst gemeint haben, dann belog er sich – wie so oft – selbst. Denn die Beziehungen zu den Staaten, die mit dem Deutschen Reich verbündet waren bzw. sich an dessen Seite am Krieg beteiligten (Italien, Japan, Finnland, Rumänien, Ungarn, Kroatien, Slowakei), hatten sich ganz anders entwickelt. Es gab keine offene, fest vereinbarte Partnerschaft oder zumindest eine abgestimmte politische Übereinkunft

über die gemeinsamen Ziele. Schon der vor Kriegsbeginn am 22. Mai 1939 abgeschlossene »Stahlpakt« zwischen Berlin und Rom hatte weniger eine gemeinsame Strategie zum Ziel als vielmehr die Abgrenzung der jeweiligen Interessenzonen. Auch das »weltpolitische Dreieck« Berlin–Rom–Tokio entsprach keineswegs der festen Allianz eines Militärbündnisses, wie die NS-Propaganda behauptete.[185] Weder informierte Hitler seinen »Partner« Mussolini über die Absicht, im Sommer 1939 den Krieg zu eröffnen, noch unterrichtete der italienische »Duce« den deutschen »Führer« ein Jahr später über seinen Angriff auf Griechenland. Diesen Schachzug der Italiener beurteilte Hitler später als »idiotisch, unzeitgemäß und dilettantisch«. Mussolinis kriegerischer Ehrgeiz zwang ihn nämlich dazu, dem Verbündeten im Mittelmeerraum bei dessen Parallelkrieg sowohl auf dem Balkan als auch in Nordafrika mit starken militärischen Kräften auszuhelfen.[186]

Hitlers Bemühungen nach dem Sieg über Frankreich, einen Kontinentalblock gegen die Angloamerikaner zu bilden, waren ebenfalls unvollendet geblieben. Zwar kam es im September 1940 zum Abschluß des Dreimächtepaktes und zu Sondierungsgesprächen mit den spanischen und französischen Staatschefs Franco und Pétain; beide verstanden es aber, sich der Umarmung Hitlers zu entziehen. Den spanischen Caudillo (= Führer) charakterisierte der deutsche Diktator in seinen Tischgesprächen abwertend als »marokkanischen Teppichhändler«, der mit ihm um den gewünschten Kriegseintritt Spaniens gefeilscht habe.

Mit seinem Vorbild Bismarck konnte sich Hitler eben doch nicht messen. Nicht die Diplomatie war sein bevorzugtes Metier, sondern der Krieg. Den allerdings betrieb er in den ersten Kriegsjahren so erfolgreich, daß sich die kleineren Staaten zeitweilig um seine Gunst bemühten. Als Hitler am 22. Juni 1941 die UdSSR überfiel, war die Teilnahme Finnlands, Rumäniens und Ungarns fest einkalkuliert. Die propagandistische Aufforderung zur Teilnahme am »Kreuzzug Europas gegen die UdSSR« fiel in vielen Staaten auf fruchtbaren Boden.[187]

»Kollaboration« wurde bald zum Begriff, meist als Schimpfwort, für die Zusammenarbeit einheimischer Regierungen mit der deutschen Besatzungsmacht in den besetzten Ländern Frankreich, Belgien, Norwegen, Griechenland, Jugoslawien, Dänemark und in den Niederlanden.[188] Pronazistische und pro-faschistische Führer wie Laval, Déat, Doriot, Degrelle, de Clercq, Quisling, Pavelic und Mussert – umstrittene Politiker ohne ausreichende Legitimation in ihren Ländern – erlagen der Illusion, sich durch Teilnahme am Krieg auf Hitlers Seite einen herausgehobenen Platz im neuen Europa zu verschaffen.

Allerdings wollte Hitler überhaupt keine Kollaboration, sondern Unterwerfung und Unterordnung. Was er brauchte, war freie Hand für seine

Ausbeutungs- und Machtpolitik auch für die Zeit nach dem Siege. Er war daher nicht bereit, mit seinen Verbündeten politische Vereinbarungen über die Kriegsziele einzugehen. Ähnlich wie Italien im Mittelmeer führte auch Finnland im Norden von Anfang an einen nahezu eigenständigen Sonderkrieg. Eine regelrechte Koalitionskriegführung konnte unter diesen Umständen gar nicht erst zustande kommen, da Hitler bis zum Ende des Krieges nicht bereit war, durch Zugeständnisse und Rücksichten die Bündnisbeziehungen zu stabilisieren und auszubauen. Die Zusammenarbeit auf politischem, wirtschaftlichem und militärischem Gebiet bewegte sich stets in bilateralem Rahmen und beruhte letztlich nur auf dem unmittelbaren Einvernehmen der politischen Repräsentanten sowie nachgeordneten Kommandostellen.

Gleichwohl zeigte sich Hitler persönlich tief betroffen, als einige Verbündete nach dem Desaster von Stalingrad und angesichts der sich abzeichnenden deutschen Niederlage von ihm abrückten und selbst einen Weg aus dem Krieg zu suchen begannen. So wie er die Zweifel am »Endsieg« im eigenen Lande mit einer brutalen Terrorpolitik bekämpfte, ging er auch gegen seine ausländischen Verbündeten vor. Mit skrupellosen Erpressungsmaßnahmen wollte Hitler das Weiterkämpfen an seiner Seite erzwingen. Nur wenigen Regierungen – wie dem finnischen Kabinett unter Marschall v. Mannerheim im Herbst 1944 – gelang es, sich rechtzeitig von Berlin zu lösen und durch Waffenstillstandsverhandlungen mit den Alliierten ihren Ländern den von Hitler verlangten »fanatischen Endkampf« mit seinen Zerstörungen und Opfern zu ersparen.

Wo immer es möglich war, verhinderte das NS-Regime das Ausscheren von Verbündeten durch eine militärische Besetzung. Als Mussolini im Sommer 1943 nach der Landung der Angloamerikaner in Sizilien vom eigenen »faschistischen Großrat« und vom König abgesetzt und gefangengenommen wurde, überfielen deutsche Truppen das Land. Ihre bisherigen italienischen Kameraden wurden mit Heimtücke dazu gebracht, ihre Waffen kampflos niederzulegen. Entgegen allen Versprechungen wurden mehr als 600 000 sogenannte Militärinternierte nicht nach Hause entlassen, sondern als Arbeitssklaven ins Reich verschleppt.[189]

Die Wehrmacht besetzte Norditalien, befreite Mussolini und machte es dem Duce möglich, eine neue faschistische »Republik von Salò« von Hitlers Gnaden zu proklamieren. Die Folge war die Fortsetzung des Krieges bis zum bitteren Ende und ein mörderischer Partisanenkrieg, dem schließlich Mussolini selbst zum Opfer fiel, als er am 28. April 1945 mit seiner Geliebten Claretta Petacci am Comer See gefangengenommen und von Partisanen erschossen wurde.[190]

Um schwankende Verbündete und Kollaborateure an sich zu binden, betonte die NS-Führung ab 1943/44 stärker denn je den »Abwehrkampf

gegen den Bolschewismus« und die »Gefahr der Bolschewisierung Gesamteuropas«. Propagandaminister Goebbels bezeichnete den Antibolschewismus als sein »bestes Pferd im Stall«. Bormann betrachtete diese Parole als eine »Walze«, die man »in immer neuer Spiegelung ablaufen lassen könnte«, um so die Fortsetzung des Kampfes zu legitimieren, die eigenen Reihen zu festigen und die feindliche Koalition zu spalten.[191]
An der Seite von Wehrmacht und SS kämpften aber nicht nur eigenständige ausländische Truppenkontingente. Hunderttausende von Ausländern trugen deutsche Uniformen, die meisten von ihnen erstaunlicherweise Bürger der Sowjetunion.[192] »Germanische Freiwillige« aus den besetzten Gebieten West- und Nordeuropas bildeten innerhalb der Waffen-SS gesonderte Verbände. Seit Herbst 1944 durften die früher als »Untermenschen« abqualifizierten slawischen Völker unter der Schirmherrschaft Himmlers sogar eine russische Befreiungsarmee (Russkaja Osvoboditel'naja Armija = ROA) bilden, ein letztes Aufgebot von einigen zehntausend »Kämpfern gegen den Bolschewismus«.[193]
Den meisten Kollaborateuren und Verbündeten blieb die Rache ihrer Landsleute, wie im Falle Mussolinis, nicht erspart. Nur einigen gelang es – wie dem kroatischen Poglavnik (= Führer), Ante Pavelic[194], dem ungarischen Reichsverweser Admiral Horthy sowie dem belgischen »Führer« der Rexistenbewegung und Wallonischen Legion, Léon Degrelle[195] –, sich mit Hilfe anderer autoritärer Regime und westlicher Geheimdienste ins neutrale Ausland oder nach Südamerika abzusetzen.
Dagegen wurde der rumänische »Staatsführer« (= Conducatorul), Marschall Antonescu, noch vor dem Einmarsch der Roten Armee abgesetzt und nach Kriegsende im Juni 1946 als Kriegsverbrecher erschossen. Der von Hitler eingesetzte norwegische Ministerpräsident und »fører der Nasjonal Samling«, Vidkun Quisling, wurde im Mai 1945 verhaftet, wegen Hochverrats zum Tode verurteilt und am 24. Oktober 1945 hingerichtet.[196] Die Mitglieder des bulgarischen Regentschaftsrates unter Prinz Kyrill wurden nach der Besetzung des Landes durch die Sowjetarmee im Februar 1945 von den Russen erschossen. Anton Mussert, der von Berlin anerkannte »Führer des niederländischen Volkes« sowie der »Nationaal-Socialistischen Beweging der Niederlanden« (NSB), wurde wegen Kollaboration zum Tode verurteilt und am 7. Mai 1946 in Holland hingerichtet.[197] Ebenfalls hingerichtet wurden der von den USA an die Tschechoslowakei ausgelieferte frühere Staatspräsident der Slowakei, Josef Tiso, und der ehemalige ungarische Ministerpräsident und »Führer der Pfeilkreuzler«, Ferenc Szalasi. Auch General Andrei Wlassow, der Führer der Russischen Befreiungsarmee, wurde von den Amerikanern nach seiner Gefangennahme in Nordböhmen den Sowjets in die Hände gespielt. Stalin ließ ihn im August 1946 in Moskau hinrichten. Auch seine

VI. Der Zusammenbruch des europäischen Faschismus

Anhänger wurden größtenteils von Briten und Amerikanern in einer dramatischen Aktion der Roten Armee übergeben und verschwanden in den Zwangslagern des »Archipel GULAG«.[198]
Bezeichnend für die Illusionen und den Irrweg der Kollaboration mit Hitler ist das Ende der mit Berlin verbündeten französischen Gruppe um Marcel Déat, Jacques Doriot und Fernand de Brinon. Während sich der französische Staatschef Marschall Pétain und sein Ministerpräsident Laval nach der alliierten Landung in Frankreich und der anschließenden Verschleppung durch die Deutschen nach Belfort und Sigmaringen jeder weiteren Zusammenarbeit mit Berlin entzogen, bildeten die zur Fortsetzung bereiten französischen Faschisten in Sigmaringen eine »Regierungskommission zur Wahrung der französischen Interessen«.
Nach der Übersiedlung auf die Insel Mainau im Bodensee im Januar 1945 gründeten sie ein sogenanntes Befreiungskomitee unter Doriot, der zur Fortsetzung des Kampfes an der Seite Hitlers gegen den US-Imperialismus, den Bolschewismus und die Juden aufrief.[199] Politische Bedeutung erlangte das Komitee allerdings nicht mehr. Doriot starb am 22. Februar 1945 bei einem Tieffliegerangriff. Laval und de Brinon wurden von den Franzosen nach der Gefangennahme zum Tode verurteilt und hingerichtet. Der greise Marschall Pétain wurde noch von deutschen Stellen zur Schweizer Grenze gebracht, kehrte jedoch freiwillig über die Schweiz nach Frankreich zurück, um sich den gegen ihn erhobenen Vorwürfen in einem Prozeß zu stellen. Nach dem Todesurteil wurde der »Held von Verdun« zu lebenslanger Haft begnadigt. Pétain starb 1951 auf der Insel Yeu. Seine Persönlichkeit und seine Politik sind bis heute in Frankreich umstritten.[200]
Das gilt ähnlich auch für die anderen Verbündeten und Kollaborateure Hitlers, die eben nicht nur willfährige Handlanger der Nazis gewesen sind, sondern Repräsentanten faschistischer und autoritärer Strömungen, die in fast allen europäischen Ländern seit dem Ersten Weltkrieg aufgetreten waren. Die Beseitigung Hitlers und anderer prominenter »Führer« dieser Bewegung bedeutete daher noch keineswegs das völlige Verschwinden faschistischer Relikte und Denkweisen. Der Sieg der Demokratie erstreckte sich 1945 zudem nur auf West- und Mitteleuropa. In Osteuropa wurde die faschistische Spielart totalitärer Herrschaft für 45 Jahre von der kommunistischen abgelöst. Dort ging der Zweite Weltkrieg erst 1990 wirklich zu Ende.

VII. Die Kapitulation der »Regierung Dönitz«

Hitlers Selbstmord in Berlin und die Eroberung der Reichshauptstadt durch die Rote Armee bedeuteten noch nicht das Ende des Krieges in Europa. Vielmehr hatte Hitler seinen Nachfolger als Obersten Befehlshaber der Wehrmacht zum Weiterkämpfen verpflichtet. Hitlers Entscheidung, Großadmiral Karl Dönitz, den Oberbefehlshaber der Kriegsmarine und »Held« des U-Boot-Krieges, als Nachfolger einzusetzen, war keine echte Überraschung. Es mag auf den ersten Blick absonderlich erscheinen, daß der politische Fanatiker und Demagoge ausgerechnet einen militärischen Führer als Nachfolger auserkor, hatte doch Hitler in den vergangenen Kriegsjahren in zunehmender Distanz zur militärischen Führungsspitze gestanden. Mißtrauen und Verachtung hatten seine Einstellung zur Generalität geprägt. Allerdings war es nicht seine Art, überraschende Personalentscheidungen zu treffen. Stets bewegte er sich dabei im Kreis seiner Vertrauten. Und Admiral Dönitz gehörte zweifellos zu den wenigen Spitzenmilitärs, die Hitler in unbedingter Loyalität und Gesinnungstreue ergeben waren.

Die Illusion der Kontinuität des Dritten Reiches

Als Befehlshaber der U-Boot-Waffe hatte Dönitz seine Männer in einen aussichtslosen und mörderischen Kampf geführt.[201] Als Oberbefehlshaber der Kriegsmarine hatte er nach dem Attentat am 20. Juli 1944 Hitler sofort die besondere Treue der Marine erklärt und die Offiziere um Graf Stauffenberg als »wahnsinnige kleine Generalsclique« gebrandmarkt.[202] Dönitz war ein gläubiger und skrupelloser »Führerverehrer«, ein Durchhaltefanatiker und Englandhasser, zugleich aber auch ein eiskalter Technokrat des Krieges, so sehen ihn nicht zu Unrecht seine Kritiker. Von ihm konnte Hitler erwarten, daß er den Kampf in seinem Sinne fortsetzte und sich bemühen würde, das Regime und seine nationalsozialistische Ordnung zu bewahren. Vorsichtshalber hatte Hitler seinen Propagandaminister Joseph Goebbels zum Reichskanzler und Martin Bormann, seinen politischen Sekretär, zum neugeschaffenen Parteiminister ernannt (vgl.

Dok. 17, S. 173). Mehr als eine symbolische Geste konnte dies aber nicht sein, denn die Russen standen bereits vor der Tür der Reichskanzlei, in deren Tiefbunker beide mit dem »Führer« eingeschlossen waren. Goebbels beging denn auch nach Hitlers Tod im Bunker Selbstmord, und Bormanns Ausbruchsversuch aus dem brennenden Berlin scheiterte, er kam dabei ums Leben.[203]

Nur Großadmiral Dönitz in Schleswig-Holstein konnte noch über ein Stück Handlungsfreiheit verfügen. Goebbels und Bormann sandten erst am 1. Mai einen Funkspruch nach Flensburg, daß der »Führer« am 30. April, 15.30 Uhr, verschieden sei. Das Testament vom Tag zuvor übertrage Dönitz das Amt des Reichspräsidenten. Dönitz ergriff nach dem Funkspruch sofort die Initiative. In einem Tagesbefehl an die Wehrmacht erklärte er, daß Hitler, der »größte Held deutscher Geschichte«, kämpfend gegen den Bolschewismus gefallen sei.[204] Er wußte zwar zu diesem Zeitpunkt nicht, daß der »Führer« Selbstmord begangen hatte, aber diese Wahrheit über Hitler hätte auch nicht in sein Weltbild hineingepaßt. Dönitz befahl den Soldaten, den Kampf unter allen Umständen fortzusetzen, nunmehr unter der Zielsetzung, »deutsche Menschen vor der Vernichtung durch den vordringenden bolschewistischen Feind zu retten«. Im Westen sollte nur solange weitergekämpft werden, wie die Alliierten diese Absicht behinderten.

In einer Rundfunksendung am 2. Mai um 22.30 Uhr richtete Großadmiral Dönitz als Oberster Befehlshaber der Wehrmacht folgenden Tagesbefehl an die Soldaten:

»Deutsche Wehrmacht, meine Kameraden. Der Führer ist gefallen. Getreu seiner großen Idee, die Völker Europas vor dem Bolschewismus zu bewahren, hat er sein Leben eingesetzt und den Heldentod gefunden. Mit ihm ist einer der größten Helden deutscher Geschichte dahingegangen. In stolzer Ehrfurcht und Trauer senken wir vor ihm die Fahnen.

Der Führer hat mich zu seinem Nachfolger als Staatsoberhaupt und als Oberster Befehlshaber der Deutschen Wehrmacht bestimmt. Ich übernehme den Oberbefehl über alle Teile der Deutschen Wehrmacht mit dem Willen, den Kampf gegen die Bolschewisten fortzusetzen, bis die kämpfende Truppe und bis Hunderttausende von Familien des deutschen Ostraumes vor der Versklavung und der Vernichtung gerettet sind.

Gegen Engländer und Amerikaner muß ich den Kampf so weit und so lange fortsetzen, wie sie mich an der Durchführung des Kampfes hindern.

Die Lage erfordert von Euch, die Ihr schon so große geschichtliche Taten vollbracht habt, und die Ihr jetzt das Ende des Krieges herbeisehnt, weiteren, bedingungslosen Einsatz. Ich verlange Disziplin und Gehorsam. Nur durch vorbehaltlose Ausführung meiner Befehle werden Chaos und Untergang vermieden. Ein Feigling und Verräter ist, wer sich gerade jetzt seiner Pflicht entzieht, und damit deutschen Frauen und Kindern Tod oder Versklavung bringt.

Der dem Führer von Euch geleistete Treueid gilt nunmehr für jeden Einzelnen von Euch ohne weiteres mir, als dem vom Führer eingesetzten Nachfolger. Deutsche Soldaten tut Eure Pflicht! Es gilt das Leben unseres Volkes.«[205]

Hitlers Auftrag war klar: »Weiterkämpfen bis zum Endsieg«. Eine Hoffnung hatte ihn und andere Nazis in den letzten Wochen belebt: Der mögliche Zerfall des Feindbündnisses. Der überraschende Tod des amerikanischen Präsidenten Roosevelt am 12. April hatte noch einmal Spekulationen in diese Richtung belebt. Durch eine gemeinsame Front mit den Westmächten gegen die Sowjetunion hoffte man, der bedingungslosen Kapitulation doch noch entgehen zu können. So absurd diese Vorstellung angesichts der alliierten Erklärungen, mit Deutschland unter keinen Umständen einen Separatfrieden abzuschließen und auf die bedingungslose Kapitulation (unconditional surrender) zu bestehen[206], auch klang. Das neue Oberhaupt des Deutschen Reiches und sein Generalstab übernahmen sie und sie versuchten, diese zu realisieren.

Aus ihrer Sicht mußte die Lage an die Situation am Ende des Ersten Weltkrieges erinnern. Auch damals hatte die Oberste Heeresleitung trotz eines Waffenstillstandes im Westen versucht, ihre Truppen im Osten als Faustpfand und Verhandlungsobjekt zu benutzen, mit dem Ziel, eine gemeinsame Front gegen den Bolschewismus zu bilden und sich so aus den Konsequenzen der Niederlage herauszumogeln. Die Revolution in Deutschland und der schließlich 1920 abgeschlossene Friedensvertrag von Versailles waren zwar schmerzhaft gewesen. Der Fortbestand von Reich und Armee war damals aber immerhin erreicht worden.

Dönitz verfolgte eine ähnliche Linie: Im Innern Auflösungserscheinungen und Umsturzgefahren zu bekämpfen und die vorgeschobenen Stützpunkte im Osten (Kurland, Breslau, Danziger Bucht) mit allen Mitteln zu halten. Dort wurde dann auch weitergekämpft und weitergestorben. Nach dem britischen Vorstoß auf Lübeck kontrollierte die neue Führung in Flensburg Anfang Mai noch die Küste der Deutschen Bucht, Teile Nordhollands, Schleswig-Holstein, Dänemark, Norwegen, dazu die geschlagenen Heeresgruppen in Süddeutschland, im Alpenraum, in Böhmen und im nördlichen Jugoslawien. Die von der Wehrmacht noch immer verteidigten Atlantikfestungen und einige griechische Inseln waren ohne Bedeutung (vgl. Karte auf S. 107).

Das erklärte Ziel der Regierung Dönitz war die Rettung von Menschenleben vor dem Bolschewismus. Als Sinn des weiteren Kampfes und als Rechtfertigung für die geforderten Opfer war dies zumindest für diejenigen überzeugend, die in diesen Tagen nach Westen zu gelangen suchten. Aber die Evakuierung von einigen zehntausend Zivilisten und Soldaten kostete in den letzten Kriegswochen unzähligen anderen das Leben.

Was immer auch Dönitz und seine ihn beeinflussende Umgebung an tatsächlichen oder nur vorgeschobenen Motiven und Absichten bewegten, fest stand: Sie wollten den Krieg nicht sofort beenden, sondern Zeit gewinnen, vor allem aber die bedingungslose Kapitulation an allen Fronten verhindern. Durch das Angebot von Teilkapitulationen gegenüber den Westmächten sollte die Wehrmacht zumindest an anderen Abschnitten in ihren kampfkräftigen Teilen erhalten und Zeit gewonnen werden. Die Dönitz-Regierung hoffte darauf, als Verhandlungspartner vom Westen anerkannt zu werden, um die Kontinuität der staatlichen Autorität in Deutschland zu erhalten und eine politische Neuordnung zu verhindern oder zumindest in geordneten Bahnen durchzuführen.

Überall in den von den Alliierten besetzten Gebieten regten sich bereits Wurzeln eines demokratischen Neubeginns. Antifaschistische Ausschüsse, Parteigruppen und Gewerkschaften verhandelten mit den Besatzungsmächten um neue Gestaltungsmöglichkeiten.[207] Wenn die Repräsentanten des bankrotten NS-Regimes diesen Bestrebungen zuvorkommen wollten, dann mußte es ihnen gelingen, die Westmächte auf ihre außenpolitische Linie festzulegen, also über die Niederlage der Wehrmacht und das begangene Unrecht still hinwegzugehen und im Bolschewismus die gemeinsame Bedrohung zu erkennen.

Hitlers Gefolgsleute und Erben als Partner anzunehmen, das war schon eine arge Zumutung für die Sieger. Ein gewisses Mißtrauen gegenüber dem sowjetischen Bundesgenossen war bei den Westalliierten durchaus vorhanden. Vor allem in London machte man sich große Sorgen über die politische Entwicklung Europas nach dem bevorstehenden Kriegsende und die Ausbreitung des sowjetischen Einflusses. Die Amerikaner hingegen beharrten auf der gemeinsam beschlossenen Forderung nach bedingungsloser Kapitulation Deutschlands, da sie auf Stalins Hilfe bei der Niederwerfung Japans rechneten. Allerdings gab es auch auf amerikanischer Seite einflußreiche Kräfte, die sich auf den Zerfall der Anti-Hitler-Koalition einstellten und die Auseinandersetzung mit der kommunistischen Weltmacht vorbereiteten.

Ein solcher Mann im Hintergrund war Alan F. Dulles, in den fünfziger Jahren Chef des CIA.[208] Im Frühjahr 1945 hatte er von der Schweiz aus Kontakte mit Vertretern der deutschen Heeresgruppe »Norditalien« geknüpft. Am 29. April, einen Tag vor Hitlers Selbstmord, konnte in Caserta die militärische Kapitulation dieser Verbände gegenüber den Engländern abgeschlossen werden. Am 2. Mai schwiegen in Italien die Waffen. Dönitz billigte diesen Schritt und wollte seinen Weg fortsetzen.

Glück hatte auch die »Armee Wenck«, jener neu aufgestellte Verband von rund 100 000 Soldaten, der Hitler aus Berlin heraushauen sollte und sich nun in harten Kämpfen nach Westen auf die Elbe zurückzog.[209] Ver-

handlungen mit der 9. US-Armee führten ebenfalls zu einer geordneten Kapitulation – nicht gegenüber den nachdrängenden Truppen der Roten Armee, sondern hinhaltend kämpfend über die Elbe hinweg in amerikanischen Gewahrsam.
Solche örtlichen Übergabeverhandlungen einzelner Verbände und Kampfgruppen blieben aber letztlich ohne politischen Nutzen, und daher zog Dönitz die Sache an sich. Er leitete die Übergabe des norddeutschen Raumes als weiteren Teilschritt ein.[210] Der britische Feldmarschall Montgomery zeigte sich nicht abgeneigt, wollte auch den Übertritt einzelner Soldaten der Ostfront über die Demarkationslinie nach Westen zulassen, verlangte aber die Ausdehnung der Kapitulation auf Holland und Dänemark sowie die Übergabe aller Schiffe in diesem Bereich. Am 4. Mai willigte Dönitz widerstrebend ein.
Seit zwei Tagen verhandelte auch Generalfeldmarschall Kesselring als Oberbefehlshaber »Süd« mit den Amerikanern. Dönitz überließ ihm aber nur die Kapitulation der Heeresgruppe »G« (Nordalpen), die am 5. Mai in München vereinbart wurde. Das Schicksal der Heeresgruppe »E« in Jugoslawien blieb ungewiß.[211] Dönitz wollte wegen der Truppen, die dort noch gegen die Russen kämpften, mit dem amerikanischen Oberbefehlshaber Eisenhower direkt verhandeln.
Daß es Dönitz nicht darum ging, in erster Linie das NS-Regime und den verbrecherischen Krieg rasch zu liquidieren und einen Neuanfang für Deutschland einzuleiten, zeigt sehr deutlich seine »Regierungstätigkeit«.[212] Himmler, der ihn tagelang in seinem Vorzimmer belagerte, wollte er verständlicherweise nicht weiter verwenden. Auch andere exponierte Nazis, wie Reichsaußenminister von Ribbentrop, verloren ihre Posten. Ansonsten aber bildete er eine Regierung aus bewährten Fachleuten und strammen Parteigenossen. Der neue Reichskanzler, Schwerin von Krosigk, der Prototyp des preußischen Beamten, bis zuletzt unter Hitler Reichsfinanzminister, schien noch am wenigsten belastet zu sein. Das Oberkommando der Wehrmacht aber funktionierte ohne personelle Veränderungen weiter. Die Partei wurde weder verboten noch aufgelöst. Hitler-Bilder blieben in den Amtsstuben hängen. Die Wehrmacht entbot nach wie vor den »Hitler-Gruß«. Standgerichte erledigten wie bisher ihr blutiges Handwerk, und selbst die unsinnige »Werwolf«-Organisation durfte vorerst im Osten mit Hitlerjungen weiterhin den Partisanenkrieg vorbereiten.
Wichtigstes Problem für Dönitz war das Schicksal der zwischen Ost und West eingeklemmten Heeresteile, nicht die weiter im Osten kämpfenden Vorposten. In Mecklenburg, Böhmen und in Nordjugoslawien hofften Hunderttausende von Soldaten darauf, den Weg in sowjetische Gefangenschaft vermeiden zu können. Nach allem, was die Wehrmacht im zu-

vor besetzten Osteuropa angerichtet hatte, war dies mehr als verständlich. Also mußte man versuchen, Zeit zu gewinnen, um sich mit der Masse vom russischen Feind zu lösen und geordnet über die Linien zu den Westmächten treten zu können.

Eine besonders kritische Lage entwickelte sich in Böhmen. Dort schürten die unterworfenen Tschechen den Aufstand. Hitlers Statthalter in Prag, Reichsprotektor und Staatsminister, SS-Gruppenführer Karl-Hermann Frank, eilte zu Dönitz, erhielt aber von diesem keine klaren Anweisungen. Am 5. Mai brach in der »Goldenen Stadt« an der Moldau der Aufstand los.[213] Es kam zu blutigen Rache-Aktionen gegen die Deutschen. Einige tausend abtrünnige Sowjetsoldaten in deutscher Uniform in der sogenannten Wlassow-Armee wechselten die Front und hofften, bei den tschechischen Nationalisten eine Zukunft finden zu können. So wie Wlassow vertraute auch Dönitz darauf, mit dem Westen ins Geschäft zu kommen und den Konsequenzen der Niederlage gegenüber dem Hauptgegner, der Sowjetunion, entfliehen zu können.

Generaladmiral Hans-Georg von Friedeburg, der Nachfolger von Dönitz als letzter Oberbefehlshaber der Kriegsmarine, der zuvor mit Montgomery die Gespräche geführt hatte, fuhr im Auftrag von Großadmiral Dönitz nach Reims in Eisenhowers Hauptquartier. Dieser hatte aber, von der bevorstehenden Ankunft eines deutschen Unterhändlers unterrichtet, bereits die Russen verständigt. Die Alliierten hatten im Herbst 1944 eine Urkunde zur staatlich-politischen Kapitulation Deutschlands entworfen. Eisenhowers Vorschlag, den deutschen Generalen jetzt eine rein militärische bedingungslose Gesamtkapitulation vorzulegen[214], fand die Billigung des sowjetischen Generalstabs. Ein Vertreter Moskaus in Reims wurde bestellt.

Als von Friedeburg eintraf, konfrontierte man ihn mit der Forderung nach gleichzeitiger bedingungsloser Kapitulation an allen Fronten. Das wollte Dönitz eigentlich verhindern. Zur Unterstützung von Friedeburgs entsandte er daher den Chef des Wehrmachtsführungstabes, Generaloberst Jodl, nach Reims. Seine Instruktion lautete: Eisenhower für die Teilkapitulationen zu gewinnen und auf die antibolschewistische Linie zu bringen. Sollte dieser Versuch mißlingen, wollte Jodl wenigstens eine größere Zeitspanne zwischen der Einstellung der Kampfhandlungen und der Beendigung aller Truppenbewegungen herausschlagen. Auf diese Weise könnten sich möglichst viele deutsche Soldaten über die Linien nach Westen zu den Amerikanern retten. Es war ein letzter verzweifelter Versuch der abgewirtschafteten NS-Führung, den Kopf aus der Schlinge zu ziehen. Würden die Amerikaner dabei mitmachen?

Abb. 11: Unterzeichnung der deutschen Kapitulation in Reims am 7.5.1945 (Foto: Privatbesitz/BfZ)

Die bedingungslose Kapitulation

General Eisenhower erkannte jedoch das Bemühen, die alliierte Kriegskoalition zu spalten. Er verlangte deshalb ultimativ die Gesamtkapitulation an allen Fronten und eine endgültige Waffenruhe zum 9. Mai, Null Uhr. Ansonsten, so drohte er, würden die Westalliierten alle deutschen Soldaten, die über ihre Linien zu kommen versuchten, als Kriegsgefangene an die Rote Armee zurückweisen und den Bombenkrieg wieder aufnehmen. Jodl blieb somit kein Spielraum, weitere Zeit zu gewinnen. Er funkte am 7. Mai, 1 Uhr, an Dönitz: »Ich sehe keinen Ausweg mehr als Chaos oder Unterzeichnung.«[215] Vor diese Alternative gestellt, erklärte sich Dönitz schließlich doch mit der Gesamtkapitulation einverstanden.

Um 2.41 Uhr setzte dann Jodl, der in Begleitung von Generaladmiral von Friedeberg erschien, seine Unterschrift unter die von Eisenhower vorbereitete Kapitulationsurkunde. Anwesend waren Offiziere aller vier Siegermächte. Diese »Urkunde militärischer Übergabe« (vgl. Dok. 19, S. 178) enthielt eine Kapitulationserklärung sowohl gegenüber dem Obersten Befehlshaber der Alliierten Expeditionsstreitkräfte als auch gleichzeitig gegenüber dem Oberkommando der Sowjettruppen. Sie sah vor, daß die deutschen Streitkräfte bis zum Ende des nächsten Tages alle Kampfhandlungen einstellten und in ihren Stellungen verblieben, die sie zu diesem Zeitpunkt einnahmen.

Als Leitender Minister der geschäftsführenden Dönitz-Regierung gab Graf Schwerin von Krosigk am 7. Mai, 12.45 Uhr, die Kapitulation über den »Reichssender Flensburg« bekannt.[216] Eine Fortsetzung des Krieges, so erklärte er, würde nur »unnütze Zerstörung und sinnloses Blutvergießen« bedeuten, eine Erkenntnis, die wohl den meisten Deutschen schon sehr viel früher gekommen war.

Während die verschiedenen Kommandostellen der Wehrmacht fieberhaft bemüht waren, die noch verbleibende äußerst knappe Zeit zu nutzen, um die an der sowjetischen Front gebundenen Truppen nach Westen zu lenken, war der Streit unter den Siegern schon da. Stalin traute seinerseits den Westmächten nicht über den Weg. Die Europäische Beratungskommission (EAC) hatte schon im Juli 1944 einen offiziellen Kapitulationstext vorbereitet. Nur eine veränderte, gekürzte Fassung war nun in Reims von den Amerikanern verwendet worden. Für Stalin bot dies Anlaß, eine Wiederholung der Zeremonie mit dem alten Text zu fordern. Von deutscher Seite sollten außerdem das Oberkommando der Wehrmacht und die höchsten Repräsentanten der drei Wehrmachtteile daran teilnehmen.

Also versammelte man sich noch einmal am 9. Mai um 0.16 Uhr, nun im Hauptquartier Marschall Schukows in Berlin-Karlshorst. Das Dokument war auf den 8. Mai 1945 datiert (vgl. Dok. 20, S. 180), da die Bestimmungen entsprechend der Urkunde von Reims nach Ablauf dieses Tages bereits in Kraft getreten waren. Generalfeldmarschall Wilhelm Keitel unterzeichnete als Chef des Oberkommandos der Wehrmacht, Generaladmiral von Friedeburg als Oberbefehlshaber der Kriegsmarine und Generaloberst Stumpf, Oberbefehlshaber der Luftflotte Reich, in Vertretung für den Oberbefehlshaber der Luftwaffe, Generalfeldmarschall Ritter von Greim. Auf alliierter Seite unterschrieben Marschall Schukow, der britische Luftmarschall Tedder als Vertreter Eisenhowers, der französische General de Lattre de Tassigny und US-General Spaatz.

Bis zum Inkrafttreten der Kapitulation waren deutsche Schiffe im Pendelverkehr auf der Ostsee unterwegs gewesen, um eine möglichst große Zahl von Flüchtlingen und Soldaten aus den noch gehaltenen Stützpunkten in der Danziger Bucht und in Kurland nach Westen zu bringen. Andere Massenfluchten vollzogen sich über die Elbe und aus Böhmen in Richtung Bayern. Etwa 1,8 Millionen deutsche Soldaten entzogen sich auf diese Weise der sowjetischen Gefangenschaft. Obwohl während des ganzen Krieges die Masse der Wehrmacht an der Ostfront gekämpft hatte,

Die bedingungslose Kapitulation 107

Karte 5: Die von deutschen Truppen noch am Tage der Kapitulation gehaltenen Positionen außerhalb Deutschlands, 9. 5. 1945 (aus: Dollinger/Jacobsen, Die letzten hundert Tage, S. 279)

befanden sich am Ende von den rund 10 Millionen deutscher Kriegsgefangener nur 30 Prozent in sowjetischem Gewahrsam.
Der letzte deutsche Widerstand gegenüber der Roten Armee wurde am 9. Mai in der Tschechoslowakei, in Österreich und im Baltikum eingestellt. Die ehemalige Heeresgruppe »Kurland« unter Generaloberst Hilpert trat mit 180000 Mann den Weg in die sowjetische Gefangenschaft an. Etwa 35000 deutsche Soldaten ergaben sich in noch verteidigten Brückenköpfen der Danziger Bucht. Einen Tag später, am 10. Mai, kapitulierten die deutschen Garnisonen in den Atlantikfestungen St. Lorient, St. Nazaire, La Palisse und La Rochelle vor Engländern und Franzosen. Erst am 11. Mai ergaben sich die Garnisonen in der Ägäis, auf Rhodos, Milos und Leros mit ca. 20000 Mann und schließlich am 12. Mai die deutschen Truppen auf Kreta.
Der Krieg in Europa war damit zu Ende, aber noch nicht das Dritte Reich. Sein militärisches Oberkommando entließ das Millionenheer der Geschlagenen, Verführten und Mißbrauchten mit stolzen Worten. Der letzte Wehrmachtbericht vom 9. Mai 1945 bescheinigte ihnen »einmalige« Leistungen und treue Pflichterfüllung:

> »Seit Mitternacht schweigen nun an allen Fronten die Waffen.
> Auf Befehl des Großadmirals hat die Wehrmacht den aussichtslos gewordenen Kampf eingestellt. Damit ist das fast sechsjährige Ringen zu Ende. Es hat uns große Siege, aber auch schwere Niederlagen gebracht. Die deutsche Wehrmacht ist am Ende einer gewaltigen Übermacht ehrenvoll unterlegen.
> Der deutsche Soldat hat getreu seinem Eid, im höchsten Einsatz für sein Volk für immer Unvergeßliches geleistet. Die Heimat hat ihn bis zuletzt mit allen Kräften unter schwersten Opfern unterstützt.
> Die einmalige Leistung von Front und Heimat wird in einem späteren gerechten Urteil der Geschichte ihre endgültige Würdigung finden.
> Den Leistungen und Opfern der deutschen Soldaten zu Lande, zu Wasser und in der Luft wird auch der Gegner die Achtung nicht versagen. Jeder Soldat kann deshalb die Waffe aufrecht und stolz aus der Hand legen und in den schwersten Stunden unserer Geschichte tapfer und zuversichtlich an die Arbeit gehen für das ewige Leben unseres Volkes.
> Die Wehrmacht gedenkt in dieser Stunde ihrer vor dem Feind gebliebenen Kameraden.
> Die Toten verpflichten zu bedingungsloser Treue, zu Gehorsam und Disziplin gegenüber dem aus zahllosen Wunden blutenden Vaterland.«[217]

Fast 50 Millionen Tote und unendliches Leid hatte dieser Krieg, den Hitler am 1. September 1939 vom Zaune gebrochen hatte, gekostet.[218] Die Mitverantwortlichen aber glaubten, zur »Geschäftsordnung« übergehen zu können. Der Reichsführer SS, Heinrich Himmler, meinte sogar, in den ersten Tagen nach Hitlers Tod als dessen Nachfolger auftreten zu können. Dönitz, seine Regierung und sein militärischer Stab nahmen an, nun

in Zusammenarbeit mit den Westmächten den Wiederaufbau Deutschlands beginnen zu können.
Es sah fast so aus, als ob sie die Chance dazu bekommen sollten. Angesichts des drohenden Chaos im Lande schienen die Westalliierten bereit zu sein, die Dönitz-Regierung als »Notverwaltung« vorerst zu dulden. Die deutschen Heeresverbände in britischem Gewahrsam waren zwar entwaffnet, aber in militärischer Ordnung unter Führung deutscher Offiziere belassen worden. Für Churchill war dies eine Art von Versicherung für den Fall, daß die sowjetischen Truppen überraschend weiter nach Westen vorstoßen sollten.[219] Allerdings erwiesen sich solche Hoffnungen und Erwartungen als illusionär und realitätsfern, wenn man die zum Teil rücksichtslose Behandlung deutscher Kriegsgefangener in den Gefangenen- und Hungerlagern der Westalliierten betrachtete.[220]
Da der Sowjetführung eine heimliche Allianz der geschlagenen Wehrmacht mit den anderen »kapitalistischen« Mächten möglich erschien, drängte Moskau immer wieder auf die Beseitigung der Dönitz-Regierung sowie auf die Auflösung und vollständige Entwaffnung aller Wehrmachtsverbände. Als Verhandlungspartner kam aber Dönitz für die Westmächte keineswegs ernsthaft in Betracht. Das verhinderte schon seine Entschlossenheit, am Nationalsozialismus als Grundlage für die weitere Existenz des deutschen Volkes festzuhalten. Für den demokratischen Neubeginn im Lande hatte er kein Verständnis. Demokratie und Parteienherrschaft waren für ihn eine »vom Feind auferlegte Lebensform«.[221]
Mit seinem militanten antisowjetischen Kurs fand Dönitz nicht immer Zustimmung. Vermeintlich schlechte Behandlung durch die Briten weckte bei einigen Offizieren vorübergehend die Überlegung, daß man daran denken könne, notfalls mit den Russen zusammenzugehen – dies behauptete jedenfalls Dönitz in seinen Gesprächen mit den Briten.[222]
Die Westmächte unterstellten schließlich die Dönitz-Regierung einer alliierten Kontrollkommission, und zumindest Churchill blieb geneigt, eine zentrale »Verwaltung Dönitz« fortbestehen zu lassen, um die Ordnung im Reich aufrechtzuerhalten.[223] Auf sowjetischen Druck erteilte Eisenhower dann jedoch den Befehl, Dönitz und seine Leute in Flensburg am 23. Mai 1945 zu verhaften. Generaladmiral von Friedeburg beging dabei Selbstmord. Reichsführer SS, Himmler, der nach dem 9. Mai unter falschem Namen in der Uniform eines Feldwebels unterzutauchen versuchte, hatte sich am 21. Mai nach seiner Festnahme durch die britische Armee mit Zyankali vergiftet.
Mit der Einsetzung des Alliierten Kontrollrats für Deutschland, bestehend aus den vier Oberbefehlshabern der Besatzungsmächte, mit Sitz in Berlin und mit der Verkündung der »Berliner Deklarationen« vom 5. Juni 1945 (vgl. Dok. 31, S. 199 ff.) übernahmen die Siegermächte offi-

ziell die Regierungsgewalt in Deutschland. Sie betonten dabei, daß dies keine Annexion oder Auflösung Deutschlands bedeutete. Insofern blieb der Fortbestand eines deutschen Gesamtstaates auf dem Papier gewährleistet. Zugleich kündigten die Alliierten die vollständige Abrüstung und Demilitarisierung Deutschlands an und legten die Grenzen der Besatzungszonen fest.

Die Berliner Deklarationen waren symbolischer Ausdruck der totalen Niederlage des Deutschen Reiches und des deutschen Nationalstaates Bismarckscher Prägung – und zwar nicht nur einer militärischen, sondern auch einer politisch-moralischen. Mit »Blut und Eisen« war das »Reich« in mehreren Kriegen 75 Jahre zuvor gegründet worden. Im Herzen Europas hatte diese Machtzusammenballung immer wieder Konflikte und Kriege hervorgerufen. Die führenden Kreise der preußisch-deutschen Großmacht hatten oft genug danach getrachtet, die bestehenden Grenzen zu verändern und ihren »Griff nach der Weltmacht«[224] zu verwirklichen.

Für die Nachbarn war Deutschland deshalb in erster Linie kaum noch das Land der »Dichter und Denker« gewesen; es schien vielmehr durch Pikkelhaube und schließlich durch das Hakenkreuz symbolisiert zu werden. Die beherrschende Strömung eines aggressiven Nationalismus hatte demokratische Gegenkräfte im Lande wiederholt niedergeworfen oder zurückgedrängt.

Die bedingungslose Kapitulation des Dritten Reiches vom 8. Mai 1945 machte folglich auch den Weg frei für die Gründung eines lebensfähigen demokratischen Staatswesens im Kreise der europäischen Völker – auch wenn erst einmal eine Besatzungszeit durch die Siegermächte bevorstand. Der Verlust der staatlichen Einheit durch die neue Grenze zwischen Ost und West in der Mitte Europas und Deutschlands blieb für 45 Jahre ein schmerzhafter, aber am Ende dann doch nicht endgültiger Preis dafür.

VIII. Das Ende des Wahns vom »Tausendjährigen Reich«

Als Hitler noch am 19. März 1945 gegenüber Reichsminister Speer erklärte, dem »stärkeren Ostvolk« – und damit war das russische Volk gemeint – gehöre die Zukunft und nicht dem eigenen deutschen Volk[225], war dies das Eingeständnis des totalen Scheiterns der langjährigen nationalsozialistischen Siedlungs- und Besatzungspolitik im Osten. Verbittert meinte der Diktator deshalb auch, der eigenen Bevölkerung brauche man nur eine Wüste zu hinterlassen; man könne beim »Endkampf« um das Reich alle lebenswichtigen Wirtschafts- und Industrieanlagen zerstören.

Die Idee vom deutschen Ostimperium

Diese Enttäuschung und Verbitterung wird nachvollziehbar, wenn man berücksichtigt, daß der Kampf im Osten, der sich im März 1945 dem Ende zuneigte, von Hitler stets als die zentrale Auseinandersetzung im Zweiten Weltkrieg verstanden wurde. Und die Entscheidung über Sieg oder Niederlage des Dritten Reiches fiel wohl in der Tat im wesentlichen in den weiten, fruchtbaren und rohstoffreichen Ebenen Südrußlands. Schon in den frühen zwanziger Jahren hatte Hitler die Eroberung von »Lebensraum im Osten« zum Kernpunkt seines politischen Programms erklärt und dies auch in seinen programmatischen Schriften von 1925 und 1928 festgehalten.[226] Er stand damit durchaus in einer gewissen Tradition. Der »Drang nach Osten« verband ihn mit den alten Eliten des Reiches und den deutschen Kriegszielen im Ersten Weltkrieg.[227] Bei ihm wurden sie aber durch eine übersteigerte rassistische Komponente, den militanten Antibolschewismus und extreme Herrschaftsziele noch erweitert. Die Nationalsozialisten wollten das Fundament für eine deutsche Weltmachtstellung durch die Herrschaft über die Kornkammer Ukraine, die Kohle- und Erzlager des Donezgebietes und die Ölquellen des Kaukasus blockadefest machen und für ihr »Tausendjähriges Reich« zementieren.

Der konkrete Entschluß zum Überfall auf die UdSSR, dem »Unterneh-

men Barbarossa«, wurde von Hitler im Sommer 1940 gefaßt. Nichts schien damals die siegreiche Wehrmacht aufhalten zu können. In einem Blitzfeldzug von wenigen Wochen wollte Hitler den »tönernen Koloß« des Stalinschen Imperiums niederwerfen. Politische, völkerrechtliche oder humanitäre Rücksichten glaubte man nicht nehmen zu müssen. Der Ostkrieg wurde als ein beispielloser Vernichtungskrieg geplant und durchgeführt.[228] Er richtete sich nicht nur gegen die Rote Armee, sondern auch gegen große Teile der Zivilbevölkerung. Kommunisten und Kommissare, Juden und andere angeblich rassisch minderwertige Bevölkerungsgruppen sollten schon beim Einmarsch ermordet werden. Das europäische Rußland galt als künftige Kolonie des Großdeutschen Reiches, die hemmungslos ausgebeutet werden konnte. Dazu gehörte auch die Versklavung und teilweise Dezimierung der einheimischen Bevölkerung, um »Lebensraum« für die deutschen Siedler zu schaffen.[229]
Über den verbrecherischen Charakter der deutschen Kriegführung im Osten waren sich Goebbels und Hitler im vertraulichen Gespräch einig. Dem Reichspropagandaminister erklärte der »Führer« in den Tagen vor dem Überfall, der auf den 22. Juni 1941 festgesetzt worden war: »Und haben wir gesiegt, wer fragt uns nach der Methode. Wir haben soviel auf dem Kerbholz, daß wir siegen müssen, weil sonst unser ganzes Volk, wir an der Spitze mit allem, was uns lieb ist, ausradiert würden.«[230]
Die Mehrheit der Bevölkerung in Deutschland hatte auf die Kriegsausweitung nach Osten hin allerdings keineswegs begeistert reagiert. Sorgen und Ängste sollten sich bald als berechtigt erweisen. Mehr als drei Millionen deutscher Soldaten und verbündeter Hilfstruppen gelang es trotz spektakulärer Anfangserfolge nicht, die Sowjetunion zu besiegen. Nach drei Jahren härtester Kämpfe von unvorstellbarer Brutalität fluteten 1944 die geschlagenen Verbände der Wehrmacht auf die Reichsgrenze zurück.[231] Sie hinterließen ein verbranntes, ausgeplündertes Land. Mehrere Millionen Sowjetbürger waren ums Leben gekommen oder nach Deutschland verschleppt worden. Deutsche Dokumente bestätigen, daß Teile der Wehrmacht und Waffen-SS eine menschenverachtende Besatzungsherrschaft ausübten. Plünderungen, Vergewaltigungen, willkürliche Erschießungen und andere Verbrechen wurden dabei von eigenen Dienststellen registriert.[232]
Nur wer diese Vorgeschichte zur Kenntnis nimmt, kann für das Verhalten der Roten Armee beim Überschreiten der Reichsgrenze Erklärungen finden. Es geht dabei nicht um Aufrechnung, sondern um das Erkennen der Zusammenhänge und ihr Verständnis.
Die Wehrmacht selbst hatte rund 960 000 Gefallene, 3,8 Millionen Verwundete und 1,2 Millionen Vermißte zu beklagen. Hinzu kamen noch die

Verluste bei den Eisenbahnern, Postschutzangehörigen, Ingenieuren, Beamten und Parteibonzen, die dem Partisanenkrieg im Hinterland zum Opfer gefallen waren, sowie die Toten der SS.
Im Sommer 1944 waren mehrere Armeen der Heeresgruppe »Mitte« unter den Schlägen der Roten Armee zusammengebrochen.[233] Hunderttausende gerieten in sowjetische Gefangenschaft. Ein riesiges Loch entstand an der Ostfront. Während die sowjetischen Truppen auf das ungeschützte Ostpreußen und in Richtung Weichsel vorstießen, traf Hitler eine verhängnisvolle Entscheidung. Seit dem Januar war die Heeresgruppe »Nord« am nördlichen Abschnitt zurückgewichen.[234] Sie hatte fast 900 Tage lang Leningrad belagert, um die Stadt nach dem Willen Hitlers auszuhungern und zu vernichten. Nun drohte ihren Armeen die Einkesselung im Baltikum. Anstatt die 30 kampfkräftigen Divisionen, fast ein Drittel des damaligen gesamten Ostheeres, zum Schutz der ostpreußischen Grenze zurückzuziehen, befahl Hitler ihren Verbleib auf der Halbinsel Kurland.[235] Überzeugende militärische Gründe gab es dafür nicht. Der hoffnungslose Kampf sollte ihm offenbar ein Sprungbrett nach Osten erhalten, falls sich das Blatt wieder wenden sollte.
Ein anderer Verdacht ist allerdings nicht völlig auszuschließen. Hitler konnte annehmen, die bedrohte Ostgrenze vernachlässigen zu können, weil er um den Kampfeswillen des Ostheeres nicht zu fürchten brauchte, wohl aber um den der Verbände im Westen. Vielleicht hoffte er auch darauf, die Angloamerikaner irgendwie doch noch zum Zusammengehen gegen die »Bolschewisten« bewegen zu können, und wollte deshalb die Heeresgruppe im Baltikum als Faustpfand und Operationsbasis dort belassen.

Flucht und Rückzug aus dem Osten

Kurz nach der Abtrennung der Heeresgruppe »Nord« betraten jedenfalls schon im Oktober 1944 Rotarmisten zum ersten Mal deutschen Boden. Eine jahrelange Haßpropaganda in der Roten Armee gegen die deutschen Aggressoren, durch ständige Anschauung in den befreiten Gebieten bestätigt, trug nun Früchte.[236] Sie wurden nach Überschreiten der Reichsgrenze auf die deutsche Zivilbevölkerung übertragen. In der sowjetischen Armeezeitung schrieb der Schriftsteller Ilja Ehrenburg:

> »Jetzt ist die Gerechtigkeit in dieses Land eingezogen. Wir befinden uns in der Heimat Erich Kochs, des Statthalters der Ukraine – damit ist alles gesagt. Wir haben es oft genug wiederholt: das Gericht kommt! Jetzt ist es da.«[237]

Etwas später wies er darauf hin:

> »Wir vergessen nichts. Wir marschieren durch Pommern, vor unseren Augen liegt aber das zerstörte blutende Weißrußland. Den penetranten Brandgeruch, der in unsere Soldatenmäntel in Smolensk und in Orel drang, wollen wir jetzt nach Berlin tragen. Vor Königsberg, vor Breslau und vor Schneidemühl denken wir an die Ruinen von Woronesh und von Stalingrad. Rotarmisten, die zur Zeit deutsche Städte stürmen, vergessen nicht, wie in Leningrad Mütter ihre toten Kinder auf kleinen Handschlitten fortschafften. Für die Qualen Leningrads hat Berlin uns noch nichts bezahlt. [...]«

Die Ausschreitungen der sowjetischen Soldaten auf deutschem Boden nahmen ein entsetzliches Ausmaß an. Die Sowjetarmee übte eine barbarische Schreckensherrschaft unter der Zivilbevölkerung aus. Besonnene Männer konnten sich in der Roten Armee meist nicht durchsetzen. Alexander Solschenizyn, damals junger Hauptmann, wurde wegen seiner scharfen Kritik verhaftet und verschwand für acht Jahre in den Straflagern Stalins. Nicht viel besser erging es Lew Kopelew, einem anderen Frontoffizier. Ihre Schilderungen rufen die furchtbaren Szenen eindrucksvoll in Erinnerung.[238]

Das Massaker an der deutschen Bevölkerung im kleinen ostpreußischen Dorf Nemmersdorf war im Herbst 1944 nur der Anfang. Willkürlich wurden Frauen und Mädchen vergewaltigt, verstümmelt und ermordet. Die vorübergehende Rückeroberung durch die Wehrmacht enthüllte das grauenvolle Geschehen, das die Nazis für ihre Propaganda entsprechend zu nutzen verstanden.

Die erste Welle von Flüchtlingen[239] – mehr als 200 000 Volksdeutsche aus dem Baltikum und aus Rußland, außerdem Kollaborateure der ehemaligen Besatzungsmacht – strömte damals bereits nach Westen. Auf die Schreckensmeldungen über die Mord- und Greueltaten der aufgehetzten Sowjettruppen hin setzte eine zweite Welle in den ostdeutschen Grenzgebieten ein. Mit Beginn der sowjetischen Winteroffensive zu Jahresanfang 1945 strebten vier bis fünf Millionen deutscher Zivilisten aus dem Warthegau, Ostpreußen, Danzig, Pommern, Schlesien und Ostbrandenburg nach Westen. Sie flüchteten vor den Exzessen der Roten Armee und ihren Racheaktionen für die deutschen Verbrechen in den ehemals besetzten sowjetischen Gebieten, fürchteten aber auch, willkürlich zur Zwangsarbeit nach Sibirien verschleppt zu werden.

Die Befürchtungen waren nicht grundlos, denn die Greueltaten an zurückgebliebenen Greisen, Frauen und Kindern hörten nicht auf. Viele Deutsche wurden gewaltsam zur Arbeitsleistung in weit entfernte Gebiete der UdSSR deportiert.[240] Mehr als 100 000 Verschleppte kamen bei diesem Zwangs-Frondienst ums Leben. Die unorganisierte, spontane

Abb. 12: »Die deutsche Ostbevölkerung auf der Flucht, 1945« (Foto: Bibliothek für Zeitgeschichte, Stuttgart)

Fluchtbewegung der deutschen Zivilbevölkerung wurde von fanatischen NSDAP-Funktionären behindert, die den Widerstand bis zum letzten Moment zu organisieren versuchten, und anschließend selbst meist rechtzeitig das Weite suchten. Nicht selten kam es danach zur völlig unvorbereiteten, panikartigen Flucht aus der Heimat, in die dann eine Rückkehr nie mehr möglich war.

Währenddessen wurden in Kurland von den abgeschnittenen Armeen sechs verlustreiche Schlachten geschlagen. Unterstützung brachte nur die Kriegsmarine; sie half durch den Abtransport von Verwundeten und Flüchtlingen sowie durch das Eingreifen ihrer schweren Schiffsartillerie bei den Landkämpfen von See her. Der Preis war hoch. Wegen der fehlenden Luftunterstützung wurde nahezu die gesamte deutsche Ostseeflotte zerstört. Nur die beiden Kreuzer »Prinz Eugen« und »Nürnberg« waren Ende April 1945 noch einsatzfähig. Aus spontanen Anfängen entwickelte sich sehr bald eine große Rettungsaktion über die Ostsee, an der unter dem Kommando von Admiral Konrad Engelhardt fast 800 Militär-, Handels- und Passagierschiffe, sogar kleine Kutter, beteiligt waren.[241] Nach dem Einbruch der Sowjetstreitkräfte in Ostpreußen Anfang 1945 wurden vor allem aus der Danziger Bucht Flüchtlinge und Soldaten abtransportiert. Bis Mai 1945 konnten so zwei bis drei Millionen Menschen über See evakuiert werden. Etwa ein Prozent von ihnen – 20000 bis 25000 – kam dabei ums Leben.

Am bekanntesten ist der Untergang der »Wilhelm Gustloff« am 30. Januar 1945.[242] Das mit ca. 6000 Flüchtlingen beladene ehemalige Kreuzfahrtschiff wurde vor der pommerschen Küste von Torpedos eines sowjetischen U-Bootes getroffen. An Bord des langsam sinkenden Schiffes kam es zu dramatischen Szenen. Die Ostsee war bewegt, die Wassertemperatur betrug kaum zwei Grad, das Deck war mit Eis überzogen und die Rettungsboote festgefroren. Nur 838 Menschen konnten schließlich von anderen Fahrzeugen des Geleitzuges gerettet werden. Weitere Unglücke ereigneten sich mit dem Krankentransporter »Steuben« und dem Frachter »Goya«, bei denen ebenfalls jeweils mehrere tausend Menschen ertranken. Trotz solcher Katastrophen setzte die Kriegsmarine die Aktion bis zum letzten Tag fort. Noch am 8. Mai 1945 kamen 25000 Soldaten aus der Danziger Bucht, wo sich einige kleine Kesselstellungen der Wehrmacht hielten[243], in Schleswig-Holstein an.

Die Zurückgebliebenen erwartete Gefangenenlager und Zwangsarbeit in der UdSSR. Der Weg über Land, soweit er nicht von den vorstoßenden russischen Verbänden versperrt wurde, war meist noch gefährlicher. Über vereiste Straßen und durch heftige Schneestürme behindert, zogen die zahllosen Trecks dahin. Oft wurden sie von Frauen und bisherigen Kriegsgefangenen geführt. Pferde glitten immer wieder aus, Wagen brachen zusammen. Viele zogen nur einen Handwagen mit ihrer letzten Habe hinter sich her. Nach dem Durchbruch der Sowjetarmeen zur Ostsee mußten viele Flüchtlingstrecks über das eisbedeckte Frische Haff zu den Ostseehäfen ziehen, um von dort durch die Schiffe der Kriegsmarine evakuiert zu werden. Manche Pferdewagen versanken mit ihren Insassen für immer in das durch Tieffliegerbomben aufgerissene Wasser. Es war ein unvorstellbarer Kampf gegen die Verzweiflung. Nahrungsmittel, vor allem Milch für die Kleinkinder, gab es kaum. Dazu tauchten immer wieder Tiefflieger auf. Hinzu kam die Angst, von den feindlichen Panzern überrollt zu werden. Nicht wenige, insbesondere Alte und Kranke, gaben auf und fanden den Tod. Wem immer es gelang, ins Innere des Reiches zu entkommen, der erfuhr auch dort oft einen schmerzlichen Mangel an Mitmenschlichkeit und Hilfsbereitschaft. Für viele war es zudem eine trügerische Sicherheit, so für die Flüchtlinge aus Schlesien, die in Dresden Zuflucht gesucht hatten und dann im Inferno des alliierten Bombenkrieges umkamen.

Derweil begann im bedrohten Berlin der »Führer« zu resignieren, wie seine oben angeführte Bemerkung gegenüber dem Rüstungsminister zeigt. Wenn auch dem »stärkeren Ostvolk« die Zukunft gehören würde, wie er meinte, so glaubte er aber doch, zumindest einen wichtigen »historischen« Erfolg erreicht zu haben: die Vernichtung der Juden. Dieser Triumph ist in seinem politischen Testament noch deutlich spürbar[244] (vgl. Dok. 17, S. 173).

Schon in seinem Buch »Mein Kampf« hatte Hitler von dem neuen »Germanenzug« nach Osten gesprochen. Geschichte als Kampf der Rassen – in diesem Verständnis schien es nur konsequent zu sein, daß sich die Slawen nicht nur die neuen Ostkolonien Hitlers zurückholten, sondern auch jene Gebiete, die von den Deutschen in früheren Jahrhunderten besiedelt worden waren.

Besonders schmerzlich war es für das Selbstbewußtsein der deutschen Bevölkerung, daß sie nun ausgerechnet vor jenen Soldaten aus ihrer Heimat flüchten mußte, die man noch vor kurzem als slawische »Untermenschen« hingestellt hatte.

Die Vertreibung der Deutschen aus den Ostgebieten

Der sowjetischen Führung war es sehr recht, wenn möglichst viele Deutsche vor der heranziehenden Roten Armee aus ihrer Heimat im Osten nach Westen flohen. Denn dann standen Land und Verwaltung gleichsam zur freien Disposition, so daß Moskau, unbehindert von lokalen Faktoren, sofort seine eigene Militär- und Zivilverwaltung einsetzen und danach die Ostgebiete des Reiches an die provisorische Regierung Polens übergeben konnte. Denn es war das erklärte Ziel Stalins, deutsches Territorium dem wiedererrichteten polnischen Staat als Entschädigung für dessen Gebietsverluste an der weißrussischen und ukrainischen Grenze zu überlassen.

Diese Form des speziellen »Kuhhandels« zwischen den alliierten Siegern war schon im Frühjahr 1943 vereinbart worden, als man sich darauf verständigte, daß die Sowjetunion die von ihr 1939 eroberten Ostgebiete Polens nach dem Sieg über das Reich behalten und dafür Ostpreußen an Polen fallen solle.[245]

Die auf der alliierten Kriegskonferenz in Teheran vom 28. November bis 1. Dezember 1943 akzeptierte Westverschiebung des polnischen Staates hatte zur Folge, daß möglichst ebenso umfangreiche Gebiete vom Reich abgetrennt und an Polen übergeben werden sollten. Es wurde ferner einkalkuliert, daß es dabei auch zur umfangreichen Vertreibung deutscher Bevölkerungsteile kommen würde.

Die Vorstellung, durch Bevölkerungstransfers und -aussiedlung bestehende nationale und ethnische Konflikte zu bereinigen, wurde schon nach dem Ersten Weltkrieg als internationales Lösungsmittel praktiziert, als man Umsiedlungen zwischen Griechen und Türken in Kleinasien vornahm. Mit der gewaltsamen Abtrennung der rein deutsch besiedelten Ostprovinzen vom Reich wurden Vertreibung und Umsiedlung allerdings als Allheilmittel zukünftig möglicher ethnischer Konflikte angesehen, denn die dort verbliebene deutsche Bevölkerungsgruppe wäre zweifellos zur großen Minorität innerhalb der neuen Grenzen der ostmitteleuropäischen Staaten geworden. Gerade dies wollte man aber verhindern.

Nach dem Einmarsch der Roten Armee in Polen und der Errichtung des kommunistischen »Polnischen Komitees der Nationalen Befreiung« in Lublin war es das Ziel Stalins und der Warschauer Kommunisten, die deutschen Ostgebiete östlich der Oder-Neiße-Linie vom Reich abzutrennen und an Polen anzugliedern, wie es sich aus dem geheimen Grenzabkommen zwischen der Sowjetführung und der provisorischen polnischen Regierung vom 27. Juli 1944 als territorial-politisches Resultat ergab. Diese Absicht verlor Stalin fortan nicht mehr aus den Augen.

Für die Position der Westalliierten war bezeichnend, daß Churchill am 15. Dezember 1944 öffentlich im britischen Unterhaus erklärte, ihn beunruhige der Gedanke einer gewaltsamen »völligen Vertreibung der Deutschen« aus den abzutretenden Ostprovinzen nicht.[246] Diese Haltung resultierte aus machtpolitischen Erwägungen, um nach dem Kriegsende einen dauerhaften Frieden in Europa aufrechtzuerhalten und neue deutsch-polnische Minderheitenstreitereien – d. h. »endlose Unannehmlichkeiten«, wie es Churchill nannte[247] – zu verhindern. Moralische Aspekte für die Betroffenen blieben dabei unberücksichtigt. Deshalb

schockierten die beabsichtigten Umsiedlungen den britischen Premierminister auch nicht. »Reiner Tisch wird gemacht werden«, so bekräftigte er. Insgesamt standen die Westalliierten somit »dem Gedanken des Bevölkerungstransfers mit Sympathie gegenüber«.[248]
Im Vorfeld der Konferenz von Jalta mißbilligten jedoch die beiden angloamerikanischen Außenminister Stettinus und Eden bei ihren Vorbesprechungen in Malta am 1. Februar 1945 allzuweit gehende Territorialwünsche Warschaus bis zur Oder und Görlitzer Neiße als neue polnische Grenze[249]; denn schon die Westverschiebung bis zur Oder hatte Umsiedlungen und Vertreibungen von Millionen Menschen zur Folge. Allerdings war die Festlegung des neuen Grenzverlaufes für die Westmächte kein vordringliches Verhandlungsthema in Jalta. Es ging ihnen vielmehr darum, die völlige Souveränität und demokratische Neugestaltung Polens, das von Moskau unabhängig wiederhergestellt werden sollte, sicherzustellen.
Zwar fand es Churchill auf der Konferenz einerseits höchst bedauerlich, »wenn man die polnische Gans dermaßen mit deutschem Futter mäste, daß sie an Verdauungsbeschwerden eingehe«[250], doch schien er sich andererseits mit Stalins verlogener Erklärung abzufinden, es seien »alle« Deutschen bereits vor der Roten Armee aus dem Land im Osten »geflohen«. Dies war eindeutig eine Lüge, denn es lebten noch ca. fünf Millionen Deutsche dort, während schon ca. vier Millionen geflüchtet waren.[251] Gleichwohl wollte Churchill nicht definitiv die Görlitzer Neiße als neue Grenzlinie akzeptieren, sondern nur die Oder-Linie, damit nicht noch mehr Deutsche umgesiedelt werden müßten, deren Ernährung im westlichen Reichsgebiet große Probleme für die Sieger und zukünftigen Besatzungsmächte schaffen würde. Dadurch blieb die Frage, wie weit die Gebietsentschädigung für Polen im Westen (bis zur Oder oder Lausitzer Neiße) gehen sollte, auf der Krimkonferenz in der Schwebe. Es kam darüber zu keiner festen, bindenden Übereinkunft.
Die Westmächte protestierten allerdings auch nicht, als Stalin die polnische Marionettenregierung verkünden ließ, sie habe bereits damit begonnen, die deutschen Ostgebiete verwaltungsmäßig in das polnische Staatsgebiet einzugliedern.[252] Denn die unklare Situation ermunterte die sowjetischen und polnischen Verwaltungsstellen, vollendete Tatsachen zu schaffen. So wurden im März 1945 aus den deutschen Provinzen und Gebieten Pommern, Ostbrandenburg, Westpreußen, Schlesien und südliches Ostpreußen die fünf neuen polnischen Woiwodschaften Masuren, Pommern, Ober- und Niederschlesien sowie Danzig errichtet und faktisch von der Roten Armee in die Obhut der Warschauer Regierung übergeben. Damit wurde der östliche Teil des Deutschen Reiches zugleich aus der späteren sowjetischen Besatzungszone ausgegliedert.

Die neuen polnischen Behörden gingen sofort daran, die ansässige deutsche Bevölkerung brutal und gewaltsam auszusiedeln. Diese »wilden« Vertreibungen in den Monaten April bis August 1945 erfolgten ohne Zustimmung der Westmächte bis zur Oder-Neiße-Linie.[253] Die Betroffenen mußten Raub, Plünderungen, Vergewaltigungen und Mordtaten erdulden. Etwa 300 000 Deutsche wurden von den Polen aus den Gebieten östlich von Oder und Neiße vertrieben, bevor darüber auf der beabsichtigten Konferenz der Alliierten in Potsdam entschieden wurde.

Vor dem Hintergrund dieser illegalen Aktion erklärte dann Stalin bei der Potsdamer Konferenz, als das Vertreibungsthema zwischen den Alliierten kontrovers erörtert wurde, erneut, fast alle Deutschen seien schon aus den Ostgebieten »geflohen«, so daß ein ausdrücklicher Umsiedlungsbeschluß keine weiteren Schwierigkeiten und Bevölkerungsverschiebungen für die anderen alliierten Besatzungszonen in Deutschland mit sich bringe. Da die Gebiete sonst ohne Organisation gewesen wären, seien sie deshalb von der UdSSR an Polen übergeben worden. Auch hier belog der Kremldiktator seine Alliierten. Denn noch während der Konferenz waren die gewaltsamen Vertreibungen in vollem Gange.

Als jedoch auf der Konferenz ein Kompromiß über die Frage der deutschen Reparationen erzielt wurde, ließ man das Vertreibungsproblem als Streitthema rasch wieder fallen und bestand nicht auf Einstellung der »wilden« Vertreibung. Man akzeptierte sie vielmehr als »unschöne, aber unvermeidliche Folge der Neuordnung Europas nach dem Willen der Großmächte«.[254] Ein besonderer Ausschuß arbeitete dann die am 2. August 1945 in Artikel XIII des Potsdamer Abkommens festgehaltene alliierte Übereinkunft zur Massenvertreibung der deutschen Bevölkerung aus dem Osten, aus der Tschechoslowakei und Ungarn aus. Er bestimmte unter der verharmlosenden Überschrift »geordnete Überführung deutscher Bevölkerungsteile«:

> »Nachdem die drei Regierungen die Frage nach allen Gesichtspunkten geprüft haben, erkennen sie an, daß die Umsiedlung der deutschen Bevölkerung oder Teile derselben, die in Polen, der Tschechoslowakei und Ungarn zurückgeblieben sind, nach Deutschland durchgeführt werden muß. Sie sind sich darin einig, daß Umsiedlungen, die stattfinden, in geordneter und humaner Weise erfolgen sollen.
>
> Da der Zustrom einer großen Zahl von Deutschen nach Deutschland die bereits bestehende Belastung der Besatzungsmächte vergrößern würde, sind sie der Auffassung, daß der Alliierte Kontrollrat in Deutschland zunächst das Problem unter besonderer Berücksichtigung der Frage einer gerechten Verteilung dieser Deutschen auf die einzelnen Besatzungszonen prüfen soll. Sie erteilen dementsprechend ihren jeweiligen Vertretern im Kontrollrat Weisung, ihren Regierungen so bald wie möglich darüber zu berichten, in welchem Umfang solche Personen aus Polen, der Tschechoslowakei und Ungarn bereits nach Deutschland

gekommen sind, und unter Berücksichtigung der gegenwärtigen Lage in Deutschland eine Schätzung darüber vorzulegen, in welcher Zeit und in welchen Abständen weitere Umsiedlungen durchgeführt werden können.
Die tschechoslowakische Regierung, die polnische Provisorische Regierung und der Kontrollrat in Ungarn werden gleichzeitig von Vorstehendem in Kenntnis gesetzt und ersucht, inzwischen weitere Ausweisungen auszusetzen, bis die betreffenden Regierungen die Berichte ihrer Vertreter im Kontrollrat geprüft haben.« (Siehe S. 210f.)

Diese Regelung gestattete es letzten Endes den neuen Machthabern, in den betroffenen Ländern aufgrund des militärischen Sieges der Alliierten und der totalen Niederlage des Reiches die deutsche Bevölkerung, die nun für den selbst vom Zaun gebrochenen Eroberungskrieg mit dem Verlust der alten Heimat bezahlen mußte, weiterhin rücksichtslos zu vertreiben. Der Hinweis auf eine humane und geregelte Durchführung war eine Farce. Denn die Praxis sah anders aus. Bis Jahresende 1945 erfolgte sie weiterhin inhuman und brutal; erst 1946 und 1947 wurde die Vertreibung einigermaßen geregelt durchgeführt.

Churchill und Truman zeigten sich später sehr enttäuscht über die Vertreibungspraktiken der sowjetischen, polnischen und tschechoslowakischen Stellen und darüber, daß das in Potsdam vereinbarte Moratorium nicht eingehalten wurde. Als »Tragödie ungeheuren Ausmaßes« – wie es Churchill nachträglich in einer Rede als Oppositionsführer im britischen Unterhaus bezeichnete [255] – war die Vertreibung der Deutschen aus der Heimat ebenso rücksichtslos, inhuman und menschenverachtend wie die von deutscher Seite während des Krieges verübten gewaltsamen Vertreibungs- und Umsiedlungsverbrechen an anderen Völkern.

Daß die Westalliierten in vergleichbaren Kategorien rücksichtsloser Machtpolitik wie die Diktatoren Hitler und Stalin dachten, zeigt sich insbesondere im Falle der Vertreibung der Sudetendeutschen. Denn hier war es gerade die britische Regierung unter Churchill und Eden, die durch insgeheime Anregungen und Ermunterungen die anfangs humanen Vorstellungen der Exilregierung des ČSR-Präsidenten Beneš von einer begrenzten Teilumsiedlung und Gebietsabtretung verschärfte, so daß sie durch radikale Lösungsvorschläge zur totalen Vertreibung aller 3,2 Millionen Sudetendeutschen abgelöst wurden. Im Grundsatz billigte dann auch die US-Administration unter Präsident Roosevelt diesen totalen Bevölkerungstransfer, ohne nach humaneren Lösungen zu suchen. Die ČSR-Exilregierung griff die von London angeregte radikale Vertreibungsabsicht in ihrem Memorandum vom 23. November 1944 auf, in dem sie die Vertreibung der volksdeutschen Minderheit aus der Tschechoslowakei verlangte. Immerhin wies sie im Rahmen dieses größeren Vertreibungsplans auf die beispiellosen Verbrechen und »Akte der Barbarei«

hin, welche die Deutschen als Besatzungsmacht während des Krieges in Böhmen und Mähren begangen hatten.[256]
Auch in der ČSR begann nach der deutschen Kapitulation und der Besetzung der deutschen Siedlungsgebiete durch die siegreichen Alliierten die erste Phase der rücksichtslosen Abrechnung in Form von spontanen und pauschalen Austreibungen der Sudetendeutschen. Die Aktionen waren von Vergeltung, Rache und Haß bestimmt. Bis zur Konferenz von Potsdam wurden etwa 800 000 Deutsche aus dem Sudetenland gewaltsam vertrieben, wobei es zu teilweise gräßlichen Ausschreitungen und grauenvollen Exzessen kam.[257] Die Opfer waren überwiegend hilflose Frauen, alte Männer und unschuldige Kinder. Symbolhaft für diese Gewalttaten waren das Massaker an den Deutschen in Aussig am 31. Juli 1945 sowie die Pogrome in Prag, Brünn und Znaim.
Als Ergebnis der räuberischen Hitlerschen Eroberungspolitik im Osten zu Kriegsbeginn 1939 standen am Ende, im Jahre 1945, verzweifelte Flucht und rücksichtslose Vertreibung von etwa 14 Millionen Reichs- und Volksdeutschen aus der alten Heimat in Mittel- und Osteuropa (vgl. die Zahlen in der Tabelle auf S. 123). Etwa zwei Millionen Menschen überlebten diese erzwungene und gewaltsame Austreibung nicht.[258]
Letztlich bezahlten die Vertriebenen für die Hybris des Deutschen Reiches mit realem Unglück und Leid. Es war der konkrete Wunsch der Alliierten, die deutsche Nation kollektiv zu bestrafen, denn die Versprechungen der »Atlantik-Charta« von 1941 für eine gerechte und humane Welt nach Hitler wurden im Falle des Schicksals der Vertriebenen achtlos beiseite geschoben. Für Deutschland wurden die Vorsätze absichtlich nicht angewandt, so daß mit Zustimmung der siegreichen Alliierten die kulturelle Entwicklung und das wirtschaftliche Wirken der deutschen Bevölkerung von sieben Jahrhunderten in Ost- und Mitteleuropa abrupt beendet und gewaltsam vernichtet wurden.
Die leidvollen und persönlichen Auswirkungen für den einzelnen Betroffenen lassen sich hier in gedrängter Form ebenso wenig darstellen wie die Folgen der NS-Verbrechen im Rahmen des Holocaustes. Das ganze Ausmaß des Leidens dokumentiert sich nicht selten in einer einzigen Zeugenaussage über das Erlebte und Erlittene. So berichtete ein US-Korrespondent im Oktober 1945:

> »Eine andere Frau mit Narben von Peitschenhieben quer über dem Gesicht sagte, als die Gruppe, mit der sie in Oberschlesien zur Eisenbahn marschierte, durch Sagan kam, standen polnische Zivilisten links und rechts der Straße, und die Flüchtlinge wurden systematisch beraubt und geschlagen, als sie vorübergingen. [...] Sie schloß ihre Aussage mit der Vermutung, sie sei schwanger. Auf der Reise nach Berlin war sie dreißigmal vergewaltigt worden.«[259]

Tabelle: Flucht und Vertreibung der Deutschen

Deutsche Bevölkerung im Jahre 1939:

Ostgebiete des Deutschen Reiches		9 575 000
davon Ostpreußen	2 473 000	
Ostpommern	1 884 000	
Ost-Brandenburg	642 000	
Schlesien	4 577 000	
Tschechoslowakei		3 477 000
Baltische Staaten und Memelland		250 000
Danzig		380 000
Polen		1 371 000
Ungarn		623 000
Jugoslawien		537 000
Rumänien		786 000
	zusammen	16 999 000
Geburtenüberschuß	+	659 000
		17 658 000
Kriegsverluste	−	1 100 000
Deutsche Ost-Bevölkerung bei Kriegsende		16 558 000

Flüchtlinge und Vertriebene:

aus den Ostgebieten des Deutschen Reiches	6 944 000
aus der Tschechoslowakei	1 921 000
aus den übrigen Ländern	1 865 000
insgesamt	11 730 000

Tote und Vermißte während der Flucht und Vertreibung:

in den Ostgebieten des Deutschen Reiches	1 225 000
in der Tschechoslowakei	267 000
in den übrigen Ländern	619 000
insgesamt	2 111 000

In der Heimat Verbliebene:

in den Ostgebieten des Deutschen Reiches	1 101 000
in der Tschechoslowakei	250 000
in den übrigen Ländern	1 294 000
insgesamt	2 645 000

Quelle: Zayas, Die Anglo-Amerikaner, S. 23f; Bundesministerium für Vertriebene 1967.

Um die schriftliche Darstellung und Bewahrung der Vertriebenenschicksale und -erlebnisse bemühte sich nach dem Krieg die im Auftrag der Bundesregierung verfaßte mehrbändige »Dokumentation der Vertreibung der Deutschen aus Ost-Mitteleuropa«, so daß sie dort zusammengefaßt nachgelesen werden können.[260] Die sowjetischen Greueltaten im Osten sollten allerdings nicht den Eindruck erwecken, daß es bei der Eroberung deutscher Städte und Gebiete im Westen nicht ebenso zu Straftaten oder vergleichbaren Exzessen anderer alliierter Soldaten gekommen ist.[261]

Die Vertreibungen erfolgten auch noch mehrere Monate nach Kriegsende. So legte der Alliierte Kontrollrat am 26. November 1945 einen Plan für die weitere Vertreibung von 3,5 Millionen Deutschen aus den Ostgebieten und 2,5 Millionen Sudetendeutschen aus der ČSR fest. Damit zerschlug sich auch eine insgeheim gehegte Hoffnung der Deutschen, der Alliierte Kontrollrat würde gleichsam als zentrale Verwaltungsspitze des besiegten Deutschland den fortgesetzten Zuzug neuer Vertriebener in die vier Besatzungszonen unterbinden und dadurch die schwierige – aber letztlich erfolgreiche – Integration der Vertriebenen in den deutschen Reststaat erleichtern.[262]

Der amerikanische Senator Eastland bezeichnete die Vertreibung in seinem Bericht an den US-Senat als »eines der schrecklichsten Kapitel in der menschlichen Geschichte«.[263] Sie machte den moralischen Anspruch der Sieger, gerechter und humaner als die NS-Regierung zu sein, öffentlich zunichte. Im Oktober 1945 schrieb der britische Philosoph und spätere Nobelpreisträger Bertrand Russell an die »Times«: »In Osteuropa werden jetzt von unseren Verbündeten Massendeportationen in einem unerhörten Ausmaß durchgeführt, und man hat ganz offensichtlich die Absicht, viele Millionen Deutsche auszulöschen, nicht durch Gas, sondern dadurch, daß man ihnen ihr Zuhause und ihre Nahrung nimmt und sie einem langen schmerzhaften Hungertod ausliefert. Das gilt nicht als Kriegsakt, sondern als Teil einer bewußten ›Friedens‹politik.«[264] Deutlicher konnte man die – im Hinblick auf das angestrebte Ziel einer humaneren Welt – gescheiterte Friedensordnung am Ende des Zweiten Weltkrieges kaum umschreiben.

IX. Vom Kriegsende zur Nachkriegszeit

Zwei Monate nach dem Ende der Kampfhandlungen in Europa trafen sich die »Großen Drei« erneut zu einer Konferenz. Vieles hatte sich seit Jalta verändert. Der US-Präsident Roosevelt war im April gestorben. Sein nachgerückter Vizepräsident Harry S. Truman verfügte nicht über die politische Statur seines Vorgängers.[265] Auch die Vertretung Großbritanniens stand vor einem Wechsel. Winston Churchill, der alte konservative Haudegen der Kriegsjahre, mußte noch während der neuen Konferenz seinen Platz räumen. Sein Nachfolger als Premierminister, der Labourführer Clement Attlee, vertrat zudem eine andere politische Richtung. Lediglich Stalin repräsentierte die Kontinuität der Politik seines Landes. Nach dem Triumph über Deutschland war seine Herrschaft so gefestigt wie nie zuvor.
Grundlegend verändert hatte sich die Situation des Krieges in Europa. Das nationalsozialistische Deutschland und seine faschistischen Satelliten waren vernichtend geschlagen worden. Durch die bedingungslose Kapitulation des Dritten Reiches vom 8./9. Mai konnten die Sieger mit ihm nach Belieben verfahren. Jetzt ließen sich aber auch die ungelösten Probleme in der Allianz und die unterschiedlichen Auffassungen über die neue Friedensordnung nicht länger verdecken. Politische Spannungen und Interessenkonflikte zwischen den Mächten einer Siegerallianz waren nicht ungewöhnlich. Auch der Wiener Kongreß nach dem Sieg über Napoleon 1815 und die Konferenz von Versailles nach dem Sieg über das deutsche Kaiserreich 1920 waren von solchen Auseinandersetzungen überschattet gewesen. Doch diese Friedenskonferenz am Ende des Zweiten Weltkrieges stand von Anfang an unter derartigen Belastungen, daß der Bruch der Siegerallianz und die Herausbildung einer neuen Konfrontation zu erwarten waren.

Deutschland und die Nachkriegsordnung auf der Potsdamer Konferenz

Der Wille zur Verständigung war unter den Verantwortlichen durchaus vorhanden. Anfang Mai 1945 hatte Churchill dem neuen US-Präsidenten vorgeschlagen, die offenen Fragen, die sich im Hinblick auf die weitere Behandlung Deutschlands und die politische Entwicklung Europas stellten, nicht durch langwierige Telefonate und Korrespondenzen zu lösen. Er drängte auf eine persönliche Zusammenkunft und Aussprache der »Großen Drei«. Nur auf diese Weise hoffte er, die Politik der vollendeten Tatsachen, die Stalin verfolgte, bremsen zu können. Das sowjetische Vorgehen in Osteuropa war für ihn ein Verstoß gegen die Beschlüsse von Jalta.[266] Ein »eiserner Vorhang«, so schrieb Churchill am 12. Mai an Truman, sei vor der russischen Front in Mitteleuropa niedergegangen, und man wisse nicht, was dahinter vor sich gehe.[267]

Was war geschehen? Wie gravierend mußte das Vertrauensverhältnis der Siegermächte untereinander gestört sein, daß der britische Premier sogar vorschlug, die westalliierten Truppen weiterhin in jenen Gebieten stehenzulassen, die nach den früheren Absprachen eigentlich zum sowjetischen Besatzungsgebiet gehörten, um militärisch-politische »Faustpfänder« zu schaffen? Es war vor allem das Vorgehen der Russen in den eroberten Ländern Osteuropas, was Churchill beunruhigte. Im Hinterland der vormarschierenden Roten Armee hatte Moskau in Polen, Rumänien und Bulgarien kommunistische Regierungen eingesetzt sowie auch in Ungarn und der Tschechoslowakei den Kommunisten einen maßgeblichen Einfluß auf die politische Neuordnung dieser Länder verschafft. Stalin erwartete nun, daß die Westmächte diese Moskauer Marionetten-Regierungen als »frei« und legitim anerkannten.[268]

Damit war ein bisher verdeckter Interessenkonflikt offen ausgebrochen. Amerikaner und Briten hatten zwar diese Staaten in einem machtpolitischen Kuhhandel der sowjetischen Einflußsphäre zugeschlagen, aber in der Erklärung von Jalta Anfang 1945 zugleich auch die Formulierung durchgesetzt, daß man gemeinsam ein freies Europa »auf demokratischer Grundlage« schaffen wolle. Was Stalin unter »Demokratie« verstand, konnte eigentlich nach den Erfahrungen von 1939/40, als er sein Terrain zum ersten Male erweiterte, nicht unklar sein. Gerade Churchill in seinem langjährigen Kampf gegen den Kommunismus dürfte sich darüber keine Illusionen gemacht haben.[269]

Wenn er sich dem kaum camouflierten Vorgehen Stalins dennoch entgegenstellte, dann bedeutete dies, daß er Ostmitteleuropa eben doch nicht ganz verloren geben, sondern nach Möglichkeit zur Politik des Cordon sanitaire der zwanziger Jahre zurückkehren wollte. Es ging darum, den

sowjetischen Machtbereich so eng wie möglich abzustecken sowie die jeweiligen Einflußsphären weiträumig auszubauen. In diesen beiderseitigen Bestrebungen lag der Keim einer neuen Konfrontation, und Ostmitteleuropa wurde zum ersten Streitfall.
Das Beharren auf nationalen Sicherheitsinteressen und machtpolitischen Einflußsphären stand eigentlich im Widerspruch zu den guten Vorsätzen, die Ende April 1945 bei der Gründung der UNO in San Francisco beschworen worden waren.[270] Noch ganz im Geiste der Vorstellungen Roosevelts über eine allgemeine Weltfriedensordnung hatten die Diplomaten gerade erst damit begonnen, neue Formen der Zusammenarbeit auf internationaler Ebene zu entwickeln. Aber auf beiden Seiten war – auch nach vier Jahren Bündnis – das gegenseitige Mißtrauen viel zu stark ausgeprägt, um nach der Niederwerfung des gemeinsamen Feindes die Rückkehr zu den alten Mustern der Machtpolitik auch im gegenseitigen Verhältnis zu verhindern.
Deshalb beharrte Stalin auf einem Vetorecht der Hauptsiegermächte, um sich nicht einer künftigen Mehrheit der Staatenwelt beugen zu müssen. Die am 26. Juni 1945 von 50 Ländern unterzeichnete UN-Charta[271] konnte unter diesen Umständen nicht die Nachkriegsordnung in Europa beeinflussen, wie Roosevelt es gehofft hatte. Moskau blieb davon überzeugt, daß der Kapitalismus »gesetzmäßig« zum Imperialismus neigte und letztlich die Vernichtung des »ersten sozialistischen Staates« der Erde zum Ziel hatte, während die westlichen Demokratien die kommunistische »Weltrevolution« fürchteten und in Stalin den Vertreter eines russischen Imperialismus sahen.[272]
Vor diesem Hintergrund einer sich allmählich herausbildenden Konfliktlage wird verständlich, daß die Regelung der deutschen Verhältnisse zum eigentlichen Testfall für den Fortbestand der Kriegskoalition werden mußte. Würde es gelingen, durch eine gemeinsame Kontrolle Mitteleuropas einen Interessenausgleich zu schaffen oder würde Deutschland zum künftigen »Schlachtfeld« eines Ost-West-Gegensatzes werden? Churchill sah es als »lebenswichtig« an, die westlichen Machtpositionen zu befestigen und auf dieser Basis eine Verständigung mit Moskau über die europäischen Probleme herbeizuführen. Deshalb wollte er mit dem Rückzug auf die vorgesehenen Besatzungszonen und dem Beginn einer allgemeinen Demobilmachung so lange warten, bis Stalin eingelenkt hatte. Truman allerdings verfolgte die Absicht, die bisher mit Moskau getroffenen Vereinbarungen strikt einzuhalten, um die Zusammenarbeit mit der UdSSR nicht noch weiter zu erschweren. Er vertraute darauf, Stalin notfalls durch wirtschaftlichen Druck und durch eine »atomare Diplomatie« zum Einlenken zu zwingen. Die Zündung der Atombombe während der geplanten Konferenz war daher als Überraschungseffekt willkommen.

Der sowjetische Diktator war aber schon längst über die Entwicklung durch seinen Geheimdienst unterrichtet. Auch diese Rechnung konnte also kaum aufgehen.²⁷³
Churchills Kalkül trug ebenfalls nur wenige Früchte. Die Bereitschaft, durch die Annahme von Teilkapitulationen größere Teile der Wehrmacht vor dem Zerfall zu bewahren und nach der Gesamtkapitulation zunächst sogar die Dönitz-Regierung als Verhandlungspartner zu akzeptieren, mußte das Mißtrauen in Moskau verstärken und Stalin veranlassen, seine Interessen um jeden Preis wahrzunehmen. Noch aber hielt das vereinbarte gemeinsame Vorgehen in der deutschen Frage. Nach der von sowjetischer Seite erzwungenen Verhaftung der Dönitz-Regierung am 23. Mai 1945 verkündeten die vier alliierten Zonenbefehlshaber am 5. Juni 1945 die Berliner Deklaration der Siegermächte (vgl. Dok 31, S. 199). Gestützt auf die bedingungslose Kapitulation Deutschlands wurde darin die Übernahme der obersten Regierungsgewalt und Souveränitätsrechte für das Deutsche Reich durch die Hauptsiegermächte proklamiert. Gleichzeitig kündigte man die Aufnahme der Tätigkeit des Alliierten Kontrollrats an und bestätigte die Aufteilung in die vier Besatzungszonen, wie sie in Jalta Anfang des Jahres vereinbart worden waren.
US-Präsident Truman sah sich nun veranlaßt, Stalin den Rückzug aus Mecklenburg, Thüringen, Sachsen und der westlichen Tschechoslowakei auf das festgelegte Besatzungsgebiet der Westalliierten für Ende Juni 1945 anzukündigen. Damit sollte erreicht werden, daß endlich »geregelte Besatzungsregime« eingesetzt werden konnten. Außerdem konnten danach westliche Einheiten im Gegenzug als Garnisonstruppen in Berlin einmarschieren. Dieser Stellungswechsel wurde schließlich Anfang Juli durchgeführt. Mit dem Vormarsch der Roten Armee bis an die Zonengrenze entlang von Elbe, Harz und Thüringer Wald hatte der Westen die von Churchill geforderten »Faustpfänder« aus der Hand gegeben. Truman war gleichwohl überzeugt, auf der neuen Gipfelkonferenz die anstehenden Konflikte im persönlichen Gespräch mit Stalin bereinigen zu können. Er zeigte sich sogar bereit, dies durch eine Vorkonferenz allein mit Stalin zu versuchen, mußte diesen Plan jedoch aufgeben, als ihm Churchill zu verstehen gab, daß er selbst dann an der Konferenz – gleichsam als geringwertiger »Juniorpartner« – nicht teilnehmen werde.
Anders als im Vorfeld der Jalta-Konferenz konnte also auf westlicher Seite kein koordiniertes Vorgehen erreicht werden. Dafür schuf die Sowjetführung, bis die »Berliner Konferenz der Drei Mächte«, so die offizielle Bezeichnung, schließlich Mitte Juli begann, konsequent und entschlossen weitere Fakten, die für die politische Nachkriegsentwicklung Europas entscheidend waren: In den besetzten osteuropäischen Staaten setzten sich die Kommunisten in der provisorisch installierten Re-

Karte 6: Die Besatzungszonen in Deutschland, 1945 (Gesamtdeutsches Institut, Bonn)

gierung durch; die polnische Regierung begann im Vorgriff auf erwünschte Gebietserweiterungen nach Westen mit der Vertreibung der deutschen Bevölkerung aus Ost- und Westpreußen, Pommern, Schlesien und Danzig – mit ausdrücklicher Billigung Moskaus; seit Februar 1945 war in den deutschen Gebieten östlich der Oder-Neiße-Linie, mit Ausnahme des von der UdSSR beanspruchten nördlichen Teils von Ostpreußen um Königsberg, mit dem Aufbau einer polnischen Verwaltung begonnen worden.[274]

Die Regelung der deutschen Frage wurde somit in erster Linie ein Problem der deutsch-polnischen Beziehungen. Die Ende Juni in Warschau gebildete »Provisorische Regierung der nationalen Einheit« unter Edward Osobka-Morawski stützte sich weitgehend auf die Mitglieder des ehemaligen kommunistischen Lubliner Komitees. Auf Drängen der Westalliierten waren auch einige wenige Vertreter aus demokratischen Gruppen sowie aus der früheren Londoner Exilregierung Polens, wie z. B. Stanislaw Mikolajczyk, hinzugenommen worden. Deren Einfluß auf die polnische Politik blieb jedoch gering. Dennoch wurde diese Regierung nun von allen Alliierten als alleinige Vertretung Polens anerkannt. Auch wenn die weitere Konsolidierung der neuen Regierung in Warschau auf der bevorstehenden Konferenz in Berlin nach wie vor ein wichtiges Thema sein würde, stand doch fest, daß Polen künftig mit »sowjetischer Zunge« sprechen würde, polnische Vorteile gegenüber Deutschland somit zugleich einen Zugewinn Stalins bedeuteten.

Nach ihrer Ankunft in Berlin nahmen Churchill und Truman bei improvisierten Stadtrundfahrten das »Trümmerfeld Deutschland« in Augenschein. War es für den Westen besonders erstrebenswert, sich diese »Leiche« ans Bein zu binden? Wem nutzte die Herrschaft über die Ruinenlandschaft und um welchen Preis? Wie konnte der Westen seine Interessen innerhalb eines gemeinsamen Besatzungsregimes wahrnehmen und zugleich die Ausbreitung des kommunistischen Einflusses verhindern? Auf solche Fragen mußte die nach Schloß Cecilienhof in Potsdam, dem früheren Landsitz des deutschen Kronprinzenpaares, einberufene Konferenz der »Großen Drei« Antworten finden.

Churchill, der bislang Stalin am stärksten mißtraut und widersprochen hatte, erschien in Begleitung des britischen Oppositionsführers Clement Attlee, denn das Ergebnis der Unterhauswahlen vom 5. Juli stand zwar noch aus, die Kontinuität der Verhandlungsführung mußte aber gewährleistet sein. Am 29. Juli löste ihn Attlee tatsächlich als neuer Premierminister und Konferenzteilnehmer ab.[275] Für die Amerikaner sah die Ausgangsposition erfreulicher aus, denn Präsident Truman erhielt unmittelbar vor Konferenzbeginn die Nachricht, daß am 16. Juli in Alamogordo in New Mexico/USA der erste Atombombentest erfolgreich verlaufen war. Die Ergebnisse übertrafen alle Erwartungen und bestätigten die Auffassung Trumans, daß er nun über die Möglichkeit verfügte, mit dem moralischen Anspruch der stärksten Macht der Welt die allgemein anerkannten Regelungen für Freiheit, Frieden und Demokratie auch gegenüber Stalin durchzusetzen.

Konkretes Nahziel für Truman war es ferner, durch eine neue Übereinkunft der Siegermächte die schnelle Rückführung der US-Truppen über den Atlantik zu ermöglichen und so den innenpolitischen Erwartungen an seine Administration zu entsprechen. Das aber wollte Churchill möglichst verhindern, weil Großbritannien allein nicht den übermächtigen Russen auf dem Kontinent Paroli bieten konnte. Er drängte deshalb auf die Heranziehung Frankreichs als vierte Besatzungsmacht nach Potsdam, um mit Paris ein gewisses Gegengewicht in der Mitte Europas zu bilden.

Die Konferenz begann am 17. Juli 1945. Ihre Codebezeichnung »Terminal« (= Endstation) offenbarte symbolhaft die Bedeutung für das Ende des Zweiten Weltkrieges, obwohl der Kampf in Ostasien gegen die Japaner noch nicht völlig abgeschlossen war.[276] Der Sieg in der größten militärischen Kraftanstrengung der Weltgeschichte war errungen worden. Nun ging es in dreizehn Plenarsitzungen zwischen der britischen (Churchill, Eden, Attlee und Bevin) sowie der amerikanischen (Truman, Byrnes, Leahy und Davies) und sowjetischen Delegation (Stalin, Molotow, Wyschinski und Gromyko) darum, die deutsche und die damit verwobene polnische Frage als Fundament für die weitere politische Entwicklung Europas zu lösen.[277]

Sowohl bei den Treffen der drei Außenminister als auch in den Unterausschüssen entwickelten sich darüber kontroverse Diskussionen. Churchills Frage »Was bedeutet Deutschland heute?« geriet zunächst in den Mittelpunkt der Erörterungen. Truman schlug vor, den Begriff »Deutschland innerhalb der Grenzen von 1937« als formalen Ausgangspunkt für die weiteren Regelungen zu nehmen. Dennoch beharrte Stalin darauf, daß für ihn die Annexion des nördlichen Ostpreußen nicht mehr zur Disposition stand und er jede deutsche Verwaltung in Königsberg sofort »von dort verjagen« würde. Faktisch wurde die Festlegung, was denn nun unter »Deutschland« zu verstehen sei, vertagt – ein erstes schwerwiegendes Manko der Konferenz.[278]

Die Verlagerung der Diskussion auf die Frage nach den Demarkationslinien für die vier Besatzungszonen führte ebenfalls nicht zu der gewünschten Klarheit. Das galt hauptsächlich für die Frage der polnischen Westgrenze. Immerhin war in Jalta bereits eine Vergrößerung Polens nach Westen und Norden auf Kosten des Deutschen Reiches in Aussicht gestellt worden. Durch die von sowjetischer Seite geschaffenen Tatsachen östlich der Oder-Neiße-Linie geriet man nun in Zugzwang. Stalin wollte eine endgültige Bestätigung dafür, daß Polen die Gebiete östlich der Linie »westlich von Swinemünde die Oder aufwärts zur Einmündung des Flusses westliche Neiße bis zur tschechoslowakischen Grenze« erhielt. Zur Rechtfertigung behauptete er, alle neun Millionen Deutsche in diesen Gebieten seien bereits geflohen und es seien dort nur Polen verblieben.[279]

Truman und Churchill konnten sich diesem Drängen – nach den bisherigen Vereinbarungen – kaum entgegenstellen, sie betrachteten Stalins Vorgehen aber dennoch als »fait accompli«. Obwohl es Großbritannien gewesen war, das 1939 zum Schutze Polens in den Krieg gegen Deutschland gezogen war, während sich Stalin damals mit Hitler über das gemeinsam erlegte Opfer verständigte, spielte sich nun ausgerechnet die Sowjetführung als Schutzpatron Polens auf. Moskau hatte außerdem, ohne den Westen zu kontaktieren, eine neue Besatzungszone in Deutschland für Polen geschaffen, die dem Kontrollrat nicht unterstellt war und die auch nicht für die Erfüllung der von sowjetischer Seite so betonten Reparationsforderungen zur Verfügung stand. Die Annexion des nördlichen Ostpreußen dagegen stand nicht zur Debatte. Truman und Churchill stimmten einer Abtretung an die UdSSR in Form einer sowjetischen Verwaltung zu und wollten sie auch auf einer späteren Friedenskonferenz mit Deutschland unterstützen.

Die polnische Grenzfrage war also unmittelbar mit dem Reparationsanspruch verknüpft, den Stalin mit Vehemenz vertrat. Der Anspruch selbst war nicht unbillig, denn kein Land – von Polen selbst einmal abgesehen – hatte unter der deutschen Okkupation so zu leiden gehabt und derartig große Opfer bringen müssen wie die Sowjetunion. Während der Westen seine Kriegskosten im Rahmen des von ihm beherrschten Weltmarktes ausgleichen konnte, mußte sich die UdSSR aus eigener Kraft um den Wiederaufbau bemühen. Für den Westen aber war die Frage nicht unwichtig, aus welchem Teil Deutschlands künftig Reparationen aufgebracht werden sollten. Briten und Amerikaner erkannten die Gefahr, daß Stalin seinen Reparationsanspruch dazu nutzen konnte, die westlichen Besatzungszonen zu schwächen – mit allen Konsequenzen für deren Bestand und Wirtschaftsordnung sowie für die Aufrechterhaltung westlicher Einflußpositionen.

Die US-Delegation ergriff schließlich die Gelegenheit, die polnische Grenzfrage mit der Reparationsfrage auch vertragsmäßig zu verbinden. Ohne die Briten zu beteiligen, verständigte man sich mit der sowjetischen Delegation. Molotow und Byrnes[280], die beiden Außenminister, handelten folgende Übereinkunft aus, der dann auch die Briten zustimmten: Die Westalliierten waren bereit, den sowjetischen Vorschlag in bezug auf die neue polnische Westgrenze schon jetzt, d. h. vor der endgültigen Festlegung durch einen Friedensvertrag, zu akzeptieren; die Gebiete östlich der Oder und Görlitzer Neiße wurden polnischer Verwaltung unterstellt und »nicht als Teil der sowjetischen Besatzungszone in Deutschland« betrachtet.

Moskau erklärte sich im Gegenzug bereit, in der Reparationsfrage nachzugeben; es fand sich damit ab, seine auf 10 Milliarden Dollar taxierten Ansprüche sowie die polnischen Forderungen aus dem eigenen Besatzungsgebiet zu befriedigen. Zusätzlich erhielt die UdSSR jedoch 15 Prozent der Reparationen aus den westlichen Besatzungszonen gegen Lieferungen an Nahrungsmitteln, Holz und Kohle aus ihrer Zone sowie 10 Prozent der Industrieausrüstungen ohne Gegenlieferungen. Gerade mit dem letzten Punkt hatte Moskau der Einsicht Rechnung getragen, daß der industrialisierte Westteil Deutschlands ohne Rohstofflieferungen aus den östlichen Gebieten vorerst kaum produktionsfähig wäre, und der Westen akzeptierte angesichts der bestehenden Unterschiede in der wirt-

schaftlichen Struktur der Besatzungszonen einen Ausgleich an die UdSSR im industriellen Sektor.
In den wirtschafts- und sicherheitspolitischen Fragen erzielten die Siegermächte schneller Einigkeit. Deutschland, darin stimmten sie überein, durfte mit seinem ökonomischen und industriellen Potential künftig keine Gefahr mehr für Europa darstellen. Dazu sollten, um die Sicherheitsbedürfnisse der Nachbarstaaten sicherzustellen, Reparationen, Demontagen, industrielle Beschränkungen und Kontrollen beitragen. Die deutsche Industrie sollte auf etwa 45 Prozent ihres Vorkriegsstandes, der trotz aller Kriegsverluste noch in etwa vorhanden war, verringert werden.
Von den Zerstückelungs- und Reagrarisierungsplänen, wie sie in den Hauptstädten der Siegermächte noch bis Frühjahr 1945 erörtert worden waren, war man abgekommen. Langfristiges Ziel war der politische Neuaufbau Deutschlands auf demokratischer Grundlage. Die dabei zu beachtenden Grundsätze waren unstrittig. Es ging um Entmilitarisierung, Entwaffnung, Entnazifizierung und eine konsequente Umgestaltung des Erziehungs- und Gerichtswesens, kurz: um eine »Umerziehung« des deutschen Volkes.
Nur sehr unvollkommen machte man sich auf der Konferenz in Potsdam klar, daß hinter den neuen Grenzfestlegungen im Osten umfangreiche »Bevölkerungsverschiebungen und -vertreibungen« standen. Letztlich sanktionierten die Alliierten diese »Umsiedlung der deutschen Bevölkerung, die in Polen, der Tschechoslowakei und Ungarn zurückgeblieben« war. Da in den letzten Wochen die unvorstellbaren Greuel bekanntgeworden waren, mit denen diese »Umsiedlung« verbunden war, verlangten die westlichen Siegermächte immerhin, diese Maßnahmen künftig in »geordneter und humaner Weise« durchzuführen. Nachgiebig reagierten die Alliierten auch, als die polnische Verwaltung das Mittel der Zwangsausweisung nunmehr auch auf die abgetrennten deutschen Ostgebiete anwandte.
Großen Wert legten die Amerikaner aber darauf, Stalin zum Kriegseintritt gegen Japan zu verpflichten. Rückblickend erscheint das wenig verständlich, denn der Krieg in Ostasien, den Briten und Amerikaner seit 1941 allein geführt hatten, neigte sich ohnehin dem sicheren Ende zu. Stalin wiederum konnte unter den veränderten Umständen nur zu gern diesem Schritt zustimmen, weil es ihm die Möglichkeit gab, sich als Sieger auch bei der Neuordnung des Fernen Ostens mit Forderungen zu Wort zu melden. Truman bestand jedenfalls darauf, das in Jalta beschlossene Geheimabkommen, wonach die UdSSR innerhalb von zwei oder drei Monaten nach der deutschen Kapitulation in den Krieg gegen Japan eintreten werde, in Taten umzusetzen.

Abb. 13: Die »Großen Drei«: (V. l. n. r.:) der britische Premierminister Clement Attlee, der US-Präsident Harry S. Truman und der sowjetische Generalissimus Josef Stalin vor Schloß Cecilienhof in Potsdam. Dahinter stehend: (V. l. n. r.:) US-Admiral Leahy, der britische Außenminister Bevin, der US-Außenminister Byrnes und der sowjetische Außenminister Molotow (Foto: Süddeutscher Bilderdienst, München)

Am 2. August 1945 wurde das Schlußprotokoll der Potsdamer Konferenz unterzeichnet. Es war ein Regierungsabkommen ohne Ratifizierungsverfahren – im völkerrechtlichen Sinne also kein offizieller Vertrag. Sein vollständiger Text wurde erst am 24. März 1947 veröffentlicht. Die Ergebnisse der Beratungen hielt man ferner als Kommuniqué in Form einer »Mitteilung über die Berliner Konferenz der drei Mächte« fest. Es wurde vom Kontrollrat publiziert und als sogenanntes »Abkommen von Potsdam« verstanden (siehe Dok. 32, S. 202). Welche Bedeutung hatten diese Ergebnisse? Obwohl Großbritannien an der Konferenz beteiligt gewesen war, zeigte sich bald immer deutlicher, daß das Hauptgewicht eigentlich bei den »Großen Zwei«, Truman und Stalin, lag. In das vom Zweiten Weltkrieg in Europa geschaffene Vakuum konnten die beiden Flügelmächte USA und UdSSR ungehindert hineinstoßen.

Eine eigenständige europäische Lösung wurde damit illusorisch. Schon die Beschlüsse von Jalta hatten die Differenzen zwischen allen Beteiligten über die politische Gestaltung Europas nicht ausräumen können. Die

Potsdamer Vereinbarungen waren um so weniger imstande, die von Moskau geschaffenen Fakten in Osteuropa zu revidieren. Sie mußten als »Folge und Ausdruck der tatsächlichen Machtverhältnisse«, so wie sie durch den Vormarsch der Roten Armee bis an die Elbe geschaffen worden waren, von den Westmächten hingenommen werden.[281]
Das Echo über die Konferenz war in den alliierten Hauptstädten unterschiedlich. Im Westen zeigte man sich skeptisch, ob eine weitere Zusammenarbeit mit Stalin möglich sein würde. Moskau war in größerem Maße zufrieden mit den Ergebnissen, da die sowjetische Einflußsphäre in Osteuropa vom Westen nolens volens akzeptiert worden war. Allzu viele Fragen blieben aber trotz dieser Zusammenkunft der »Großen Drei« ungeklärt. Man verwies sie an den neu eingesetzten Rat der Außenminister, der vom 11. September bis 2. Oktober 1945 erstmals in London zusammentraf. Dort bestätigte sich, daß die Abgrenzungen von Zonen mitten durch Deutschland und von Einflußgebieten mitten durch Europa immer schneller zu einer Zementierung neuer ideologischer Frontlinien führten und den abendländischen Kontinent auseinanderrissen.
Die Potsdamer Beschlüsse gelten daher zu recht als Grundlage der von Ost und West gleichermaßen respektierten territorialen Neuordnung Europas nach dem Zweiten Weltkrieg. Sie bildeten aber auch die Grundlage für die 45 Jahre währende Teilung Deutschlands und der Welt, Ausgangspunkt für den Kalten Krieg.[282] Erst nach mehr als 40 Jahren wurde der Weg frei, Jalta und Potsdam zu überwinden und das damals proklamierte, aber nicht eingelöste Ziel des gemeinsamen Aufbaus eines freien Europas auf demokratischer Grundlage zu verwirklichen.

Hiroshima und Nagasaki: Symbole für das Kriegsende in Asien und den Beginn des atomaren Zeitalters

Großbritannien und die USA hatten den Parallelkrieg im Fernen Osten gegen das japanische Kaiserreich bis Anfang 1945 aus eigener Kraft soweit für sich entschieden, daß die Niederlage Nippons nur noch eine Frage der Zeit war. Die Armeen des Tenno hatten den Schutzschild der vorgelagerten Inseln des südwestlichen und zentralen Pazifik bereits verloren.[283] Mit der Landung auf den Philippinen stießen die alliierten Truppen bis zum inneren Verteidigungsring der Japaner vor. Zusammen mit dem Verlust von Burma hatte Tokio somit seine wichtigsten Rohstoffbasen einbebüßt. Zwar standen noch immer intakte Armeen in Indochina, in Zentral- und Südchina, in Korea und der Mandschurei, aber durch den Verlust des pazifischen Glacis geriet nun das japanische Mutterland zum direkten Angriffsobjekt.[284]

Seit Ende November 1944 bombardierten die Alliierten systematisch den Großraum Tokio und fügten der japanischen Rüstung schwere Schläge zu. Um die Ausgangsposition für den strategischen Luftkrieg zu verbessern, war für Anfang 1945 die Eroberung der Inseln Iwo Jima und Okinawa vorgesehen worden. Mit allen Mitteln hatten die Japaner die Zeit genutzt, um Iwo Jima zur stärksten Festung im Zentralpazifik auszubauen. Als am 19. Februar die amerikanischen Landungstruppen nach vorausgegangenem schwerem Bombardement der Verteidigungsanlagen in Aktion traten, trafen sie auf einen ungewöhnlich verbissenen Widerstand. Von 21 000 Mann Inselbesatzung ließen sich nur 216 japanische Soldaten gefangennehmen. Die verlustreichen Kämpfe dauerten bis Anfang April 1945.

Mit Okinawa betraten die Amerikaner zum ersten Male einen Teil des japanischen Mutterlandes. Die Einnahme der Insel war wegen des zu erwartenden Widerstandes intensiv vorbereitet worden. Seit dem 1. April 1945 landeten 182 000 Mann US-Sturmtruppen. Die japanischen Streitkräfte von etwa 100 000 Mann leisteten bis zum 21. Juni heftigen Widerstand. Nur 11 000 gingen am Ende in Gefangenschaft. Zu den Opfern zählten auch mehr als 24 000 Tote unter der Zivilbevölkerung. Die Amerikaner verloren 13 000 Mann. Rund 1900 japanische Kamikaze-Flieger opferten vergeblich ihr Leben, um die amerikanische Flotte zu treffen.

Seit dem 1. Mai 1945 gingen die Amerikaner und Australier auch auf Borneo vor und eroberten dort lebenswichtige Ölfelder und Raffinerien der Japaner. Alle diese Operationen waren nur der Auftakt für die bevorstehende Eroberung des japanischen Mutterlandes. Wie im Falle Deutschlands war trotz aussichtsloser Lage nicht damit zu rechnen, daß der Feind rechtzeitig aufgab. Iwo Jima und Okinawa hatten den Alliierten gezeigt, was bei einer Invasion und Besetzung der japanischen Hauptinseln an Widerstand auf sie zukommen würde.

Die amerikanischen Stabschefs rechneten damit, daß nach der Niederwerfung Deutschlands genügend Kräfte frei würden, um die Eroberung des Landes im Herbst 1945 beginnen und bis zum Sommer 1946 abschließen zu können. Um die japanischen Armeen auf dem Festland zu binden, war ihnen deshalb sehr daran gelegen, auch die Russen zum Kriegseintritt zu veranlassen. Die Rote Armee konnte den Hauptvorstoß der Amerikaner durch einen Angriff auf die Mandschurei wesentlich entlasten. Bereits am 5. April 1945 hatte die Sowjetunion ihren Neutralitätspakt mit Japan aufgekündigt; denn seit Jalta stand sie im Wort, zwei Monate nach der Kapitulation Deutschlands in den Kampf gegen Japan einzugreifen. Die Potsdamer Deklaration Chinas, der USA und Großbritanniens, mit der Japan zur bedingungslosen Kapitulation aufgefordert worden war, hatte sich Stalin allerdings erst zwei Wochen später mit seiner Kriegserklärung vom 8. August 1945 angeschlossen, in der die UdSSR getreu ihrer Bündnispflicht gegenüber den Alliierten den Kriegszustand mit Japan ab 9. August proklamierte.[285]

Der Sieg war also gewiß, die Mittel standen bereit, ihn zu erkämpfen, aber dennoch waren besonders die Amerikaner voller Sorgen.[286] Es lag auf der Hand, daß die japanischen Militärs nur darauf warteten, dem verhaßten Gegner durch einen fanatischen Widerstand so große Verluste beizubringen, daß für sie ein günstigerer Kriegsausgang doch noch erreichbar sein würde. Die Amerikaner rechneten deshalb damit, mehr als 500000 Mann zu verlieren. Diese Schwächung ihrer Streitkräfte in der Schlußphase des Krieges wäre angesichts der Stimmung in den Vereinigten Staaten und vor dem Hintergrund wachsender Spannungen mit Moskau für die Regierung in Washington zweifellos eine schwere Belastung gewesen.

Pläne und Überlegungen, wie man dieses Blutopfer vermeiden konnte, wurden daher von zahlreichen militärischen Stellen entwickelt. Eine Möglichkeit wäre es gewesen, durch den vorbereiteten Einsatz biologischer Waffen die japanische Reisernte zu vernichten und so den Feind durch Hunger zur Kapitulation zu zwingen.[287] Die Luftwaffe setzte trotz gegenteiliger Erfahrungen im Kampf gegen Deutschland darauf, durch die Zerstörung aller Großstädte den Krieg entscheiden zu können. Man vertraute dazu vor allem auf den Einsatz von Brandbomben, die Japans vorwiegend aus Holz gebauten Wohngebiete vernichten sollten.

Für die amerikanische Regierung spielte aber angesichts der politischen Entwicklung der Zeitfaktor eine besonders wichtige Rolle. Als Mittel einer schnellen Entscheidung bot sich das Projekt »Manhattan« an. Dabei handelte es sich um die mit größtem Aufwand und strengster Geheimhaltung betriebene Entwicklung der Atombombe. Der spektakuläre Einsatz dieser neuen Massenvernichtungswaffe sollte dem Gegner einen überraschenden Knock-out-Schlag versetzen und ihn zu Boden werfen. Das kam der amerikanischen Mentalität durchaus entgegen, zumal es weitere wichtige Argumente für einen Einsatz gab: Man ersparte sich damit nicht nur große eigene Opfer, sondern demonstrierte zugleich der Welt, daß die USA zur Supermacht Nr. 1 aufgestiegen waren. Bei der Regelung der künftigen Nachkriegsordnung würde dann die amerikanische Stimme den Ausschlag geben. Nicht zuletzt stand die US-Administration auch unter dem Zwang, die für die Entwicklung ausgegebenen enormen Summen gegenüber dem Kongreß rechtfertigen zu müssen. Eine Atombombe, von deren Wirkung sich niemand eine Vorstellung machen konnte und die in den Arsenalen »verstauben« würde, wäre nur von geringem Wert gewesen.

Gegenüber solchen Interessen waren die Bedenken von Wissenschaftlern

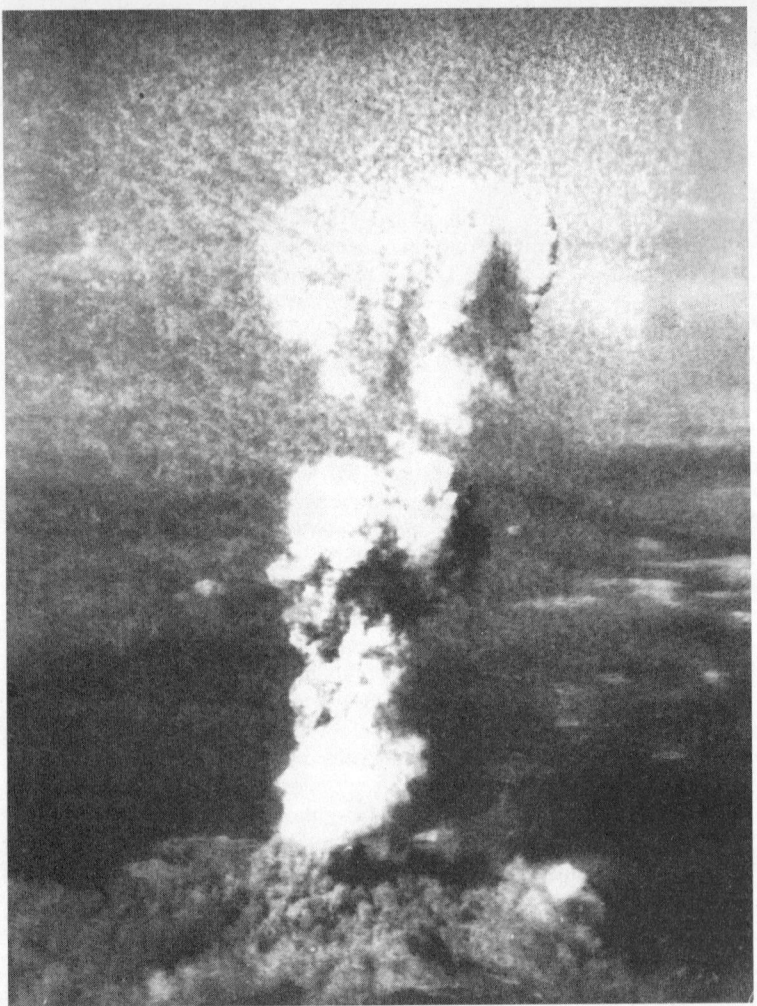

Abb. 14: Hiroshima – der Beginn einer neuen Epoche (Foto: National Archives and Records Administration, Washington, D.C.)

und einigen Politikern ohne Gewicht. Nach dem erfolgreichen Test der Bombe am 16. Juli 1945 in New Mexico fiel der Entschluß zum Einsatz gegen Japan. Hätte der Krieg gegen Deutschland länger gedauert, wäre auch ein Einsatz in Europa durchaus denkbar gewesen. Über die Auswahl eines passenden Zieles in Japan gab es unterschiedliche Auffassungen. Ein Demonstrationsschlag, etwa auf offener See oder über unbewohntem Gebiet, wurde schließlich verworfen. Den größten Prestigeerfolg versprach der Einsatz auf eine unversehrte japanische Stadt.[288] Deshalb wurden schließlich Hiroshima und Nagasaki als Ziele ausgewählt. Am 6. August 1945 zündeten die Amerikaner über Hiroshima die erste Atombombe, am 9. August eine zweite über Nagasaki. Militärisch trat der erwartete Erfolg umgehend ein. In Tokio setzten sich endlich die Politiker gegenüber den Militärs durch. Mit knapper Mehrheit beschloß das japanische Kabinett die Kapitulation, nicht völlig bedingungslos, denn die Monarchie sollte unversehrt erhalten bleiben. Daß die Sowjetunion zwei Tage nach Hiroshima ihre Kriegserklärung an Japan überreichte und in einem kurzen »Blitzkrieg« die japanischen Armeen in der Mandschurei und in Korea zerschlug, spielte bei diesem Entschluß nicht die entscheidende Rolle. Am 2. September 1945 endlich wurde in der Bucht von Tokio an Deck des amerikanischen Schlachtschiffes »Missouri« die Urkunde über die japanische Kapitulation unterschrieben (vgl. Dok. 38, S. 218).

Schon die Wahl dieses Ortes symbolisierte den Erfolg der USA, die damit – auch wenn Stalin dieses Ergebnis keineswegs akzeptierte, wie sich später zeigte – zur beherrschenden Macht im Fernen Osten und im pazifischen Raum aufgestiegen waren. Den Preis dafür zahlten nicht zuletzt auch die 70000 in Hiroshima und 35000 in Nagasaki getöteten Opfer der ersten und bis heute einzigen Atombombenangriffe. Ob man nun nach der Arithmetik des Krieges dieses Opfer für gerechtfertigt hält oder nicht – der unerwartet schnelle Abschluß des Zweiten Weltkrieges im Fernen Osten bedeutete auf jeden Fall den Beginn eines neuen Zeitalters und demonstrierte mit offenbar heilsamer Deutlichkeit, daß die Menschheit sich auf diese Weise selbst vernichten konnte. Wenn auch die Konsequenzen für eine neue Politik und Weltordnung am Rande des »atomaren Overkill« erst Jahrzehnte später heranreiften, so war das Menetekel doch schon am 6. August 1945 sichtbar geworden.[289]

X. Kriegsende und Epochenwende – Ein Fazit

Die größte und blutigste kriegerische Auseinandersetzung der Menschheitsgeschichte war im Spätsommer 1945 beendet. Rund 55 Millionen Menschen hatten ihr Leben verloren[290], eine noch größere Zahl Gesundheit und Lebensglück. Diese Zäsur bedeutete mehr als nur das ersehnte Schweigen der Waffen. Eine Epoche neigte sich dem Ende zu, eine neue hatte bereits unter den atomaren Rauchpilzen ihre ersten Schatten hinterlassen. Das Kriegsende von 1918 war ein erster großer Einschnitt in der Geschichte Europas im 20. Jahrhundert gewesen; das Kriegsende von 1945 hingegen bedeutete einen globalen Einschnitt, der die Weltgeschichte bis zum Ausgang des Jahrhunderts bestimmte.
Der Zweite Weltkrieg hatte Unermeßliches zerstört, nicht nur Hekatomben von Menschenleben und riesige Ressourcen. Die tiefgreifenden politischen und moralischen Folgen wurden erst nach und nach sichtbar. Dazu gehörte der Verlust des Vertrauens in die inneren Kontroll- und Regelmechanismen einer zivilisierten Gesellschaft – ein Schock, der die Einstellung zum Staat und das Sozialverhalten entscheidend veränderte.[291] Besonders in Europa beeinflußte der Krieg selbst die Ausdrucksformen von Kunst und Literatur nachhaltig. Die Schreckensjahre von 1933 bis 1945 wurden auf Jahrzehnte hinaus immer wieder thematisiert.
Krieg, Zerstörung und Neuaufbau beschleunigten zugleich die Entwicklung der europäischen Zivilisation und die Modernisierung der Gesellschaft, auch wenn im Jahre 1945 überall in Europa noch die Trostlosigkeit vorherrschte, Zivilisation und Lebenswille darniederlagen.[292] Es waren nicht nur zahlreiche Gebäude und Mauern zerbrochen, sondern auch alte Strukturen und Privilegien. Die »Neue Welt« Amerikas und die »alte« Welt Europas rückten näher zusammen. Europa befreite sich in stärkerem Maße als zuvor von feudalistischen Relikten, von Kleinstaaterei und inneren Gegensätzen.[293] Auch die USA veränderten sich bei dieser Annäherung, und zwar in Richtung »Sozialstaat«, wenngleich das Maß an sozialer Ungleichheit und Härte jenseits des Atlantik höher blieb als diesseits.
Aus dem Blickwinkel des Jahres 1945 waren diese Entwicklungen noch

keineswegs erkennbar. Zunächst einmal stand die Abrechnung mit Faschismus und Kollaboration im Vordergrund. »Wilde« Säuberungen in Frankreich, Norditalien und auf dem Balkan kosteten zahllosen Menschen das Leben. Am schimmsten wütete dieser Terror in Jugoslawien, dem Staatengebilde, das erst wieder zusammenwachsen mußte. Bei der Abrechnung mit der kroatischen Ustascha fanden allein hier mehr als 60000 Menschen den Tod.[294] Die Befreiung von der deutschen Besatzungsmacht setzte einen klassenkämpferischen Umsturzwillen frei. Der Zweite Weltkrieg ging also in manchen Ländern lediglich in einen Bürgerkrieg über.

Ungewiß war damals auch das weitere Schicksal der Besiegten. Sicher war für sie nur eines: Es gab keine Rückkehr mehr zur »Normalität«, zu dem politischen und sozialen Frieden, in dem sie vor dem Krieg gelebt hatten. Das Deutsche Reich hatte praktisch aufgehört zu existieren. Die Deutschen hatten sich den Weg zur Weltmacht erkämpfen wollen, und die ganze übrige Welt mußte sich unter Aufbietung aller Kräfte gegen diesen wahnwitzigen Amoklauf zur Wehr setzen. Ihr »Führer« hatte im deutschen Namen alles gewagt und alles verspielt. Die anderen Völker zeigten sich entschlossen, das Deutsche Reich in seiner bisherigen Gestalt auszulöschen und so die Gefahr eines Weltenbrandes, die bereits zweimal von diesem Reich ausgegangen war, ein für allemal zu beseitigen. Noch verdeckten vielfacher Haß und Rachedurst die Einsicht, daß es keine »Kollektivschuld« der Deutschen gab und auch 80 Millionen Deutsche einen Anspruch darauf hatten, als gleichberechtigtes Mitglied in die Völkerfamilie zurückzukehren.

Hitler hatte keinen traditionellen Expansionskrieg geführt. Sein rassenideologisches Vernichtungsprogramm richtete sich nicht nur gegen politische Gegner, einzelne Bevölkerungsgruppen und Staaten; ganze Völker sollten versklavt oder ausgelöscht und ganze Regionen entvölkert werden, um Platz zu schaffen für die Ausbreitung der »Germanischen Herrenrasse«. Damit hatte er sich von älteren Zielvorstellungen des deutschen Imperialismus gelöst, die bereits im Ersten Weltkrieg gescheitert waren. Die von ihm ausgelöste Lawine an Gewaltexzessen und machtpolitischen Veränderungen riß zwangsläufig mehr mit sich, als es bei früheren Niederlagen europäischer Staaten der Fall gewesen war.

Verloren war für Deutschland die zwei Generationen zuvor von Bismarck errichtete Großmachtstellung des National-Reiches. Zugeschlagen war, bildlich gesprochen, das Tor zwischen Ost und West, das Deutschland in den vergangenen Jahrzehnten nutzen konnte, um im Zentrum Europas eine eigenständige Großmachtpolitik zu treiben. Verloren war mehr als nur ein Viertel des alten Reichsgebietes. Dahin war auch die territoriale Integrität und die innere politische Selbstbestimmung. Der schwerwiegende moralische Zusammenbruch nach dem Bekanntwerden der einzigartigen Verbrechen, die von Deutschen verübt worden waren, verschaffte dem Handeln und den Entscheidungen der Siegermächte weltweit anerkannte Berechtigung. Jeder Versuch der Überlebenden, einen nationalstaatlichen Zusammenhang zu wahren und den deutschen »Sonderweg« in Europa fortzusetzen, schien daher aussichtslos zu sein. Deutschland war hinter die Stufe der nationalen Einheit zurückgeworfen, die es erst vor 75 Jahren erreicht hatte. Damit stellte das Jahr 1945 einen stärkeren Bruch mit der Vergangenheit dar, als es für Japan oder Italien, den beiden Bundesgenossen des Dritten Reiches, galt.

Das Wort von der »Stunde Null« ist oft mißbraucht oder mißverstanden worden. Zweifellos haben viele Menschen in Deutschland das Jahr 1945, den tiefen Fall nach dem Untergang des Dritten Reiches, aber so empfunden. Darin drückten sich immerhin die Absage an die Vergangenheit und die Hoffnung auf eine bessere Zukunft aus. Nicht wenige dagegen begriffen die Ereignisse des Kriegsendes als »Katastrophe«, als tragisch empfundenen »Untergang« einer vertrauten, vergangenen Welt, von der die Trennung schmerzlich war. Nur wenige dürften das Gefühl der »Befreiung« von der nationalsozialistischen Gewaltherrschaft gehabt haben – Hunderttausende aber wohl doch, die das Nazi-Regime abgelehnt oder sogar bekämpft hatten. Die Befreiung wurde also nicht im politischen Sinne verstanden, sondern als Befreiung von der unerträglich gewordenen Last eines sinnlosen Krieges.[295]

Nachdem der erste Schock überwunden war, mußte das Überleben organisiert werden, zunächst individuell, schließlich auch kollektiv. Nun zeigte sich wieder einmal, daß lebendige Organismen bei aller Anpassungsfähigkeit auf Kontinuität beruhen. In den meisten Bereichen des privaten und öffentlichen Lebens gab es keinen radikalen Wandel, sondern den verständlichen Rückgriff auf alte Verhaltens- und Denkmuster.[296] »Neues Denken« entwickelte sich erst im Laufe von Jahrzehnten, in der Auseinandersetzung der Generationen um die »Bewältigung« der Vergangenheit und in der intensiven Kommunikation mit der westlichen Welt, als deren Teil sich die Deutschen nun endlich vorbehaltlos verstanden.

Der Versuch der Siegermächte, durch die Aburteilung der NS-Kriegsverbrecher diesen Prozeß zu beschleunigen, war nur wenig erfolgreich. Schon bald nach dem Ende der Kampfhandlungen hatte man sich bemüht, der Hauptschuldigen für die Untaten des Dritten Reiches habhaft zu werden, um sie zur gerichtlichen Verantwortung ziehen zu können. Eine Verhaftungswelle lief daher in den Sommertagen des Jahres 1945 durch das besetzte Deutschland. Auch wenn sich die Hauptverantwortlichen wie Hitler, Goebbels und Himmler bereits durch Selbstmord der

Sühne entzogen hatten, andere wie Bormann und Eichmann nicht auffindbar waren, so blieb doch eine Vielzahl von Mitverantwortlichen aus der NSDAP, der SS, der Reichsregierung, der Industrie und der Wehrmacht übrig.
Die Haupttäter wurden nach Nürnberg, der Stadt der Reichsparteitage, überführt. Am 20. November 1945 konnte der Prozeß beginnen. Zehntausende von »kleinen« Funktionären wurden derweil in Internierungslagern festgehalten, bevor sie nach der »Entnazifizierung« eine Chance zur Eingliederung erhielten. Die Haupttäter wurden im Herbst 1946 verurteilt, andere Kriegsverbrecher in den Nachfolgeprozessen. In der ganzen Welt fanden die Verfahren große Beachtung, denn es ging dabei nicht nur um die Abrechnung mit den Tätern und die politische Neubesinnung in Deutschland; es sollte vielmehr ein neues, universal gültiges Recht geschaffen werden.[297] Die Prinzipien von Nürnberg jedoch fanden bei den zahllosen Kriegen in der zweiten Hälfte des 20. Jahrhunderts keine weitere Anwendung.
Der »Wiederaufbau«, in der Ambivalenz der Wortbedeutung, war 1945 das Gebot der Stunde, und die Deutschen machten sich mit dem gleichen Eifer daran, wie sie ihn zuvor bei der Führung des Krieges gezeigt hatten. Noch rauchten die Trümmer, zogen Millionen Vertriebener, Entwurzelter – Opfer des Krieges und seiner Folgen – durch die Lande. Die Täter hingegen suchten sich zu verbergen oder zu tarnen. Eine scheinbar vollständige Metamorphose war zu beoachten: Es gab plötzlich in Deutschland keine »Nazis« mehr. Auch die Millionen »Mitläufer« sahen sich nur noch als Opfer, verfluchten die Politik und kümmerten sich fortan allein um das eigene Wohlergehen. Die Last des Nationalsozialismus hatten alle noch lange zu tragen, besonders jene, die in den Sog der östlichen Siegermacht geraten waren und nun den Stalinismus und seine Epigonen erdulden mußten – weitere vierzig Jahre einer Odyssee, die 1933 ihren Anfang genommen hatte.
Für Japan, die andere unterlegene Großmacht, bedeutete das Jahr 1945 zwar ebenfalls eine schwere Niederlage, aber die Zäsur war weniger einschneidend als für Deutschland. Seit 1868 hatte das Land einen ununterbrochenen Aufstieg hinter sich gebracht. Die Kapitulation brachte keinen Bruch dieser Entwicklung, sondern nur eine erzwungene Richtungsänderung. Die längst antiquierten Symbole eines mittelalterlichen Feudalismus gingen verloren, der »entgöttlichte« Kaiser aber blieb als Verkörperung der nationalen Einheit auf seinem Thron. Japan erhielt einen Frieden wie Deutschland 1920 in Versailles. Es verlor seinen Status als militärische Großmacht und gewann damit die Chance, sich als erster nicht-weißer Staat wirtschaftlich und politisch im Kreis der okzidentalen Großmächte zu behaupten. In einem geschmeidigen Anpassungsprozeß

lehnte sich Japan an die dominierende Siegermacht, die USA, an und schwor seinen militaristischen Traditionen ab. So begann 1945 eine neue Epoche der japanischen Geschichte, die trotz aller Veränderungen sehr viel mehr Traditionen bewahrte, als in der tiefen Erschütterung und Demütigung durch die Kapitulation zunächst zu erwarten war.

Ähnlich Japan profitierte auch Italien davon, daß es nur einer Siegerseite ausgeliefert war. So blieb trotz des Verlustes aller Großmachtattribute die nationale Einheit und Selbstbestimmung gewahrt. Der Abschied von einem defizitären Kolonialismus fiel angesichts der enormen innenpolitischen und sozialen Probleme, die das faschistische Regime in den letzten zwanzig Jahren lediglich verschleppt hatte, nicht schwer. Die Hegemonie im Mittelmeerraum fiel an die Amerikaner, für die Italien freilich keine mit Deutschland oder Japan vergleichbare zentrale politische Rolle spielte. Das Land blieb auf seine eigenen unzureichenden Kräfte angewiesen und fand sich mit Erfolg in seine Rolle als europäische Mittelmacht, als Südflanke des späteren Nordatlantikpaktes.

Wie zahlte sich für die Sieger das Jahr 1945 aus? Die bereits brüchige Anti-Hitler-Koalition überlebte ihren eigentlichen Kriegszweck nur für kurze Zeit. Nun wurde auch nach außen sichtbar, wie unterschiedlich die Zielvorstellungen und Interessen der ungleichen Partner in den wesentlichen Fragen der Zukunftsgestaltung waren. Die alten europäischen Großmächte Frankreich und Großbritannien hatten sich 1939 allein dem weltbedrohenden Nationalsozialismus und Faschismus entgegengestellt und fast zwei Jahre lang seinen Attacken standgehalten.

Frankreich war dabei unterlegen, sein Ruf als überragende Militärmacht ging unwiederbringlich dahin. Der Weg zurück in den Kreis der Großmächte und auf die Tribüne der Sieger erwies sich als äußerst mühselig. Das Jahr 1945 bedeutete in dieser Hinsicht nur eine Etappe. Die tiefgreifende innere Schwäche, durch den Krieg noch verstärkt, weckte immer wieder die Sehnsucht nach nationaler Größe. Frankreich machte sich 1945 in eigentümlichem Zwiespalt auf den Weg, verlorenen Ruhm und verlorene Territorien in Übersee zurückzugewinnen, um nach mehr als einem Jahrzehnt mühevollen Ringens und weiterer Niederlagen zu erkennen, daß der formale Status einer Weltmacht aus eigener Kraft nicht mehr auszufüllen war und nur der Weg europäischer Gemeinsamkeit Zukunft verhieß.

Für Großbritannien sah die Perspektive 1945 kaum anders aus. Seine Militärmacht war zwar unbeschädigt und siegreich geblieben, konnte aber neben den neuen Supermächten USA und UdSSR nicht als ebenbürtig gelten. Das Empire als wirtschaftliche Kraftquelle ließ sich kaum mehr reaktivieren. Den stärker gewordenen Tendenzen zur Verselbständigung der großen Dominions und Kolonialvölker leistete London nur noch schwachen Widerstand. Überhaupt keine Chancen besaßen die Briten, ein neues europäisches Gleichgewicht unter ihrer Führung – traditionelle Voraussetzung für eine aktive Weltmachtpolitik des britischen Königreiches – zu schaffen. Ostmitteleuropa als Einflußzone war in russische Hände gefallen. Westeuropa geriet in den politischen und vor allem wirtschaftlichen Sog der Amerikaner, die anders als 1918 nicht an einen Rückzug über den Atlantik dachten. Die Briten fanden sich in nüchterner Einschätzung ihrer schwerwiegenden inneren Probleme relativ rasch mit der Rolle als Juniorpartner der USA ab, im Vertrauen darauf, daß ihnen die »special relationship« der Angelsachsen doch noch einen herausgehobenen Platz in der Weltpolitik sichern würde.

Der eindeutige Sieger des Zweiten Weltkrieges waren die Vereinigten Staaten von Amerika. Sie hatten schon während des Krieges die Führung in der Allianz übernommen und gaben auch 1945 – bei allen Zugeständnissen gegenüber Stalin – in den wesentlichsten Fragen den Ton an. Als ökonomisch überlegene Macht mit strategischer Dominanz und ideologischer Attraktivität schienen die USA prädestiniert zu sein, den Weltfrieden im Rahmen der neugegründeten Vereinten Nationen zu bewahren oder gegebenenfalls nach ihren Prinzipien zu diktieren. Zur langfristigen »Weltherrschaft« waren die USA allerdings ihrer inneren Struktur nach nicht gerüstet, wenngleich der Sieg von 1945 das übersteigerte nationale Selbstbewußtsein und das unbefangene Verhältnis zur militärischen Konfliktlösung verstärkte – was erst 25 Jahre später auf dem Tiefpunkt des Vietnamkrieges wieder relativiert wurde.

Eine Rückkehr zum Isolationismus wie nach dem Ende des Ersten Weltkrieges kam für die amerikanische Politik aber auch nicht mehr in Betracht. In dem Schwanken zwischen dem Ziel einer weltweiten »Pax Americana« und der Beschränkung auf die Rolle der transatlantischen Hegemonialmacht zeichnete sich bereits 1945 die Entscheidung für die Blockbildung ab.

Die Völker der Sowjetunion hatten für den Sieg über den Nationalsozialismus den größten Preis bezahlt. Die Eroberung Berlins und die Ausdehnung des eigenen Machtbereichs blieben spektakuläre Triumphe, deren Wert sich erst erweisen mußte. Noch verdeckte im Jahre 1945 der Siegesrausch die Einsicht, daß der bevorstehende mühevolle ökonomische Wiederaufbau des eigenen Landes mit diesen »Gewinnen« nicht entscheidend erleichtert werden würde. Der »Blutsauger« Hitler war vernichtet worden, aber das »Joch« Stalins drückte um so schwerer, denn der Sieg festigte sein Regime und zwang das Land zugleich in die neue Konfrontation mit dem Westen.

Unter dieser doppelten Last des Wiederaufbaus aus eigener Kraft bei gleichzeitiger Fortsetzung einer kostspieligen Überrüstung standen den

Menschen Jahrzehnte der Entbehrungen bevor. Rußland steckte sich 1945 ein neues Imperium ab, das es in Konkurrenz zum überlegenen Westen auf Dauer nicht halten konnte. Der im Kampf gegen Hitler errungene Status einer militärischen Weltmacht war Verlockung und Last zugleich. Den Preis für die Fortsetzung des kommunistischen Experiments zahlten nun auch jene Völker, die 1945 ihre Freiheit endgültig verloren bzw. nicht wiedererringen konnten. Polen, das am 1. September 1939 als erstes Land von Hitler überfallen worden war und zunächst ganz allein den Kampf aufgenommen hatte, war ein besonders tragischer Fall.

Die westlichen Demokratien waren 1945 nicht stark genug, beide totalitäre Diktaturen unter Hitler und Stalin gleichzeitig zu beseitigen und damit die Grundlage für die »eine Welt« zu schaffen. Ideologische Ausgeburten des Ersten Weltkrieges waren sie beide gewesen, der Nationalsozialismus und der Bolschewismus, und sie hatten sich im Kampf gegen die Demokratie fast zwei Jahrzehnte lang gegenseitig gestützt und ergänzt, bis Hitler am 22. Juni 1941 seinem »Partner« Stalin an die Kehle ging. Die »unnatürliche« Allianz der Anti-Hitler-Koalition hatte dennoch im Westen die Illusion genährt, die stalinistische Sowjetunion nach dem gemeinsamen Sieg in eine neue demokratische Weltordnung einbinden zu können. Dafür war man zu Konzessionen bereit, die einer Transfusion für das kommunistische System gleichkamen.

Die politischen Lösungen, zu denen die Siegermächte im Sommer 1945 gelangten, erwiesen sich weder als dauerhaft noch als zukunftsweisend. Aber gab es damals einen anderen Weg, der die letzte Konsequenz – die Bereitschaft, Stalin notfalls mit Waffengewalt in die Knie zu zwingen und so den Zweiten Weltkrieg um eine weitere Runde fortzusetzen – ausschloß? Das ist eine Schlüsselfrage des Jahres 1945, die der späte Zusammenbruch des kommunistischen Systems – 45 Jahre danach – neu aufwerfen muß.

Die Entscheidung, auf die gewaltsame Durchsetzung einer »Pax Americana« zu verzichten und die Konfrontation mit dem Kommunismus in einem »Kalten Krieg« durchzustehen, sorgte zweifellos im geteilten Europa für ein stabiles Gleichgewicht und sicherte hier einen extrem hochgerüsteten Frieden. Doch unzählige Stellvertreter-Kriege in der sich neu formierenden »Dritten« Welt des nachkolonialen Zeitalters waren ein hoher Preis dafür. Mehr als vier Jahrzehnte lang sah es so aus, als ob diese Folge des Zweiten Weltkrieges und der bipolaren Welt auch zukünftig das Schicksal der Menschheit bestimmen würden, waren die Historiker davon überzeugt, daß der Zweite Weltkrieg tatsächlich im Jahre 1945 in vollem Sinne beendet worden ist.

Wie brüchig gerade das Resultat der Neuordnung nach dem Ende des Zweiten Weltkrieges war, hat der bekannte deutsche Historiker für die

Geschichte des Zweiten Weltkrieges, Andreas Hillgruber, anläßlich der 50. Wiederkehr des Kriegsbeginns von 1939 in aller Deutlichkeit festgehalten: »Die Überwindung des mehr denn je auf einem höchst labilen Gleichgewicht der Kräfte basierenden, endgültig ins Globale ausgeweiteten Mächtesystems und die Anwendung der wachsenden Bedrohungen, die von dem ihm innewohnenden Konfliktpotential ausgehen, blieb als ungelöste, vorerst offensichtlich unlösbare Aufgabe aus dem Zweiten Weltkrieg künftigen Generationen überlassen.«[298]

Wie Hillgruber war es auch vielen anderen Angehörigen und Vertretern der Kriegsgeneration nicht mehr vergönnt, den wenige Monate nach dem 40. Jahrestag des Kriegsendes offen einsetzenden und in rasantem Tempo vollendeten Zusammenbruch des kommunistischen Systems sowie die daraus folgende Aufhebung der Teilung der Welt zu erleben. Es ist deutlich geworden, daß erst 1990 der Zweite Weltkrieg wirklich zu Ende gegangen ist und die 1945 von vielen erträumte »eine Welt« nunmehr zum Greifen nahe gerückt ist.

Zweiter Teil

Dokumente

Verzeichnis

Dokumente zum Kriegsende von deutscher Seite

1. Hitlers Erlaß über die Bildung des deutschen Volkssturms vom
   18.10.1944 154
2. Aufruf an das deutsche Volk zum »Volksopfer« vom 6.1.1945 155
3. Aufruf des Reichsführers SS Heinrich Himmler als Oberbefehlshaber
   der Heeresgruppe Weichsel »an alle Offiziere der Heeresgruppe
   Weichsel« vom 10.2.1945 zum fanatischen und »lodernden Haß«
   gegen den Bolschewismus 156
4. Aus dem Bericht des Geschäftsführers des Interministeriellen
   Luftkriegsausschusses der Reichsregierung in Berlin 1943–1945,
   Theodor Ellgering, vom 20.12.1955 über die Auswirkungen der anglo-
   amerikanischen Luftangriffe auf Dresden am 13./14. und 15.2.1945 .. 158
5. Verordnung von Reichsjustizminister Dr. Thierack über die
   Errichtung von Standgerichten vom 15.2.1945 161
6. Hitlers Befehl vom 5.3.1945 betr. Haftung der Angehörigen
   von kampflos in Gefangenschaft geratenen Soldaten 163
7. »Führerbefehl« über die Bildung eines »Fliegenden Standgerichtes«
   vom 9.3.1945 163
8. Hitlers »Nero«-Befehl zu Zerstörungsmaßnahmen im Reichsgebiet
   vom 19.3.1945 164
9. Runderlaß des NSDAP-Gauleiters von Baden, Robert Wagner, an die
   Kreisleiter der NSDAP in Baden vom 21.3.1945 betr. Androhung von
   Standgerichten 165
10. Befehl des Oberbefehlshabers der Heeresgruppe Süd, General der
    Infanterie Otto Wöhler, an die ihm unterstellten Verbände
    (u.a. 2. Pz. Armee, 6. Armee, 6. Pz. Armee, 8. Armee) über
    rücksichtsloses Vorgehen gegen versprengte Soldaten vom 28.3.1945 . 166
11. Von Reichsminister Speer erreichter Erlaß zur Abschwächung
    der Zerstörungsmaßnahmen vom 30.3.1945 167
12. Aufruf des Leiters der Parteikanzlei, Reichsleiter Martin Bormann,
    zum härtesten Widerstand vom 2.4.1945 168
13. Hitler verbietet gemäß »Führerbefehl« vom 25.11.1944 und

12.4.1945 jegliche Übergabe von Festungen und Städten 169
14. Himmlers Erlaß vom 12.4.1945, »jedes Dorf und jede Stadt«
    mit allen Mitteln zu verteidigen 171
15. Aufforderung des Armeeoberkommandos 19 zum brutalen Vorgehen
    gegenüber Auflösungserscheinungen beim Volkssturm und bei der
    Zivilbevölkerung vom 12.4.1945 172
16. Hitlers letzter Tagesbefehl
    an die Soldaten der Ostfront zum 16.4.1945 172
17. Hitlers »politisches Testament« vom 29.4.1945 173
18. Hitlers »privates Testament« vom 29.4.1945 177
19. Englischer Originaltext der Kapitulationsurkunde von Reims
    vom 7.5.1945 *(Faksimile)* 178
20. Die deutsche Textfassung der Kapitulationsurkunde von
    Berlin-Karlshorst vom 8./9.5.1945 180
21. Letzte deutsche Quellen und Dokumente über den Sinn des Einsatzes
    der Soldaten im Kampf für Hitler und das Dritte Reich 181
    a) Der letzte Wehrmachtsbericht vom 9.5.1945 181
    b) Bericht von Rittmeister Gerhard Boldt, 1. Ordonnanzoffizier
       beim Chef des Generalstabes des Heeres in Berlin, vom 29.4.1945
       zur Diskussion zwischen General Burgdorf, Chef des
       Heerespersonalamtes, und Reichsleiter Bormann, »Sekretär des Führers«
       und Leiter der NSDAP-Parteikanzlei, über den Sinn des Kampfes für
       Hitler und den Nationalsozialismus – kurz vor Hitlers Selbstmord . . 182

Dokumente zum Kriegsende aus alliierter Sicht

22. Der Beschluß des US-Präsidenten Franklin D. Roosevelt und des
    britischen Premierministers Winston S. Churchill auf der
    Casablanca-Konferenz vom 14. bis 27.1.1943 über »Unconditional
    surrender« als Forderung gegenüber Deutschland 183
    a) Aus den Notizen Roosevelts für eine geheime Mitteilung
       an die Presse am 24.1.1943 183
    b) Aus der Erklärung Churchills im Unterhaus über die Kriegslage
       am 11.2.1943 183
23. Aus dem Memorandum des britischen Joint Intelligence Sub-Committee
    über die allgemeine Form des deutschen Zusammenbruchs vom
    10.8.1944 184
24. Protokoll zwischen den Regierungen der USA, Großbritanniens
    und der UdSSR über die Aufteilung Deutschlands in
    Besatzungszonen vom 12.9.1944 185
25. Aus dem Memorandum des britischen Joint Intelligence Sub-Committee
    über die deutsche Widerstandskraft vom 16.10.1944 186
26. Abkommen über die Kontrolleinrichtungen in Deutschland vom
    14.11.1944 187
27. Auszug aus dem Protokoll der Konferenz von Jalta 4.–11.2.1945 . . . 189
28. Proklamation Nr. I des Obersten Befehlshabers der Alliierten

Streitkräfte, General Dwight D. Eisenhower, an das Deutsche Volk
(Frühjahr 1945) 192
29. Befehl Nr. 1 des Chefs der Besatzung der Stadt Berlin, Generaloberst
Nikolai E. Bersarin, an die Berliner Bevölkerung vom
28.4.1945 193
30. Aus dem Bericht von Prof. Moses Abramowitz, wirtschaftlicher
Berater des US-Vertreters in der interalliierten Reparationskommission
in Moskau, über seine Reise durch den Westen Deutschlands vom
14.5.1945 196
31. Berliner Deklaration der Siegermächte vom 5.6.1945 über die
Niederlage Deutschlands und die Übernahme der obersten Gewalt in
Deutschland (Auszüge) 199
32. Mitteilung über die Berliner Konferenz der Drei Mächte in Potsdam
vom 2.8.1945 (Auszüge) 202
33. Aus dem Bordbuch der Besatzung des amerikanischen Bombers
»Enola Gay« über ihren Einsatz gegen Hiroshima am 6.8.1945 211
34. Augenzeugenbericht des Schiffszeichners Tsutomo Yamaguchi vom
Atombombenangriff auf Hiroshima am 6.8.1945 212
35. Kriegserklärung der Sowjetregierung an Japan vom 8.8.1945 213
36. Proklamation Nr. 1 des Alliierten Kontrollrates vom 30.8.1945
an das deutsche Volk 214
37. Bericht des amerikanischen Geheimdienstes »Strategic Services
Unit for Germany, USFET« über die politische Szene in Berlin vom
19.10.1945 (Auszug) 215
38. Kapitulationsurkunde Japans vom 2.9.1945 *(Faksimile)* 218

Dokumente zum Kriegsende von deutscher Seite

[1.] **Hitlers Erlaß über die Bildung des deutschen Volkssturms vom 18.10.1944**

Erlaß des Führers über die Bildung des deutschen Volkssturmes

Nach fünfjährigem schwerstem Kampf steht infolge des Versagens fast aller unserer Verbündeten der Feind an einigen Fronten in der Nähe oder an den deutschen Grenzen. Er strengt seine Kräfte an, um unser Reich zu zerschlagen, das deutsche Volk und seine soziale Ordnung zu vernichten. Sein letztes Ziel ist die Ausrottung des deutschen Menschen. Trotzdem ist unsere Lage keine andere, als sie im Herbst 1939 war. Damals standen wir ganz allein der Front unserer Feinde gegenüber. In wenigen Jahren ist es uns gelungen, durch einen ersten Großeinsatz unserer deutschen Volkskraft die wichtigsten militärischen Probleme zu lösen, den Bestand des Reiches und damit Europas für Jahre hindurch zu sichern. Während nun der Gegner glaubt, zum letzten Schlag ausholen zu können, sind wir entschlossen, den zweiten Großeinsatz unseres Volkes zu vollziehen. Es muß und wird uns gelingen, wie im Jahre 1939 ausschließlich auf unsere eigene Kraft bauend, nicht nur den Vernichtungswillen der Feinde zu brechen, sondern sie wieder zurückzuwerfen und so lange vom Reich abzuhalten, bis ein die Zukunft Deutschlands und seiner Verbündeten und damit Europas sichernder Friede gewährleistet ist. Dem uns bekannten totalen Vernichtungswillen unserer jüdisch-internationalen Feinde setzen wir den totalen Einsatz aller deutschen Menschen entgegen.
Zur Verstärkung der aktiven Kräfte unserer Wehrmacht und insbesondere zur Führung eines unerbittlichen Kampfes überall dort, wo der Feind den deutschen Boden betreten will, rufe ich daher alle waffenfähigen deutschen Männer zum Kampfeinsatz auf.
Ich befehle:
1. Es ist in den Gauen des großdeutschen Reiches aus allen waffenfähigen Männern im Alter von 16 bis 60 Jahren der deutsche Volkssturm zu bilden. Er wird den Heimatboden mit allen Waffen und Mitteln verteidigen, soweit sie dafür geeignet erscheinen.
2. Die Aufstellung und Führung des deutschen Volkssturmes übernehmen in ihren Gauen die Gauleiter. Sie bedienen sich dabei vor allem der fähigen Organisato-

ren und Führer der bewährten Einrichtungen der Partei, SA, SS, des NSKK und der HJ.
3. Ich ernenne den Stabschef der SA *Schepmann* zum Inspekteur für die Schießausbildung und den Korpsführer des NSKK *Kraus* zum Inspekteur für die motortechnische Ausbildung des deutschen Volkssturmes.
4. Die Angehörigen des deutschen Volkssturmes sind während ihres Einsatzes Soldaten im Sinne des Wehrgesetzes.
5. Die Zugehörigkeit der Angehörigen des deutschen Volkssturmes zu außerberuflichen Organisationen bleibt unberührt. Der Dienst im deutschen Volkssturm geht aber jedem Dienst in anderen Organisationen vor.
6. Der Reichsführer SS ist als Befehlshaber des Ersatzheeres verantwortlich für die militärische Organisation, die Ausbildung, Bewaffnung und Ausrüstung des deutschen Volkssturmes.
7. Der Kampfeinsatz des deutschen Volkssturmes erfolgt nach meinen Weisungen durch den Reichsführer SS als Befehlshaber des Ersatzheeres.
8. Die militärischen Ausführungsbestimmungen erläßt als Befehlshaber des Ersatzheeres Reichsführer SS *Himmler*, die politischen und organisatorischen in meinem Auftrage Reichsleiter *Bormann*.
9. Die Nationalsozialistische Partei erfüllt vor dem deutschen Volk ihre höchste Ehrenpflicht, indem sie in erster Linie ihre Organisationen als Hauptträger dieses Kampfes einsetzt.

Adolf Hitler

[2.] Aufruf an das deutsche Volk zum »Volksopfer« vom 6.1.1945

Deutsches Volk!
Das Jahr 1944 hat uns schwere Prüfungen auferlegt. Mit der geballten Kraft dreier Weltreiche hat es der Feind in einem Massenansturm ohnegleichen nicht vermocht, uns in die Knie zu zwingen. In einem heroischen Kampf, wie ihn die Weltgeschichte selten kennt, hat der deutsche Soldat die Angriffe unserer Feinde an allen Fronten abgewehrt.
Die Heimat hat sich des Heldentums ihrer Soldaten würdig erwiesen. Trotz des feindlichen Bombenterrors ist sie unerschüttert, kampfentschlossen und siegesbewußt wie nie zuvor.
Dem Rufe zur kompromißlosen und totalen Führung des Krieges ist das ganze deutsche Volk einmütig und entschlossen gefolgt. Frauen und Mädchen haben in Fabriken und Kontoren zu Hunderttausenden die Männer abgelöst und damit die Aufstellung zahlreicher neuer Volksgrenadier-Divisionen ermöglicht. Die deutschen Rüstungsarbeiter und -arbeiterinnen geben diesen Soldaten die besten Waffen in die Hand.
Nunmehr beginnen die ersten Früchte der totalen Kriegführung zu reifen. Es müssen jedoch immer neue Volksgrenadier-Divisionen und Marscheinheiten zur Aufstellung kommen und der Front zugeführt werden. Auch die Männer des Deut-

schen Volkssturms befinden sich in Tausenden von Bataillonen in der Ausbildung und teilweise schon im Einsatz. Für die Aufstellung dieser neuen Verbände werden dringend Bekleidungs- und Ausrüstungsstücke benötigt.
Im Auftrage des Führers rufen wir deshalb alle Deutschen, Männer, Frauen und unsere Jugend, zu einem
»*Volksopfer*«
auf. Die Nationalsozialistische Deutsche Arbeiterpartei wird mit ihrer bewährten Tatkraft die Trägerin dieser Aktion sein. Vom 7. bis 28. Januar werden für die Wehrmacht und den Volkssturm gesammelt: Uniformen und Uniformteile der Partei, ihrer Gliederungen und Verbände, der Wehrmacht, Polizei, Feuerschutzpolizei, Reichsbahn, Reichspost usw., tragfähiges Schuhwerk und Ausrüstungsgegenstände für die kämpfende Truppe, wie Zeltbahnen und Zeltzubehör, Woll- und Felldecken, Brotbeutel, Rucksäcke, Kochgeschirre, Koppel, Schulterriemen, Spaten, Stahlhelme und alles andere, was der Soldat braucht. Ferner werden Kleidung, Wäsche und Spinnstoffe jeder Art gesammelt, um hieraus neue Bekleidung und Ausrüstungsstücke herzustellen.
Jeder Volksgenosse muß von diesen Dingen alles das abgeben, was er nicht unbedingt benötigt. Gebt alles Entbehrliche der kämpfenden Front. Unsere Soldaten sollen sich auch diesmal wieder auf die Heimat verlassen können.

Martin Bormann
Leiter der Partei-Kanzlei

Walther Funk
Reichswirtschaftsminister

Dr. Goebbels
Reichspropagandaleiter der NSDAP
und Reichsminister
für Volksaufklärung und Propaganda

H. Himmler
Reichsführer-SS und
Befehlshaber des Ersatzheeres

[3.] Aufruf des Reichsführers SS Heinrich Himmler als Oberbefehlshaber der Heeresgruppe Weichsel »an alle Offiziere der Heeresgruppe Weichsel« vom 10.2.1945 zum fanatischen und »lodernden Haß« gegen den Bolschewismus:

Ich habe vor einigen Tagen bekanntgegeben, daß der ehemalige SS-Standartenführer und Polizeidirektor von Bromberg, von Salisch, weil er feige seine Stadt verlassen hat, standrechtlich erschossen wurde. Ebenso wurde der Oberst von Hassenstein, weil er eine ihm anvertraute Stellung gegen Befehl und ohne jede Not geräumt hat, nach Standgerichtsurteil, das ich bestätigt habe, erschossen.
Ich erwarte von jedem Offizier, daß er ein Vorbild an Tapferkeit und Festigkeit ist und daß er unseren braven Soldaten vorangeht. Wenn der Offizier vorne ist, verläßt ihn auch sein Mann nicht. In den Fällen, in denen jedoch menschliche Schwachheit, Feigheit oder augenblickliche Panik den einen oder anderen anfallen, zeigt sich der Offizier des ihm verliehenen Ranges und seiner Schulterstücke unwürdig.

Ich erwarte, daß dann, so wie es zu allen Zeiten in der preußisch-deutschen Armee üblich war, mit der Härte des Kriegsrechtes durchgegriffen wird. Es ist besser, der eine oder andere Feigling stirbt, als daß der Gedanke, man könne nach hinten gehen, in einer sonst braven Kompanie um sich greift. Gerade den Offizieren werden die Beispiele tausender geschändeter deutscher Frauen und Mädchen, ermordeter Greise und Kinder, verbrannter Dörfer, Höfe und Güter ein genügend klares Bild geben, daß es in dieser entscheidenden Phase des Krieges nur eines gibt: zu stehen, zu kämpfen, um dann wieder angreifen zu können und den Feind zu schlagen.

Seit dem Jahre 1918 droht uns im Innern und von außen diese jüdisch-bolschewistische Gefahr. Sie hat ihre Erscheinungsform oft gewechselt. Sie ist in ihrem Wesen immer dieselbe geblieben. Wenn das Schicksal uns nicht den Führer geschenkt hätte, so wäre Deutschland und selbstverständlich damit ganz Europa schon längst im roten Sumpf erstickt.

Stalin und sein Bolschewismus haben sich nie geändert. Die Hoffnungen, die der Verräter Seydlitz und sein Komitee in ihren Aufrufen erwecken, sind allein durch das Schicksal, das die deutsche Bevölkerung, für deren Wohl er angeblich so besorgt ist, hier im Ostraum auf das Furchtbarste widerlegt. Für Stalin sind Gefangene, Deserteure und Überläufer Werkzeuge, die er bedenkenlos zu seinem Vorteil benützt, um sie zum Schluß unter der Aufsicht von Kommissaren für Agentendienste zu verwenden oder als Kanonenfutter zu verbrauchen.

Wir wären unwürdig unseren großen Traditionen, wenn wir, die Nachkommen, schwächer wären, als die Offiziere Friedrichs des Großen, der Freiheitskriege oder unsere Väter im Weltkriege.

Es ist außer Zweifel, daß wir viel Unglück gehabt und manche Niederlage erlitten haben. Ebenso ist aber außer Zweifel, daß unsere Kraft, wenn jeder, insbesondere jeder Offizier, anständig seine Pflicht tut, auf jeden Fall groß genug ist, uns unserer Feinde an den anderen Fronten zu erwehren und die bolschewistischen Horden wiederum zu schlagen und aus dem Land zu treiben.

Wir wollen den Ehrgeiz haben, dem Führer bei der Errettung von Volk und Reich die treuesten Helfer und Gefolgsmänner zu sein. Wir wollen jeden selbst ausmerzen, der uns Schande bereitet. Wir wollen uns von dem Offizierskorps, das dem Alten Fritz in Stunden, die schwerer waren als die jetzigen, unbeirrbar folgte, nicht übertreffen lassen.

Offiziere des Großdeutschen Volksheeres, die Ihr oft müde von vielen Anstrengungen und Belastungen körperlicher und seelischer Natur seid, die Ihr einen so hohen Blutzoll vom General bis zum Leutnant für die Nation gegeben, die Ihr so viele Wunden empfangen habt, die Ihr die Anführer in diesem gewaltigen Ringen zu unerhörten Siegen gewesen wart und seid, führt des deutschen Volkes brave Soldaten besser, tapferer und pflichttreuer denn je! Pflanzt in Eure und ihre Herzen den fanatischen Willen zum Sieg und den lodernden Haß gegen diese bolschewistischen Untiere. Erzieht unsere Männer so, daß aus dem überwundenen Bolschewistenschreck der heilige deutsche Zorn erwächst, der dem einzelnen Bolschewisten nur zwei Möglichkeiten läßt: entweder überzulaufen und sich gefangenzugeben oder als Bestie und Zerstörer jeder menschlichen Ordnung totgeschlagen zu werden.

Und nun, meine Kameraden, mit dem alten Mut und mit starkem Herzen an unsere Pflicht. Der Herrgott hat noch nie unser Volk verlassen und dem Mutigen hat er in der größten Not immer geholfen.

Es lebe der Führer!

gez. Himmler

Reichsführer SS

Quelle: BA-MA Freiburg, RH 19 XV/28

[4.] Aus dem Bericht des Geschäftsführers des Interministeriellen Luftkriegsausschusses der Reichsregierung in Berlin 1943–45, Theodor Ellgering, vom 20.12.1955 über die Auswirkungen der angloamerikanischen Luftangriffe auf Dresden am 13./14. und 15.2.1945

[...]
Die Stadt Dresden war erstmalig kurz nach 20 Uhr (13.2.1945) von etwa 1000 viermotorigen Bombern, vorwiegend mit schweren Spreng- und Brandbomben, angegriffen worden. Die Bomben trafen in der Hauptsache die Innenstadt, und zwar den Raum zwischen dem Bahnhof und dem Elbufer. Es entstanden schwere Schäden durch Sprengbomben sowie zahlreiche Brände, deren Bekämpfung programmäßig anlief. Alle in Dresden verfügbaren Einheiten der Wehrmacht, dazu sehr starke Einheiten der Feuerschutzpolizei und der Luftwaffe, insgesamt etwa 3000 Einzelkräfte mit ausreichendem Gerät, waren planmäßig und wirkungsvoll zum Einsatz gebracht worden. Es begann die Räumung der Altstadt, die Bergung von Menschen und Material. Den Bränden rückte die in großer Zahl vorhandene Feuerwehr energisch zu Leibe, so daß kurz nach Mitternacht eine gewisse Aussicht bestand, einen Flächenbrand und damit eine unbegrenzte Ausbreitung der Katastrophe zu verhindern.
[...]
Die durch die zahlreichen Brände hell erleuchtete Stadt war wie ein Ameisenhaufen in Bewegung, als kurz nach Mitternacht ein zweiter Angriff herangetragen wurde. Während der erste Angriff der Bevölkerung durch rechtzeitige Warnung angekündigt werden konnte, war jetzt eine Warnung nicht mehr möglich, da die Großalarmanlage und sämtliche Nachrichtenmittel beim ersten Angriff ausgefallen waren und in der kurzen Zeit noch nicht wieder hergestellt werden konnten. Die Bevölkerung wurde daher durch den erneut einsetzenden Bombenregen völlig überrascht. Sie war deshalb nicht mehr in der Lage, rechtzeitig Schutzräume aufzusuchen, so daß nun schon während des Angriffs erhebliche Ausfälle an Menschen und Material entstanden.
Die Bomben fielen in den gleichen Raum wie beim ersten Angriff. Sie wurden aber darüber hinaus auch in die großen Grünflächen geworfen, die als Auffangräume vorgesehen und von Menschen überfüllt waren. Dadurch entstanden sehr schwere

Verluste. Besonders schlimm aber war, daß die Einsatzkräfte zu 80% ausfielen. Mannschaften und Gerät gingen verloren. Infolgedessen hörte die Brandbekämpfung auf; und die Folge davon war ein Umsichgreifen des Feuers, das sich mit ungeheurer Schnelligkeit ausbreitete. Die Einzelbrände vereinigten sich zu Reihenbränden, die Reihenbrände zu Blockbränden, und die Blockbrände schließlich zu einem riesigen, mehrere Quadratkilometer umfassenden Flächenbrand.

Die Folge dieses riesigen Flächenbrandes war, daß alle Menschen, die sich nach Entstehung dieses Brandes in dem von ihm betroffenen Gebiet aufhielten, rettungslos verloren waren; denn es entstand, wie immer bei großen Flächenbränden, so auch hier, infolge des ungeheuren Sauerstoffbedarfs eine Luftbewegung, die der Fachmann als Feuersturm zu bezeichnen pflegt. Dieser Feuersturm war von einer derartigen Gewalt, daß man sich nur schwer eine Vorstellung davon machen kann. Es war z. B. den eingesetzten Kräften der Wehrmacht nicht mehr möglich, sich in dem Sturme auf den Beinen zu halten. Die Männer konnten sich höchstens robbend bewegen, da sie sonst Gefahr liefen, in den Strudel hineingerissen zu werden. Da der Sturm konzentrisch zur Mitte hin wütete, mußte jeder, der sich aus dem Flächenbrandgebiet retten wollte, wo immer er sich auch aufhalten mochte, zwangsläufig gegen den Sturm arbeiten. Da das aber schon nach kurzer Zeit nicht mehr möglich war, sind praktisch alle Menschen ums Leben gekommen, die sich in den vom Flächenbrand betroffenen Stadtteilen aufhielten.

Der Beauftragte des Luftkriegsschädenausschusses traf in Dresden ein, als dieser Feuersturm wütete. Es gelang ihm nur, bis zur Elbbrücke vorzudringen und das schaurige Schauspiel von dort aus zu betrachten. Er mußte sich an das Brückengeländer anschnallen, um nicht weggerissen zu werden. Die Elbe ging im Toben der Elemente mit meterhohen Wellen. Ein Offizier der Wehrmacht, der sich auch auf der Brücke aufhielt, schilderte, wie er sich vergeblich bemüht hatte, eine Frau aufzuhalten, die mit einem Kinde an der Hand vom Sturm hergetrieben worden sei. Da er selbst am Brückengeländer angeschnallt war, hatte er die Frau zu greifen versucht und sie noch eben am Mantel erwischt. Er habe nicht losgelassen, sondern den Mantel festgehalten, und zwar mit aller Kraft. Der Sturm sei aber von einer derartigen Gewalt gewesen, daß der Mantel ausgerissen sei, so daß er nur noch einen Fetzen Stoff in der Hand behalten habe, während Frau und Kind vom Sturm in die Hölle hineingetrieben worden seien.

Erst am nächsten Tage ließ die Gewalt des Feuersturmes nach. Es war aber noch nicht möglich, in das Zentrum der Stadt einzudringen, die am 15. Februar gegen Mittag erneut in zwei Wellen angegriffen wurde und noch immer brannte. Der Himmel war durch Rauchwolken derart verdunkelt, daß es auch bei Tage finstere Nacht zu sein schien.

Da sämtliche Befehlsstellen und Ausweichstellen ausgefallen waren, war die Stadtverwaltung selbst völlig außerstande, irgendwie zur Hilfeleistung beizutragen. Die gesamte Hilfe mußte von außen herangetragen werden. Arbeitsfähig war nur der Befehlsstand des höheren Polizeiführers, der sich auf dem ›Weißen Hirsch‹ befand.

So lautete der Bericht unseres nach Dresden entsandten Beauftragten, der am Abend nach der Katastrophe zurückkehrte. Daraufhin erteilte mir der Minister weitgehende Vollmachten und beauftragte mich, die Leitung der Hilfsmaßnahmen zu übernehmen.

Ohne jede Verzögerung fuhr ich nach Dresden, wo sich mir auf dem Wege zum

Polizeipräsidium und zur Reichsstatthalterei ein unbeschreiblich grauenvolles Bild bot. Es müssen außerordentlich schwere Bomben abgeworfen worden sein, denn nie zuvor sah ich massive Gebäude in einem derartigen Umfang zerstört. So bestand z. B. die große Frauenkirche nur noch aus einem einzigen Trümmerhaufen. Sogar der schwere massive Turm war in Trümmer geschlagen.
Nicht nur die gesamte Altstadt, sondern auch Teile der Neustadt, Johannesstadt, Striesen und die um den Hauptbahnhof liegenden Stadtviertel waren restlos zerstört. In diesem großen, etwa 7 km langen und 4 km breiten Gebiet hatte der Feuersturm gewütet und ganze Arbeit gemacht. Die rauchenden Trümmer lagen in den Straßen meterhoch, so daß auch die breiten Straßen und Plätze für Fahrzeuge völlig unpassierbar waren. An allen Ecken und Kanten explodierten noch Bomben mit Langzeitzünder, so daß man nirgendwo seines Lebens sicher war. Die Straßen waren mit Leichen besät. Sehr schlimm sah es am Bahnhof aus, der zur Zeit des Angriffs von Flüchtlingen überfüllt war. Hier türmten sich die Leichen zu Bergen. Vor dem ersten Angriff war es noch gelungen, viele Flüchtlingszüge aus dem Hauptbahnhof herauszubringen. Diese Züge konnten nach Beendigung des ersten Angriffs zurückgeleitet werden, da der Hauptbahnhof nur geringfügig beschädigt worden war und da niemand mit einem weiteren Angriff rechnete. Der Bahnhof war daher mit Flüchtlingszügen verstopft und alle Bahnsteige waren überfüllt, als dieser unerwartete zweite Angriff einsetzte und nun mit voller Wucht den Bahnhof traf. Es müssen sich furchtbare Szenen abgespielt haben, zumal jeder, dem es gelang, aus dem Bahnhof herauszukommen, sich in einem Flammenmeer sah, aus dem es keine Rettung gab.
Der Bahnhof und seine Umgebung war mit Toten übersät. Leichen und Leichenteile wohin man blickte, in den Tunnelgängen und in den Wartesälen in grausigen Ausmaßen; hier war keiner mit dem Leben davongekommen.
[...]
Das schlimmste und schwierigste Problem aber war die Bergung und Beerdigung der Toten, die aus sanitären und sonstigen Gründen mit allergrößter Beschleunigung durchgeführt werden mußten. Um hiermit anfangen zu können, ließen wir zunächst mit Panzern und Räumgeräten eine Fahrbahn in den mit Trümmern besäten Straßen freimachen, da diese für Fahrzeuge völlig unpassierbar waren. Es hat mehrere Tage gedauert, bis diese Aktion soweit gediehen war, daß wenigstens die wichtigsten Straßen des bombardierten Gebietes mit Fahrzeugen befahren werden konnten. Gleichzeitig begannen wir damit, auf allen verfügbaren Lastwagen und Pferdefuhrwerken die Leichen abfahren zu lassen. Ganz systematisch wurden zunächst die Leichen von den Straßen und Plätzen aufgelesen und zur Verladung auf die Fahrzeuge getragen. Wahllos wurden Männer-, Frauen- und Kinderleichen getürmt und dann auf die dauernd hin und her fahrenden Fahrzeuge geworfen, die die unglücklichen Opfer zum Friedhof fuhren. Diese Leichenfuhrwerke boten einen ganz schrecklichen Anblick. Für diese grausige und täglich schrecklicher werdende Arbeit waren besondere Kommandos – meist Russen und Ostarbeiter – eingesetzt. Eine ordnungsgemäße Bestattung der Toten war völlig unmöglich. Es war nicht einmal möglich, die notwendige Zahl an Gräbern auszuheben, so daß man gezwungen war, mit Trockenbaggern auf dem Friedhof breite Gräben auszuwerfen, in welche die Leichen hineingelegt wurden. Im Anfang wurde versucht, die Toten ordnungsgemäß zu identifizieren.

[...]
Für die unbekannten Toten wurden besondere Karten ausgefertigt. Das Begraben und das Registrieren der Leichen wurde in Anbetracht der fortschreitenden Verwesung zu einer immer qualvolleren Arbeit. Was hier von den eingesetzten Hilfstruppen und von den Beamten in wochenlanger Arbeit geleistet worden ist, vermag ein Unbeteiligter kaum zu ermessen. Nachdem auf solche Weise etwa zehn Tage lang die Toten auf dem Friedhof beigesetzt worden waren, betrug die Zahl der Bestattungen etwa 10000. Wir standen trotz dieser doch gewiß primitiven Bestattungsart vor der Notwendigkeit, das Tempo weiter zu beschleunigen, denn infolge des milden Wetters begannen die Leichen in Verwesung überzugehen. Dadurch verbreitete sich über der völlig zerstörten Innenstadt ein pestilenzartiger Gestank. Es war deshalb aus gesundheitspolizeilichen Gründen dringend notwendig, die Leichenbergung zu beschleunigen. Der von vielen Seiten gemachte Vorschlag, die Toten in den städtischen Grünanlagen – also an Ort und Stelle – zu beerdigen, war aber nach Ansicht der Hygieniker wegen Gefährdung der Trinkwasserversorgung nicht durchführbar. Um den Ausbruch von Seuchen zu vermeiden, wurde die Altstadt zum Sperrgebiet erklärt und für jeden Verkehr gesperrt. Die Zugangsstraßen wurden durch hohe Barrikaden, die aus den Trümmern sehr schnell errichtet wurden, vollständig abgesperrt.
Es blieb keine andere Wahl mehr, als die Erdbestattungen einzustellen und die Genehmigung zur Verbrennung der Leichen zu geben, die auf dem Altmarkt stattfand, wo aus Eisenträgern riesige Roste gebaut wurden, auf denen jeweils etwa 500 Leichen zu Scheiterhaufen aufeinandergeschichtet, mit Benzin getränkt und verbrannt wurden.
Diese Scheiterhaufen auf dem Altmarkt in Dresden stellen einen Schandfleck in der Geschichte unseres Jahrhunderts dar, für den es so leicht kein Beispiel geben wird. Wer Zeuge dieser furchtbaren Scheiterhaufen gewesen ist, wird ihren fürchterlichen Anblick in seinem Leben nie wieder vergessen.

Quelle: Dokumente deutscher Kriegsschäden. Evakuierte, Kriegssachgeschädigte, Währungsgeschädigte. Die geschichtliche und rechtliche Entwicklung. Bd. II/1: Soziale und rechtliche Hilfsmaßnahmen für die luftkriegsbetroffene Bevölkerung bis zur Währungsreform. Hrsg. v. Bundesminister für Vertriebene, Flüchtlinge und Kriegsgeschädigte. Bonn 1960, S. 440–442.

[5.] Verordnung von Reichsjustizminister Dr. Thierack über die Errichtung von Standgerichten vom 15. Februar 1945

Die Härte des Ringens um den Bestand des Reiches erfordert von jedem Deutschen Kampfentschlossenheit und Hingabe bis zum Äußersten. Wer versucht, sich seinen Pflichten gegenüber der Allgemeinheit zu entziehen, insbesondere, wer dies aus Feigheit oder Eigennutz tut, muß sofort mit der notwendigen Härte zur Rechenschaft gezogen werden, damit nicht aus dem Versagen eines einzelnen dem

Reich Schaden erwächst. Es wird deshalb auf Befehl des Führers im Einvernehmen mit dem Reichsminister und Chef der Reichskanzlei, dem Reichsminister des Innern und dem Leiter der Partei-Kanzlei angeordnet:

I.

In feindbedrohten Reichsverteidigungsbezirken werden Standgerichte gebildet.

II.

(1) Das Standgericht besteht aus einem Strafrichter als Vorsitzer sowie einem Politischen Leiter oder Gliederungsführer der NSDAP und einem Offizier der Wehrmacht, der Waffen-SS oder der Polizei als Beisitzern.
(2) Der Reichsverteidigungskommissar ernennt die Mitglieder des Gerichts und bestimmt einen Staatsanwalt als Anklagevertreter.

III.

(1) Die Standgerichte sind für alle Straftaten zuständig, durch die die deutsche Kampfkraft oder Kampfentschlossenheit gefährdet wird.
(2) Auf das Verfahren finden die Vorschriften der Reichsstrafprozeßordnung sinngemäß Anwendung.

IV.

(1) Das Urteil des Standgerichts lautet auf Todesstrafe, Freisprechung oder Überweisung an die ordentliche Gerichtsbarkeit. Es bedarf der Bestätigung durch den Reichsverteidigungskommissar, der Ort, Zeit und Art der Vollstreckung bestimmt.
(2) Ist der Reichsverteidigungskommissar nicht erreichbar und sofortige Vollstreckung unumgänglich, so übt der Anklagevertreter diese Befugnisse aus.

V.

Die zur Ergänzung, Änderung und Durchführung dieser Verordnung erforderlichen Vorschriften erläßt der Reichsminister der Justiz im Einvernehmen mit dem Reichsminister des Innern und dem Leiter der Partei-Kanzlei.

VI.

Die Verordnung tritt mit ihrer Verkündung im Rundfunk in Kraft.

Berlin, den 15. Februar 1945

Der Reichsminister der Justiz
Dr. Thierack

Quelle: Reichsgesetzblatt Teil I, Nr. 6 v. 20. 2. 1945

[6.] Hitlers Befehl vom 5.3.1945 betr. Haftung der Angehörigen von kampflos in Gefangenschaft geratenen Soldaten

Der Führer hat befohlen: Wer in Gefangenschaft gerät, ohne verwundet zu sein oder nachweisbar bis zum Äußersten gekämpft zu haben, hat seine Ehre verwirkt. Die Gemeinschaft der anständigen und tapferen Soldaten stößt ihn von sich. Seine Angehörigen haften für ihn. Jede Zahlung von Gebührnissen oder Unterstützungen an die Angehörigen fällt fort. Dies ist sofort bekanntzugeben. Das Nähere regelt der Chef des Oberkommandos der Wehrmacht.

Im Auftrage des Führers
Keitel
Generalfeldmarschall

Quelle: BA-MA Freiburg, RH 19 XV/7b

[7.] »Führerbefehl« über die Bildung eines »Fliegenden Standgerichtes« vom 9.3.1945

Fernschreiben

10.3.1945 AOK. 19/Ia

An
1) AOK. 24
2) röm. 64.A. K.
3) röm. 18.SS A. K.
4) Korück 536

Nachstehend ein Befehl des Führers zur Kenntnisnahme und Bekanntgabe an alle Dienststellen:
»Der Führer hat am 9.3.45 befohlen:
1.) Es wird sofort ein »Fliegendes Standgericht« errichtet.
2.) Das Gericht untersteht mir unmittelbar und erhält Aufträge von mir.
3.) Gerichtsherr ist der dienstälteste Offizier des Gerichts. Er leitet die Ermittlungen und führt nach seinem Ermessen den Vorsitz in der Hauptverhandlung.
4.) Das Fliegende Standgericht ist zuständig für strafbare Handlungen von Angehörigen aller Wehrmachtsteile und der Waffen-SS ohne Unterschied des Ranges.
Der Gerichtsherr kann außerdem jede strafbare Handlung unter Meldung an mich an sich ziehen, auch wenn schon ein Verfahren schwebt.
5.) Der Gerichtsherr hat bei allen Urteilen des Gerichts das uneingeschränkte Bestätigungsrecht.
Er trifft die Vollstreckungsentscheidung.
6.) In Sachen von ganz besonderer Bedeutung kann der Gerichtsherr vor der Entscheidung über die Bestätigung meine Weisung einholen.

7.) Das Gnadenrecht entfällt.
8.) Alle Dienststellen haben dem Gericht jede Unterstützung zu leisten.
Vorstehender Führerbefehl zur Kenntnis. Zum Kommandeur des Standgerichts hat der Führer Generalleutnant Hübner ernannt. H. trifft am 10.3. bei Ob.West ein. Gez. Burgdorf, Gen. d. Inf., Chefadj. d. Wehrm. b. Führer und Chef HPA, Nr. 335/45 g. Kdos.«.

> A.O.K. 19
> Der Chef des Generalstabes
> gez. Brandstädter, Oberst i. G.
> Röm. 1 a Nr. 1722/45 g. Kdos.

Quelle: BA-MA Freiburg, RH 20-19/196

[8.] Hitlers »Nero«-Befehl zu Zerstörungsmaßnahmen im Reichsgebiet vom 19.3.1945

Betr.: Zerstörungsmaßnahmen im Reichsgebiet.
Der Kampf um die Existenz unseres Volkes zwingt auch innerhalb des Reichsgebietes zur Ausnutzung aller Mittel, die die Kampfkraft unseres Feindes schwächen und sein weiteres Vordringen behindern. Alle Möglichkeiten, der Schlagkraft des Feindes unmittelbar oder mittelbar den nachhaltigsten Schaden zuzufügen, müssen ausgenutzt werden. Es ist ein Irrtum zu glauben, nicht zerstörte oder nur kurzfristig gelähmte Verkehrs-, Nachrichten-, Industrie- und Versorgungsanlagen bei der Rückgewinnung verlorener Gebiete für eigene Zwecke wieder in Betrieb nehmen zu können. Der Feind wird bei seinem Rückzug uns nur eine verbrannte Erde zurücklassen und jede Rücksichtnahme auf die Bevölkerung fallen lassen. Ich befehle daher:
1) Alle militärischen, Verkehrs-, Nachrichten-, Industrie- und Versorgungsanlagen sowie Sachwerte innerhalb des Reichsgebietes, die sich der Feind für die Fortsetzungen seines Kampfes irgendwie sofort oder in absehbarer Zeit nutzbar machen kann, sind zu zerstören.
2) Verantwortlich für die Durchführung dieser Zerstörungen sind die militärischen Kommandobehörden für alle militärischen Objekte, einschließlich der Verkehrs- und Nachrichtenanlagen. Die Gauleiter und Reichsverteidigungskommissare für alle Industrie- und Versorgungsanlagen sowie sonstige Sachwerte. Den Gauleitern und Reichsverteidigungskommissaren ist bei der Durchführung ihrer Aufgabe durch die Truppe die notwendige Hilfe zu leisten.
3) Dieser Befehl ist schnellstens allen Truppenführern bekanntzugeben, entgegenstehende Weisungen sind ungültig.

gez. Adolf Hitler

Quelle: BA-MA Freiburg, RH 20-19/180.

[9.] Runderlaß des NSDAP-Gauleiters von Baden, Robert Wagner, an die Kreisleiter der NSDAP in Baden vom 21.3.1945 betr. Androhung von Standgerichten

Der Gauleiter der NSDAP. Befehlsstand, den 21.3.1945
Gau Baden.

Nr. B 613/45 geh. Geheim!

An die Kreisleiter der NSDAP. in Baden.

Angesichts der jetzigen Lage kommt es darauf an, daß die Partei unserem Volk ein Vorbild beherrschter Ruhe und Entschlossenheit gibt. Dies ist besonders in den Rheinkreisen notwendig. Wer versagt, ist sofort abzusetzen und notfalls zur Verantwortung zu ziehen.
Ein Ausweichen oder Zurückgehen gibt es nicht. Der Rhein muß unter allen Umständen gehalten werden. Die Kräfte, die dafür bereitstehen oder vorgesehen sind, reichen m. E. dazu auch unbedingt aus.
Ein Absetzen ist auch dann untersagt, wenn der Feind etwa über den Rhein hinweg angreift. Wir setzen uns nicht ab, wir kämpfen! Wer dennoch ohne Befehl seinen Platz verläßt, kommt vor das Standgericht. Über sein Ende kann ein Zweifel nicht bestehen.
Ich ersuche die Kreisleiter, das allen führenden Männern der Bewegung und Parteigenossen sofort klar zu machen.
Weiter ersuche ich die Kreisleiter, die Verwaltungen im Sinne dieses Schreibens zu unterrichten. Grundsätzlich haben sich die Verwaltungen nach dem Verhalten der Kreisleiter zu richten und die Kreisleiter empfangen ihre Befehle von mir.
Männer, die gegen diese Anordnung verstoßen, sind umgehend den Standgerichten zur Aburteilung zuzuführen.
Wehrmachtangehörige, die sich unbefugt absetzen, sind Wehrmachtdienststellen oder Wehrmachtstandgerichten zu übergeben.
Die Autorität der Führung ist mit allen zu Gebote stehenden Mitteln, notfalls auch mit der Waffe, gegen jedermann aufrecht zu erhalten.
Für den Fall, daß die Front auch in den Kreisen Karlsruhe, Bruchsal und Mannheim an den Rhein herankommt, nimmt auch dort das normale Leben seinen Fortgang wie südlich davon. Besonders ist die Kriegswirtschaft, einschließlich Landwirtschaft, aufrecht zu erhalten. Eine Räumung bzw. Auflockerung ist nur im vorgesehenen Raum zulässig. Notfalls wird auch im feindlichen Artilleriefeuer gearbeitet.
Besonderes Augenmerk bitte ich jetzt all jenen Personenkreisen und Ortschaften zuzuwenden, die in der Vergangenheit durch einen Mangel an Gesinnung und Hal-

tung aufgefallen sind. Erforderlichenfalls muß dort mit Hilfe der Sicherheitspolizei schonungslos durchgegriffen werden.

gez. Robert Wagner

Quelle: BA-MA Freiburg, RH 20-19/201

**[10.] Befehl des Oberbefehlshabers der Heeresgruppe Süd,
General der Infanterie Otto Wöhler,
an die ihm unterstellten Verbände (u. a. 2. Pz. Armee, 6. Armee,
6. Pz. Armee, 8. Armee)
über rücksichtsloses Vorgehen gegen versprengte Soldaten
vom 28. 3. 1945**

Ich habe erneut feststellen müssen, daß sich im rückwärtigen Gebiet eine untragbare Zahl »Versprengter« herumtrieb. Versprengte sind in der Masse Feiglinge und Drückeberger und damit Kriegsverbrecher, die keinerlei Schonung verdienen, weil sie ihre Kameraden die Härte des Kampfes allein tragen lassen.
Wer im Kampf von der Truppe abkommt, hat sich unverzüglich bei der nächsten kämpfenden Truppe zu melden. Sie zu finden ist nicht schwer. Der Gefechtslärm ist der sicherste Wegweiser.
Ich befehle erneut:
Wer es als Versprengter verabsäumt, sich sofort bei der nächsten Truppe zu melden, und aufgegriffen wird, ist durch Standgericht abzuurteilen und zu erschießen.
In der gleichen Weise ist mit allen zu verfahren, die von der Truppe während des Kampfes entfernt waren, ohne ihren Aufenthalt genau nachweisen zu können.
Wer aus Feigheit nicht kämpft, stirbt in Schande!
Gegen Vorgesetzte, die aus Bequemlichkeit oder Fahrlässigkeit dem Versprengtenunwesen Vorschub leisten, ist rücksichtslos vorzugehen. Hierzu rechnet bereits mangelhafte Unterstützung der Ordnungsorgane.
Vorstehender Befehl ist sofort der Truppe bekanntzugeben.
Einzelheiten für die Organe der Wehrmacht-Ordnungstruppen befiehlt ihr Befehlshaber.

gez. Wöhler
General der Infanterie und
Oberbefehlshaber d. H. Gr. Süd

Quelle: BA-MA Freiburg, RH 19 V/63

[11.] Von Reichsminister Speer erreichter Erlaß zur Abschwächung der Zerstörungsmaßnahmen vom 30.3.1945

Der Führer   Führerhauptquartier, den 30.3.1945

Zur einheitlichen Durchführung meines Erlasses vom 19.3.1945 ordne ich an:
1. Die befohlenen Zerstörungsmaßnahmen von Industrieanlagen dienen ausschließlich dem Zweck, dem Gegner die Nutzung dieser Anlagen und Betriebe zur Erhöhung seiner Kampfkraft unmöglich zu machen.
2. In keinem Fall dürfen die ergriffenen Maßnahmen die eigene Kampfkraft schwächen.

   Die Produktion muß bis zum letztmöglichen Zeitpunkt, selbst unter der Gefahr aufrecht erhalten bleiben, daß bei schnellen Bewegungen des Gegners einmal ein Werk unzerstört in seine Hände fällt. Industrieanlagen aller Art, einschließlich der Versorgungsbetriebe dürfen daher erst dann zerstört werden, wenn sie vom Feind unmittelbar bedroht sind.
3. Während bei Brückenbauwerken und anderen Verkehrsanlagen nur eine totale Zerstörung dem Feind die Nutzung auf längere Sicht unmöglich macht, kann bei Industrieanlagen einschließlich der Versorgungsbetriebe auch durch nachhaltige Lähmung der gleiche Zweck erreicht werden.

   Totale Zerstörungen für besonders wichtige Werke werden auf meine Weisung vom Reichsminister für Rüstung und Kriegsproduktion festgelegt (z. B. Munitionsanstalten, wichtigste chemische Werke usw.).
4. Die Auslösung zur Lähmung und Zerstörung von Industrieanlagen und anderen Betrieben wird vom Gauleiter und Reichsverteidigungskommissar gegeben, der ihre Durchführung überwacht.

   Die Durchführung wird ausschließlich von den Dienststellen und Organen des Reichsministers für Rüstung und Kriegsproduktion vorgenommen. Dabei haben alle Dienststellen der Partei, des Staates und der Wehrmacht Hilfe zu leisten.
5. Durchführungsbestimmungen erläßt mit meiner Zustimmung der Reichsminister für Rüstung und Kriegsproduktion. Er kann Einzelweisungen an die Reichsverteidigungskommissare geben.
6. Diese Grundsätze gelten sinngemäß für die Betriebe und Anlagen in der unmittelbaren Kampfzone.

                                                                    gez. Adolf Hitler

Quelle: Speer, Erinnerungen, S. 586

[12.] Aufruf des Leiters der Parteikanzlei, Reichsleiter Martin Bormann, zum härtesten Widerstand vom 2.4.1945

Parole: Siegen oder fallen!
Aufruf des Leiters der Parteikanzlei zum härtesten Widerstand

Berlin, 2. April.

Der Leiter der Parteikanzlei, Reichsleiter *Bormann*, gibt folgende *Anordnung* bekannt:
»Nationalsozialisten! Parteigenossen!
Nach dem Zusammenbruch von 1918 verschrieben wir uns mit Leib und Leben dem Kampfe um die Daseinsberechtigung unseres Volkes. Jetzt ist die *höchste Stunde der Bewährung* gekommen. Die Gefahr erneuter Versklavung, vor der unser Volk steht, erfordert unseren *letzten und höchsten Einsatz*.
Von jetzt ab gilt: Der Kampf gegen den ins Reich eingedrungenen Gegner ist überall mit aller Unnachgiebigkeit und Unerbittlichkeit zu führen. Gauleiter und Kreisleiter, sonstige Politische Leiter und Gliederungsführer kämpfen in ihrem Gau und Kreis, *siegen oder fallen*.
Ein *Hundsfott*, wer seinen vom Feind angegriffenen Gau ohne ausdrücklichen Befehl des Führers verläßt, wer nicht *bis zum letzten Atemzuge* kämpft; er wird als *Fahnenflüchtiger* geächtet und behandelt. Reißt hoch die Herzen und überwindet alle Schwächen! Jetzt gilt nur noch eine Parole: Siegen oder fallen!
Es lebe Deutschland!

Es lebe Adolf Hitler!«

Quelle: Der Alemanne, Kampfblatt der Nationalsozialisten Oberbadens, vom 3.4.1945

[13.] **Hitler verbietet gemäß »Führerbefehl« vom 25.11.1944 und 12.4.1945 jegliche Übergabe von Festungen und Städten**

Geheime Kommandosache
Fernschreiben
13.4.45   A.O.K. 19/röm 1a

Kr.:   An:
            1) Röm. 80. A.K.
            2) Röm. 64. A.K.
            3) Röm. 18. SS.-A.K.
            4) A.O.K. 24
            5) Wehrkreiskdo. röm. 5
            6) Wehrkreiskdo. röm. 7
            7) Korück 536
            8) Höh. Kdo. Oberrhein.

Bezug: OKW/WFSt. Nr. 02221/45 geh. v. 12.4.45 (nicht verteilt!)

Der Führer hat auf Grund der Vorkommnisse in Königsberg befohlen:
1.) Militärische Befehlshaber als Kommandanten von Standorten, die der Aufforderung zur Übergabe an den Feind nicht mit Kampf bis zur letzten Patrone beantworten, üben Verrat an der Verteidigung des Reiches und gehen der kriegsgerichtlichen Aburteilung wegen feiger Übergabe an den Feind entgegen.
2.) Zu Kommandanten von Festungen dürfen nur fanatische und bewährte Nationalsozialisten, tapfere und harte Kämpfer ernannt werden. Der Dienstgrad spielt keinerlei Rolle.
3.) Die Oberbefehlshaber der Heeresgruppen und Armeen, denen Festungen unterstehen, sind daher verantwortlich, dass Kommandanten von Festungen, an deren Eignung der *geringste* Zweifel aufkommt, sofort abgelöst werden.
4.) Der Führerbefehl vom 25.11.44 (Chef OKW/WFSt/Qu 2 Nr. 1409/44 v. 28.11.44) ist unverzüglich allen Festungskommandanten und darüber hinaus so schnell als möglich *allen* Offizieren erneut bekanntzugeben. Er wird nachstehend im Wortlaut wiederholt:
»Der Krieg entscheidet über Sein oder Nichtsein des deutschen Volkes. Er fordert rücksichtslosen Einsatz jedes einzelnen, todesmutige Tapferkeit der Truppen, standhaftes Ausharren aller Dienstgrade und unbeugsame überlegene Führung haben auch aussichtslos erscheinende Lagen gemeistert.
Führer deutscher Soldaten kann nur sein, wer mit allen Kräften des Geistes, der Seele und des Körpers seinen Männern täglich die Forderungen vorlebt, die er an sie stellen muss.
Tatkraft und Entschlußfreudigkeit, Charakterfestigkeit (sowie) Glaubensstärke und harte, unbedingte Einsatzbereitschaft (sind) seine unerlässlichen Eigenschaften für den Kampf, wer sie nicht oder nicht mehr besitzt, kann nicht Führer sein und hat abzutreten.

Ich befehle daher:
Glaubt ein Truppenführer, der auf sich selbst gestellt ist, den Kampf aufgeben zu müssen, so hat er erst seine Offiziere, dann Unteroffiziere, danach die Mannschaften zu befragen, ob einer von ihnen den Auftrag erfüllen und den Kampf fortführen will. Ist dies der Fall, übergibt er diesem – ohne Rücksicht auf den Dienstgrad – die Befehlsgewalt und tritt selbst mit ein. Der neue Führer übernimmt das Kommando mit allen Rechten und Pflichten.«

Hierzu befiehlt der Oberbefehlshaber West:
Der Führerbefehl gem. Ziff. 4 des Bezuges ist so schnell wie irgend möglich nochmals allen Offizieren bekanntzugeben, *vordringlich* sämtlichen Kampfkommandanten (auch in Zukunft bei Bestimmung neuer Kampfkommandanten).

A.O.K. 19
Der Chef des Generalstabes
gez. Brandstädter
Oberst i. G.

Quelle: BA-MA Freiburg, RH 20-19/228

[14.] Himmlers Erlaß vom 12.4.1945, »jedes Dorf und jede Stadt« mit allen Mitteln zu verteidigen

Fernschreiben
Geheim!

A.O.K. 19, röm. 1a

An
1.) Röm. 80. A.K.
2.) Röm. 64. A.K.
3.) Röm. 18. SS-A.K.
4.) A.O.K. 24
5.) Höh. Kdo. Oberrhein
6.) Wehrkreiskdo. röm. 5
7.) Wehrkreiskdo. röm. 7

Bezug: F.S. Ob. West, röm. 1a Nr. 4049/45 geh. v. 12.4.45 (nicht verteilt)
OB. West hat befohlen:
Nachstehender Erlaß des Reichsführers SS ist auf Befehl OKW sofort auch innerhalb der Wehrmacht allen Kommando-Dienststellen mit der Pflicht zur Bekanntgabe an alle Soldaten und das Wehrmachtgefolge mitzuteilen:

»Der Feind versucht durch Irreführung deutsche Orte zur Übergabe zu veranlassen.
Durch vorgeprellte Panzerspähwagen unternimmt er es, die Bürgermeister von Städten und Dörfern mit der Drohung einzuschüchtern, daß im Falle der Nichtübergabe der Ort durch angeblich aufgefahrene Panzer oder Artillerie zusammengeschossen würde.
Auch diese Kriegslist des Feindes verfehlt ihr Ziel.
Keine deutsche Stadt wird zur offenen Stadt erklärt. Jedes Dorf und jede Stadt werden mit allen Mitteln verteidigt und gehalten.
Jeder deutsche Mann, der gegen diese selbstverständliche nationale Pflicht verstößt, verliert Ehre und Leben.«

Armeeoberkommando 19
Der Chef des Generalstabes
gez. Brandstädter, Oberst i. G.

Quelle: BA-MA Freiburg, RH 20-19/201

[15.] Aufforderung des Armeeoberkommandos 19 zum brutalen Vorgehen gegenüber Auflösungserscheinungen beim Volkssturm und bei der Zivilbevölkerung vom 12.4.1945

Geheim!
Fernschreiben
12.4.45   AOK. 19/Ia
An
1) röm. 80. A.K.
2) röm. 64. A.K.
3) röm. 18. SS A.K.

Allgemeine Klagen über Verhalten von Volkssturm und Zivilbevölkerung sind wertlos. In Zukunft sind sämtliche Vorfälle über unzuverlässiges Verhalten des Volksturmes und der Zivilbevölkerung unter genauer Angabe der Einzelheiten (Ort, Führer, Art und Weise des Verhaltens, Zeugen) täglich zu melden. Gleichzeitig ist zu melden, mit welchen brutalen Mitteln durchgegriffen wurde.

A.O.K. 19
Der Chef des Gen. Stabes
gez. Brandstädter, Oberst i. G.

Quelle: BA-MA Freiburg, RH 20-19/228

[16.] Hitlers letzter Tagesbefehl an die Soldaten der Ostfront zum 16.4.1945

Soldaten der deutschen Ostfront!

Zum letzten Male ist der jüdisch-bolschewistische Todfeind mit seinen Massen zum Angriff angetreten. Er versucht, Deutschland zu zertrümmern und unser Volk auszurotten. Ihr Soldaten aus dem Osten wißt zu einem hohen Teil heute bereits selbst, welches Schicksal vor allem den deutschen Frauen und Kindern droht. Während die Alten, Männer und Kinder ermordet werden, werden Frauen und Mädchen zu Kasernenhuren erniedrigt. Der Rest marschiert nach Sibirien.
Wir haben diesen Stoß vorhergesehen, und es ist seit dem Januar dieses Jahres alles geschehen, um eine starke Front aufzubauen. Eine gewaltige Artillerie empfängt den Feind. Die Ausfälle unserer Infanterie sind durch zahllose neue Einheiten ergänzt. Alarmeinheiten, Neuaufstellungen und Volkssturm verstärken unsere Front. Der Bolschewist wird dieses Mal das alte Schicksal Asiens erleben, das heißt, er muß und wird vor der Hauptstadt des Deutschen Reiches verbluten.
Wer in diesem Augenblick seine Pflicht nicht erfüllt, handelt als Verräter an unserem Volk. Das Regiment oder die Division, die ihren Platz verlassen, benehmen

sich so schimpflich, daß sie sich vor den Frauen und Kindern, die in unseren Städten dem Bombenterror standhalten, werden schämen müssen.
Achtet vor allem auf die verräterischen wenigen Offiziere und Soldaten, die – um ihr eigenes erbärmliches Leben zu sichern – im russischen Solde, vielleicht sogar in deutscher Uniform, gegen uns kämpfen werden. Wer Euch Befehle zum Rückzug gibt, ohne daß Ihr ihn genau kennt, ist sofort festzunehmen und nötigenfalls augenblicklich umzulegen – ganz gleich, welchen Rang er besitzt.
Wenn in diesen kommenden Tagen und Wochen jeder Soldat an der Ostfront seine Pflicht erfüllt, wird der letzte Ansturm Asiens zerbrechen, genauso wie am Ende auch der Einbruch unserer Gegner im Westen trotz allem scheitern wird.
Berlin bleibt deutsch, Wien wird wieder deutsch, und Europa wird niemals russisch.
Bildet eine verschworene Gemeinschaft zur Verteidigung nicht des leeren Begriffes eines Vaterlandes, sondern zur Verteidigung Eurer Heimat, Eurer Frauen, Eurer Kinder und damit unserer Zukunft!
In diesen Stunden blickt das ganze deutsche Volk auf Euch, meine Ostkämpfer, und hofft nur darauf, daß durch Eure Standhaftigkeit, Euren Fanatismus, durch Eure Waffen und unter Eurer Führung der bolschewistische Ansturm in einem Blutbade erstickt.
In dem Augenblick, in dem das Schicksal den größten Kriegsverbrecher aller Zeiten von dieser Erde weggenommen hat, wird sich die Wende dieses Krieges entscheiden.

gez. Adolf Hitler

Quelle: Kriegstagebuch des Oberkommandos der Wehrmacht, Bd. IV/8, S. 1589f.

[17.] Hitlers »politisches Testament« v. 29. 4. 1945

ADOLF HITLER

Mein politisches Testament.

Seit ich 1914 als Freiwilliger meine bescheidene Kraft im ersten, dem Reich aufgezwungenen Weltkrieg einsetzte, sind nunmehr über dreissig Jahre vergangen.
In diesen drei Jahrzehnten haben mich bei all meinem Denken, Handeln und Leben nur die Liebe und Treue zu meinem Volk bewegt. Sie gaben mir die Kraft, schwerste Entschlüsse zu fassen, wie sie bisher noch keinem Sterblichen gestellt worden sind. Ich habe meine Zeit, meine Arbeitskraft und meine Gesundheit in diesen drei Jahrzehnten verbraucht.
Es ist unwahr, dass ich oder irgendjemand anderer in Deutschland den Krieg im Jahre 1939 gewollt haben. Er wurde gewollt und angestiftet ausschliesslich von

jenen internationalen Staatsmännern, die entweder jüdischer Herkunft waren oder für jüdische Interessen arbeiteten. Ich habe zuviele Angebote zur Rüstungsbeschränkung und Rüstungsbegrenzung gemacht, die die Nachwelt nicht auf alle Ewigkeiten wegzuleugnen vermag, als dass die Verantwortung für den Ausbruch dieses Krieges auf mir lasten könnte. Ich habe weiter nie gewollt, dass nach dem ersten unseligen Weltkrieg ein zweiter gegen England oder gar gegen Amerika entsteht. Es werden Jahrhunderte vergehen, aber aus den Ruinen unserer Städte und Kunstdenkmäler wird sich der Hass gegen das, letzten Endes verantwortliche Volk immer wieder erneuern, dem wir das alles zu verdanken haben: Dem internationalen Judentum und seinen Helfern!

Ich habe noch drei Tage vor Ausbruch des deutsch-polnischen Krieges dem britischen Botschafter in Berlin eine Lösung der deutsch-polnischen Probleme vorgeschlagen – ähnlich der im Falle des Saargebietes unter internationaler Kontrolle. Auch dieses Angebot kann nicht weggeleugnet werden. Es wurde nur verworfen, weil die massgebenden Kreise der englischen Politik den Krieg wünschten, teils der erhofften Geschäfte wegen, teils getrieben durch eine, vom internationalen Judentum veranstaltete Propaganda.

Ich habe aber auch keinen Zweifel darüber gelassen, dass, wenn die Völker Europas wieder nur als Aktienpakete dieser internationalen Geld- und Finanzverschwörer angesehen werden, dann auch jenes Volk mit zur Verantwortung gezogen werden wird, das der eigentlich Schuldige an diesem mörderischen Ringen ist: Das Judentum! Ich habe weiter keinen darüber im Unklaren gelassen, dass dieses Mal nicht nur Millionen Kinder von Europäern der arischen Völker verhungern werden, nicht nur Millionen erwachsener Männer den Tod erleiden und nicht nur Hunderttausende an Frauen und Kindern in den Städten verbrannt und zu Tode bombardiert werden dürften, ohne dass der eigentlich Schuldige, wenn auch durch humanere Mittel, seine Schuld zu büssen hat.

Nach einem sechsjährigen Kampf, der einst in die Geschichte trotz aller Rückschläge als ruhmvollste und tapferste Bekundung des Lebenswillens eines Volkes eingehen wird, kann ich mich nicht von der Stadt trennen, die die Hauptstadt dieses Reiches ist. Da die Kräfte zu gering sind, um dem feindlichen Ansturm gerade an dieser Stelle noch länger standzuhalten, der eigene Widerstand aber durch ebenso verblendete wie charakterlose Subjekte allmählich entwertet wird, möchte ich mein Schicksal mit jenem teilen, das Millionen anderer auch auf sich genommen haben, indem ich in dieser Stadt bleibe. Ausserdem will ich nicht Feinden in die Hände fallen, die zur Erlustigung ihrer verhetzten Massen ein neues, von Juden arrangiertes Schauspiel benötigen.

Ich hatte mich daher entschlossen, in Berlin zu bleiben und dort aus freien Stücken in dem Augenblick den Tod zu wählen, in dem ich glaube, dass der Sitz des Führers und Kanzlers selbst nicht mehr gehalten werden kann. Ich sterbe mit freudigem Herzen angesichts der mir bewussten unermesslichen Taten und Leistungen unserer Soldaten an der Front, unserer Frauen zuhause, den Leistungen unserer Bauern und Arbeiter und dem in der Geschichte einmaligen Einsatz unserer Jugend, die meinen Namen trägt.

Dass ich ihnen allen meinen aus tiefstem Herzen kommenden Dank ausspreche, ist ebenso selbstverständlich wie mein Wunsch, dass sie deshalb den Kampf unter keinen Umständen aufgeben mögen, sondern, ganz gleich wo immer, ihn gegen die

Feinde des Vaterlandes weiterführen, getreu den Bekenntnissen eines grossen Clausewitz. Aus dem Opfer unserer Soldaten und aus meiner eigenen Verbundenheit mit ihnen bis in den Tod, wird in der deutschen Geschichte so oder so einmal wieder der Samen aufgehen zur strahlenden Wiedergeburt der nationalsozialistischen Bewegung und damit zur Verwirklichung einer wahren Volksgemeinschaft.

Viele tapferste Männer und Frauen haben sich entschlossen, ihr Leben bis zuletzt an das meine zu binden. Ich habe sie gebeten und ihnen endlich befohlen, dies nicht zu tun, sondern am weiteren Kampf der Nation teilzunehmen. Die Führer der Armeen, der Marine und der Luftwaffe bitte ich, mit äussersten Mitteln den Widerstandsgeist unserer Soldaten im nationalsozialistischen Sinne zu verstärken unter dem besonderen Hinweis darauf, dass auch ich selbst, als der Gründer und Schöpfer dieser Bewegung, den Tod dem feigen Absetzen oder gar einer Kapitulation vorgezogen habe.

Möge es dereinst zum Ehrbegriff des deutschen Offiziers gehören – so wie dies in unserer Marine schon der Fall ist – dass die Übergabe einer Landschaft oder einer Stadt unmöglich ist und dass vor allem die Führer hier mit leuchtendem Beispiel voranzugehen haben in treuester Pflichterfüllung bis in den Tod.

<u>Zweiter Teil des politischen Testaments.</u>

Ich stosse vor meinem Tode den früheren Reichsmarschall Hermann *Göring* aus der Partei aus und entziehe ihm alle Rechte, die sich aus dem Erlass vom 29. Juni 1941 sowie aus meiner Reichstagserklärung vom 1. September 1939 ergeben könnten. Ich ernenne an Stelle dessen den Großadmiral *Dönitz* zum Reichspräsidenten und Obersten Befehlshaber der Wehrmacht.

Ich stosse vor meinem Tode den früheren Reichsführer-SS und Reichsminister des Innern, Heinrich *Himmler* aus der Partei sowie aus allen Staatsämtern aus. Ich ernenne an seiner Stelle den Gauleiter Karl *Hanke* zum Reichsführer-SS und Chef der deutschen Polizei und den Gauleiter Paul *Giesler* zum Reichsminister des Innern.

Göring und Himmler haben durch geheime Verhandlungen mit dem Feinde, die sie ohne mein Wissen und gegen meinen Willen abhielten, sowie durch den Versuch, entgegen dem Gesetz, die Macht im Staate an sich zu reissen, dem Lande und dem gesamten Volk unabsehbaren Schaden zugefügt, gänzlich abgesehen von der Treulosigkeit gegenüber meiner Person.

Um dem deutschen Volk eine aus ehrenhaften Männern zusammengesetzte Regierung zu geben, die die Verpflichtung erfüllt, den Krieg mit allen Mitteln weiter fortzusetzen, ernenne ich als Führer der Nation folgende Mitglieder des neuen Kabinetts:

Reichspräsident: *Dönitz*
Reichskanzler: Dr. *Goebbels*
Parteiminister: *Bormann*
Aussenminister: *Seyß-Inquart*
Innenminister: Gauleiter *Giesler*
Kriegsminister: *Dönitz*

Oberbefehlshaber des Heeres: *Schörner*
Oberbefehlshaber der Kriegsmarine: *Dönitz*
Oberbefehlshaber der Luftwaffe: *Greim*
Reichsführer-SS und Chef der Deutschen Polizei: Gauleiter *Hanke*
Wirtschaft: *Funk*
Landwirtschaft: *Backe*
Justiz: *Thierack*
Kultus: Dr. *Scheel*
Propaganda: Dr. *Naumann*
Finanzen: *Schwerin-Crossigk*
Arbeit: Dr. *Hupfauer*
Rüstung: *Saur*
Leiter der Deutschen Arbeitsfront und Mitglied des Reichskabinetts: Reichsminister Dr. *Ley*.
Obwohl sich eine Anzahl dieser Männer, wie Martin Bormann, Dr. Goebbels usw. einschliesslich ihrer Frauen, aus freiem Willen zu mir gefunden haben und unter keinen Umständen die Hauptstadt des Reiches verlassen wollten, sondern bereit waren, mit mir hier unterzugehen, muss ich sie doch bitten, meiner Aufforderung zu gehorchen und in diesem Falle das Interesse der Nation über ihr eigenes Gefühl zu stellen. Sie werden mir durch ihre Arbeit und ihre Treue als Gefährten nach dem Tode ebenso nahestehen, wie ich hoffe, dass mein Geist unter ihnen weilen und sie stets begleiten wird. Mögen sie hart sein, aber niemals ungerecht, mögen sie vor allem nie die Furcht zum Ratgeber ihres Handelns erheben und die Ehre der Nation über alles stellen, was es auf Erden gibt. Mögen sie sich endlich dessen bewusst sein, dass unsere Aufgabe des Ausbaus eines nationalsozialistischen Staates die Arbeit kommender Jahrhunderte darstellt, die jeden einzelnen verpflichtet, immer dem gemeinsamen Interesse zu dienen und seine eigenen Vorteile demgegenüber zurückzustellen. Von allen Deutschen, allen Nationalsozialisten, Männern und Frauen und allen Soldaten der Wehrmacht verlange ich, daß sie der neuen Regierung und ihren Präsidenten treu und gehorsam sein werden bis in den Tod.
Vor allem verpflichte ich die Führung der Nation und die Gefolgschaft zur peinlichen Einhaltung der Rassegesetze und zum unbarmherzigen Widerstand gegen den Weltvergifter aller Völker, das internationale Judentum.

Gegeben zu Berlin, den 29. April 1945, 4.00 Uhr.

gez. Adolf Hitler

Als Zeuge:
gez. Dr. Joseph Goebbels   gez. Wilhelm Burgdorf
gez. Martin Bormann   gez. Hans Krebs

[18.] Hitlers »privates Testament« vom 29.4.1945

ADOLF HITLER

Mein privates Testament.

Da ich in den Jahren des Kampfes glaubte, es nicht verantworten zu können, eine Ehe zu gründen, habe ich mich nunmehr vor Beendigung dieser irdischen Laufbahn entschlossen, jenes Mädchen zur Frau zu nehmen, das nach langen Jahren treuer Freundschaft aus freiem Willen in die schon fast belagerte Stadt hereinkam, um ihr Schicksal mit dem meinen zu teilen. Sie geht auf ihren Wunsch als meine Gattin mit mir in den Tod. Er wird uns das ersetzen, was meine Arbeit im Dienst meines Volkes uns beiden raubte.
Was ich besitze, gehört – soweit es überhaupt von Wert ist – der Partei. Sollte diese nicht mehr existieren, dem Staat, sollte auch der Staat vernichtet werden, ist eine weitere Entscheidung von mir nicht mehr notwendig.
Ich habe meine Gemälde in den von mir im Laufe der Jahre angekauften Sammlungen niemals für private Zwecke, sondern stets nur für den Ausbau einer Galerie in meiner Heimatstadt Linz a. d. Donau gesammelt.
Dass dieses Vermächtnis vollzogen wird, wäre mein herzlichster Wunsch.
Zum Testamentsvollstrecker ernenne ich meinen treuesten Parteigenossen
Martin *Bormann*.
Er ist berechtigt, alle Entscheidungen endgültig und rechtsgültig zu treffen. Es ist ihm gestattet, alles das, was persönlichen Erinnerungswert besitzt, oder zur Erhaltung eines kleinen bürgerlichen Lebens notwendig ist, meinen Geschwistern abzutrennen, ebenso vor allem der Mutter meiner Frau und meinen, ihm genau bekannten treuen Mitarbeitern und Mitarbeiterinnen, an der Spitze meinen alten Sekretären, Sekretärinnen, Frau Winter, usw., die mich jahrelang durch ihre Arbeit unterstützten.
Ich selbst und meine Gattin wählen, um der Schande des Absetzens oder der Kapitulation zu entgehen, den Tod. Es ist unser Wille, sofort an der Stelle verbrannt zu werden, an der ich den grössten Teil meiner täglichen Arbeit im Laufe eines zwölfjährigen Dienstes an meinem Volke geleistet habe.

Gegeben zu Berlin, den 29. April 1945, 4.00 Uhr

gez. Adolf Hitler

als Zeugen: als Zeuge:
gez. Martin Bormann   gez. Nicolaus von Below
gez. Dr. Goebbels

[19.] Englischer Originaltext der Kapitulationsurkunde von Reims vom 7. 5. 1945

Only this text in English is authoritative

ACT OF MILITARY SURRENDER

1. We the undersigned, acting by authority of the German High Command, hereby surrender unconditionally to the Supreme Commander, Allied Expeditionary Force and simultaneously to the Soviet High Command all forces on land, sea, and in the air who are at this date under German control.

2. The German High Command will at once issue orders to all German military, naval and air authorities and to all forces under German control to cease active operations at **2301** hours Central European time on **8 May** and to remain in the positions occupied at that time. No ship, vessel, or aircraft is to be scuttled, or any damage done to their hull, machinery or equipment.

3. The German High Command will at once issue to the appropriate commanders, and ensure the carrying out of any further orders issued by the Supreme Commander, Allied Expeditionary Force and by the Soviet High Command.

4. This act of military surrender is without prejudice to, and will be superseded by any general instrument of surrender imposed by, or on behalf of the United Nations and applicable to GERMANY and the German armed forces as a whole.

5. In the event of the German High Command or any of the forces under their control failing to act in accordance with this Act of Surrender, the Supreme Commander, Allied Expeditionary Force and the Soviet High Command will take such punitive or other action as they deem appropriate.

Signed at Rheims 0241 on the 7th day of May, 1945.
France

On behalf of the German High Command.

[signature: Jodl]

IN THE PRESENCE OF

On behalf of the Supreme Commander, Allied Expeditionary Force.

[signature: W. B. Smith]

On behalf of the Soviet High Command.

[signature: Sousloparov]

[signature]

Quelle: BA-MA Freiburg, RW 44I/37D

[20.] Die deutsche Textfassung der Kapitulationsurkunde von Berlin-Karlshorst vom 8./9.5.1945

Kapitulationserklaerung.

1. Wir, die hier Unterzeichneten, handelnd in Vollmacht fuer und im Namen des Oberkommandos der Deutschen Wehrmacht, erklaeren hiermit die bedingungslose Kapitulation aller am gegenwaertigen Zeitpunkt unter deutschem Befehl stehenden oder von Deutschland beherrschten Streitkraefte auf dem Lande, auf der See und in der Luft gleichzeitig gegenueber dem Obersten Befehlshaber der Alliierten Expeditions Streitkraefte und dem Oberkommando der Roten Armee.
2. Das Oberkommando der Deutschen Wehrmacht wird unverzueglich allen Behoerden der deutschen Land-, See- und Luftstreitkraefte und allen von Deutschland beherrschten Streitkraeften den Befehl geben, die Kampfhandlungen um 2301 Uhr Mitteleuropaeischer Zeit am 8 Mai einzustellen und in den Stellungen zu verbleiben, die sie an diesem Zeitpunkt innehaben und sich vollstaendig zu entwaffnen, indem sie Waffen und Geraete an die oertlichen Alliierten Befehlshaber beziehungsweise an die von den Alliierten Vertretern zu bestimmenden Offiziere abliefern. Kein Schiff, Boot oder Flugzeug irgendeiner Art darf versenkt werden, noch duerfen Schiffsruempfe, maschinelle Einrichtungen, Ausruestungsgegenstaende, Maschinen irgendwelcher Art, Waffen, Apparaturen, technische Gegenstaende, die Kriegszwecken im Allgemeinen dienlich sein koennen, beschaedigt werden.
3. Das Oberkommando der Deutschen Wehrmacht wird unverzueglich den zustaendigen Befehlshabern alle von dem Obersten Befehlshaber der Alliierten Expeditions Streitkraefte und dem Oberkommando der Roten Armee erlassenen zusaetzlichen Befehle weitergeben und deren Durchfuehrung sicherstellen.
4. Diese Kapitulationserklaerung ist ohne Praejudiz fuer irgendwelche an ihre Stelle tretenden allgemeinen Kapitulationsbestimmungen, die durch die Vereinten Nationen und in deren Namen Deutschland und der Deutschen Wehrmacht auferlegt werden moegen.
5. Falls das Oberkommando der Deutschen Wehrmacht oder irgendwelche ihm unterstehende oder von ihm beherrschte Streitkraefte es versaeumen sollten, sich gemaess den Bestimmungen dieser Kapitulations-Erklaerung zu verhalten, werden das Oberkommando der Roten Armee und der Oberste Befehlshaber der Alliierten Expeditions Streitkraefte alle diejenigen Straf- und anderen Massnahmen ergreifen, die sie als zweckmaessig erachten.
6. Diese Erklaerung ist in englischer, russischer und deutscher Sprache abgefasst. Allein massgebend sind die englische und die russische Fassung.

Unterzeichnet zu Berlin am 8. Mai 1945.

gez. Friedeburg   gez. Keitel   gez. Stumpff
      Für das Oberkommando der Deutschen Wehrmacht

gez. Schukow	In Gegenwart von:
Für das Oberkommando	gez. Tedder
der Roten Armee	Für den Obersten Befehlshaber
	der Alliierten Expeditions
	Streitkräfte

Bei der Unterzeichnung waren als
Zeugen auch zugegen:

gez. de Lattre-Tassigny	gez. Spaatz
General, Oberstkommandierender	Kommandierender General
der Ersten Französischen Armee	der Strategischen Luft-
	streitkräfte der Vereinigten
	Staaten

Quelle: BA-MA Freiburg, RW 44 I/37D

[21.] Letzte deutsche Quellen und Dokumente über den Sinn des Einsatzes der Soldaten im Kampf für Hitler und das Dritte Reich

a) Der letzte Wehrmachtsbericht vom 9. 5. 1945

Seit Mitternacht schweigen nun an allen Fronten die Waffen.
Auf Befehl des Großadmirals hat die Wehrmacht den aussichtslos gewordenen Kampf eingestellt. Damit ist das fast sechsjährige Ringen zu Ende. Es hat uns große Siege, aber auch schwere Niederlagen gebracht. Die deutsche Wehrmacht ist am Ende einer gewaltigen Übermacht ehrenvoll unterlegen.
Der deutsche Soldat hat getreu seinem Eid, im höchsten Einsatz für sein Volk für immer Unvergeßliches geleistet. Die Heimat hat ihn bis zuletzt mit allen Kräften unter schwersten Opfern unterstützt.
Die einmalige Leistung von Front und Heimat wird in einem späteren gerechten Urteil der Geschichte ihre endgültige Würdigung finden.
Den Leistungen und Opfern der deutschen Soldaten zu Lande, zu Wasser und in der Luft wird auch der Gegner die Achtung nicht versagen. Jeder Soldat kann deshalb die Waffe aufrecht und stolz aus der Hand legen und in den schwersten Stunden unserer Geschichte tapfer und zuversichtlich an die Arbeit gehen für das ewige Leben unseres Volkes. Die Wehrmacht gedenkt in dieser Stunde ihrer vor dem Feind gebliebenen Kameraden.
Die Toten verpflichten zu bedingungsloser Treue, zu Gehorsam und Disziplin gegenüber dem aus zahllosen Wunden blutenden Vaterland.

b) Bericht von Rittmeister Gerhard Boldt, 1. Ordonnanzoffizier beim Chef des Generalstabes des Heeres in Berlin, vom 29. April 1945 zur Diskussion zwischen General Burgdorf, Chef des Heerespersonalamtes, und Reichsleiter Bormann, »Sekretär des Führers« und Leiter der NSDAP-Parteikanzlei, über den Sinn des Kampfes für Hitler und den Nationalsozialismus – kurz vor Hitlers Selbstmord

Gegen 2 Uhr morgens legte ich mich völlig abgespannt hin, um noch einige Stunden Schlaf zu finden. Aus dem Nachbarraum schallte Lärm. Dort saßen Bormann, Krebs und Burgdorf in angeregter Zecherrunde. Etwa zweieinhalb Stunden später weckte mich Bernd, der unter mir in seinem Bett lag, mit den Worten: »Du versäumst etwas, mein Lieber, hör' Dir das mal mit an. Das geht schon eine ganze Weile in dieser Lautstärke.« Ich richtete mich auf und lauschte. Burgdorf schrie gerade auf Bormann ein: »Ich bin vor dreiviertel Jahr mit meiner ganzen Kraft und mit großem Idealismus an meine jetzige Aufgabe herangegangen. Ich habe mir immer wieder das Ziel gesetzt, Partei und Wehrmacht aufeinander abzustimmen. Ich bin dabei so weit gegangen, daß ich von meinen Kameraden aus der Wehrmacht geschnitten und verachtet worden bin. Ich habe mein Möglichstes getan, um das Mißtrauen Hitlers und der Parteileitung gegen die Wehrmacht zu beseitigen. Man hat mich schließlich in der Wehrmacht einen Verräter am Offiziersstand gescholten. Heute muß ich einsehen, daß diese Vorwürfe berechtigt waren, daß meine Arbeit umsonst, mein Idealismus falsch, ja, nicht nur das, daß er naiv und dumm war.« Schwer atmend hielt er einen Augenblick inne. Krebs versuchte ihn zu beschwichtigen, und bat ihn, doch auf Bormann Rücksicht zu nehmen. Aber Burgdorf fuhr fort: »Laß mich man, Hans, einmal muß das doch alles gesagt werden. Vielleicht ist es in 48 Stunden schon zu spät dazu.«

»Unsere jungen Offiziere sind mit einem Glauben und Idealismus, wie er in der Weltgeschichte einmalig ist, hinausgezogen. Zu Hunderttausenden sind sie mit einem stolzen Lächeln in den Tod gegangen. Aber wofür denn? Für ihr geliebtes deutsches Vaterland, für unsere Größe und Zukunft? Für ein anständiges, sauberes Deutschland? Nein. Für Euch sind sie gestorben, für Euer Wohlleben, für Euren Machthunger. Im Glauben an die gute Sache ist die Jugend eines 80-Millionen-Volkes auf den Schlachtfeldern Europas verblutet, sind Millionen unschuldiger Menschen geopfert worden, während Ihr, als die Führer der Partei, Euch am Volksvermögen bereichert habt. Gepraßt habt Ihr, ungeheure Reichtümer zusammengerafft, Rittergüter gestohlen, Schlösser gebaut, im Überfluß geschwelgt, das Volk betrogen und unterdrückt. Unsere Ideale, unsere Moral, unseren Glauben, unsere Seele habt Ihr in den Schmutz getreten. Der Mensch war für Euch nur noch das Werkzeug Eurer unersättlichen Machtgier. Unsere Jahrhunderte alte Kultur, das deutsche Volk habt Ihr vernichtet. Das ist Eure furchtbare Schuld!«

Die letzten Sätze hatte der General fast beschwörend geschrien. Es war ganz still im Bunker geworden. Man konnte sein keuchendes Atmen hören. Kühl, überlegt und ölig kam die Stimme Bormanns, und das war alles, was er zu erwidern wußte: »Aber mein Lieber, Du mußt doch nicht persönlich werden. Wenn sich die andern auch alle bereichert haben, ich bin doch frei von Schuld. Das schwöre ich Dir bei allem, was mir heilig ist. – – Prost, mein Lieber!«

Bei allem, was mir heilig ist. Wußte doch jeder, daß er einen großen Besitz in Mecklenburg und einen weiteren in Oberbayern erworben hatte, und daß er sich am Chiemsee eine feudale Villa bauen ließ. Hatte er uns nicht wenige Stunden vorher Rittergüter in Aussicht gestellt? Das war der heilige Schwur des höchsten Führers der Partei nach Adolf Hitler.

Quelle: Gerhard Boldt: Die letzten Tage der Reichskanzlei. Wien–Zürich–New York 1947, S. 79f.

Dokumente zum Kriegsende aus alliierter Sicht

[22.] **Der Beschluß des US-Präsidenten Franklin D. Roosevelt und des britischen Premierministers Winston S. Churchill auf der Casablanca-Konferenz vom 14. bis 27. 1. 1943 über »Unconditional surrender« als Forderung gegenüber Deutschland**

a) Aus den Notizen Roosevelts für eine geheime Mitteilung an die Presse am 24. Januar 1943

Der Präsident und der Premierminister sind in Ansehung der gesamten Kriegslage mehr denn je dazu entschlossen, daß nur eine totale Beseitigung der deutschen und japanischen Kriegsmacht der Welt den Frieden bringen kann. Dies führt zu der einfachen Formulierung der Kriegsziele, welche eine bedingungslose Kapitulation Deutschlands, Japans und Italiens zum Inhalt hat. Die bedingungslose Kapitulation dieser Mächte kann allem Ermessen nach den Weltfrieden für Generationen sichern. Bedingungslose Kapitulation bedeutet nicht die Vernichtung der deutschen, der japanischen oder der italienischen Bevölkerung, sie bedeutet vielmehr die Zerstörung einer Weltanschauung in Deutschland, Italien und Japan, die auf der Eroberung und Unterjochung anderer Völker beruht.

Quelle: nach Robert E. Sherwood, Roosevelt und Hopkins. Hamburg 1948, S. 570

b) Aus der Erklärung Churchills im Unterhaus über die Kriegslage am 11. Februar 1943

[...]
Nur nach voller, durchdachter, nüchterner und reiflicher Erwägung aller Tatsachen, von welchen unser Leben und unsere Freiheiten abhängen, hat der amerikanische Präsident mit meiner vollen Zustimmung als Beauftragtem des Kriegskabinetts beschlossen, die Konferenz von Casablanca auf die Note der vollen und bedingungslosen Kapitulation aller unserer Feinde abzustimmen. Daß wir unbeugsam auf der bedingungslosen Kapitulation bestehen, heißt nicht, daß wir unsere siegreichen Waffen mit ungerechter und grausamer Behandlung ganzer Völker

beflecken werden. Doch an den bösartigen Schuldigen muß Gerechtigkeit geübt werden, und innerhalb der gehörigen Grenzen muß diese Gerechtigkeit hart und unbeugsam sein. Dies waren zwei wichtige Themen der Konferenz von Casablanca: Erstens die Erkenntnis, daß der Sieg über die Unterseeboote und damit die Erhöhung der Überschußquote der Schiffsneubauten die Vorbedingung für alle wirksamen Angriffsoperationen darstellen. Zweitens: Nach Erwägung all dieser Umstände die Erklärung, die Präsident Roosevelt wünschte, nämlich das Erfordernis der bedingungslosen Übergabe.
[...]

Quelle: nach Keesings Archiv der Gegenwart, 20. Februar 1943, S. 5843

[23.] Aus dem Memorandum des britischen Joint Intelligence Sub-Committee über die allgemeine Form des deutschen Zusammenbruchs vom 10.8.1944

[...]
Der Prozeß des Zusammenbruchs

9. Die Armee als Ganzes wird den Widerstand mit schwindender Effektivität fortsetzen. Niederlagen in der Schlacht, fortgesetzte Rückzüge, die Überlegenheit der alliierten Waffen und Ausrüstung, die überwältigende alliierte Überlegenheit in der Luft müssen einen sich steigernden demoralisierenden Effekt haben. Außerdem wird die Wirkung des versuchten Staatsstreichs, die kompromißlose Haltung der Nazis und die Kommandoübernahme durch Parteimitglieder in zunehmendem Maße das Vertrauen der Wehrmachteinheiten im Felde untergraben. Unter ihnen werden wahrscheinlich die Fahnenflucht und die Bereitschaft zur frühzeitigen Aufgabe zunehmen, und einzelne Kommandeure könnten zur Übergabe der ihnen unterstellten Einheiten bereit sein, sogar dann, wenn fortgesetzter Widerstand noch möglich ist. SS-Einheiten werden wahrscheinlich hartnäckiger kämpfen.
[...]
12. Diese Entwicklungen werden noch zu den inneren Schwierigkeiten in Deutschland hinzukommen. Es wird eine Masse von Flüchtlingen geben, besonders in Ostdeutschland, die vor den vormarschierenden alliierten Armeen fliehen. Eine zunehmende Zahl von den 8 Millionen Fremdarbeitern und zur Arbeit eingesetzten Kriegsgefangenen, die über ganz Deutschland verstreut sind, werden versuchen, in ihre Heimat zurückzukehren. Außerdem wird, wenn der organisierte Widerstand an den verschiedenen Fronten zerbricht, eine wachsende Zahl von deutschen Soldaten sich selbst auf den Weg nach Hause machen. Diese wandernden Menschenmassen werden in vielen Fällen plündern und aus dem Lande leben, wenn sie gehen; ihre Bewegung wird die Transportwege unterbrechen und örtliche Hungersnöte verursachen. Solche Verhält-

nisse werden unvermeidliches Ergebnis des Verlustes der politischen Kontrolle in einigen Gebieten sein.
[...]
14. Mit der Niederlage der deutschen Armeen und dem Zusammenbruch der Parteikontrolle innerhalb des Reiches wird das Nazi-Regime eingestürzt sein. Einige der Nazi-Führer mögen ermordet worden sein. Einige könnten versuchen, in neutrale Länder zu fliehen. Einige mögen untertauchen. Sie werden sich solange an die Macht geklammert haben und die Berechtigung der Niederlage, die sie zurücklassen, wird so furchtbar sein, daß keine alternative Autorität eine effektive Kontrolle erreichen wird. In diesem Stadium wird man den einzigen wichtigen stabilisierenden Einfluß bei Führern der Streitkräfte finden, die versuchen, Deutschland davor zu retten, ins Chaos zu stürzen. Es wird jedoch wahrscheinlich keine Autorität mit effektiver Kontrolle über das ganze Land geben, von der eine bedingungslose Kapitulation angenommen werden könnte.
15. Daher werden formelle Kapitulationen durch Deutschland als Ganzes wahrscheinlich niemals in Erscheinung treten.

Quelle: Records of the JCS, Part I, 1942–45, European Theater, Reel 10 (Übersetzung durch Verf.)

[24.] Protokoll zwischen den Regierungen der USA, Großbritanniens und der UdSSR über die Aufteilung Deutschlands in Besatzungszonen vom 12.9.1944

Die Regierungen der Vereinigten Staaten von Amerika, des Vereinigten Königreichs von Großbritannien und Nord-Irlands und der Union der Sozialistischen Sowjetrepubliken haben folgendes Übereinkommen im Hinblick auf die Ausführung des Artikels 11 der Urkunde der bedingungslosen Kapitulation Deutschlands erreicht:
1. Deutschland, innerhalb der Grenzen, wie sie am 31. Dezember 1937 bestanden, wird zum Zwecke der Besetzung in drei Zonen eingeteilt, deren je eine einer der drei Mächte zugewiesen wird, und ein besonderes Berliner Gebiet, das gemeinsam von den drei Mächten besetzt wird.
2. Die Grenzen der drei Zonen und des Berliner Gebietes und die Verteilung der drei Zonen unter den USA, dem UK und der UdSSR wird wie folgt sein:
[...]
3. Die Besatzungstruppen in jeder der drei Zonen, in die Deutschland aufgeteilt ist, unterstehen einem Oberbefehlshaber, der von der Regierung des Landes bestimmt wird, dessen Streitkräfte die betreffende Zone besetzen.
4. Jede der drei Mächte kann nach eigenem Ermessen in die für Besatzungsaufgaben unter dem Befehl ihres Oberbefehlshabers bestimmten Streitkräfte Hilfskontingente aus den Streitkräften jeder sonstigen alliierten Macht einbeziehen, die an militärischen Operationen gegen Deutschland teilgenommen hat.

5. Eine interalliierte Regierungsbehörde (Komendatura), die aus drei von ihren jeweiligen Oberbefehlshabern ernannten Kommandanten besteht, wird errichtet, um gemeinsam die Verwaltung des Gebietes von Groß-Berlin zu leiten.
[...]

Quelle: Deutschland 1945. Hrsg. vom Gesamtdeutschen Institut, Bonn o. J.

[25.] Aus dem Memorandum des britischen Joint Intelligence Sub-Committee über die deutsche Widerstandskraft vom 16.10.1944

[...]
Heimatfront
6. Die anhaltende Folge des militärischen, politischen und wirtschaftlichen Unglücks Deutschlands, verbunden mit einer wachsenden Erkenntnis seiner hoffnungslosen Unzulänglichkeit an Arbeitskraft und Kriegsproduktion verbreitet sehr schnell unter den Deutschen die Überzeugung, daß der Krieg verloren ist. Obwohl die ganze Nazi-Propaganda aufzuzeigen bemüht ist, daß die Besetzung sogar durch anglo-amerikanische Streitkräfte schlechter sein würde als ein weiterer Kriegswinter, trösten sich viele Deutsche mit dem Gedanken, daß eine alliierte Besetzung nach allem doch nicht so schrecklich sein würde. Es hat Zeichen passiven Widerstands bei der totalen Mobilisierung gegeben, von Fahnenflucht durch Soldaten, die nach Deutschland in kleinen Gruppen zurückkehren, und von schwächer werdender Kontrolle über die ausländischen Arbeiter, von denen einige anscheinend den Anweisungen von S. C. A. E. F. Gehör schenken. Diese Trends und der Rückgang von Deutschlands Vorräten an Nahrungsmitteln und Konsumgütern, einschließlich Tabak, werden in zunehmendem Maße die Kriegsanstrengung der Deutschen unterminieren. Dennoch gibt es nur geringe Anzeichen dafür, daß die Masse der deutschen Bevölkerung über die Energie, den Mut oder die Organisation verfügt, um die Terrorherrschaft zu brechen und aktive Schritte zu unternehmen, den Krieg zu einem Ende zu bringen. Wegen des Ausbleibens einer Volkserhebung könnte nur eine Gruppe imstande sein, die gegenwärtige Nazi-Regierung zu stürzen und den Krieg zu beenden, und zwar die Armeeführer und andere, die in Verbindung mit ihnen handeln. Das Scheitern des Staatsstreichs vom 20. Juli hat in hohem Maße die Wahrscheinlichkeit einer solchen Bewegung vermindert, auch wenn sie noch nicht gänzlich außer Acht gelassen werden kann.
[...]

Quelle: Records of the JCS, Part I, 1942–45, European Theater, Reel 10 (Übersetzung durch Verf.)

**[26.] Abkommen über die Kontrolleinrichtungen in Deutschland
vom 14.11.1944**

§ 1
Die oberste Gewalt in Deutschland wird von den Oberbefehlshabern der Streitkräfte der Vereinigten Staaten von Amerika, des Vereinigten Königreichs und der Union der Sozialistischen Sowjetrepubliken nach den Weisungen ihrer jeweiligen Regierungen ausgeübt, und zwar von jedem einzeln in seiner eigenen Besatzungszone sowie auch gemeinsam in ihrer Eigenschaft als Mitglieder des aufgrund dieses Abkommens errichteten Kontrollorgans bezüglich der Deutschland als Ganzes betreffenden Fragen.

§ 2
Jedem Oberbefehlshaber werden in seiner Besatzungszone Vertreter des Heeres, der Marine und der Luftwaffe der anderen beiden Oberbefehlshaber für Verbindungsaufgaben zugewiesen.

§ 3
a) Die drei Oberbefehlshaber, die als Organ gemeinsam tätig werden, bilden das oberste Kontrollorgan unter der Bezeichnung Kontrollrat.
b) Aufgabe des Kontrollrats ist es,
   I. eine angemessene Einheitlichkeit der Maßnahmen der Oberbefehlshaber in ihren jeweiligen Besatzungszonen zu gewährleisten;
   II. auf der Grundlage von Weisungen, die jeder Oberbefehlshaber von seiner Regierung erhält, hinsichtlich der hauptsächlichen militärischen, politischen, wirtschaftlichen und sonstigen Fragen, die Deutschland als Ganzes betreffen, Pläne aufzustellen und gemeinsame Beschlüsse zu fassen;
   III. die deutsche Zentralverwaltung zu kontrollieren, die unter der Leitung des Kontrollrats tätig wird und ihm gegenüber für die Erfüllung seiner Forderungen verantwortlich ist;
   IV. Anweisungen betreffend die Verwaltung von Groß-Berlin durch geeignete Organe zu erlassen.
c) Der Kontrollrat tritt mindestens einmal alle zehn Tage zusammen und tagt jeweils auf Antrag eines seiner Mitglieder. Die Beschlüsse des Kontrollrats werden einstimmig gefaßt. Der Vorsitz des Kontrollrats wird abwechselnd von jedem seiner drei Mitglieder wahrgenommen.
d) Jedem Mitglied des Kontrollrats steht ein Politischer Berater zur Seite, der erforderlichenfalls an den Sitzungen des Kontrollrats teilnimmt. Jedes Mitglied des Kontrollrats kann erforderlichenfalls auf Sitzungen des Rats auch von Beratern der Marine oder Luftwaffe begleitet werden.

§ 4
Ein ständiger Koordinierungsausschuß, zusammengesetzt aus je einem Vertreter der drei Oberbefehlshaber, nicht unter dem Range eines Generals oder dem entsprechenden Rang bei der Kriegsmarine oder Luftwaffe, wird unter dem Kontrollrat eingerichtet. Mitglieder des Koordinierungsausschusses werden – wenn notwendig – Kontrollratssitzungen beiwohnen.

§ 5
Die Pflichten des Koordinierungsausschusses, die im Interesse des Kontrollrates und durch den Kontrollstab ausgeübt werden, schließen ein:
a) die Ausführung der Beschlüsse des Kontrollrates;
b) die dauernde Überwachung und Kontrolle der Tätigkeiten der deutschen Zentralverwaltung und Institutionen;
c) die Koordinierung von laufenden Problemen, die einheitliche Maßnahmen in allen drei Zonen erfordern;
d) die einleitende Prüfung und Vorbereitung aller Fragen, die von den einzelnen Oberbefehlshabern dem Kontrollrat unterbreitet werden.

§ 6
a) Die Mitglieder des Kontrollstabes, von ihren entsprechenden Staatsbehörden ernannt, werden in folgende Abteilungen eingeteilt:
Militär, Kriegsmarine, Luftwaffe, Transport, Politik, Wirtschaft, Finanz, Reparationen, Lieferungen und Ersatzleistungen, interne Angelegenheiten und Nachrichtenwesen, Recht, Kriegsgefangene, vertriebene Personen und Arbeitskräfte.
Zahlenmäßige und funktionsmäßige Anpassungen der Abteilungen können im Lichte der gemachten Erfahrungen vorgenommen werden.
b) Jede Abteilung wird von drei hochrangigen Beamten – einem von jeder der Drei Mächte – geleitet. Die Aufgaben der drei Abteilungsleiter, die gemeinsam wirken, schließen ein:
  aa) Kontrollausübung über die entsprechenden deutschen Ministerien und deutschen Zentralinstitutionen;
  bb) Ratgebertätigkeit gegenüber dem Kontrollrat und – wenn notwendig – Teilnahme an dessen Sitzungen;
  cc) Übermittlung von Beschlüssen des Kontrollrates, die durch den Koordinierungsausschuß mitgeteilt wurden, an die deutsche Zentralverwaltung.
c) Die drei Abteilungsleiter nehmen teil an Sitzungen des Koordinierungsausschusses, bei denen Angelegenheiten, die die Arbeit ihrer Abteilung betreffen, auf der Tagesordnung stehen.
d) Das Personal der Abteilungen kann sowohl Zivil- als auch Militärpersonen einschließen. Es kann auch in speziellen Fällen Angehörige anderer Vereinter Nationen einschließen, die auf Grund ihrer persönlichen Befähigung hierzu ernannt worden sind.

§ 7
a) Es wird eine interalliierte Regierungsbehörde (Komendatura) errichtet, die sich aus den von ihren jeweiligen Oberbefehlshabern ernannten drei Kommandanten – jeweils einer von jeder Macht – zusammensetzt, um gemeinsam Anweisungen betreffend die Verwaltung des Gebiets von Groß-Berlin zu erlassen. Jeder Kommandant wird abwechselnd als Vorsitzführender Kommandant an der Spitze der Interalliierten Regierungsbehörde stehen.
b) Ein technischer Stab, der aus Personal einer jeden der Drei Mächte besteht, wird unter der Interalliierten Regierungsbehörde eingesetzt und hat die Aufgabe, die Tätigkeit der für die Verwaltung der Stadt zuständigen örtlichen Organe von Groß-Berlin zu überwachen und zu kontrollieren.

c) Die Interalliierte Regierungsbehörde wird unter der allgemeinen Leitung des Kontrollrats tätig und erhält ihre Weisungen durch den Koordinierungsausschuß.

§ 8
Die erforderliche Verbindung zu den Regierungen sonstiger hauptsächlich interessierter Vereinter Nationen wird dadurch gewährleistet, daß diese Regierungen Militärmissionen (denen auch zivile Mitglieder angehören können) beim Kontrollrat ernennen, die nach festgelegten Verfahren Zugang zu den Kontrollorganen haben.

§ 9
Organisationen der Vereinten Nationen, die vom Kontrollrat zugelassen worden sind, in Deutschland zu wirken, werden im Hinblick auf ihre Tätigkeiten in Deutschland der alliierten Kontrolleinrichtung unterstellt und sind ihr gegenüber verantwortlich.

§ 10
Die alliierten Organe für Kontrolle und Verwaltung Deutschlands, wie sie oben umrissen sind, werden während der Anfangszeit der Besetzung Deutschlands sofort im Anschluß an die Kapitulation ihr Amt ausüben, d. h. in der Zeit, in der Deutschland die grundlegenden Erfordernisse der bedingungslosen Kapitulation ausführt.

§ 11
Die Frage der alliierten Organe, die erforderlich sind, um die Funktionen der Kontrolle und Verwaltung in Deutschland späterhin auszuüben, wird Gegenstand eines neuen Abkommens zwischen den Regierungen der Vereinigten Staaten von Amerika, des Vereinigten Königreichs und der Union der Sozialistischen Sowjetrepubliken sein.
[...]

Quelle: Deutschland 1945. Hrsg. vom Gesamtdeutschen Institut. Bonn o. J.

[27.] Auszug aus dem Protokoll der Konferenz von Jalta 4.–11.2.1945

Die Krimkonferenz der Chefs der Regierungen der Vereinigten Staaten von Amerika, des Vereinigten Königreiches und der Union der Sozialistischen Sowjetrepubliken, welche vom 4. bis 11. Februar stattfand, kam zu den folgenden Beschlüssen.

I. Weltorganisation

Es wurde beschlossen: (1) daß eine Konferenz der Vereinten Nationen über die beabsichtigte Weltorganisation für Mittwoch, den 25. April 1945 einberufen und in den Vereinigten Staaten von Amerika abgehalten werde.
[...]

III. Zerstückelung Deutschlands

Es wurde beschlossen, daß Artikel 12(a) der Kapitulationsbedingungen für Deutschland folgendermaßen ergänzt werde: »Das Vereinigte Königreich, die Vereinigten Staaten von Amerika und die Union der Sozialistischen Sowjetrepubliken werden bezüglich Deutschlands höchste Machtvollkommenheit haben. In der Ausübung dieser Macht werden sie solche Maßnahmen treffen, einschließlich der völligen Entwaffnung, Entmilitarisierung und Zerstückelung, als sie für den künftigen Frieden und die Sicherheit für notwendig halten.«
Das Studium des Vorganges für die Zerstückelung Deutschlands wurde einem Komitee übertragen, welches aus Mr. Eden (Vorsitzender), Mr. Winant und Herrn Gusew besteht. Diese Körperschaft wird darüber beraten, ob es wünschenswert ist, einen französischen Repräsentanten beizuziehen.

IV. Okkupationszone für die Franzosen und Kontrollrat für Deutschland

Es wurde beschlossen, daß eine Zone in Deutschland, welche von französischen Streitkräften besetzt werden wird, Frankreich zugeteilt wird. Diese Zone wird aus britischen und amerikanischen Zonen gebildet werden und ihre Ausdehnung wird von den Briten und Amerikanern in Beratung mit der provisorischen französischen Regierung bestimmt werden. Es wurde auch beschlossen, daß die französische provisorische Regierung eingeladen werden soll, ein Mitglied des Alliierten Kontrollrates für Deutschland zu werden.

V. Wiedergutmachung

Das folgende Protokoll wurde beschlossen:
1. Deutschland muß in natura für die Verluste zahlen, welche es den alliierten Nationen im Laufe des Krieges zugefügt hat. Wiedergutmachungen sollen in erster Linie diejenigen Länder erhalten, welche die Hauptlast des Krieges getragen, die schwersten Verluste erlitten und den Sieg über den Feind gestaltet haben.
2. Wiedergutmachung in natura ist von Deutschland in den drei folgenden Formen zu nehmen: (a) innerhalb zweier Jahre nach der Übergabe Deutschlands oder dem Aufhören organisierten Widerstandes, Wegschaffungen vom deutschen Nationalvermögen, welches sich sowohl auf dem Gebiete Deutschlands selbst als auch außerhalb des Gebietes befindet (Werkzeugmaschinen, Schiffe, rollendes Material, deutsche Investitionen im Auslande, Aktien Industrieller-, Trans-

port- und anderer Unternehmungen in Deutschland), welche Wegschaffungen hauptsächlich für den Zweck der Zerstörung des Kriegspotentials Deutschlands durchzuführen sind (b) jährliche Lieferungen von Gütern von der laufenden Produktion für eine festzusetzende Zeitspanne (c) Benützung deutscher Arbeitskräfte.
3. Zur Ausarbeitung eines detaillierten Planes laut vorgenannter Grundsätze für die Einhebung von Reparationen von Deutschland wird eine alliierte Wiedergutmachungskommission in Moskau errichtet werden. Sie wird aus drei Vertretern bestehen – einer von der Union der Sozialistischen Sowjetrepubliken, einer vom Vereinigten Königreich und einer von den Vereinigten Staaten von Amerika.
4. Bezüglich der Festsetzung einer Gesamtsumme der Wiedergutmachung als auch der Verteilung unter den Ländern, welche unter der deutschen Aggression gelitten haben, kamen die sowjetischen und amerikanischen Delegationen folgendermaßen überein: »Die Moskauer Reparationskommission soll in ihren anfänglichen Studien als Unterlage für die Diskussion den Vorschlag der Sowjetregierung annehmen, daß die Gesamtsumme der Wiedergutmachungen in Übereinstimmung mit den Punkten a und b des § 2 20 Billionen [Übersetzungsfehler, es muß richtig heißen: 20 Milliarden; Anm. d. Verf.] Dollar sein sollten und daß davon 50% die Union der Sozialistischen Sowjetrepubliken erhalten solle.«

Die britische Delegation war der Ansicht, daß während der Besprechungen über die Wiedergutmachungsfrage bei der Moskauer Wiedergutmachungskommission keine Wiedergutmachungsziffern genannt werden sollten. Der vorstehende sowjet-amerikanische Vorschlag wurde der Moskauer Reparationskommission als einer der Vorschläge, welche von der Kommission in Erwägung gezogen werden sollen, weitergegeben.
[...]

VII. Polen

[...]
»Die drei Regierungschefs sind der Ansicht, daß die Ostgrenze Polens der Curzon-Linie folgen solle, mit Abweichungen in manchen Gegenden von 5 bis 8 Kilometern zu Gunsten Polens. Sie erkennen an, daß Polen einen ansehnlichen Gebietszuwachs im Norden und Westen bekommen muß. Sie sind der Ansicht, daß die Meinung der neuen polnischen Regierung der nationalen Einheit zur gegebenen Zeit betreffend die Ausdehnung dieser Gebietszuwächse eingeholt werden solle, und daß danach die endgültige Festsetzung der Westgrenze Polens die Friedenskonferenz abwarten solle.«
[...]
Das vorstehende Protokoll wurde gebilligt und unterschrieben durch die drei Außenminister auf der Krim-Konferenz, 11. Februar 1945.

E. R. Stettinius jr.   W. Molotow   Anthony Eden

Quelle: Die Jalta-Dokumente. Göttingen 1957

[28.] Proklamation Nr. I des Obersten Befehlshabers der Alliierten Streitkräfte, General Dwight D. Eisenhower, an das Deutsche Volk (Frühjahr 1945)

AN DAS DEUTSCHE VOLK:
Ich, General Dwight D. Eisenhower, Oberster Befehlshaber der Alliierten Streitkräfte, gebe hiermit Folgendes bekannt:

I.

Die Alliierten Streitkräfte, die unter meinem Oberbefehl stehen, haben jetzt deutschen Boden betreten. Wir kommen als ein siegreiches Heer, jedoch nicht als Unterdrücker. In dem deutschen Gebiet, das von Streitkräften unter meinem Oberbefehl besetzt ist, werden wir den Nationalsozialismus und den deutschen Militarismus vernichten, die Herrschaft der Nationalsozialistischen Deutschen Arbeiter Partei beseitigen, die NSDAP auflösen sowie die grausamen, harten und ungerechten Rechtsätze und Einrichtungen, die von der NSDAP geschaffen worden sind, aufheben. Den deutschen Militarismus, der so oft den Frieden der Welt gestört hat, werden wir endgültig beseitigen. Führer der Wehrmacht und der NSDAP, Mitglieder der Geheimen Staats-Polizei und andere Personen, die verdächtigt sind, Verbrechen und Grausamkeiten begangen zu haben, werden gerichtlich angeklagt und, falls für schuldig befunden, ihrer gerechten Bestrafung zugeführt.

II.

Die höchste gesetzgebende, rechtsprechende und vollziehende Machtbefugnis und Gewalt in dem besetzten Gebiet ist in meiner Person als Oberster Befehlshaber der Alliierten Streitkräfte und als Militär-Gouverneur vereinigt. Die Militärregierung ist eingesetzt, um diese Gewalten unter meinem Befehl auszuüben. Alle Personen in dem besetzten Gebiet haben unverzüglich und widerspruchslos alle Befehle und Veröffentlichungen der Militärregierung zu befolgen. Gerichte der Militärregierung werden eingesetzt, um Rechtsbrecher zu verurteilen. Widerstand gegen die Alliierten Streitkräfte wird unnachsichtlich gebrochen. Andere schwere strafbare Handlungen werden schärfstens geahndet.

III.

Alle deutschen Gerichte, Unterrichts- und Erziehungsanstalten innerhalb des besetzten Gebietes werden bis auf Weiteres geschlossen. Dem Volksgerichtshof, den Sondergerichten, den SS Polizei-Gerichten und anderen ausserordentlichen Gerichten wird überall im besetzten Gebiet die Gerichtsbarkeit entzogen. Die Wiederaufnahme der Tätigkeit der Straf- und Zivilgerichte und die Wieder-Eröffnung der Unterrichts- und Erziehungsanstalten wird genehmigt, sobald die Zustände es zulassen.

IV.

Alle Beamte sind verpflichtet, bis auf Weiteres auf ihren Posten zu verbleiben und alle Befehle und Anordnungen der Militärregierung oder der Alliierten Behörden, die an die deutsche Regierung oder an das deutsche Volk gerichtet sind, zu befolgen und auszuführen. Dies gilt auch für die Beamten, Arbeiter und Angestellten sämtlicher öffentlichen und gemeinwirtschaftlichen Betriebe, sowie für sonstige Personen, die notwendige Tätigkeiten verrichten.

DWIGHT D. EISENHOWER
General
Oberster Befehlshaber
Alliierte Streitkräfte

Quelle: Plakatsammlung Bundesarchiv

[29.] Befehl Nr. 1 des Chefs der Besatzung der Stadt Berlin, Generaloberst Nikolai E. Bersarin, an die Berliner Bevölkerung vom 28.4.1945

Heute bin ich zum Chef der Besatzung und zum Stadtkommandanten von Berlin ernannt worden.
Die gesamte administrative und politische Macht geht laut Bevollmächtigung des Kommandos der Roten Armee in meine Hände über.
In jedem Stadtbezirk werden gemäß der früher existierenden administrativen Einteilung militärische Bezirks- und Revierkommandanturen eingesetzt.
Ich befehle:
1. Die Bevölkerung der Stadt hat volle Ordnung zu bewahren und an ihren Wohnsitzen zu verbleiben.
2. Die Nationalsozialistische Deutsche Arbeiterpartei und alle ihr unterstellten Organisationen (Hitlerjugend, NS-Frauenschaft, NS-Studentenbund usw.) sind aufzulösen. Ihre Tätigkeit wird hiermit verboten.
Das gesamte führende Personal aller Dienststellen der NSDAP, Gestapo, Gendarmerie, des Sicherheitsdienstes, der Gefängnisse und aller übrigen staatlichen Dienststellen hat sich binnen 48 Stunden nach Veröffentlichung dieses Befehls in den militärischen Bezirks- und Revierkommandanturen zwecks Registrierung zu melden.
Binnen 72 Stunden haben sich ebenfalls alle in der Stadt Berlin verbliebenen Angehörigen der deutschen Wehrmacht, der SS und der SA zwecks Registrierung zu melden.
Wer sich zu der festgesetzten Frist nicht meldet oder wer sich der Verbergung solcher Personen schuldig macht, wird gemäß den Gesetzen der Kriegszeit zu strenger Verantwortung gezogen.

3. Die Beamten und Angestellten der Bezirksdienststellen haben sich bei mir zwecks Bericht über den Zustand der Dienststellen und Entgegennahme von Anweisungen über die weitere Tätigkeit dieser Dienststellen zu melden.
4. Alle kommunalen Betriebe, wie Kraft- und Wasserwerke, Kanalisation, städtische Verkehrsmittel (Untergrund- und Hochbahn, Straßenbahn und Trolleybus), alle Heilanstalten, alle Lebensmittelgeschäfte und Bäckereien haben ihre Arbeit zur Versorgung der Bevölkerung wiederaufzunehmen. Arbeiter und Angestellte der obengenannten Betriebe haben an ihren Arbeitsstätten zu bleiben und ihre Pflichten weiter zu erfüllen.
5. Angestellte der staatlichen Verpflegungslager sowie Privateigentümer von Lebensmittellagern haben binnen 24 Stunden nach Veröffentlichung dieses Befehls alle vorhandenen Lebensmittelvorräte bei den militärischen Bezirkskommandanten zwecks Registrierung anzugeben und sie nur mit Erlaubnis der militärischen Bezirkskommandanten herauszugeben.

Bis Sonderanweisungen ergehen, erfolgt die Verabfolgung von Lebensmitteln in den Lebensmittelgeschäften gemäß den früher existierenden Normen und Lebensmittelkarten. Lebensmittel sind nicht mehr als für fünf bis sieben Tage auszugeben. Für Ausgabe von Lebensmitteln über die existierenden Normen oder für Ausgabe von Lebensmitteln auf Karten von Personen, die in der Stadt nicht mehr anwesend sind, werden die daran schuldigen dienstlichen Personen zu strenger Verantwortung herangezogen.
6. Inhaber von Bankhäusern und Bankdirektoren haben alle Finanzgeschäfte zeitweilig einzustellen. Alle Safes sind sofort zu versiegeln. Man hat sich bei den militärischen Kommandanturen sofort mit einem Bericht über den Zustand des Bankwesens zu melden.

Allen Bankbeamten ist kategorisch verboten, jegliche Werte zu entnehmen. Wer sich der Übertretung dieses Gebotes schuldig macht, wird nach den Gesetzen der Kriegszeit strengstens bestraft.

Neben den im Umlauf befindlichen Reichszahlungsmitteln werden obligatorisch die Okkupationsmarken der Alliierten Militärbehörde in Umlauf gesetzt.
7. Alle Personen, die Feuerwaffen und blanke Waffen, Munition, Sprengstoff, Radioempfänger oder Radiosender, Fotoapparate, Kraftfahrzeuge, Krafträder, Treib- und Schmierstoff besitzen, haben Obenerwähntes binnen 72 Stunden nach Veröffentlichung dieses Befehls auf den militärischen Bezirkskommandanturen abzuliefern.

Für Nichtablieferung aller obenerwähnten Gegenstände in der festgesetzten Zeit werden die Schuldigen gemäß den Gesetzen der Kriegszeit streng bestraft.

Die Inhaber von Druckereien, von Schreibmaschinen und anderen Vervielfältigungsapparaten sind verpflichtet, sich bei den militärischen Bezirks- und Revierkommandanten zwecks Registrierung zu melden. Es ist kategorisch verboten, jegliche Dokumente ohne Erlaubnis der militärischen Kommandanten zu drucken, zu vervielfältigen, auszuhängen oder in der Stadt in Umlauf zu setzen.

Alle Druckereien werden versiegelt. Einlaß erfolgt nur auf Erlaubnis des militärischen Kommandanten.
8. Der Bevölkerung der Stadt ist verboten:
   a) zwischen 22 und 6 Uhr morgens Berliner Zeit die Häuser zu verlassen, auf den

Straßen und Höfen zu erscheinen, sich in unbewohnten Räumen aufzuhalten und dort irgendwelche Arbeit zu verrichten;
b) nicht verdunkelte Räumlichkeiten zu erleuchten;
c) ohne Erlaubnis der militärischen Kommandanten irgendwelche Personen, darunter auch Angehörige der Roten Armee und der Alliierten Truppen, in den Bestand der Familie zu Wohnungs- und Übernachtungszwecken aufzunehmen;
d) eigenmächtiges Wegnehmen der von Dienststellen und Privatpersonen zurückgelassenen Habe und Lebensmittel.

Einwohner, die die erwähnten Verbote verletzen, werden gemäß der Kriegszeit zu strenger Verantwortung herangezogen.

9. a) Der Betrieb von Vergnügungsstätten (Kino, Theater, Zirkus, Stadion),
b) Gottesdienste in den Kirchen,
c) der Betrieb von Restaurants und Gaststätten ist bis 21 Uhr Berliner Zeit erlaubt.

Für die Ausnützung öffentlicher Betriebe zu der Roten Armee feindseligen Zwecken, für die Störung der Ordnung und Ruhe in der Stadt wird die Verwaltung dieser Betriebe zu strenger Verantwortung gemäß den Gesetzen der Kriegszeit herangezogen.

10. Die Bevölkerung der Stadt wird gewarnt, daß sie für feindseliges Verhalten gegenüber Angehörigen der Roten Armee und Alliierter Truppen die Verantwortung gemäß den Gesetzen der Kriegszeit trägt.

Im Falle von Attentaten auf Angehörige der Roten Armee oder der Alliierten Truppen oder für Verübung anderer Diversionsakte gegenüber dem Personalbestand, dem Kriegsmaterial oder Kriegsgut von Verbänden der Roten Armee und der Alliierten Truppen werden die Schuldigen dem militärischen Standgericht überliefert.

11. Verbände der Roten Armee und einzelne Militärangehörige, die in Berlin eintreffen, sind verpflichtet, nur in den von den militärischen Bezirks- und Revierkommandanten angewiesenen Unterkünften Quartier zu nehmen. Angehörigen der Roten Armee ist ohne Erlaubnis der militärischen Kommandanten die eigenmächtige Aussiedelung oder Umsiedelung der Einwohner, Entnahme von Gütern und Werten und Haussuchungen bei den Stadteinwohnern verboten.

Chef der Besatzung und Stadtkommandant von Berlin
Oberbefehlshaber der n-ten* Armee:

Generaloberst N. Bersarin
Stabschef der Besatzung:
Generalmajor Kuschtschow

Quelle: Plakat im Bildarchiv preußischer Kulturbesitz, Berlin

---

* Die Nummer der von Bersarin geführten 5. Stoßarmee war hier bewußt nicht angegeben. Da Bersarins Einheiten als erste in Berlin eingedrungen waren, mußte er nach russischer militärischer Tradition den Posten des Stadtkommandanten übernehmen.

[30.] **Aus dem Bericht von Prof. Moses Abramowitz, wirtschaftlicher Berater des US-Vertreters in der interalliierten Reparationskommission in Moskau, über seine Reise durch den Westen Deutschlands vom 14.5.1945**

[...]

DIE ALLGEMEINE LAGE IN DEN STÄDTEN

Die Städte boten das bekannte Bild der Zerstörung, das sich überall aufdrängte; nur Wiesbaden war von schwerer Zerstörung verschont geblieben. Die Zentren der größeren Städte Frankfurt, Köln und Essen sind völlig verwüstet. In Köln und Essen wurden selbst die Außenbezirke sehr stark beschädigt. Das Zentrum von Köln ist völlig verlassen. In den drei Städten sind noch viele Straßen fast ganz blockiert, einige sind unter den Trümmern gar nicht zu erkennen. Die Wasserversorgung ist, abgesehen von einigen besonderen Wasserentnahmestellen, noch nicht wiederhergestellt. Es gibt überhaupt keine öffentlichen Verkehrsmittel, nur in Düsseldorf konnte man einige Straßenbahnen sehen.

Wohnungen, Geschäftshäuser und das Verkehrssystem waren am stärksten von den Luft- und Bodenkämpfen betroffen. Industrieanlagen (siehe unten) befanden sich in einem besseren Zustand, da die RAF ihre Bombenangriffe auf die Stadtzentren konzentrierte und die Amerikaner nur ganz bestimmte – und nicht alle – Industrieanlagen bombardierten. Außerdem waren die Deutschen bei der Reparatur der Industrieanlagen sehr erfolgreich. Das Verkehrswesen war durch die Bombenangriffe, die vor und während der Bodenkämpfe stattgefunden hatten, und außerdem durch die umfangreiche Zerstörung von Brücken und anderen Transportwegen durch die auf dem Rückzug befindliche deutsche Wehrmacht stark beschädigt worden.

Wirtschaftliche Tätigkeit

Die Produktion ist in den städtischen Zentren praktisch zum Erliegen gekommen. Beinahe überall wurde uns übereinstimmend mitgeteilt, es werde gerade so viel Kohle verteilt wie benötigt werde, um die wichtigsten wirtschaftlichen Funktionen aufrechtzuerhalten, z.B. öffentliche Versorgungsunternehmen, Bäckereien und einige andere Lebensmittelbetriebe. Andere Betriebe erhielten nur sehr selten die Erlaubnis, ihre Tätigkeit wiederaufzunehmen. Der Mangel an Kohle, Energie, Transportmitteln, Nachrichtenverbindungen und Aufträgen würde im Augenblick auch dann keine beträchtliche Steigerung zulassen, wenn die Militärregierung die Erlaubnis geben würde.

Die Menschen in den Städten scheinen im Augenblick damit beschäftigt zu sein, für die einfachsten Probleme menschlicher Existenz eine Lösung zu finden: sie räumen Trümmer weg, bringen ihre verstreute Habe wieder in die Häuser, kehren zu Fuß in die alten Wohnungen zurück, falls sie diese verlassen hatten, bitten die Militärregierung um Reiseerlaubnis, stellen sich nach Lebensmitteln an, etc.

Ganz anders sieht es in den ländlichen Gebieten aus. Eigene Beobachtung und vorliegende Informationen ergeben, daß der Boden fast wie gewohnt bestellt wird; die Ernteaussichten sind jedoch nicht gut (darauf wird weiter unten eingegangen).

Der Zustand der Industrieanlagen

Keine Stelle kann im Moment zuverlässige Angaben über den augenblicklichen Zustand der Industrieanlagen machen. Im allgemeinen herrscht die Ansicht, die katastrophal schlechte Lage könne schnell und grundlegend überwunden werden, wenn Transportmöglichkeiten, Kohle, gewisse andere Rohstoffe, ein brauchbares Währungssystem und die Zustimmung der Regierung gegeben wären. Im Augenblick gibt es jedoch keine Informationen, die eine Aussage darüber zulassen, ob die jetzt zur Verfügung stehenden bzw. kurzfristig zu reparierenden Anlagen es ermöglichen, 50 oder 80 Prozent des während des Krieges erzielten Produktionsumfanges zu erreichen.

Unsere Eindrücke ergaben jedoch ein sehr widersprüchliches Bild. Ein erster Überblick, den die Militärregierung in Köln erstellte, zeigte, daß die meisten Betriebe völlig zerstört sind; nur selten wurde die Zerstörung auf weniger als 80% beziffert. Ein ähnlicher Überblick über Betriebe mit mehr als 250 Beschäftigten im Düsseldorfer Raum kam zu dem Ergebnis, nur wenige seien zerstört und der Rest entweder unbeschädigt oder nur teilweise beschädigt. In Frankfurt sah es im allgemeinen so aus, als seien die Industrieanlagen weitgehend zerstört. Wir selbst sahen mehrere Maschinenfabriken und Hüttenwerke, die man vollständig abschreiben kann. Die drei großen Betriebe der I. G. Farben in Frankfurt, darunter auch das große Werk in Hoechst, weisen andererseits fast keine Schäden auf. Nach den Angaben der Offiziere der Rhine Coal Control (RCC), haben die Bergwerke an der Ruhr kaum Schäden erlitten. Der Zustand der Fördereinrichtungen würde es gestatten, sie in wenigen Monaten so weit wiederherzustellen, daß sie fast wieder die volle Produktion aufnehmen könnten. Prof. Hudemann [*Houdremont*], Direktor bei Krupp, versicherte uns, die Stahlproduktion an der Ruhr könne innerhalb von vier Monaten auf ⅔ oder sogar ¾ der Kriegsproduktion steigen, wenn Kohle, Transportmöglichkeiten und Arbeitskräfte verfügbar wären. Der überraschend gute Zustand der Krupp-Werke, die sich im Zentrum des verwüsteten Essen und in dem vorgelagerten Stadtteil Borbeck befinden, läßt diese Einschätzung nicht unrealistisch erscheinen. Andererseits sind Zechen und Stahlwerke schwierig zu zerstören und daher ist eine Verallgemeinerung, die auf diesen Anhaltspunkten beruht, kaum möglich. Derzeit kann man nur eines mit Sicherheit sagen: In Westdeutschland gibt es immer noch brauchbare Industrieanlagen in großem Umfang, aber selbst wenn man nur die Größenordnung bestimmen will, wäre eine systematische Bestandsaufnahme erforderlich.

Drängende Probleme im untersuchten Gebiet

Der Beginn von Reparationslieferungen, selbst wenn sie zunächst nur in bescheidenem Umfang geleistet würden, hängt davon ab, daß vorab Probleme gelöst werden, die mit der Sicherung des Lebensunterhaltes der deutschen Bevölkerung und einem Wiederaufbau zusammenhängen, der in gewissem Umfang an eine normale Existenz erinnert; diese Beobachtung drängt sich uns – einmal abgesehen vom Zustand der Industrieanlagen – bei der Reise ganz besonders auf. Die Probleme werden häufig in dem traurigen Dreiklang Nahrung, Energie, Verkehr zusammengefaßt, wenn auch ganz offensichtlich viele andere Probleme dazugehören. Vielleicht ist es notwendig, auch die Wohnungsnot zu diesen hinzuzuzählen, die zumindest in den Grundzügen gelöst werden müssen, bevor Reparationslieferungen in größerem Umfang einsetzen können.

Nahrung, Energie und Verkehr scheinen im Augenblick die Hauptsorge aller mit Wirtschaftsfragen befaßten Offiziere auf allen Ebenen zu sein. So sinnvoll das im Augenblick aussehen mag, so erscheint es doch – wie unten ausgeführt wird – bedenklich, daß diese kurzfristigen Probleme, die in weniger als sechs bis acht Monaten im erforderlichen Umfang gelöst sein könnten, zu langfristigen Festlegungen in der politischen Linie, der generellen Haltung und in organisatorischen Fragen führen könnten.

Lebensmittel

Ens. Oetjens, der für Ernährung verantwortliche Offizier bei G-5, XXII. Korps (15. Armee) gab uns den besten Überblick über die Ernährungslage im unteren Rhein-Ruhr-Gebiet. Im Augenblick erhalten die Einwohner etwa 1000 bis 1100 Kalorien pro Kopf. Der augenblickliche Verbrauch soll etwa 1600 Kalorien betragen, die Differenz wird durch eingekellerte Kartoffeln, Eingemachtes und Konserven bestritten, über die die meisten Familien verfügen. Deshalb werden im Augenblick Mindestrationen, wenn auch nicht mehr, ausgeteilt.

Die Vorräte des Handels werden jedoch in fast allen Orten und bei fast allen Waren innerhalb der nächsten sechs Wochen – teilweise schon eher – erschöpft sein. Selbst wenn in diesem Gebiet noch zusätzliche Vorratslager entdeckt werden und von den umliegenden Bauernhöfen noch zusätzliche Lieferungen kommen sollten, werden zwischen dem 1. Juli und dem 1. September umfangreiche Importe in das Rhein-Ruhr-Gebiet nötig sein. Danach wird für die Herbst- und Wintermonate die neue Ernte zur Verfügung stehen.

Die Situation verschärft sich, da die Vorräte, die die Verbraucher jetzt noch haben, allmählich zur Neige gehen und die Bevölkerung in das Gebiet zurückkehrt.

Die langfristigen Aussichten für dieses Gebiet sind nicht günstig. Normalerweise werden etwa 50% der benötigten Nahrungsmittel importiert. Importe in diesem Umfang werden natürlich nicht erforderlich sein, da der Lebensstandard und die Bevölkerungszahl geringer sind als vor dem Kriege. Dem stehen jedoch die schlechten Ernteaussichten in diesem Gebiet gegenüber. Die Aussaat im Herbst 1944 wurde durch die Kämpfe im Aachener Raum beeinträchtigt, die Aussaat im Frühjahr 1945 durch Kämpfe im gesamten linksrheinischen Gebiet. Außerdem

fehlen in der Landwirtschaft Arbeitskräfte, da zwischen dem Verschwinden der ausländischen Arbeiter und der Demobilmachung der deutschen Armee ein zeitlicher Abstand klafft.
Genauso wichtig, vielleicht sogar noch wichtiger für die Versorgung der Städte, werden voraussichtlich die geringeren Lieferungen der Bauern und die verminderte Leistungsfähigkeit des Rationierungssystems sein. Es gibt noch keine Pläne, diesen Schwierigkeiten zu begegnen. Zum jetzigen Zeitpunkt wiegen diese Probleme besonders schwer, da die deutsche Ernährungsverwaltung gerade erst im Wiederaufbau begriffen ist. Die örtlichen Ernährungsämter haben ihre Arbeit bereits aufgenommen, auf der Provinzialebene aber werden sie erst wieder eingerichtet, und das Verwaltungssystem und die Transportmöglichkeiten reichen nicht einmal aus, um wenigstens innerhalb der Provinzen die Vorräte gleichmäßig zu verteilen.
In SHAEF gibt es Überlegungen, die Bevölkerung des Ruhrgebietes neu zu verteilen bzw. teilweise umzusiedeln; im Augenblick existieren jedoch keine Pläne oder Beschlüsse. Uns lag eine britische Schätzung vor, wonach es die Ernährung der jetzigen Ruhrbevölkerung erfordern würde, daß ständig 18000 Lastwagen zwischen dem Ruhrgebiet und den nächstgelegenen Eisenbahnknotenpunkten oder Häfen verkehren. Würde die jetzige Bevölkerungszahl um die Hälfte vermindert, wären nach einer Anfangsphase bedeutend weniger Transportmittel erforderlich, wenn die Menschen aufs Land gebracht und die Nahrungsmittel gleichmäßiger verteilt würden. Eine wesentliche Steigerung der Lebensmittelproduktion wäre nicht erforderlich. Die Bevölkerung, die dann im Ruhrgebiet verbleiben würde, dürfte ausreichen, um die Bergwerke, die öffentlichen Einrichtungen und das Verkehrssystem in Gang zu halten.
[...]

Quelle: Abdruck nach: Zwischen Befreiung und Besatzung, S. 46–51

[31.] Berliner Deklaration der Siegermächte vom 5.6.1945 über die Niederlage Deutschlands und die Übernahme der obersten Gewalt in Deutschland (Auszüge)

[...]
Die Regierungen des Vereinigten Königreichs, der Vereinigten Staaten von Amerika und der Union der Sozialistischen Sowjetrepubliken sowie die provisorische Regierung der Französischen Republik übernehmen hiermit die oberste Gewalt hinsichtlich Deutschlands, einschließlich aller Befugnisse der deutschen Regierung, des Oberkommandos und der Regierungen, Verwaltungen oder Behörden der Länder, Städte und Gemeinden. Die Übernahme der genannten Gewalt und Befugnisse zu den vorstehend bezeichneten Zwecken bewirkt nicht die Annexion Deutschlands.
Die Regierungen des Vereinigten Königreichs, der Vereinigten Staaten von Ame-

rika und der Union der Sozialistischen Sowjetrepubliken sowie die provisorische Regierung der Französischen Republik legen zu einem späteren Zeitpunkt die Grenzen Deutschlands oder eines Teils von Deutschland sowie den Status Deutschlands oder eines gegenwärtig zum deutschen Hoheitsgebiet gehörenden Gebiets fest.

Aufgrund der von den vier Regierungen auf diese Weise übernommenen obersten Gewalt und Befugnisse verkünden die alliierten Vertreter die nachstehenden Forderungen, die sich aus der vollständigen Niederlage und der bedingungslosen Kapitulation Deutschlands ergeben und die Deutschland erfüllen muß:

Artikel 1

Deutschland und alle Dienst- und Befehlsstellen des Heeres, der Marine und der Luftwaffe sowie alle Streitkräfte unter deutschem Befehl stellen sofort auf allen Kriegsschauplätzen die Feindseligkeiten gegen die Streitkräfte der Vereinten Nationen zu Lande, zu Wasser und in der Luft ein.

Artikel 2

a) Alle deutschen oder unter deutschem Befehl stehenden Streitkräfte, wo immer sie sich befinden, einschließlich der Land-, Luft-, Flugabwehr- und Seestreitkräfte, der SS, SA und GESTAPO, sowie alle sonstigen mit Waffen ausgerüsteten Streitkräfte oder Hilfsorganisationen werden vollständig entwaffnet und übergeben ihre Waffen und ihre Ausrüstung den örtlichen alliierten Befehlshabern oder von den alliierten Vertretern benannten Offizieren.
b) Das Personal der Verbände und Einheiten aller im vorstehenden Absatz a) genannten Streitkräfte wird vorbehaltlich weiterer Entscheidungen nach dem Ermessen des Oberbefehlshabers der Streitkräfte des betreffenden alliierten Staates zu Kriegsgefangenen erklärt und unterliegt den von den jeweiligen alliierten Vertretern festgelegten Bestimmungen und erlassenen Weisungen.
c) Alle im vorstehenden Absatz a) genannten Streitkräfte bleiben in ihren jeweiligen Stellungen, bis Weisungen der alliierten Vertreter ergehen.
d) Gemäß den von den alliierten Vertretern zu erteilenden Weisungen räumen die genannten Streitkräfte alle außerhalb der deutschen Grenzen nach dem Stand vom 31. Dezember 1937 liegenden Gebiete.
e) Zivile Polizeieinheiten, die zur Aufrechterhaltung der Ruhe und zum Wachdienst nur mit Handwaffen auszurüsten sind, werden von den alliierten Vertretern benannt.
[Die Artikel 3 bis 8, sowie 10 stellen alle militärischen Materialien und Einrichtungen sowie die Zivilluftfahrt und die Handelsschiffahrt unter alliierte Kontrolle und regeln die Freilassung der alliierten Kriegsgefangenen und anderer inhaftierter Ausländer.]

Artikel 9

Bis die alliierten Vertreter alle Einrichtungen des Nachrichtenverkehrs kontrollieren, stellen alle deutscher Kontrolle unterstehenden Rundfunk- und Fernmeldeeinrichtungen sowie sonstige Einrichtungen der drahtgebundenen oder drahtlosen Nachrichtenübermittlung zu Lande oder zu Wasser ihre Sendetätigkeit ein, sofern die alliierten Vertreter nichts anderes anordnen.

Artikel 11

a) Die von den alliierten Vertretern bezeichneten hauptsächlichen Nazi-Führer sowie alle Personen, die die alliierten Vertreter aufgrund des Verdachts, daß sie Kriegsverbrechen oder ähnliche Verbrechen begangen, angeordnet oder begünstigt haben, von Zeit zu Zeit benennen oder unter Angabe ihres Rangs, Amts oder ihrer Tätigkeit bezeichnen, werden festgenommen und den alliierten Vertretern überstellt.
b) Das gleiche gilt im Falle jedes Staatsangehörigen jeder der Vereinten Nationen, der mutmaßlich gegen die Rechtsvorschriften seines Landes verstoßen hat, und der von den alliierten Vertretern jederzeit benannt oder unter Angabe seines Rangs, seines Amts oder seiner Tätigkeit bezeichnet werden kann.
c) Die deutschen Behörden und das deutsche Volk befolgen alle Weisungen, die die alliierten Vertreter zur Festnahme und Überstellung dieser Personen erlassen haben.

Artikel 12

Die alliierten Vertreter stationieren nach eigenem Ermessen Streitkräfte und zivile Dienststellen in ganz Deutschland oder in Teilen von Deutschland.

Artikel 13

a) Bei der Ausübung der obersten Gewalt hinsichtlich Deutschlands, die die Regierungen des Vereinigten Königreichs, der Vereinigten Staaten von Amerika und der Union der Sozialistischen Sowjetrepubliken sowie die provisorische Regierung der Französischen Republik übernommen haben, ergreifen die vier alliierten Regierungen diejenigen Maßnahmen, einschließlich der vollständigen Entwaffnung und Entmilitarisierung Deutschlands, die sie für den künftigen Frieden und die künftige Sicherheit als erforderlich erachten.
b) Die alliierten Vertreter erlegen Deutschland zusätzliche politische, verwaltungsmäßige, wirtschaftliche, finanzielle, militärische und sonstige Forderungen auf, die sich aus der vollständigen Niederlage Deutschlands ergeben. Die alliierten Vertreter bzw. die ordnungsgemäß hierzu ermächtigten Personen oder Dienststellen erlassen Proklamationen, Befehle, Verordnungen und Weisungen, um diese zusätzlichen Forderungen festzulegen und die sonstigen Bestim-

mungen dieser Deklaration in Kraft zu setzen. Alle deutschen Behörden und das deutsche Volk erfüllen die Forderungen der alliierten Vertreter bedingungslos und befolgen alle diese Proklamationen, Befehle, Verordnungen und Weisungen in vollem Umfang.

Artikel 14

Diese Deklaration tritt zu dem nachstehend genannten Datum und Zeitpunkt in Kraft. Sollten es die deutschen Behörden oder das deutsche Volk unterlassen, die sich aus dieser Deklaration ergebenden oder zu einem späteren Zeitpunkt auferlegten Verpflichtungen rasch und in vollem Umfang zu erfüllen, so ergreifen die alliierten Vertreter alle Maßnahmen, die sie unter den Umständen für zweckmäßig erachten.

Artikel 15

Diese Deklaration ist in englischer, russischer, französischer und deutscher Sprache abgefaßt. Die englische, russische und französische Fassung sind allein verbindlich.

Berlin, den 5. Juni 1945
18.00 Uhr Mitteleuropäischer Zeit

Unterzeichnet von den alliierten Vertretern:
DWIGHT EISENHOWER   B. L. MONTGOMERY
General der Armee, USA   J. DE LATTRE-TASSIGNY
ŽUKOV   General der Armee

Quelle: Deutschland 1945. Hrsg. vom Gesamtdeutschen Institut. Amtlicher Text im Amtsblatt des Kontrollrats in Deutschland, Ergänzungsblatt Nr. 1

[32.] Mitteilung über die Berliner Konferenz der Drei Mächte in Potsdam vom 2.8.1945 (Auszüge)

[...]
Die Konferenz erzielte eine Vereinbarung über die Bildung eines Rates der Außenminister, die die fünf Hauptmächte vertreten, um die erforderlichen vorbereitenden Arbeiten für die Friedensregelungen fortzusetzen und um sich mit sonstigen Fragen zu befassen, die jeweils nach Übereinkunft der im Rat vertretenen Regierungen an den Rat verwiesen werden können.

Es folgt der Wortlaut der Vereinbarung über die Bildung des Rates der Außenminister:
(1) Es wird ein Rat gebildet, der sich aus den Außenministern des Vereinigten Königreichs, der Union der Sozialistischen Sowjetrepubliken, Chinas, Frankreichs und der Vereinigten Staaten zusammensetzt.
(2) I. Der Rat tritt in der Regel in London zusammen, wo sich der ständige Sitz des vom Rat einzurichtenden gemeinsamen Sekretariats befindet. Jeder Außenminister wird von einem Stellvertreter von hohem Rang, der ordnungsgemäß bevollmächtigt ist, die Arbeit des Rates in Abwesenheit seines Außenministers weiterzuführen, sowie von einem kleinen Fachberaterstab begleitet.
II. Die erste Sitzung des Rates findet spätestens am 1. September 1945 in London statt. Die Sitzungen können einvernehmlich in anderen Hauptstädten stattfinden, wie dies von Fall zu Fall vereinbart wird.
(3) I. Der Rat wird beauftragt, als sofortige wichtige Aufgabe Friedensverträge mit Italien, Rumänien, Bulgarien, Ungarn und Finnland zur Vorlage bei den Vereinten Nationen zu entwerfen und für die bei Kriegsende in Europa ungelösten territorialen Fragen Regelungen vorzuschlagen. Der Rat wird zur Vorbereitung einer Friedensregelung für Deutschland herangezogen, die von der Regierung Deutschlands anzunehmen ist, sobald eine hierfür geeignete Regierung gebildet worden ist.
II. Bei der Erledigung dieser einzelnen Aufgaben wird der Rat jeweils so zusammengesetzt sein, daß die Staaten vertreten sind, die die dem betreffenden Feindstaat auferlegten Kapitulationsbedingungen unterzeichneten. Für die Zwecke der Friedensregelung für Italien gilt Frankreich als Unterzeichner der Kapitulationsbedingungen für Italien. Sonstige Mitglieder werden zur Teilnahme eingeladen, wenn Angelegenheiten erörtert werden, die sie unmittelbar betreffen.
III. Sonstige Angelegenheiten können von Fall zu Fall nach Übereinkunft zwischen den Mitgliedsregierungen an den Rat verwiesen werden.
(4) I. Sobald der Rat eine Frage behandelt, die für einen in ihm nicht vertretenen Staat von unmittelbarem Interesse ist, sollte dieser Staat eingeladen werden, Vertreter zur Teilnahme an der Erörterung und Untersuchung dieser Frage zu entsenden.
II. Der Rat kann sein Verfahren der besonderen zu behandelnden Frage anpassen. Er kann bei Gelegenheit vor Beteiligung sonstiger interessierter Staaten eigene vorbereitende Besprechungen abhalten. Ebenso kann der Rat eine förmliche Konferenz der Staaten einberufen, die hauptsächlich an der Herbeiführung einer Lösung des besonderen Problems interessiert sind.
In Übereinstimmung mit dem Beschluß der Konferenz richtete jede der drei Regierungen eine gleichlautende Einladung an die Regierungen Chinas und Frankreichs, den vorliegenden Text anzunehmen und sich an der Bildung des Rates zu beteiligen.
[...]

III. Deutschland

Die alliierten Armeen halten ganz Deutschland besetzt, und das deutsche Volk hat begonnen, für die furchtbaren Verbrechen zu büßen, die unter der Führung derer begangen wurden, denen es in der Stunde ihres Erfolgs offene Zustimmung und blinden Gehorsam entgegenbrachte.

Auf dieser Konferenz wurde eine Vereinbarung über die politischen und wirtschaftlichen Grundsätze einer koordinierten alliierten Politik gegenüber dem besiegten Deutschland während der Zeit der alliierten Kontrolle erzielt.

Ziel dieser Vereinbarung ist es, die Erklärung von Jalta über Deutschland zu verwirklichen. Der deutsche Militarismus und Nazismus werden ausgerottet, und die Alliierten werden einvernehmlich jetzt und in Zukunft gemeinsam die sonstigen erforderlichen Maßnahmen treffen, um sicherzustellen, daß Deutschland nie wieder seine Nachbarn oder den Weltfrieden bedroht.

Es ist nicht die Absicht der Alliierten, das deutsche Volk zu vernichten oder zu versklaven. Es ist die Absicht der Alliierten, dem deutschen Volk Gelegenheit zu geben, sich darauf vorzubereiten, später sein Leben auf demokratischer und friedlicher Grundlage neu aufzubauen. Sind seine eigenen Anstrengungen unablässig auf dieses Ziel gerichtet, so wird es zu gegebener Zeit seinen Platz unter den freien und friedliebenden Völkern der Welt einnehmen können.

Es folgt der Wortlaut der Vereinbarung:

Die politischen und wirtschaftlichen Grundsätze zur Behandlung Deutschlands während der ersten Kontrollperiode

A. Politische Grundsätze
(1) Im Einklang mit dem Abkommen über das Kontrollsystem in Deutschland wird die oberste Gewalt in Deutschland von den Oberbefehlshabern der Streitkräfte der Vereinigten Staaten von Amerika, des Vereinigten Königreichs, der Union der Sozialistischen Sowjetrepubliken und der Französischen Republik nach den Weisungen ihrer jeweiligen Regierungen ausgeübt, und zwar von jedem einzelen in seiner eigenen Besatzungszone sowie auch gemeinsam in ihrer Eigenschaft als Mitglieder des Kontrollrats bezüglich der Deutschland als Ganzes betreffenden Fragen.
(2) Soweit es durchführbar ist, unterliegt die deutsche Bevölkerung in ganz Deutschland einer einheitlichen Behandlung.
(3) Die Ziele der Besatzung Deutschlands, die dem Kontrollrat als Leitlinie dienen, sind:
    I. die vollständige Entwaffnung und Entmilitarisierung Deutschlands und die Beseitigung oder Kontrolle der gesamten deutschen Industrie, die für eine Rüstungsproduktion benutzt werden könnte. Zu diesem Zweck:
        a) werden alle deutschen Land-, See- und Luftstreitkräfte, die SS, die SA, der SD und die Gestapo mit allen ihren Organisationen, Stäben und Einrichtungen, einschließlich des Generalstabs, des Offizierskorps, des Reservekorps, der Kriegsschulen, der Kriegervereine und

aller sonstigen militärischen und militärähnlichen Organisationen zusammen mit allen Vereinen und Verbänden, die der Erhaltung der militärischen Tradition in Deutschland dienen, völlig und endgültig in einer Weise aufgelöst, die das Wiederaufleben oder die Neubildung des deutschen Militarismus und Nazismus für immer verhindert;

b) werden alle Waffen, jegliche Munition und jegliches Kriegsgerät sowie alle Spezialeinrichtungen zu ihrer Herstellung zur Verfügung der Alliierten gehalten oder vernichtet. Die Beibehaltung und Herstellung aller Flugzeuge und aller Waffen, jeglicher Munition und jeglichen Kriegsgeräts wird unterbunden;

II. das deutsche Volk davon zu überzeugen, daß es eine totale militärische Niederlage erlitten hat und sich nicht der Verantwortung für das entziehen kann, was es selbst über sich heraufbeschworen hat, da seine eigene erbarmungslose Kriegführung und der fanatische Widerstand der Nazis die deutsche Wirtschaft zerstört und Chaos und Leid unvermeidlich gemacht haben;

III. die Nationalsozialistische Partei mit ihren angeschlossenen und nachgeordneten Organisationen zu zerschlagen, alle Nazi-Einrichtungen aufzulösen, zu gewährleisten, daß sie in keiner Form wiedererstehen, und jede nazistische und militaristische Betätigung oder Propaganda zu verhindern;

IV. den späteren Wiederaufbau des deutschen politischen Lebens auf demokratischer Grundlage und eine spätere friedliche Mitarbeit Deutschlands im Leben der Völker vorzubereiten.

(4) Alle Nazi-Gesetze, welche die Grundlage für das Hitlerregime geschaffen oder eine Diskriminierung aufgrund der Rasse, des Bekenntnisses oder der politischen Überzeugung eingeführt haben, werden aufgehoben. Rechtliche, administrative oder sonstige Diskriminierungen dieser Art werden nicht geduldet.

(5) Kriegsverbrecher und Personen, die an der Planung oder Ausführung von Nazi-Unternehmungen beteiligt waren, welche Grausamkeiten oder Kriegsverbrechen mit sich brachten oder zur Folge hatten, werden verhaftet und vor Gericht gestellt. Nazi-Führer, einflußreiche Nazi-Anhänger und hohe Amtsträger der Nazi-Organisationen und -Einrichtungen sowie alle anderen für die Besatzung oder ihre Ziele gefährlichen Personen werden festgenommen und interniert.

(6) Alle Mitglieder der Nazi-Partei, die sich mehr als nominell an ihrer Tätigkeit beteiligt haben, sowie alle sonstigen Personen, die den alliierten Zielen feindlich gegenüberstehen, werden aus öffentlichen und halböffentlichen Ämtern und aus verantwortungsvollen Stellungen in wichtigen Privatunternehmen entfernt. Diese Personen werden durch Personen ersetzt, die aufgrund ihrer politischen und moralischen Eigenschaften für fähig erachtet werden, an der Entwicklung wahrhaft demokratischer Einrichtungen in Deutschland mitzuwirken.

(7) Das deutsche Erziehungswesen wird so überwacht, daß nazistische und militaristische Lehren völlig ausgemerzt werden und die erfolgreiche Entwicklung demokratischer Ideen ermöglicht wird.

(8) Das Gerichtswesen wird im Einklang mit den Grundsätzen der Demokratie, einer Justiz auf der Grundlage des Rechts und der Gleichberechtigung aller Bürger ohne Unterschied der Rasse, der Staatsangehörigkeit oder der Religion neu gestaltet.

(9) Die Verwaltung der öffentlichen Angelegenheiten in Deutschland soll auf die Dezentralisierung der politischen Gliederung und die Entwicklung der örtlichen Verantwortlichkeit ausgerichtet werden. Zu diesem Zweck:
   I. wird die örtliche Selbstverwaltung in ganz Deutschland nach demokratischen Grundsätzen und insbesondere durch gewählte Körperschaften so rasch wiederhergestellt, wie dies mit der militärischen Sicherheit und den Zielen der militärischen Besatzung vereinbar ist;
   II. werden alle demokratischen politischen Parteien mit dem Recht auf Versammlung und öffentliche Diskussion in ganz Deutschland zugelassen und gefördert;
   III. werden Grundsätze eines repräsentativen und auf Wahlen beruhenden Systems in die Regional-, Provinzial- und Landesverwaltungen so rasch eingeführt, wie dies durch die erfolgreiche Anwendung dieser Grundsätze in der örtlichen Selbstverwaltung zu rechtfertigen ist;
   IV. wird vorerst keine deutsche Zentralregierung errichtet. Dessenungeachtet werden jedoch einige wesentliche deutsche Zentralverwaltungen, an deren Spitze Staatssekretäre stehen, errichtet, besonders auf dem Gebiet des Finanz-, Verkehrs-, Post- und Fernmeldewesens, des Außenhandels und der Industrie. Diese Verwaltungen werden unter der Leitung des Kontrollrats tätig sein.

(10) Vorbehaltlich des Erfordernisses, die militärische Sicherheit aufrechtzuerhalten, werden Rede-, Presse- und Religionsfreiheit gewährt und religiöse Einrichtungen geachtet. Ferner wird ebenfalls vorbehaltlich des Erfordernisses, die militärische Sicherheit aufrechtzuerhalten, die Bildung freier Gewerkschaften zugelassen.

B. Wirtschaftliche Grundsätze

(11) Zur Beseitigung des deutschen Kriegspotentials wird die Herstellung von Waffen, Munition und Kriegsgerät sowie aller Arten von Flugzeugen und Hochseeschiffen verboten und unterbunden. Die Herstellung von Metallen, Chemikalien, Maschinen und sonstigen Gegenständen, die unmittelbar für eine Kriegswirtschaft erforderlich sind, wird streng überwacht und auf die Deutschland zugebilligten friedensmäßigen Nachkriegsbedürfnisse beschränkt, um den in Absatz (15) genannten Zielen zu entsprechen. Die für die erlaubte Produktion nicht erforderliche Produktionskapazität wird nach Maßgabe des von der Alliierten Reparationskommission empfohlenen und von den beteiligten Regierungen gebilligten Reparationsplans entweder entnommen oder, sofern sie nicht entnommen wird, vernichtet.

(12) Die deutsche Wirtschaft wird zum frühestmöglichen Zeitpunkt dezentralisiert, um die bestehende übermäßige Konzentration wirtschaftlicher Macht zu beseitigen, wie sie beispielsweise insbesondere in Kartellen, Syndikaten, Trusts und anderen monopolistischen Absprachen anzutreffen ist.

(13) Bei der Gestaltung der deutschen Wirtschaft wird das Hauptgewicht auf die

Entwicklung der Landwirtschaft und der binnenwirtschaftlichen Friedensindustrie gelegt.
(14) Während der Besatzungszeit wird Deutschland als eine einzige wirtschaftliche Einheit behandelt. Zu diesem Zweck wird eine gemeinsame Politik für die nachstehenden Bereiche festgelegt:
a) Bergbau und industrielle Produktion sowie Bewirtschaftung;
b) Landwirtschaft, Forsten und Fischerei;
c) Löhne, Preise und Rationierung;
d) Ein- und Ausfuhrprogramme für Deutschland als Ganzes;
e) Währung und Bankwesen, zentrale Steuer- und Zollverwaltung;
f) Reparationen und Entnahme von industriellem Kriegspotential;
g) Verkehrs-, Post- und Fernmeldewesen.

Bei der Durchführung dieser Politik wird geeignetenfalls unterschiedlichen örtlichen Bedingungen Rechnung getragen.
(15) Die deutsche Wirtschaft wird alliierten Kontrollen unterworfen, jedoch nur in dem erforderlichen Umfang:
a) um Programme der industriellen Abrüstung und Entmilitarisierung, Reparationsprogramme und Programme genehmigter Aus- und Einfuhren durchzuführen;
b) um die Herstellung von Waren und die Aufrechterhaltung von Dienstleistungen sicherzustellen, die zur Deckung des Bedarfs der Besatzungstruppen und der verschleppten Personen in Deutschland erforderlich und für die Erhaltung eines den durchschnittlichen Lebensstandard der europäischen Länder nicht übersteigenden durchschnittlichen Lebensstandards in Deutschland unbedingt notwendig sind (europäische Länder bedeutet alle europäischen Länder, ausgenommen das Vereinigte Königreich und die Union der Sozialistischen Sowjetrepubliken);
c) um auf die vom Kontrollrat festgesetzte Weise die gerechte Verteilung lebensnotwendiger Güter auf die einzelnen Zonen sicherzustellen, damit in ganz Deutschland eine ausgewogene Wirtschaft geschaffen und der Einfuhrbedarf vermindert wird;
d) um die deutsche Industrie und alle internationalen Wirtschafts- und Finanzgeschäfte, einschließlich der Aus- und Einfuhren, zu überwachen mit dem Ziel, Deutschland an der Entwicklung eines Kriegspotentials zu hindern und die übrigen hier genannten Ziele zu erreichen;
e) um alle deutschen öffentlichen oder privaten wissenschaftlichen Einrichtungen, Forschungs- und Versuchsanstalten, Laboratorien usw., die mit wirtschaftlicher Tätigkeit verbunden sind, zu überwachen.
(16) Im Zuge der Auferlegung und Aufrechterhaltung der vom Kontrollrat festgelegten wirtschaftlichen Kontrollmaßnahmen wird ein deutscher Verwaltungsapparat geschaffen, und die deutschen Behörden haben in größtmöglichem Umfang die Durchführung dieser Kontrollmaßnahmen zu verkünden und zu übernehmen. Auf diese Weise soll dem deutschen Volk klargemacht werden, daß die Verantwortung für die Durchführung dieser Kontrollmaßnahmen und für ihr etwaiges Scheitern bei ihm liegt. Jede deutsche Kontrollmaßnahme, die den Zielen der Besatzung zuwiderläuft, wird verboten.
(17) Es werden alsbald Maßnahmen getroffen zur:

a) Wiederinstandsetzung lebenswichtiger Bereiche des Verkehrswesens;
b) Steigerung der Kohleförderung;
c) Steigerung der landwirtschaftlichen Produktion auf ein Höchstmaß und
d) Durchführung von Soforthilfemaßnahmen bei der Instandsetzung von Wohnraum und lebenswichtigen Versorgungsbetrieben.

(18) Der Kontrollrat unternimmt geeignete Schritte zur Ausübung der Kontrolle und der Verfügungsgewalt über deutsches Auslandsvermögen, das sich noch nicht unter der Kontrolle der am Krieg gegen Deutschland beteiligten Vereinten Nationen befindet.

(19) Die Reparationszahlungen sollen dem deutschen Volk genügend Mittel belassen, um ohne Hilfe von außen existieren zu können. Bei der Herstellung der wirtschaftlichen Ausgewogenheit in Deutschland müssen die Mittel vorgesehen werden, die zur Bezahlung der vom Kontrollrat in Deutschland genehmigten Einfuhren erforderlich sind. Der Ausfuhrerlös aus laufender Produktion und Warenbeständen steht in erster Linie zur Bezahlung dieser Einfuhren zur Verfügung.

Die vorstehende Bestimmung wird keine Anwendung auf Anlagen und Erzeugnisse finden, die in Absatz (4) a) und (4) b) der Vereinbarung über die Reparationen bezeichnet sind.

IV. Reparationen aus Deutschland

Im Einklang mit dem Beschluß von Jalta, wonach Deutschland gezwungen werden soll, in größtmöglichem Umfang für die den Vereinten Nationen zugefügten Verluste und Leiden, hinsichtlich derer sich das deutsche Volk der Verantwortung nicht entziehen kann, Wiedergutmachung zu leisten, wurde folgende Vereinbarung über Reparationen erzielt:

(1) Reparationsforderungen der UdSSR werden durch Entnahmen aus der von der UdSSR besetzten Zone Deutschlands und aus entsprechendem deutschen Auslandsvermögen befriedigt.

(2) Die UdSSR verpflichtet sich, die Reparationsforderungen Polens aus ihrem eigenen Reparationsanteil zu regeln.

(3) Die Reparationsforderungen der Vereinigten Staaten, des Vereinigten Königreichs und sonstiger Länder, die Anspruch auf Reparationen haben, werden aus den westlichen Zonen und aus entsprechendem deutschen Auslandsvermögen befriedigt.

(4) Zusätzlich zu den von der UdSSR aus ihrer eigenen Besatzungszone zu entnehmenden Reparationen erhält die UdSSR außerdem aus den westlichen Zonen:

a) 15 v. H. derjenigen nutzbaren und vollständigen Industrieanlagen, vorwiegend aus der Hütten-, der chemischen und der Maschinenbauindustrie, die für die deutsche Friedenswirtschaft unnötig sind und aus den westlichen Zonen Deutschlands entnommen werden sollen, für einen entsprechenden Gegenwert an Nahrungsmitteln, Kohle, Kali, Zink, Holz, Tonerzeugnissen, Erdölprodukten und sonstigen Gütern, die jeweils vereinbart werden.

b) 10 v. H. derjenigen Industrieanlagen, die für die deutsche Friedenswirt-

schaft unnötig sind und aus den westlichen Zonen entnommen werden sollen, sind an die sowjetische Regierung auf Reparationskonto ohne Zahlung oder Gegenleistung irgendwelcher Art abzutreten.
Die unter a) und b) vorgesehenen Entnahmen von Anlagen erfolgen gleichzeitig.

(5) Der Umfang der aus den westlichen Zonen auf Reparationskonto zu entnehmenden Anlagen muß spätestens innerhalb von sechs Monaten, vom heutigen Tage an, festgelegt sein.

(6) Entnahmen von Industrieanlagen beginnen so bald wie möglich und werden innerhalb von zwei Jahren nach der in Absatz (5) genannten Festlegung abgeschlossen. Die Lieferung der im vorstehenden Absatz (4) a) genannten Erzeugnisse beginnt so bald wie möglich und wird von der UdSSR in vereinbarten Teillieferungen innerhalb eines Zeitraums von fünf Jahren, beginnend mit diesem Zeitpunkt, vorgenommen. Die Festlegung des Umfangs und der Art der Industrieanlagen, die für die deutsche Friedenswirtschaft unnötig sind und deshalb für Reparationen zur Verfügung stehen, erfolgt durch den Kontrollrat nach den von der Alliierten Reparationskommission unter Beteiligung Frankreichs erarbeiteten Richtlinien, vorbehaltlich der endgültigen Billigung des Zonenbefehlshabers in der Zone, aus der die Anlagen zu entnehmen sind.

(7) Vor der Festlegung des Gesamtumfangs der der Entnahme unterliegenden Anlagen erfolgen Vorauslieferungen in bezug auf solche Anlagen, die nach dem in Absatz (6), letzter Satz, vorgesehenen Verfahren als für die Lieferung in Frage kommend bestimmt werden.

(8) Die sowjetische Regierung verzichtet auf alle Reparationsforderungen bezüglich der Kapitalanteile deutscher Unternehmen, die in den westlichen Besatzungszonen in Deutschland gelegen sind, sowie bezüglich deutsche Auslandsvermögen in allen Ländern, mit Ausnahme der nachstehend in Absatz (9) aufgeführten Länder.

(9) Die Regierung des UK und der USA verzichten auf ihre Reparationsforderungen bezüglich der Kapitalanteile deutscher Unternehmen, die in der östlichen Besatzungszone in Deutschland gelegen sind, sowie bezüglich deutschen Auslandsvermögens in Bulgarien, Finnland, Ungarn, Rumänien und Ostösterreich.

(10) Die sowjetische Regierung erhebt keine Forderungen bezüglich des von den alliierten Truppen in Deutschland erbeuteten Goldes.

V. Verfügung über die deutsche Kriegs- und Handelsmarine

Die Konferenz einigte sich grundsätzlich über Abmachungen betreffend die Verwendung und die Verfügung über die übergebene deutsche Kriegsflotte und die übergebenen deutschen Handelsschiffe. Es wurde beschlossen, daß die drei Regierungen Sachverständige ernennen, die gemeinsam ins einzelne gehende Pläne ausarbeiten, um die vereinbarten Grundsätze zu verwirklichen. Eine weitere gemeinsame Erklärung wird von den drei Regierungen zu gegebener Zeit gleichzeitig veröffentlicht.

VI. Stadt Königsberg und das angrenzende Gebiet

Die Konferenz prüfte einen Vorschlag der sowjetischen Regierung, daß bis zur endgültigen Entscheidung der territorialen Fragen bei der Friedensregelung der an die Ostsee grenzende Abschnitt der Westgrenze der Union der Sozialistischen Sowjetrepubliken von einem Punkt an der Ostküste der Danziger Bucht nach Osten nördlich von Braunsberg-Goldap bis zum Schnittpunkt der Grenzen Litauens, der Polnischen Republik und Ostpreußens verlaufen soll.

Die Konferenz hat grundsätzlich den Vorschlag der sowjetischen Regierung betreffend die endgültige Übergabe der Stadt Königsberg und des vorstehend beschriebenen angrenzenden Gebiets an die Sowjetunion vorbehaltlich einer Prüfung der tatsächlichen Grenze durch Sachverständige zugestimmt.

Der Präsident der Vereinigten Staaten und der britische Premierminister erklärten, daß sie den Vorschlag der Konferenz bei der bevorstehenden Friedensregelung unterstützen werden.

VII. Kriegsverbrecher

Die drei Regierungen haben von den Erörterungen Kenntnis genommen, die in den letzten Wochen in London zwischen britischen, amerikanischen, sowjetischen und französischen Vertretern mit dem Ziel stattgefunden haben, ein Abkommen über die Art des Gerichtsverfahrens gegen die Hauptkriegsverbrecher zu erzielen, deren Verbrechen nach der Moskauer Erklärung vom Oktober 1943 sich geographisch nicht auf ein bestimmtes Gebiet beschränken lassen. Die drei Regierungen bekräftigen ihre Absicht, diese Verbrecher rasch und sicher vor Gericht zu stellen. Sie hoffen, daß die Verhandlungen in London rasch zu einem diesbezüglichen Abkommen führen werden, und sie erachten es als eine Angelegenheit von großer Bedeutung, daß das Gerichtsverfahren gegen diese Hauptverbrecher zum frühestmöglichen Zeitpunkt beginnt. Die erste Liste von Angeklagten wird vor dem 1. September dieses Jahres veröffentlicht.
[...]

XIII. Geordnete Umsiedlung deutscher Bevölkerung

Die Konferenz erzielte folgende Vereinbarung über die Entfernung von Deutschen aus Polen, der Tschechoslowakei und Ungarn:
Nachdem die drei Regierungen die Frage nach allen Gesichtspunkten geprüft haben, erkennen sie an, daß die Umsiedlung der deutschen Bevölkerung oder Teile derselben, die in Polen, der Tschechoslowakei und Ungarn zurückgeblieben sind, nach Deutschland durchgeführt werden muß. Sie sind sich darin einig, daß Umsiedlungen, die stattfinden, in geordneter und humaner Weise erfolgen sollen.
Da der Zustrom einer großen Zahl von Deutschen nach Deutschland die bereits bestehende Belastung der Besatzungsbehörden vergrößern würde, sind sie der Auffassung, daß der Alliierte Kontrollrat in Deutschland zunächst das Problem unter besonderer Berücksichtigung der Frage einer gerechten Verteilung dieser

Deutschen auf die einzelnen Besatzungszonen prüfen soll. Sie erteilen dementsprechend ihren jeweiligen Vertretern im Kontrollrat Weisung, ihren Regierungen so bald wie möglich darüber zu berichten, in welchem Umfang solche Personen aus Polen, der Tschechoslowakei und Ungarn bereits nach Deutschland gekommen sind, und unter Berücksichtigung der gegenwärtigen Lage in Deutschland eine Schätzung darüber vorzulegen, in welcher Zeit und in welchen Abständen weitere Umsiedlungen durchgeführt werden könnten.

Die tschechoslowakische Regierung, die polnische Provisorische Regierung und der Kontrollrat in Ungarn werden gleichzeitig von Vorstehendem in Kenntnis gesetzt und ersucht, inzwischen weitere Ausweisungen auszusetzen, bis die betreffenden Regierungen die Berichte ihrer Vertreter im Kontrollrat geprüft haben.
[...]

Quelle: Deutschland 1945. Hrsg. vom Gesamtdeutschen Institut, Bonn. o. J.

[33.] Aus dem Bordbuch der Besatzung des amerikanischen Bombers »Enola Gay« über ihren Einsatz gegen Hiroshima am 6. 8. 1945

2.27 Uhr: Wir warfen die Motoren an. Tibbets ging die Kontrolliste langsam und sorgfältig durch. Dann rollten wir aus der Lichtflut der vielen Wochenschaukameras ins weiche Dunkel der Nacht.
[...]
2.45 Uhr: Auf die Minute genau ließen wir die Bremspedale los und gaben Gas. Tibbets hielt die Maschine über die ganze Länge der Rollbahn – volle zwei Meilen – am Boden, so lange, daß ich schließlich sanft mahnte: ›Komm, Paul! Heb ab!‹ Wir hatten mehr als sieben Tonnen Übergewicht, und sie kam recht schwer frei. Als wir in der Luft waren, fuhr ich das Fahrwerk ein. Tibbets drückte ihre Nase für eine weitere Minute abwärts, um mehr Fahrt aufzunehmen, und ich regulierte den Grad der Klappeneinstellung. In 200 Fuß Höhe flogen wir eine Linkskurve und gingen auf unseren Kurs von 338 Grad. Iwo Jima war 622 Meilen entfernt.
2.50 Uhr: ›Captain Parsons an Colonel Tibbets‹ – ›Ja, Captain‹ – »Wenn es Ihnen recht ist, Colonel, fange ich jetzt an.‹ – ›Okay‹ – Ich schaute zurück in den halbdunklen Rumpf der Maschine und sah, wie Captain Parsons geistesabwesend seine Pfeife am Absatz ausklopfte. Er warf einen letzten Blick auf die Kontrollampen auf dem Armaturenbrett vor seinem Platz. Dann glitt er in den Bombenschacht hinunter.
[...]
3.20 Uhr: Langsam und mühselig schob sich Captain Parsons aus dem Bombenschacht herauf. Er sagte nichts, sondern nickte nur. Aber wir wußten: die Atombombe war jetzt scharf.
[...]
7.40 Uhr: Captain Parsons zwängt sich wieder in den Bombenschacht und macht sich an der Atombombe zu schaffen. In wenigen Minuten ist sie vollends scharf

gemacht. Jetzt lebt sie – jetzt kann sie jederzeit abgeworfen werden. Wir schieben die Pulle 'rein und steigen zum letztenmal. In 31000 Fuß Höhe sollen wir es tun.
[...]
9.15 Uhr: Die Bombe ist abgeworfen! Tibbets reißt die Maschine in einer 60-Grad-Kurve herum und drückt sie nach unten, um Fahrt aufzunehmen. Es bleiben uns 43 Sekunden, um wegzukommen, ehe über Hiroshima die Hölle losbricht. Jeder in der Maschine hat seine dunkle Brille aufgesetzt, aber es ist unmöglich, damit zu fliegen. Wir legen sie weg und gehen auf 60 Grad [...] und das Cockpit wird in furchtbares, purpurnes Licht getaucht. Fast unmittelbar darauf wird die ›Enola Gay‹, die jetzt zwölf Meilen seitlich versetzt von der Explosion fliegt, geschüttelt und sackt durch – die Auswirkung der Druckwelle. Wenige Sekunden später schlägt das Echo der Welle gegen ihre eine Seite und wirft sie wieder nach oben, aber nur, um sie gleich wieder durchsacken zu lassen. Innerhalb von drei Minuten ist der Wolkenpilz, der zum Symbol des Atomzeitalters werden soll, bis in unsere Höhe, bis in 10000 Meter, emporgestiegen. Um 15.00 Uhr an diesem Nachmittag – um 5 Uhr 45 Minuten am ersten Tag des Atomkrieges – landeten wir wieder auf Tinian. Wir hatten einen sehr langen Flug hinter uns...

Quelle: Captain Robert Lewis, 2. Pilot, zit. nach R. Strehl, Der Himmel hat keine Grenzen. Düsseldorf 1962

[34.] Augenzeugenbericht des Schiffszeichners Tsutomo Yamaguchi vom Atombombenangriff auf Hiroshima am 6.8.1945

Plötzlich leuchtete ein Blitz auf, wie wenn man eine riesige Magnesiumfackel anzündet. [...] Als ich mich hinwarf, mit dem Gesicht nach unten, kam eine ungeheuerliche Explosion... Wie lange ich halb ohnmächtig auf der Straße lag, weiß ich nicht, aber als ich die Augen wieder öffnete, war es rings um mich her so dunkel, daß ich nichts sehen konnte. Es war, als sei es in der Hitze des Morgens plötzlich Mitternacht geworden. [...] Als ich die Straßenbahnlinie erreichte, sah ich unzählige verkohlte Leichen in den Straßen und in den Aschenhaufen liegen, die früher einmal Häuser gewesen waren. Eine Leiche war vom Gürtel abwärts bis auf die kahlen Knochen verbrannt. Am Oberkörper war noch einiges schwarzgebranntes Fleisch zu sehen, aber das Herz und die anderen Organe lagen frei. Sie waren verkohlt und deutlich erkennbar.
Die Stadt brannte immer noch, und ich beobachtete, wie Lichtmasten verschwelten und zu Boden fielen. Es gab keine Straße, die nicht mit Häusertrümmern und verkohlten Toten bedeckt war. Ein schrecklicher Geruch von den zahllosen Leichen hing über den Ruinen.
Als ich in die Gegend des Bahnhofs kam, sah ich eine Frau, die ein totes Kind in den Armen trug und ein Wiegenlied sang. Dann fand ich eine Mutter, offenbar nicht verbrannt, aber vollkommen nackt. Sie lag am Eingang eines Luftschutzbun-

kers. Ihre Brust war weit aufgerissen. Neben ihr spielte ein ganz kleines Kind. Es war wohl schon im Bunker gewesen, als sich die Explosion ereignete.
Ich mußte den Fluß überqueren, um zum Bahnhof zu kommen. Und als ich an den Fluß kam und hinunterging ans Ufer, fand ich, daß der Strom mit Leichen angefüllt war. Ich versuchte, ihn zu überqueren, indem ich auf allen vieren über die Leichen hinwegkroch. Als ich ungefähr das erste Drittel hinter mir hatte, begann eine Leiche unter meinem Gewicht zu sinken, und ich fiel ins Wasser, und meine verbrannte Haut wurde naß. Ich hatte fürchterliche Schmerzen. Ich konnte nicht weiter, denn es war ein Loch in der Leichenbrücke. So kroch ich ans Ufer zurück und machte mich stromaufwärts auf, in der Hoffnung, einen anderen Weg hinüber zu finden.
[...]

Quelle: Robert Trumbull, Wie sie überlebten. Der Bericht der Neun von Hiroshima und Nagasaki. Düsseldorf 1958, S. 30, 82 f.

[35.] **Kriegserklärung der Sowjetregierung an Japan vom 8.8.1945**

Nach der Niederwerfung und Kapitulation Hitler-Deutschlands erwies sich Japan als die einzige Großmacht, die noch immer für die Fortsetzung des Krieges eintrat. Die Forderung der drei Mächte – der Vereinigten Staaten, Großbritanniens und Chinas – vom 26. Juli dieses Jahres nach bedingungsloser Kapitulation der japanischen Streitkräfte wurde von Japan abgelehnt. Damit verliert der Vorschlag der japanischen Regierung, daß die Sowjetunion im Krieg im Fernen Osten die Vermittlung übernehmen solle, jeden Boden.
Im Hinblick auf die Weigerung Japans, zu kapitulieren, haben sich die Alliierten mit dem Vorschlag an die Sowjetregierung gewendet, sich dem Krieg gegen die japanische Aggression anzuschließen, damit die Frist bis zur Beendigung des Krieges abzukürzen, die Zahl der Opfer zu verringern und zur raschesten Wiederherstellung des Weltfriedens beizutragen.
Getreu ihrer Bündnispflicht hat die Sowjetregierung den Vorschlag der Verbündeten angenommen und sich der Erklärung der Großmächte vom 26. Juli dieses Jahres angeschlossen. Die Sowjetregierung ist der Ansicht, daß diese ihre Politik das einzige Mittel darstellt, welches geeignet ist, den Frieden zu bringen, die Völker vor weiteren Opfern und Leiden befreien und dem japanischen Volk die Möglichkeit zu geben, sich vor den Gefahren und Zerstörungen zu bewahren, die Deutschland nach seiner Ablehnung der bedingungslosen Kapitulation mitgemacht hat. Im Hinblick auf das Dargelegte erklärt die Sowjetregierung, daß sie sich vom morgigen Tag an, das heißt vom 9. August an, als im Kriegszustand mit Japan befindlich betrachtet.

Quelle: Keesings Archiv der Gegenwart, XV. Jg. 1945, Frauenfeld o. J., S. 358

[36.] Proklamation Nr. 1 des Alliierten Kontrollrates vom 30. 8.1945 an das deutsche Volk

Die Oberbefehlshaber der Streitkräfte in Deutschland, der Vereinigten Staaten von Amerika, der Union der Sozialistischen Sowjetrepubliken, des Vereinigten Königreichs von Großbritannien und Nordirland und der Provisorischen Regierung der Französischen Republik, verkünden hiermit gemeinsam als Mitglieder des Kontrollrates folgendes:

I

Laut Bekanntmachung vom 5. Juni 1945 ist die oberste Regierungsgewalt in Bezug auf Deutschland von den Regierungen der Vereinigten Staaten von Amerika, der Union der Sozialistischen Sowjetrepubliken, des Vereinigten Königreiches von Großbritannien und Nordirland und der Provisorischen Regierung der Französischen Republik übernommen worden.

II

Kraft der obersten Regierungsgewalt und der Machtbefugnisse, die damit von den vier Regierungen übernommen wurden, ist der Kontrollrat eingesetzt und die oberste Machtgewalt in Angelegenheiten, die Deutschland als Ganzes angehen, dem Kontrollrat übertragen worden.

III

Alle Militärgesetze, Proklamationen, Befehle, Verordnungen, Bekanntmachungen, Vorschriften und Anweisungen, die von den betreffenden Oberbefehlshabern oder in ihrem Namen für ihre Besatzungszonen herausgegeben worden sind, verbleiben auch weiterhin in diesen ihren Besatzungszonen in Kraft.

Ausgefertigt in Berlin, 30. August 1945

Dwight D. Eisenhower
General der Armee
Bernard L. Montgomery
Feldmarschall

Gregory Zhukov
Marschall der Sowjetunion
Pierre Koenig
General,
Armee-Korps-Kommandeur

Quelle: Privatbesitz

[37.] Bericht des amerikanischen Geheimdienstes »Strategic Services Unit for Germany, USFET« über die politische Szene in Berlin vom 19.10.1945 (Auszug)

In Berlin sind politische Parteien früher entstanden als in jedem anderen Teil Deutschlands. Kurz nach der Besetzung Berlins erhielten vier Parteien die Erlaubnis, sich zu organisieren, eigene Zeitungen herauszugeben und öffentliche Versammlungen abzuhalten. Über Radio Berlin wurde ausführlich angekündigt, daß politisches Leben in Berlin wieder möglich sei und in den anderen Teilen Deutschlands, wo politische Aktivität noch verboten war, wurde dies mit großem Interesse verfolgt. Da sie sich so früh bilden konnten, haben die Berliner Parteien quasi automatisch eine Führungsrolle übernommen und als das Potsdamer Abkommen die Wiederbelebung politischer Aktivität in ganz Deutschland zuließ, wurde im allgemeinen das Vier-Parteien-Modell übernommen, das in Berlin entwickelt worden war.

Die folgenden Beobachtungen befassen sich mit einigen allgemeinen Merkmalen der politischen Parteien in Berlin und ihrer Aktivitäten. Besondere Aufmerksamkeit wird der Einstellung der Berliner Bevölkerung gegenüber dem wiedererwachenden politischen Leben und den Beziehungen zwischen Parteien und Verwaltung geschenkt. Diese Beobachtungen sollen ein Licht auf die künftige Entwicklung der Berliner Parteien werfen und einige vorläufige Schlußfolgerungen darüber erlauben, welche Rolle Berliner Parteiführer fortan im politischen Leben Deutschlands spielen könnten.

I. Reaktionen der Bevölkerung auf das Wiedererwachen politischen Lebens

A. Äußere Bedingungen

Ein Blick auf das städtische Leben in Berlin scheint die Berichte über eine lebhafte Tätigkeit der Parteien zu bestätigen. An allen Straßenecken und den Eingängen zu den wenigen noch offenen Läden sind Plakate mit den Programmen der verschiedenen Parteien oder mit Ankündigungen von politischen Versammlungen zu finden. Solche Plakate bilden einen der wenigen Farbtupfer in dem grauen und eintönigen Bild der Zerstörung, das Berlin heute bietet. Parteilokale – die kommunistischen an ihren großen roten Fahnen leicht zu erkennen – sind in allen Stadtteilen Berlins zu finden.

Aus der Tatsache, daß die Parteien auf lokaler Ebene arbeiten, darf man nicht schließen, daß politisches Interesse weitverbreitet ist. Wenn die Parteiführer sich nicht in erster Linie um örtliche Probleme und um die Organisation von Versammlungen in den einzelnen Stadtteilen kümmerten, würde die Bevölkerung wahrscheinlich so gut wie gar nicht am politischen Leben teilnehmen. Die Mobilität der Berliner Bevölkerung hat extrem nachgelassen. Die weitgehende Zerstörung, die Unterbrechungen im Verkehrssystem, die Ausgangssperre und schließlich auch die Aufteilung Berlins in Zonen machen selbst innerhalb der Stadt jeden Versuch, sich an einen anderen Ort zu begeben, zu einem schwierigen und zeitraubenden

Unterfangen. Es gibt z. B. Leute in Charlottenburg, die die Innenstadt seit mehr als drei Monaten nicht mehr gesehen haben. Es ist deshalb nicht überraschend, daß die wenigen großen Versammlungen, in die Leute aus ganz Berlin kommen sollen, in halbleeren Sälen stattfinden.

B. Psychologische Faktoren

Die äußeren Bedingungen sind jedoch nicht die einzigen Faktoren, die eine aktive Beteiligung der Berliner Bevölkerung am politischen Leben verhindern. Psychologische Faktoren sind vielleicht noch wichtiger, denn die Hauptsorgen des Durchschnittsberliners sind: 1. die Beschäftigung mit der Vergangenheit, 2. das Bemühen, die wichtigsten Bedürfnisse des täglichen Lebens zu befriedigen.

1. Viele Beobachter bemerken hierzu, die Untersuchung der Situation in Berlin sei eher die Aufgabe eines Psychologen als eines Soziologen oder Politologen. Im Verlauf des Krieges hat Berlin drei Katastrophen durchmachen müssen: die Bombardierung, die Schlacht um Berlin und schließlich die Besetzung. Die Bombardierungen, vor allem die Angriffe im November 1943, die den gesamten Westen der Stadt in Flammen aufgehen ließen, waren hier heftiger und häufiger als in jeder anderen Stadt Europas. Auf die Bombardierungen folgte die Schlacht um Berlin, die vor allem im Süden, Westen und im Zentrum von außergewöhnlich erbitterten Straßenkämpfen gekennzeichnet war, bei denen einige Stellen [...] in fünf Tagen fünfmal erobert und wieder zurückerobert wurden. Die Besonderheit der ersten Besatzungsphase ergab sich daraus, daß sie das Nachspiel einer erbitterten Schlacht war, und nicht die Schaffung neuer, völlig andersartiger und geordneter Verhältnisse bedeutete. Jede einzelne dieser Erfahrungen hätte ausgereicht, das psychologische Gleichgewicht der Zivilbevölkerung nachhaltig zu stören. Da sie jedoch so unmittelbar aufeinanderfolgten, war die Möglichkeit, davon Abstand zu gewinnen, noch viel geringer und ihr Eindruck so beherrschend, daß er von der Bevölkerung noch nicht verarbeitet werden konnte. Alle Beobachter sind davon überrascht, wie die Berliner jede Gelegenheit wahrnehmen, über diese Ereignisse zu sprechen und ausführlich zu beschreiben. Das Denken der Menschen ist noch völlig von der Vergangenheit bestimmt.
2. Die Probleme des täglichen Lebens, die in ganz Deutschland groß sind, bereiten in Berlin besondere Schwierigkeiten. Es ist unmöglich, irgendetwas zu kaufen – von Nahrungsmitteln bis zu Zeitungen – ohne sich endlos lange anstellen zu müssen. Man muß sich Material und Arbeitskräfte selbst besorgen, wenn Mauern, Fenster und Dächer repariert werden sollen. Die Schließung der Banken und das fast vollständige Versiegen jeder wirtschaftlichen Tätigkeit hat einen großen Teil der Bevölkerung dazu gezwungen, seine Habe zu verkaufen, um überleben zu können. Tauschgeschäfte und Schwarzer Markt sind zur bitteren Wirklichkeit im Leben eines jeden Einzelnen geworden. Der nahende Winter und der Mangel an Kohle haben nicht nur die Beschaffung von Brennholz, sondern auch von Öfen zur wichtigsten Sorge der Bevölkerung gemacht, denn nur so kann man sich von der Zentralheizung unabhängig machen. Charakteristisch für die Sorgen des täglichen Lebens ist die städtische Wasserversorgung. Da das Wasser Berlins verschmutzt ist, muß man es abkochen, um es trinkbar zu machen. Auf

der anderen Seite fällt die Zuteilung von Elektrizität an die Bevölkerung so gering aus, daß die Bereitung von Trinkwasser sehr genau kalkuliert werden muß. Die Befriedigung der täglichen Bedürfnisse ist ganz offensichtlich zur Hauptbeschäftigung geworden.
[...]
Diese Bemerkungen sollen nicht den Eindruck erwecken, die Lage in Berlin sei außergewöhnlich. Apathie, Müdigkeit und ein Gefühl der Hilflosigkeit gibt es in ganz Deutschland und überall kümmern sich die Deutschen mehr um Probleme des täglichen Lebens als um Politik. Das Interesse des Auslands an der politischen Zukunft Deutschlands verleiht politischen Problemen mehr Bedeutung als die Deutschen selbst ihnen beimessen. Wie die Beobachtungen jedoch gezeigt haben, treten die Faktoren, die das Interesse und die Beteiligung der Bevölkerung an der Politik erschweren, in Berlin gehäufter und konzentrierter auf als in anderen Teilen Deutschlands. Deshalb scheinen, obwohl die äußeren Bedingungen für politische Betätigung in Berlin wohl noch am günstigsten sind, die Arbeit der Parteien und das politische Leben auf der einen, die Lebensbedingungen und die Stimmung der Bevölkerung auf der anderen Seite, hier noch weiter voneinander entfernt zu sein als anderswo. Das Bild regsamer politischer Aktivität und blühenden politischen Lebens, das sich aufgrund von Zeitungs- und Radioberichten aufdrängen könnte, ist mit Sicherheit falsch.
[...]

Quelle: Abdruck nach: Zwischen Befreiung und Besatzung, S. 199 ff.

[38.] Kapitulationsurkunde Japans vom 2.9.1945

INSTRUMENT OF SURRENDER

We, acting by command of and in behalf of the Emperor of Japan, the Japanese Government and the Japanese Imperial General Headquarters, hereby accept the provisions set forth in the declaration issued by the heads of the Governments of the United States, China and Great Britain on 26 July 1945, at Potsdam, and subsequently adhered to by the Union of Soviet Socialist Republics, which four powers are hereafter referred to as the Allied Powers.

We hereby proclaim the unconditional surrender to the Allied Powers of the Japanese Imperial General Headquarters and of all Japanese armed forces and all armed forces under Japanese control wherever situated.

We hereby command all Japanese forces wherever situated and the Japanese people to cease hostilities forthwith, to preserve and save from damage all ships, aircraft, and military and civil property and to comply with all requirements which may be imposed by the Supreme Commander for the Allied Powers or by agencies of the Japanese Government at his direction.

We hereby command the Japanese Imperial General Headquarters to issue at once orders to the Commanders of all Japanese forces and all forces under Japanese control wherever situated to surrender unconditionally themselves and all forces under their control.

We hereby command all civil, military and naval officials to obey and enforce all proclamations, orders and directives deemed by the Supreme Commander for the Allied Powers to be proper to effectuate this surrender and issued by him or under his authority and we direct all such officials to remain at their posts and to continue to perform their non-combatant duties unless specifically relieved by him or under his authority.

We hereby undertake for the Emperor, the Japanese Government and their successors to carry out the provisions of the Potsdam Declaration in good faith, and to issue whatever orders and take whatever action may be required by the Supreme Commander for the Allied Powers or by any other designated representative of the Allied Powers for the purpose of giving effect to that Declaration.

We hereby command the Japanese Imperial Government and the Japanese Imperial General Headquarters at once to liberate all allied prisoners of war and civilian internees now under Japanese control and to provide for their protection, care, maintenance and immediate transportation to places as directed.

The authority of the Emperor and the Japanese Government to rule the state shall be subject to the Supreme Commander for the Allied Powers who will take such steps as he deems proper to effectuate these terms of surrender.

Signed at TOKYO BAY, JAPAN at 99 *4, 1
on the SECOND day of SEPTEMBER ,1945.

重光 葵

By Command and in behalf of the Emperor of Japan
and the Japanese Government.

梅津美治郎

By Command and in behalf of the Japanese
Imperial General Headquarters.

Accepted at TOKYO BAY, JAPAN at 0908 I
on the SECOND day of SEPTEMBER ,1945,
for the United States, Republic of China, United Kingdom and the
Union of Soviet Socialist Republics, and in the interests of the other
United Nations at war with Japan.

Douglas MacArthur
Supreme Commander for the Allied Powers.

C.W. Nimitz
United States Representative

徐永昌
Republic of China Representative

Bruce Fraser.
United Kingdom Representative

Union of Soviet Socialist Republics
Representative

T.A. Blamey
Commonwealth of Australia Representative

Dominion of Canada Representative

Provisional Government of the French
Republic Representative

Kingdom of the Netherlands Representative

Dominion of New Zealand Representative

Quelle: National Archives and Records Administration, Washington, D.C.

Anhang

Anmerkungen

1 Zu seiner Biographie siehe u. a. Joachim C. Fest, Hitler. Eine Biographie. Frankfurt a. M. ⁷1974, und Rainer Zitelmann, Hitler. Selbstverständnis eines Revolutionärs. Stuttgart 1987, ³1990; ders., Adolf Hitler. Eine politische Biographie. Göttingen 1989, ³1990.
2 Zur Diskussion um Hitlers Ziele siehe grundlegend Andreas Hillgruber, Hitlers Strategie. Politik und Kriegführung 1940–41. Frankfurt a. M. 1965, und Jochen Thies, Architekt der Weltherrschaft. Die »Endziele« Hitlers. Düsseldorf ²1976.
3 Siehe Andreas Hillgruber, Die »Endlösung« und das deutsche Ostimperium als Kernstück des rassenideologischen Programms des Nationalsozialismus. In: Vierteljahrshefte für Zeitgeschichte (zit. VfZG) 20 (1972), S. 133–153. Vgl. auch Adolf Hitler, Mein Kampf. München ³⁷1933.
4 Siehe dazu umfassend: Das Deutsche Reich und der Zweite Weltkrieg. Bd. 2, Stuttgart 1979.
5 John Lukacs, The Duel. Hitler vs. Churchill: 10 May – 31 July 1940. London 1990.
6 Dazu umfassend: Das Deutsche Reich und der Zweite Weltkrieg, Bd. 4: Der Angriff auf die Sowjetunion. Hrsg. v. Militärgeschichtlichen Forschungsamt. Stuttgart 1983 (als Taschenbuch Frankfurt a. M. 1991); ferner: Der deutsche Überfall auf die Sowjetunion. »Unternehmen Barbarossa« 1941. Hrsg. von Gerd R. Ueberschär/Wolfram Wette. Frankfurt a. M. 1991.
7 Siehe Rolf-Dieter Müller, Hitlers Ostkrieg und die deutsche Siedlungspolitik. Frankfurt a. M. 1991.
8 Vgl. Der Widerstand gegen den Nationalsozialismus. Die deutsche Gesellschaft und der Widerstand gegen Hitler. Hrsg. von Jürgen Schmädeke und Peter Steinbach. München und Zürich 1985.
9 Hermann Jung, Die Ardennenoffensive 1944/45. Ein Beispiel für die Kriegführung Hitlers. Göttingen 1971.
10 Zur Politik der Alliierten siehe: Die unheilige Allianz. Stalins Briefwechsel mit Churchill 1941–1945. Reinbek 1964; Winston S. Churchill, Der Zweite Weltkrieg. Bde. V/1, V/2, VI/1 und VI/2. Hamburg 1953–1954; Churchill & Roosevelt. The Complete Correspondence. Ed. by Warren F. Kimball. 3 Bde. Princeton 1984; Herbert Feis, Churchill, Roosevelt, Stalin. The War They Waged and the Peace They Sought. London 1957; Alexander Fischer, Sowjetische Deutschlandpolitik im Zweiten Weltkrieg 1941–1945. Stuttgart 1975; Hans-Adolf Jacobsen, Der Weg zur Teilung der Welt. Politik und Strategie 1939–1945. Koblenz – Bonn 1977; Gabriel Kolko, The Politics of War. The World and United States Foreign Policy, 1943–1945. New York 1968; Roosevelt and Churchill. Their Secret Wartime Correspondence. Ed. by Francis L. Loewenheim, Harold D. Langley and Manfred Jonas. London 1975; Robert E. Sherwood, Roosevelt and Hopkins. An Intimate History. New York 1948; Edward R. Stettinius jr., Roosevelt and the Russians. The Yalta Conference. New York 1949; Lothar Kettenacker, Krieg zur Friedenssicherung. Die Deutschlandplanung der britischen Regierung während des Zweiten Weltkrieges. Göttingen, Zürich 1989.
11 Siehe Heinz Magenheimer, Die Konferenz von Jalta 1945 und die »Teilung Europas«. In: Österreichische Militärische Zeitschrift 20 (1982), S. 203–210; John L. Snell, The Meaning of Yalta. Big Three Diplomacy and the Balance of Power. Toronto 1956; Werner Weidenfeld, Jalta und die Teilung Deutschlands. Schicksalsfrage für Europa. Andernach 1969.
12 Vojtech Mastny, Moskaus Weg zum Kalten Krieg. Von der Kriegsallianz zur sowjetischen Vormachtstellung in Osteuropa. München 1980, und Boris Meissner, Rußland, die Westmächte und Deutschland. Die sowjetische Deutschlandpolitik 1943–1953. Hamburg 1953.
13 Zur neueren Stalin-Diskussion siehe u. a. die Biographien von Dmitrij A. Wolkogonow, Stalin. Triumph und Tragödie. Ein politisches Porträt. Düsseldorf 1989; Walter Laqueur, Stalin. Abrechnung im Zeichen von Glasnost. München 1990; Robert Conquest, Stalin. Der totale Wille zur Macht. Biographie. München, Leipzig 1991.
14 Vgl. Hermann Graml, Die Alliierten und die Teilung Deutschlands. Konflikte und Entscheidungen 1941–1948. Frankfurt a. M. 1985; Wolfgang Marienfeld, Konferenzen über Deutschland. Die alliierte Deutschlandplanung und -politik 1941–1949. Hannover 1962.

15 Vgl. Günter Moltmann, Amerikas Deutschlandpolitik im Zweiten Weltkrieg. Kriegs- und Friedensziele 1941–1945. Heidelberg 1958.
16 Günter Moltmann, Die Genesis der Unconditional-Surrender-Forderung. In: Probleme des Zweiten Weltkrieges. Hrsg. von Andreas Hillgruber. Köln – Berlin 1967, S. 171–198; Alfred Vagts, Unconditional Surrender – Vor und nach 1943. In: VfZG 7 (1959), S. 280–309.
17 Siehe Hans-Günther Kowalski, Die »European Advisory Commission« als Instrument alliierter Deutschlandplanung 1943–1945. In: VfZG 19 (1971),S. 261–293.
18 Siehe dazu Viktoria Vierheller, Polen und die Deutschland-Frage 1939–1949. Köln 1970; Wolfgang Marienfeld, Konferenzen über Deutschland. Die alliierte Deutschlandplanung und -politik 1941–1949. Hannover 1962, S. 93 ff., auch zum Folgenden.
19 Vgl. John M. Blum, Deutschland ein Ackerland? Morgenthau und die amerikanische Kriegspolitik 1941–1945. Aus den Morgenthau-Tagebüchern. Düsseldorf 1968, S. 239.
20 Siehe insgesamt zur britischen Position Albrecht Tyrell, Großbritannien und die Deutschlandplanung der Alliierten 1941–1945. Frankfurt a. M.; Lothar Kettenacker, Krieg zur Friedenssicherung. Die Deutschlandplanung der britischen Regierung während des Zweiten Weltkrieges. Göttingen – Zürich 1989.
21 Siehe Ernst Deuerlein, Die Einheit Deutschlands. Bd. 1: Die Erörterungen und Entscheidungen der Kriegs- und Nachkriegskonferenzen 1941–1949. Darstellung. Dokumente. Frankfurt a. M., [2]1961; Foreign Relations of the United States. Diplomatic Papers. Ed. by Department of State (zit. FRUS). The Conferences at Cairo and Tehran 1943. Washington 1961; 1945, Vol. III: European Advisory Commission, Austria, Germany. Washington 1968; The Conferences at Malta and Yalta 1945. Washington 1955; Die Jalta-Dokumente. Vollständige deutsche Ausgabe der offiziellen Dokumente des U. S. State Departments über die Konferenz von Jalta. Göttingen 1957; Teheran – Jalta – Potsdam. Die sowjetischen Protokolle von den Kriegskonferenzen der »Großen Drei«. Hrsg. u. eingel. von Alexander Fischer. Köln, [2]1973; John L. Snell, Wartime Origins of the East-West-Dilemma Germany. New Orleans 1959; Diane Shaver Clemens, Yalta. New York 1970.
22 Meissner, Rußland (wie Anm. 12) S. 41; vgl. auch Marienfeld, Konferenzen (wie Anm. 14) S. 172.
23 Siehe Jean Laloy, Wie Stalin Europa spaltete. Die Wahrheit über Jalta. Wien – Darmstadt 1990.
24 Hitlers Lagebesprechungen. Die Protokollfragmente seiner militärischen Konferenzen 1942–1945. Hrsg. von Helmut Heiber. Stuttgart 1962, S. 903.
25 Vgl. dazu David Schoenbaum, Die braune Revolution. München 1980, S. 226 f.; Ursula von Gersdorff, Frauen im Kriegsdienst 1914–1945. Stuttgart 1969, S. 41; Dörte Winkler, Frauenarbeit im »Dritten Reich«. Hamburg 1977, S. 30.
26 Gottfried Feder, Das Programm der N.S.D.A.P und seine weltanschaulichen Grundgedanken. München, [41–50]1931, S. 19–22, hier S. 21; Schoenbaum, Die braune Revolution (wie Anm. 25), S. 227.
27 Vgl. u. a. Der alltägliche Faschismus. Frauen im 3. Reich. Berlin – Bonn 1981; Annette Kuhn, Frauen im deutschen Faschismus. Eine Quellensammlung mit fachwissenschaftlichen und fachdidaktischen Kommentaren. 2 Bde. Düsseldorf 1983; Margret Lück, Die Frau im Männerstaat. Frankfurt a. M. 1979; Frauen unterm Hakenkreuz. Hrsg. v. Maruta Schmidt u. Gabi Dietz. Berlin 1983; Rita Thalmann, Frauen im Dritten Reich. München – Wien 1984; Renate Wiggershaus, Frauen unterm Nationalsozialismus. Wuppertal 1984. Die These, daß sich die Frauen »im großen und ganzen zu Komplizinnen eines Systems« machten, »das sie mit Belohnungen köderte«, vertritt jetzt die amerikanische Historikerin Claudia Koonz, Mütter im Vaterland. Frauen im Dritten Reich. Freiburg 1991.
28 Nachrichtendienst der Reichsfrauenführung (Sonderdruck v. August 1940), zit. nach Carola Sachse, Hausarbeit im Betrieb. In: Dies. u. a.: Angst, Belohnung, Zucht und Ordnung. Opladen 1982, S. 260.
29 Zit. nach Otto Bräutigam, So hat es sich zugetragen. Ein Leben als Soldat und Diplomat. Würzburg 1968, S. 594 f.
30 Vortrag Sauckels bei Hitler am 18.11.1943, zit. nach Dietrich Eichholtz, Geschichte der deutschen Kriegswirtschaft 1939–1945. Bd. 2, Berlin 1985, S. 234; vgl. auch Stefan Bajohr, Die Hälfte der Fabrik. Geschichte der Frauenarbeit in Deutschland 1914–1945. Marburg 1979; Helmut Kopetzky, Die andere Front. Europäische Frauen im Krieg und Widerstand 1939–1945. Köln 1983.
31 Ansprache zur 470-Jahrfeier der Münchener Universität im Januar 1943, zit. nach Christian Petry, Studenten aufs Schafott. Die Weiße Rose und ihr Scheitern. München 1968, S. 99; zum Hintergrund siehe auch Irmgard Weyrather, Numerus Clausus für Frauen – Studentinnen im Nationalsozialismus. In: Mutterkreuz und Arbeitsbuch. Zur Geschichte der Frauen in der Weimarer Republik und im Nationalsozialismus. Frankfurt a. M. 1981, S. 131 ff.
32 Ansprache zur 470-Jahrfeier der Münchener Universität (wie Anm. 31).
33 Bundesarchiv Koblenz, R 43 II/655: Vermerk über die Besprechung zum Erlaß des Führers über die Heranziehung von Arbeitskräften für die Reichsverteidigung am 2.1.1943; vgl. dazu auch Winkler, Frauenarbeit (wie Anm. 25), S. 125.

34 Bundesarchiv Koblenz, R 3/1722: Bericht Sauckels auf der 54. Besprechung der Zentralen Planung am 1.3.1944, S. 10.
35 Bundesarchiv Abt. Potsdam, Tagebuch Goebbels, Eintrag vom 21.3.1944.
36 Schreiben von SS-Obergruppenführer Berger an Himmler vom 2.4.1942, abgedruckt in: Reichsführer! Briefe an und von Himmler. Hrsg. von Helmut Heiber. Stuttgart 1968, S. 112 ff.; vgl. auch Winkler, Frauenarbeit (wie Anm. 25), S. 121.
37 Vgl. die Hinweise in: Meldungen aus dem Reich. Die geheimen Lageberichte des Sicherheitsdienstes der SS 1938–1945. Hrsg. von Heinz Boberach. 17 Bde. Hersching 1984.
38 Bericht des Frauenamtes, abgedruckt in: Der Alemanne. Kampfblatt der Nationalsozialistischen Oberbadens, Folge 20 vom 24.1.1945, S. 4.
39 Hitlers Lagebesprechungen (wie Anm. 24), S. 920 (Mittagslage vom 10. März 1945).
40 Vgl. Martin Klaus, Mädchen in der Hitlerjugend. Die Erziehung zur ›deutschen Frau‹. Köln 1980; Sybil Gräfin Schönfeldt, Sonderappell. Wien 1978; Franz Siedler, Blitzmädchen. Die Geschichte der Helferinnen der deutschen Wehrmacht im Zweiten Weltkrieg. Koblenz – Bonn 1979; Gerda Szepansky, Blitzmädel, Heldenmutter, Kriegerwitwe. Frauenleben im Zweiten Weltkrieg. Frankfurt a. M. 1989.
41 BA-MA Freiburg, RH 19 XV/2: Aufruf des Reichsführers SS und Oberbefehlshaber der Heeresgruppe Weichsel vom 29. Januar 1945.
42 Siehe z. B. den Bericht an den Reichsschatzmeister der NSDAP v. 13.4.1944 in: Meldungen aus dem Reich (wie Anm. 37), Bd. 16, S. 6481 ff.
43 OKW-Verfügung v. 20.4.1945 mit Anlage v. 23.3.1945, abgedruckt bei: Gersdorff, Frauen im Kriegsdienst (wie Anm. 25), S. 529 ff., hier S. 531.
44 Bundesarchiv Koblenz, Sammlung Schumacher Nr. 368: Vermerk Bormanns vom 28.2.1945; Joseph Goebbels, Tagebücher 1945. Die letzten Aufzeichnungen. Hamburg 1977, S. 67 (Eintrag vom 1.3.45) und S. 109 (Eintrag v. 5.3.45): »Man müßte sie in der zweiten Linie einsetzen; dann würde den Männern schon die Lust vergehen, in der ersten Linie zu retirieren«.
45 Ebda.
46 Zit. nach Norbert Westenrieder, »Deutsche Frauen und Mädchen!« Vom Alltagsleben 1933–1945. Düsseldorf 1984, S. 123.
47 Zusammenfassende Überblicke zum Bombenkrieg bieten Noble Frankland, Die Bomberoffensive. Rastatt 1985; Jochen von Lang, Krieg der Bomber. Dokumentation einer deutschen Katastrophe. Berlin, Frankfurt a. M. 1986; Anthony Verrier, Bomberoffensive gegen Deutschland 1939–1945. Frankfurt a. M. 1970; Alfred Price, Luftschlacht über Deutschland. Stuttgart ^{4}1983; Heinz J. Nowarra, Die Bomber kommen. Der Weg zum totalen Luftkrieg 1940–1944. Friedberg 1979; David Irving, Und Deutschlands Städte starben nicht. Ein Dokumentarbericht. Zürich 1963; Franz Kurowski, Der Luftkrieg über Deutschland. Düsseldorf 1977, und neuerdings Olaf Groehler, Bombenkrieg gegen Deutschland. Berlin 1990.
48 Siehe dazu Gerd R. Ueberschär/Wolfram Wette, Bomben und Legenden. Die schrittweise Aufklärung des Luftangriffs auf Freiburg am 10. Mai 1940. Ein dokumentarischer Bericht. Freiburg 1981.
49 Vgl. Guilio Douhet, Luftherrschaft. Berlin 1935; Georg W. Feuchter, Der Luftkrieg. Vom Fesselballon zum Raumfahrzeug. Frankfurt a. M., Bonn ^{2}1962; Olaf Groehler, Geschichte des Luftkrieges 1910 bis 1980. Berlin-Ost ^{8}1990.
50 Vgl. Arthur T. Harris, Bomber Offensive. New York–London 1947; Charles Messenger; ›Bomber‹ Harris and the strategic Bombing Offensive, 1939–1945. London 1984.
51 FRUS (wie Anm. 21), The Conferences at Washington, 1941–1942, and Casablanca, 1943. Washington 1968, S. 669, 746 f., 781 f.
52 Vgl. Hans Brunswig, Feuersturm über Hamburg. Stuttgart ^{4}1981; Martin Middlebrook, The Battle of Hamburg. Allied Bomber Forces against a German City in 1943. London 1980 (deutsch: Hamburg Juli '43. Berlin 1983).
53 Werner Girbig, ... im Anflug auf die Reichshauptstadt. Die Dokumentation der Bombenangriffe auf Berlin – stellvertretend für alle deutschen Städte. Stuttgart 1970; Jeffrey Ethell/Alfred Price, Angriffsziel Berlin. Auftrag 250: 6. März 1944. Stuttgart 1982.
54 Die Verfügung wurde an alle Ministerien weitergegeben, vgl. Verfügung des Reichspostministeriums v. 18.12.1943, zit. nach Gerd R. Ueberschär, Freiburg im Luftkrieg 1939–1945. Freiburg – Würzburg 1990, S. 143.
55 Himmlers Vortrag zur Tagung über Grundsatzfragen der Selbstverwaltung vom 12. bis 14.2.1944 in Posen, zit. nach Ueberschär, Freiburg im Luftkrieg (wie Anm. 54), S. 144.
56 Meldungen aus dem Reich, 1938–1945 (wie Anm. 37), Bd. 13, S. 5217.
57 Zu den angloamerikanischen Luftangriffen auf Dresden vgl. Götz Bergander, Dresden im Luftkrieg. Köln 1977; Alexander McKee, Dresden 1945. Das deutsche Hiroshima. Wien 1983; Walter Weidauer, Inferno Dresden. Über Lügen und Legenden um die Aktion »Donnerschlag«. Berlin-Ost ^{6}1987; David Irving, Der Untergang Dresdens. Gütersloh 1964.

58 »Das Oberkommando der Wehrmacht gibt bekannt...«. Der deutsche Wehrmachtbericht. Vollständige Ausgabe der 1939–1945 durch Presse und Rundfunk veröffentlichten Texte mit einem Orts-, Personen- und Formationsregister durch Günter Wegmann. 3 Bde., hier Bd. 3. Osnabrück 1982, S. 445. Zum folgenden Zitat aus dem Wehrmachtbericht vom 15.2.1945 siehe ebda., S. 447.
59 Zitiert nach Bergander, Dresden im Luftkrieg (wie Anm. 57), S. 131.
60 Aus dem Englischen zit. nach Max Hastings, Bomber Command. London 1980, S. 343f.; vgl. auch McKee, Dresden 1945 (wie Anm. 57), S. 273.
61 Groehler, Bombenkrieg gegen Deutschland (wie Anm. 49), S. 429; engl. Fassung bei Hastings, Bomber Command (wie Anm. 60), S. 344.
62 Vgl. Hartwig Beseler/Niels Gutschow, Kriegsschicksale Deutscher Architektur. Verluste – Schäden – Wiederaufbau. Eine Dokumentation für das Gebiet der Bundesrepublik Deutschland. 2 Bde. Neumünster 1988.
63 Vgl. dazu die Angaben der Luftkriegstoten von 465–635000 in: Dokumente Deutscher Kriegsschäden. Evakuierte. Kriegssachgeschädigte. Währungsgeschädigte. Die geschichtliche und rechtliche Entwicklung. Hrsg. v. Bundesminister für Vertriebene, Flüchtlinge und Kriegsgeschädigte. Bd. I. Bonn 1958, S. 59.
64 Vgl. Henry Picker, Hitlers Tischgespräche im Führerhauptquartier. Vollständig überarbeitete und erweiterte Neuausgabe. Stuttgart 1977, S. 346 (2.6.1942); siehe auch Winkler, Frauenarbeit (wie Anm. 25), S. 118, und Ludolf Herbst, Der Totale Krieg und die Ordnung der Wirtschaft. Die Kriegswirtschaft im Spannungsfeld von Politik, Ideologie und Propaganda 1939–1945. Stuttgart 1982, S. 109.
65 Wehrgesetz v. 21.5.1935, in: Reichsgesetzblatt 1935, Teil I, Nr. 52 v. 22.5.1935, S. 609 ff.
66 Vgl. Jochen von Lang, Der Sekretär. Martin Bormann, der Mann, der Hitler beherrschte. Unter Mitarbeit von Claus Sibyll. Stuttgart 1977.
67 Vgl. Hans Kissel, Der Deutsche Volkssturm 1944/45. Eine territoriale Miliz im Rahmen der Landesverteidigung. Berlin – Frankfurt 1962, S. 25, 99.
68 Proklamation des Erlasses vom 25.9.1944 in: Reichsgesetzblatt 1944, Teil I, Nr. 53 v. 20.10.1944, S. 253f., auch zu den folgenden Zitaten.
69 Klaus Mammach, Der Volkssturm. Das letzte Aufgebot 1944/45. Köln 1981, S. 32ff., hier S. 41.
70 Archiv des Instituts für Zeitgeschichte, München: MA-138.
71 Vgl. dazu Kissel, Der Deutsche Volkssturm (wie Anm. 67); Mammach, Der Volkssturm (wie Anm. 69); Franz W. Seidler, »Deutscher Volkssturm«. Das letzte Aufgebot 1944/45. München 1989.
72 Vgl. Seidler, »Deutscher Volkssturm« (wie Anm. 71), S. 245 ff.
73 ADAP, E. Bd. 4, Nr. 284: Aufz. Bormanns v. 14.12.1942.
74 Meldungen aus dem Reich 1938–1945 (wie Anm. 37), hier Bd. 17: 4. Mai 1944–28. März 1945. Herrsching 1984, S. 6732 und 6733.
75 Lagebesprechungen im Führerhauptquartier. Protokollfragmente aus Hitlers militärischen Konferenzen 1942–1945. Hrsg. v. Helmut Heiber. München 1963, S. 352 (23.3.1945).
76 Vgl. dazu Arno Rose, Werwolf 1944–1945. Stuttgart 1980.
77 Vgl. ebda., S. 263f., auch zum Folgenden; ferner Joseph Goebbels, Tagebücher 1945. Die letzten Aufzeichnungen. Einführung Rolf Hochhuth. Hamburg 1977, S. 498 (2.4.1945).
78 Vgl. Arno Rose, Rammjäger. Radikaler Luftkampf. Stuttgart 1977.
79 Aufruf Bormanns in der NS-Presse, siehe: Der Alemanne Nr. 79 v. 3.4.1945, S. 1: »Parole: Siegen oder fallen«.
80 Siehe dazu auch Manfred Messerschmidt/Fritz Wüllner, Die Wehrmachtsjustiz im Dienste des Nationalsozialismus. Zerstörung einer Legende. Baden-Baden 1987, S. 86, auch zum Folgenden. Ferner Franz W. Seidler, Die Militärgerichtsbarkeit der Deutschen Wehrmacht 1939–1945. Rechtsprechung und Strafvollzug. München 1991; Fritz Wüllner, Die NS-Militärjustiz und das Elend der Geschichtsschreibung. Ein grundlegender Forschungsbericht. Baden-Baden 1991.
81 Albert Speer, Erinnerungen. Frankfurt a. M. 1969, S. 446.
82 Bundesarchiv Koblenz, R 3/1536: Denkschrift Speers »Wirtschaftslage März–April 1945 und Folgerungen« vom 15.3.1945.
83 Bundesarchiv – Militärarchiv Freiburg, RH 20–19/180.
84 Siehe: Die deutsche Wirtschaftspolitik in den besetzten sowjetischen Gebieten 1941–1943. Der Abschlußbericht des Wirtschaftskommandos Kiew. Hrsg. u. eingel. von Rolf-Dieter Müller. Boppard 1991, S. 40ff., S. 372ff.
85 Vgl. Speer, Erinnerungen (wie Anm. 81), 439.
86 Bundesarchiv Koblenz, R 3/1536: Denkschrift Speers vom 15.3.45.
87 Vgl. Das Deutsche Reich und der Zweite Weltkrieg. Bd. 5/1: Kriegsverwaltung, Wirtschaft und personelle Ressourcen 1939–1941. Stuttgart 1988, S. 629 (Beitrag von Rolf-Dieter Müller), auch zum Folgenden. Zur Rolle Todts siehe auch Franz W. Seidler, Fritz Todt. Baumeister des Dritten Reiches. München, Berlin 1986.

88 Herbst, Der Totale Krieg (wie Anm. 64); Gregor Janssen, Das Ministerium Speer. Deutschlands Rüstung im Krieg. Berlin 1968; Alan S. Milward, Die deutsche Kriegswirtschaft 1939–1945. Stuttgart 1966; ders., Der Zweite Weltkrieg. Krieg, Wirtschaft und Gesellschaft 1939–1945. München 1977.
89 Dazu Ulrich Herbert, Fremdarbeiter. Politik und Praxis des »Ausländer-Einsatzes« in der Kriegswirtschaft des Dritten Reiches. Berlin – Bonn 1985.
90 Siehe Albert Speer, Der Sklavenstaat. Meine Auseinandersetzungen mit der SS. Stuttgart 1981.
91 Siehe Willi A. Boelcke, Die deutsche Wirtschaft 1930–1945. Düsseldorf 1983, S. 328 ff.
92 Vgl. Alfred M. Mierzejewski, The Collapse of the German War Economy, 1944–1945. Allied Air Power and the German National Railway. Chapel Hill, London 1988.
93 Siehe Wolfgang Paul, Der Heimatkrieg 1939 bis 1945. Esslingen 1980; Georg Holmsten, Kriegsalltag 1939–1945 in Deutschland. Düsseldorf 1982; Wolfgang Franz Werner, Belastungen der deutschen Arbeiterschaft in der zweiten Kriegshälfte. In: Überleben im Krieg. Hrsg. von Ulrich Borsdorf und Mathilde Jamin. Reinbek 1989, S. 33–42.
94 Dazu umfassend Herbst, Der Totale Krieg (wie Anm. 64) und Christine Blumenberg-Lampe, Das wirtschaftspolitische Programm der »Freiburger Kreise«. Berlin 1973.
95 Ludwig Erhard, Kriegsfinanzierung und Schuldenkonsolidierung. Denkschrift vom März 1944. Mit Vorbemerkungen von Ludwig Erhard, Theodor Eschenburg und Günter Schmölders. Berlin 1977.
96 Vgl. dazu die weiteren Hinweise zur US-Deutschlandpolitik und deren Pläne in Kapitel I dieses Buches.
97 Dazu umfassend Hans-Joachim Weyres v. Levetzow, Die deutsche Rüstungswirtschaft 1942 bis zum Ende des Krieges. München 1975; Dietrich Eichholtz, Geschichte der deutschen Kriegswirtschaft 1939–1945. Bd. 2: 1941–1943. Berlin-Ost; Werner Abelshauser, Arm, aber nicht unterentwickelt: Eine wirtschaftliche Bilanz der Stunde »Null«. In: Zusammenbruch oder Befreiung? Hrsg. v. Ulrich Albrecht u. a. Berlin 1986, S. 84–98.
98 Dazu Rainer Fröbe, Der Arbeitseinsatz von KZ-Häftlingen und die Perspektive der Industrie, 1943–1945. In: Europa und der »Reichseinsatz«. Hrsg. von Ulrich Herbert. Essen 1991, S. 351–383.
99 Willi A. Boelcke, Hitlers Befehle zur Zerstörung oder Lähmung des deutschen Industriepotentials 1944/45. In: Tradition 13 (1968), S. 301–316.
100 Dazu Olaf Groehler, Der lautlose Tod. Berlin-Ost 1978, und Chemische Kriegführung – Chemische Abrüstung. Dokumente und Kommentare. Bd. 1. Hrsg. v. Hans-Günter Brauch und Rolf-Dieter Müller. Berlin 1985.
101 Siehe Erich von Manstein, Verlorene Siege. Bonn 1955, S. 580. Vgl. auch Bundesarchiv Abt. Potsdam, Tagebuch Goebbels: Eintrag vom 6. 2. 1944.
102 Siehe Das Deutsche Reich und der Zweite Weltkrieg. Bd. 1. Stuttgart 1979, S. 374 ff.
103 Siehe Das Deutsche Reich und der Zweite Weltkrieg. Bd. 5/1 (wie Anm. 87), S. 959.
104 Zum »Notprogramm« siehe: Deutschland im Zweiten Weltkrieg. Bd. 6. Berlin-Ost 1985, S. 620 ff.
105 Zur Lage der Luftwaffe siehe David Irving, Die Tragödie der deutschen Luftwaffe. Aus den Akten und Erinnerungen von Feldmarschall Milch. Frankfurt a. M. usw. 1970.
106 Zit. nach Max Domarus, Hitler. Reden und Proklamationen 1932–1943. Kommentiert von einem deutschen Zeitgenossen. 2 Bde. Bd. II: Untergang, 2. Halbbd. Wiesbaden 1973, S. 2182 ff.
107 Siehe Edgar Christoffel, Krieg am Westwall 1944/45. Das Grenzland im Westen zwischen Aachen und Saarbrücken in den letzten Kriegsmonaten. Trier [3] 1991.
108 Siehe Jung, Ardennenoffensive (wie Anm. 9).
109 Heinz Guderian, Erinnerungen eines Soldaten. Heidelberg 1951, S. 346. Zu den folgenden Ereignissen siehe Günter Böddeker, Der Untergang des Dritten Reiches. Mit den Berichten des Oberkommandos der Wehrmacht vom 6. Januar – 9. Mai 1945 und einer Bilddokumentation. München 1985; Raymond Cartier, Der Zweite Weltkrieg. Bd. 3: 1944–1945. München [2] 1982; Werner Haupt, 1945. Das Ende im Osten. Chronik vom Kampf in Ost- und Mitteldeutschland. Dorheim 1970; Heinz Magenheimer, Abwehrschlacht an der Weichsel 1945. Vorbereitung, Ablauf, Erfahrungen. Freiburg 1976; Wolfgang Paul, Der Endkampf um Deutschland 1945. Esslingen 1976.
110 Siehe Hans v. Ahlfen, Der Kampf um Schlesien. Ein authentischer Dokumentarbericht. München 1961.
111 Siehe Kurt Dieckert/Horst Großmann, Der Kampf um Ostpreußen. Ein authentischer Dokumentarbericht. München 1960.
112 Hans v. Ahlfen/Hermann Niehoff, So kämpfte Breslau. Verteidigung und Untergang von Schlesiens Hauptstadt. München 1959; Georg Gunter, Letzter Lorbeer. Vorgeschichte. Geschichte der Kämpfe in Oberschlesien von Januar bis Mai 1945. Darmstadt 1974.
113 Archiv des Instituts für Zeitgeschichte München, ED 36: Befehl Hitlers vom 21. 1. 1945; siehe auch David Irving, Hitler und seine Feldherren. Frankfurt–Berlin 1975, S. 687 mit Anm. 9.
114 Erich Murawski, Die Eroberung Pommerns durch die Rote Armee. Boppard 1969. Zu den Folgen für die Bevölkerung siehe z. B. Christian Graf v. Krockow, Die Stunde der Frauen. Bericht aus Pommern von 1944 bis 1947. München 1991.

115 Zu den Ereignissen siehe den fesselnden Bericht des Augenzeugen Michael Wieck, Zeugnis vom Untergang Königsbergs. Ein »Geltungsjude« berichtet. Mit einem Vorwort von Siegfried Lenz. Heidelberg ⁴1991. Vgl. auch die Darstellung des ehemaligen Kampfkommandanten Otto Lasch, So fiel Königsberg. München 1958.
116 Zit. nach der Übersetzung des Artikels in: Information für die Truppe 11/91, S. 76f.
117 Das hat später unter sowjetischen Historikern zu einer Diskussion darüber geführt, ob nicht eine schnellere Einnahme Berlins durch den direkten Vorstoß auf die Reichshauptstadt möglich gewesen wäre; siehe E. A. Boltin/S. I. Rotschin, Konnte die Sowjetarmee Berlin im Februar 1945 einnehmen? In: Zeitschrift für Militärgeschichte 5 (1966), S. 718–723.
118 Erkundungsbefehl vom 28.11.1944, zit. nach Deutschland im Zweiten Weltkrieg, Bd. 6 (wie Anm. 104), S. 686.
119 Siehe ebda., S. 688.
120 Letzter Tagesbefehl Hitlers an die Soldaten der Ostfront zum 16. April 1945, abgedruckt in: Kriegstagebuch des Oberkommandos der Wehrmacht (Wehrmachtführungsstab) 1940–1945. Band IV: 1. Januar 1944 – 22. Mai 1945. Eingel. u. erläut. v. Percy Ernst Schramm. 2. Halbbd. IV/8 mit Nachträgen. München-Herrsching 1982, S. 1589f.
121 Siehe zu den Ereignissen Joachim Schultz-Naumann, Die letzten dreißig Tage. Das Kriegstagebuch des OKW April bis Mai 1945. Die Schlacht um Berlin. München 1980; German L. Rozanov, Das Ende des Dritten Reiches. Berlin-Ost 1965; Tony Le Tissier, Der Kampf um Berlin 1945. Von den Seelower Höhen zur Reichskanzlei. Berlin 1991.
122 Siehe Theodor Busse, Die letzte Schlacht der 9. Armee. In: Wehrwissenschaftliche Rundschau 5 (1955), H. 4, S. 145–168.
123 Vgl. Georgi K. Schukow, Erinnerungen und Gedanken. Stuttgart 1969.
124 Zu den Ereignissen in Mecklenburg siehe die Darstellung des damaligen Kriegstagebuchführers des OKW Joachim Schultz-Naumann, Mecklenburg 1945. Mit einem Vorwort von Andreas Hillgruber. München 1989.
125 Dazu umfassend Heinz Dieter Hoelsken, Die V-Waffen. Entstehung, Propaganda, Kriegseinsatz. Stuttgart 1984.
126 Bundesarchiv Abt. Potsdam, Tagebuch Goebbels, Eintrag vom 16.6.1944.
127 David Irving, Die Geheimwaffen des Dritten Reiches. Gütersloh 1965, S. 313.
128 Siehe dazu Rolf-Dieter Müller, Die deutschen Gaskriegsvorbereitungen 1919–1945. In: Militärgeschichtliche Mitteilungen 1/1980, S. 25–54, und Olaf Groehler, Der lautlose Tod. Berlin-Ost 1978, überarbeitete Neuausgabe: Reinbek 1989.
129 Siehe R. Harris/J. Paxman, Eine höhere Form des Tötens. Düsseldorf 1983; Richard Rhodos, Die Atombombe oder Die Geschichte des 8. Schöpfungstages. Nördlingen 1988.
130 Chemische Kriegführung (wie Anm. 100) Nr. 67.
131 Siehe dazu neuerdings die gründliche Studie von Denis und Shelagh Whitaker, Endkampf am Rhein. Der Vormarsch der Westalliierten 1944/45. Berlin 1991 (engl. Toronto 1989). Siehe außerdem Charles Whiting, '45. The final drive from the Rhine to the Baltic. London 1985; und John Toland, Das Finale. Die letzten hundert Tage. München, Zürich 1968.
132 Siehe Dwight D. Eisenhower, Von der Invasion zum Sieg. General Eisenhowers eigener Kriegsbericht. Bern 1947; Helmuth Euler, Die Entscheidungsschlacht an Rhein und Ruhr 1945. Stuttgart ³1981; Werner Haupt, Das Ende im Westen 1945. Bildchronik vom Kampf in Westdeutschland. Dorheim 1972.
133 Siehe Manfred Messerschmidt, Krieg in der Trümmerlandschaft. »Pflichterfüllung« wofür? In: Überleben im Krieg. Hrsg. von Ulrich Borsdorf und Mathilde Jamin. Reinbek 1989, S. 169–178.
134 Siehe Klaus Goldmann, Berliner Kulturschätze – unterwegs. In: Die Reise nach Berlin. Berlin 1987, S. 318–326; Thomas Carr Howe jr., Salt Mines and Castles: The Discovery and Restitution of Looted European Art. New York 1946; sowie Michael J. Kurtz, Nazi Contraband: American Policy on the Return of the European Cultural Treasures, 1945–1955. New York 1985.
135 Bernard L. Montgomery, Memoiren. München 1958; Werner Niehaus, Endkampf zwischen Rhein und Weser. Nordwestdeutschland 1945. Stuttgart 1983.
136 Dazu Whitaker, Endkampf (wie Anm. 131).
137 Vgl. George S. Patton, Krieg, wie ich ihn erlebte. Bern 1950.
138 Deutschland im Zweiten Weltkrieg, Bd. 6 (wie Anm. 104), S. 570; zu den folgenden Ereignissen siehe Friedrich Blumenstock, Der Einmarsch der Amerikaner und Franzosen im nördlichen Württemberg im April 1945. Stuttgart 1957; Günter Cordes, Die militärische Besetzung von Baden-Württemberg 1945. In: Historischer Atlas von Baden-Württemberg: Beiwort zur Karte VII,10. o. O., o. J.
139 Siehe Jean de Lattre de Tassigny, Histoire de la Première Armée française. Paris 1949, S. 583–611.
140 Siehe Hermann Weber, Tübingen 1945. Stuttgart 1986.
141 Hermann Riedel, Halt! Schweizer Grenze! Das Ende des Zweiten Weltkrieges im Südschwarzwald und

am Hochrhein in dokumentarischen Berichten deutscher, französischer und schweizer Beteiligter und Betroffener. Konstanz ²1984; Th. Schnabel/G. R. Ueberschär, Endlich Frieden! Das Kriegsende in Freiburg 1945. Freiburg 1985; Der deutsche Südwesten zur Stunde Null. Zusammenbruch und Neuanfang im Jahr 1945 in Dokumenten und Bildern. Hrsg. vom Generallandesarchiv Karlsruhe. Karlsruhe 1975; Rolf-Dieter Müller/Gerd R. Ueberschär/Wolfram Wette, Wer zurückweicht wird erschossen! Kriegsalltag und Kriegsende in Südwestdeutschland 1944/45. Freiburg 1985; Jochen Thies/Kurt v. Daak, Südwestdeutschland Stunde Null. Die Geschichte der französischen Besatzungszone 1945–1948. Düsseldorf 1979; Landesgeschichte und Zeitgeschichte: Kriegsende 1945 und demokratischer Neubeginn am Oberrhein. Hrsg. von Hansmartin Schwarzmaier. Karlsruhe 1980.

142 Zu den Ereignissen in Süddeutschland siehe Joachim Brückner, Kriegsende in Bayern 1945. Der Wehrkreis VII und die Kämpfe zwischen Donau und Alpen. Freiburg 1987.

143 Zur Situation siehe auch Christian Hallig: Festung Alpen – Hitlers letzter Wahn. Wie es wirklich war. Ein Erlebnisbericht. Freiburg 1989.

144 Siehe Manfred Rauchensteiner, Der Krieg in Österreich 1945. Wien 1984.

145 Zit. nach Deutschland im Zweiten Weltkrieg, Bd. 6 (wie Anm. 104), S. 757.

146 Ernst Nolte, Der Faschichismus in seiner Epoche. München 1979; ders., Die faschistischen Bewegungen. Die Krise des liberalen Systems und die Entwicklung der Faschismen. München ⁵1975.

147 Zum Folgenden siehe Gerhard Boldt, Die letzten Tage der Reichskanzlei. Hamburg ⁴1948; Olaf Groehler, Das Ende der Reichskanzlei. Berlin-Ost 3. ergänzte Aufl. 1976; Erich Kempka, Die letzten Tage mit Adolf Hitler. Erweitert und erläutert von Erich Kern. Preußisch-Oldendorf ²1976; Heinz Linge, Bis zum Untergang. Als Chef des Persönlichen Dienstes bei Hitler. München 2. durchgesehene Aufl. 1980; Hugh R. Trevor-Roper, Hitlers letzte Tage. Frankfurt a. M. 1965.

148 Rede von Goebbels zu Hitlers Geburtstag am 20. 4. 1945 »Mit dem Führer durch die letzte Prüfung«, zit. nach Der Alemanne, Folge 94, vom 20. 4. 1945, S. 1 f.; auch zu den folgenden Zitaten.

149 Heinz Rein, Finale Berlin. Frankfurt a. M. 1980, S. 473–476; Der Kampf um Berlin 1945 in Augenzeugenberichten. Hrsg. von Peter Gosztony. Düsseldorf 1970, S. 232 ff.

150 Goebbels, Tagebücher 1945 (wie Anm. 44). Siehe auch Bundesarchiv Abt. Potsdam, Tagebuch Goebbels 1944.

151 Zur Situation siehe Karl Koller, Der letzte Monat. 14. April bis 27. Mai 1945. Tagebuchaufzeichnungen des ehemaligen Chefs des Generalstabes der deutschen Luftwaffe. Mannheim 1949, Neuauflage Esslingen 1985.

152 Siehe umfassend Earl F. Ziemke, Die Schlacht um Berlin. Rastatt 1982.

153 Siehe Jean Mabire: Berlin im Todeskampf 1945. Französische Freiwillige der Waffen-SS als letzte Verteidiger der Reichskanzlei. Preußisch-Oldendorf 1977; und Hans Werner Neulen, An deutscher Seite. Internationale Freiwillige von Wehrmacht und Waffen-SS. München 1985.

154 Siehe Günther W. Gellermann, Die Armee Wenck – Hitlers letzte Hoffnung. Koblenz 1984.

155 Der Panzerbär. Kampfblatt für die Verteidiger Groß-Berlins vom 28. 4. 1945.

156 Zur Situation in der Stadt siehe Liselott Diem, Fliehen oder bleiben? Dramatisches Kriegsende in Berlin. Freiburg 1982; Rolf Italiaander u. a., Berlins Stunde Null. Düsseldorf 1979; Der Kampf um Berlin 1945 (wie Anm. 149); Erich Kuby, Die Russen in Berlin 1945. Gütersloh 1980; Rein, Finale Berlin (wie Anm. 149); Hans Dieter Schäfer, Berlin im Zweiten Weltkrieg. Der Untergang der Reichshauptstadt in Augenzeugenberichten. München 1985; Die Befreiung Berlins 1945. Eine Dokumentation. Hrsg. von Klaus Scheel. Berlin-Ost 2. überarb. Aufl. 1985.

157 Zit. nach Franz Kurowski, Bedingungslose Kapitulation. Inferno in Deutschland 1945. Leoni 1983, S. 259; vgl. ebenso Linge, Bis zum Untergang (wie Anm. 147), S. 275; ferner David Irving, Hitler und seine Feldherren. Frankfurt – Berlin 1975, S. 719.

158 Siehe auch Hitlers politisches Testament. Die Bormann Diktate vom Februar und April 1945. Mit einem Essay von Hugh R. Trevor-Roper und einem Nachwort von André François-Poncet. Hamburg 1981.

159 Über das weitere Schicksal der Leichenreste lieferte kürzlich Lew Besymenski neue Informationen: Hitlers letzte Reise. In: Der Spiegel (20. 7. 1992) Nr. 30, S. 110–115.

160 Siehe Wassilij Tschuikow, Das Ende des Dritten Reiches. München 1966.

161 Rundfunk- und Pressemeldung zit. nach Hamburger Zeitung Nr. 102 vom 2. 5. 1945, S. 1; siehe auch Lew Besymenski, Der Tod des Adolf Hitler. Unbekannte Dokumente aus Moskauer Archiven. Hamburg 1968; ders., Die letzten Notizen von Martin Bormann. Stuttgart 1974.

162 Siehe dazu besonders Lang, Der Sekretär (wie Anm. 66).

163 Siehe Schukow, Erinnerungen (wie Anm. 123).

164 »Das Oberkommando der Wehrmacht gibt bekannt...« (wie Anm. 58), S. 565.

165 Siehe umfassend Eugen Kogon, Der SS-Staat. Das System der deutschen Konzentrationslager. München 1974; Hans Buchheim u. a., Anatomie des SS-Staates. 2 Bde. Olten u. Freiburg 1965; Heinz Höhne, Der Orden unter dem Totenkopf. Die Geschichte der SS., 2 Bde., Hamburg 1966 (= Fischer

Bücherei, Bd. 1052–53); Gudrun Schwarz, Die nationalsozialistischen Lager. Frankfurt a. M. – New York 1990.
166 Befehl erwähnt in der Vereinbarung zwischen Himmler und Kersten vom 12.3. 1945; abgedruckt in Felix Kersten, Totenkopf und Treue. Heinrich Himmler ohne Uniform. Hamburg o. J., S. 343.
167 Martin Gilbert, Endlösung. Die Vertreibung und Vernichtung der Juden. Ein Atlas. Reinbek 1982, und Raul Hilberg, Die Vernichtung der europäischen Juden. 3 Bde. Durchgesehene u. erw. Ausgabe. Frankfurt a. M. 1982 (= Fischer Taschenbuch Nr. 10611–10613).
168 Siehe dazu ausführlich Graf Folke Bernadotte, Das Ende. Meine Verhandlungen in Deutschland im Frühjahr 1945 und ihre politischen Folgen. Zürich, New York 1945; Achim Besgen, Der stille Befehl. Medizinalrat Kersten und das Dritte Reich. München 1960; Heinrich Himmler ohne Uniform. Aus den Tagebüchern des finnischen Medizinalrats. Hamburg 1952.
169 Militärarchiv Prag, Stellv. Generalkommando IV. A. K.: Fernschreiben Chef OKW an OB West betr. Lazarett-Städte, vom 27.4.1945.
170 Zu den Verhältnissen dort siehe die Aufzeichnungen des norwegischen Mediziners Leo Eitinger, Buchenwald Februar–April 1945. In: Zeitgeschichte 18 (1990/91), H. 1/2, S. 40–46.
171 Zum folgenden siehe Eberhard Kolb, Bergen Belsen. Vom »Aufenthaltslager« zum Konzentrationslager, 1943–1945. Göttingen 1985 (zuerst Hannover 1962).
172 Andreas Biss, Der Stopp der Endlösung. Stuttgart 1966.
173 Zit. nach Kolb, Bergen Belsen (wie Anm. 171), S. 136, 138.
174 Nationalsozialistische Konzentrationslager im Dienst der totalen Kriegführung. Sieben württembergische Außenkommandos des Konzentrationslagers Natzweiler/Elsaß. Hrsg. von Herwart Vorländer. Stuttgart 1978; Enno Georg, Die wirtschaftlichen Unternehmungen der SS. Stuttgart 1963.
175 Zu diesem Komplex siehe die Übersicht von Fröbe, Arbeitseinsatz (wie Anm. 98).
176 Siehe zum Folgenden Manfred Bornemann/Martin Broszat, Das KL Dora-Mittelbau. In: Studien zur Geschichte der Konzentrationslager. Stuttgart 1970, S. 154–198.
177 Zit. nach Rainer Eisfeld, »Die unerhörte Summe an Elend, Leid und Tod«. In: Frankfurter Rundschau, Nr. 197 vom 26.8.1991, S. 17.
178 Stanislav Zámecmik, Kein Häftling darf lebend in die Hände des Feindes fallen. Zur Existenz des Himmler-Befehls vom 14./18. April 1945. In: Dachauer Hefte 1 (1985), S. 219–231.
179 Augenzeugenbericht, zit. nach Eisfeld, Die unerhörte Summe (wie Anm. 177).
180 Siehe Herbert Obenaus, Die Räumung der hannoverschen Konzentrationslager im April 1945. In: Konzentrationslager in Hannover. Hildesheim 1985, S. 536f.
181 Jon Bridgman, The End of the Holocaust. The Liberation of the Camps. London 1990.
182 Anton Posset, Das Ende des Holocaust in Bayern. In: Geschichtswerkstatt, H. 19 (1989), S. 29–40.
183 Rudi Goguel, »Cap Arcona«. Report über den Untergang der Häftlingsflotte in der Lübecker Bucht am 3. Mai 1945. Frankfurt a. M. 1972.
184 Hitlers politisches Testament. Die Bormann Diktate vom Februar und April 1945. Mit einem Essay von H. R. Trevor-Roper und einem Nachwort von A. François-Poncet. Hamburg 1981, S. 95.
185 Siehe dazu insgesamt Gerd R. Ueberschär, Koalitionskriegführung im Zweiten Weltkrieg. In: Militärgeschichte. Stuttgart 1982, S. 355–382.
186 Siehe Das Deutsche Reich und der Zweite Weltkrieg, Bd. 3, Stuttgart 1984, S. 417ff.
187 Siehe Das Deutsche Reich und der Zweite Weltkrieg, Bd. 4 (wie Anm. 6), S. 883ff.
188 David Littlejohn, The Patriotic Traitors. A History of Collaboration in German-Occupied Europe, 1940–1945. London 1972; Hans Werner Neulen, Eurofaschismus und der Zweite Weltkrieg. Europas verratene Söhne. München 1980.
189 Siehe dazu umfassend Gerhard Schreiber, Die italienischen Militärinternierten im deutschen Machtbereich 1943–1945. München 1990.
190 Frederick W. Deakin, Die brutale Freundschaft. Hitler, Mussolini und der Untergang des italienischen Faschismus. Köln 1964.
191 Lang, Der Sekretär (wie Anm. 66), S. 470.
192 Siehe Peter Gosztony, Hitlers fremde Heere. Das Schicksal der nichtdeutschen Armeen im Ostfeldzug. Düsseldorf–Wien 1976.
193 Vgl. dazu Joachim Hoffmann, Die Geschichte der Wlassow-Armee. Freiburg 1984; Wilfried Strik-Strikfeldt, Gegen Stalin und Hitler. General Wlassow und die russische Befreiungsbewegung. Mainz 1970; Jürgen Thorwald, Die Illusion. Rotarmisten in Hitlers Heeren. München 1974; Sergej B. Fröhlich, General Wlassow. Köln 1987.
194 Ladislaus Hory/Martin Broszat, Der kroatische Ustascha-Staat 1941–1945. Stuttgart 1964.
195 Léon Degrelle, Die verlorene Legion. Preußisch-Oldendorf 1972.
196 Hans-Dietrich Loock, Quisling, Rosenberg und Terboven. Zur Vorgeschichte und Geschichte der nationalsozialistischen Revolution in Norwegen. Stuttgart 1970.

197 Gerhard Hirschfeld, Fremdherrschaft und Kollaboration. Die Niederlande unter deutscher Besatzung 1940–1945. Stuttgart 1984.
198 Siehe Nikolai Tolstoy, Victims of Yalta. London usw. 1977, und Mark R. Elliot, Pawn of Yalta. Soviet refugees and America's role in their repatriation. Urbana: University of Ill. Press 1982.
199 Arnulf Moser, Das französische Befreiungskomitee auf der Insel Mainau und das Ende der deutsch-französischen Collaboration 1944/45. Sigmaringen 1980; Dieter Wolf, Die Doriot-Bewegung. Stuttgart 1967; Marc Augier, Götterdämmerung. Leoni am Starnberger See 1957.
200 Pierre Bourget, Der Marschall. Pétain zwischen Kollaboration und Résistance. Berlin 1968.
201 Vgl. u. a. Karl Dönitz, Zehn Jahre und zwanzig Tage. München [6]1977; Peter Padfield, Dönitz. Des Teufels Admiral. Berlin 1984; unkritisch dagegen: Karl Alman, Großadmiral Karl Dönitz. Vom U-Boot-Kommandanten zum Staatsoberhaupt. Berg 1983.
202 Ansprache von Dönitz an die Männer der Kriegsmarine vom 21.7.1944, abgedruckt in: Keesings Archiv der Gegenwart, Jg. 1944, S. 6457.
203 Vgl. Lang, Der Sekretär (wie Anm. 66), S. 321 f.
204 Funkspruch aus Berlin und Aufruf von Dönitz an die Wehrmacht v. 1.5.45, abgedruckt in: Ursachen und Folgen. Bd. 23, Berlin o. J., S. 201 f., S. 225 ff., auch zum folgenden Zitat.
205 Der Prozeß gegen die Hauptkriegsverbrecher vor dem Internationalen Militärgerichtshof (International Military Tribunal = IMT), Nürnberg 14. Nov. 1945 – 1. Okt. 1946. 42 Bde., Nürnberg 1947 ff., hier Bd. 35, S. 118 ff.
206 Vgl. u. a. Anne Armstrong, Bedingungslose Kapitulation. Die teuerste Fehlentscheidung der Neuzeit. Wien – München 1965.
207 Siehe Die Kapitulation von 1945 und der Neubeginn in Deutschland. Hrsg. von Winfried Becker. Köln – Wien 1987.
208 Vgl. dazu Allen Dulles/Gero v. S. Gaevernitz, Unternehmen »Sunrise«. Die geheime Geschichte des Kriegsendes in Italien. Düsseldorf – Wien 1967; Jochen von Lang, Der Adjutant. Karl Wolff: Der Mann zwischen Hitler und Himmler. München – Berlin 1985; F. Bradley Smith/Elena Agarossi, Unternehmen »Sonnenaufgang«. Köln 1981.
209 Gellermann, Die Armee Wenck (wie Anm. 154).
210 Vgl. Reimer Hansen, Das Ende des Dritten Reiches. Die Kapitulation 1945. Stuttgart 1966; Franz Kurowski, Bedingungslose Kapitulation. Inferno in Deutschland 1945. Leoni 1983; Charles Whiting, Norddeutschland Stunde Null, April–September 1945. Düsseldorf 1980; Jürgen Thorwald, Das Ende an der Elbe. München – Zürich 1965; Günter Wegmann, Das Kriegsende zwischen Ems und Weser 1945. Osnabrück 1982.
211 Siehe Karl Hnilicka, Das Ende auf dem Baltikum 1944/45. Göttingen 1970; Brückner, Kriegsende in Bayern (wie Anm. 142).
212 Vgl. Walter Lüdde-Neurath, Regierung Dönitz. Die letzten Tage des Dritten Reiches. Göttingen [3]1964; Schultz-Naumann, Die letzten dreißig Tage (wie Anm. 121); Marlis G. Steinert, Die 23 Tage der Regierung Dönitz. Düsseldorf 1967.
213 Siehe u. a. Rudolf Ströbinger, Poker um Prag. Die frühen Folgen von Jalta. Zürich – Osnabrück 1985.
214 Vgl. dazu auch Dwight D. Eisenhower, Kreuzung in Europa. Amsterdam 1948.
215 Kriegstagebuch des Oberkommandos der Wehrmacht (wie Anm. 120), Bd. IV/8, S. 1481.
216 Rundfunkansprache von Schwerin v. Krosigk am 7.5.1945, abgedruckt in: Ebda., S. 1680 ff., auch zum folgenden Zitat.
217 »Das Oberkommando der Wehrmacht gibt bekannt...«. Der deutsche Wehrmachtsbericht. Vollst. Ausgabe. Hrsg. von Günter Wegmann. Bd. 3, Osnabrück 1982, S. 569; siehe auch Böddeker, Der Untergang des Dritten Reiches (wie Anm. 109); Erich Murawski, Der deutsche Wehrmachtsbericht 1939–1945. Ein Beitrag zur Untersuchung der geistigen Kriegführung. Mit einer Dokumentation der Wehrmachtberichte vom 1.7.1944 bis zum 9.5.1945. Boppard 1962, und: Die Niederlage 1945. Aus dem Kriegstagebuch des Oberkommandos der Wehrmacht. Hrsg. v. Percy Ernst Schramm. München 1965, [2]1985.
218 Zum militärischen Fazit vgl. Die letzten hundert Tage. Das Ende des Zweiten Weltkrieges in Europa und Asien. Hrsg. von Hans Dollinger. Wissenschaftl. Beratung: Hans-Adolf Jacobsen. München 1965.
219 Vgl. dazu Arthur L. Smith, Churchills deutsche Armee. Die Anfänge des kalten Krieges. 1943–1947. Bergisch Gladbach 1978, [2]1978 (engl. Ausgabe London 1977); ders., Heimkehr aus dem Zweiten Weltkrieg. Die Entlassung der deutschen Kriegsgefangenen. Stuttgart 1985.
220 Vgl. dazu Paul Carell/Günter Böddeker, Die Gefangenen. Leben und Überleben deutscher Soldaten hinter Stacheldraht. Frankfurt, Berlin 1980, Neuauflage 1990; neuerdings umstritten James Bacque, Der geplante Tod. Deutsche Kriegsgefangene in amerikanischen und französischen Lagern 1945–1946. Berlin [9]1990 (engl. Ausgabe: Other Losses. Toronto 1989). Dagegen vgl. Eisenhower and the German POWs. Facts Against Falsehood. Ed. by Günter Bischof and Stephen E. Ambrose. Baton Rounge – London 1992.

Anmerkungen

221 Siehe Steinert, Die 23 Tage (wie Anm. 212), S. 284 f.
222 Ebda. S. 307 ff. Zum Hintergrund vgl. auch Wolfram Wette, Soldaten hinter Stacheldraht. Zur Lage der deutschen militärischen Führungsschicht nach der Kapitulation vom 8. Mai 1945. In: Zusammenbruch oder Befreiung. Hrsg. v. Ulrich Albrecht u. a., Berlin 1986, S. 99–119.
223 Siehe hierzu Marlis G. Steinert, The Allied Decision to arrest the Dönitz Government. In: The Historical Journal 3 (1988), S. 651–663.
224 Fritz Fischer, Griff nach der Weltmacht. Die Kriegsziele des kaiserlichen Deutschland 1914–1918. Düsseldorf [4]1971.
225 Speer, Erinnerungen (wie Anm. 81), auch zum Folgenden.
226 Vgl. Gerd R. Ueberschär, Hitlers Entschluß zum »Lebensraum«-Krieg im Osten. Programmatisches Ziel oder militärstrategisches Kalkül? In: Der deutsche Überfall (wie Anm. 6), S. 13 ff.
227 Vgl. zusammenfassend Rolf-Dieter Müller, Das Tor zur Weltmacht. Boppard 1984, auch zum Folgenden.
228 Vgl. Gerd R. Ueberschär, »Rußland ist unser Indien«. Das »Unternehmen Barbarossa« als Lebensraumkrieg. In: »Der Mensch gegen den Menschen«. Überlegungen und Forschungen zum deutschen Überfall auf die Sowjetunion 1941. Hrsg. von Hans-Heinrich Nolte. Hannover 1992, S. 66–77; ebenso: Das Deutsche Reich und der Zweite Weltkrieg. Bd. 4: Der Angriff auf die Sowjetunion (wie Anm. 6).
229 Vgl. u. a. Alexander Dallin, Deutsche Herrschaft in Rußland 1941–1945. Eine Studie über Besatzungspolitik. Düsseldorf 1958, Königstein [2]1981; Gerald Reitlinger, Ein Haus auf Sand gebaut. Hitlers Gewaltpolitik in Rußland 1941–1944. Hamburg 1962; Deutsche Besatzungspolitik in der UdSSR 1941–1944. Dokumente. Hrsg. v. Norbert Müller. Köln 1980.
230 Joseph Goebbels, Die Tagebücher. Sämtliche Fragmente. Hrsg. v. Elke Fröhlich. T. 1: Aufzeichnungen 1924–1941. Bd. 4. München – London 1987, S. 696 (16. 6. 1941).
231 Vgl. Andreas Hillgruber, Der Zusammenbruch im Osten 1944/45 als Problem der deutschen Nationalgeschichte und der europäischen Geschichte. Wiesbaden 1985; Wiederabdruck in: Ders.: Zweierlei Untergang. Die Zerschlagung des Deutschen Reiches und das Ende des europäischen Judentums. Berlin 1986.
232 Eine Zusammenfassung bietet: Eine Schuld, die nicht erlischt. Dokumente über deutsche Kriegsverbrechen in der Sowjetunion. Mit einem Geleitwort von Alex Adamowitsch. Köln 1987.
233 Rolf Hinze, Der Zusammenbruch der Heeresgruppe Mitte im Osten 1944. Stuttgart 1980.
234 Abwehrkämpfe am Nordflügel der Ostfront 1944–1945. Hrsg. v. Militärgeschichtlichen Forschungsamt. Stuttgart 1963.
235 Werner Haupt, Kurland. Die letzte Front. Schicksal von zwei Armeen. Bad Nauheim 1989.
236 Zur Indoktrination der Rotarmisten vgl. Bernhard Fisch, Zur Begegnung von Sowjetsoldaten und deutschen Zivilisten in Ostpreußen 1944/45. In: Geschichte – Erziehung – Politik 2 (1991), S. 320–330.
237 Zit. nach Alfred M. de Zayas, Die Anglo-Amerikaner und die Vertreibung der Deutschen. München 1977, S. 85 f., auch zum folgenden Zitat.
238 Alexander Solschenizyn, Ostpreußische Nächte. Darmstadt – Neuwied 1976; Lew Kopelew, Aufbewahren für alle Zeit! Hamburg 1976, München [6]1982.
239 Vgl. dazu Jürgen Thorwald, Die große Flucht. Es begann an der Weichsel. Das Ende an der Elbe. Stuttgart 1962; Günter Böddeker, Die Flüchtlinge. Die Vertreibung der Deutschen im Osten. München 1980, [4]1985; Ekkehard Kuhn, Nicht Rache, nicht Vergeltung. Die deutschen Vertriebenen. München – Wien 1987; Die Vertreibung der Deutschen aus dem Osten. Hrsg. v. Wolfgang Benz. Frankfurt a. M. 1985; Dokumentation der Vertreibung der Deutschen aus Ost-Mitteleuropa. Bearb. v. Theodor Schieder. 5 Bde. mit 3 Beiheften. Bonn 1953–61 (Bd. I, 1–3: Die Vertreibung der deutschen Bevölkerung aus den Gebieten östlich der Oder-Neiße; Bd. II: Das Schicksal der Deutschen in Ungarn; Bd. III: Das Schicksal der Deutschen in Rumänien; Bd. IV, 1–2: Die Vertreibung der deutschen Bevölkerung aus der Tschechoslowakei; Bd. V: Das Schicksal der Deutschen in Jugoslawien); Neuauflage München 1984; Frank Grube/Gerhard Richter, Flucht und Vertreibung. Hamburg 1981; Alfred M. de Zayas, Anmerkungen zur Vertreibung der Deutschen aus dem Osten. Stuttgart 1986.
240 Vgl. dazu Herbert Mitzka, Zur Geschichte der Massendeportationen der Ostdeutschen in die Sowjetunion im Jahre 1945. Ein historisch-politischer Beitrag. Einhausen 1985; ders., Die Massendeportation von Ost- und Südostdeutschen in die Sowjetunion im Jahre 1945 als Problem der deutschen Zeitgeschichte. In: Geschichte in Wissenschaft und Unterricht 38 (1987), S. 669–683.
241 Vgl. Heinz Schön, Ostsee '45. Menschen, Schiffe, Schicksale. Stuttgart [2]1984; Kurt Gerdau, ›Albatros‹ – Rettung über See. 115 Tage bis zum Frieden. Herford 1984; Fritz Brustat-Naval, Unternehmen Rettung. Herford [4]1985.
242 Heinz Schön, Die »Gustloff«-Katastrophe. Bericht eines Überlebenden über die größte Schiffskatastrophe im 2. Weltkrieg. Stuttgart 1984.
243 Vgl. Ingrid Bidlingmaier, Entstehung und Räumung der Ostseebrückenköpfe 1945. Neckargmünd 1962.

244 Hitlers Politisches Testament, als Faksimile abgedruckt in: Gerd R. Ueberschär und Rolf-Dieter Müller, Deutschland am Abgrund. Konstanz 1986, S. 166 ff.
245 Zayas, Die Anglo-Amerikaner (wie Anm. 237), S. 62.
246 Vgl. Winston S. Churchill, Reden 1938–1945. 7 Bde., Zürich 1946 ff., hier Bd. 5: 1944. Das Morgengrauen der Befreiung. Zürich 1949, S. 459 ff., 468; Zayas, Die Anglo-Amerikaner (wie Anm. 237), S. 100; Klaus-Dietmar Henke, Der Weg nach Potsdam. Die Alliierten und die Vertreibung. In: Die Vertreibung der Deutschen aus dem Osten. Hrsg. v. Wolfgang Benz. Frankfurt 1985, S. 49–69, hier S. 57; siehe auch Hitlers Lagebesprechungen (wie Anm. 24), S. 738.
247 Churchill, Reden 1944 (wie Anm. 246), S. 468; auch Zayas, Die Anglo-Amerikaner (wie Anm. 237), S. 25; Henke, Der Weg nach Potsdam (wie Anm. 246), S. 58, auch zum folgenden Zitat.
248 Henke, Der Weg nach Potsdam (wie Anm. 246), S. 64.
249 Zayas, Die Anglo-Amerikaner (wie Anm. 237), S. 72.
250 Churchill, Der Zweite Weltkrieg (wie Anm. 10), hier Bd. VI: Triumph und Tragödie. 2. Buch: Der Eiserne Vorhang. Stuttgart 1954, S. 39; FRUS (wie Anm. 21), The Conference of Malta and Jalta, S. 717, 720, 725, auch zum Folgenden.
251 Vgl. Zayas, Die Anglo-Amerikaner (wie Anm. 237), S. 73, 102 f.
252 Vgl. dazu Vierheller, Polen und die Deutschland-Frage (wie Anm. 18), S. 104.
253 Vgl. Franz Scholz, Görlitzer Tagebuch. Chronik einer Vertreibung 1945/46. Berlin 1990.
254 Henke, Der Weg nach Potsdam (wie Anm. 246), S. 68.
255 Churchill, Reden (wie Anm. 246), hier Bd. 6: 1945. Endsieg. Zürich 1950, S. 365.
256 Henke, Der Weg nach Potsdam (wie Anm. 246), S. 64 f.
257 Vgl. u. a. Hinweise ebda., S. 66.
258 Vgl. u. a. Heinz Nawratil, Die deutschen Nachkriegsverluste unter Vertriebenen, Gefangenen und Verschleppten. Frankfurt – Berlin 1988.
259 Zit. nach Zayas, Die Anglo-Amerikaner (wie Anm. 237), S. 131 f.
260 Dokumentation der Vertreibung der Deutschen aus Ost-Mitteleuropa (wie Anm. 239); vgl. auch Geflohen und vertrieben. Augenzeugen berichten. Hrsg. v. Rudolf Mühlfenzl. Königstein 1981; Heinz Nawratil, Vertreibungsverbrechen an Deutschen. Tatbestand, Motive, Bewältigung. München 1982; Marco P. Chiodo, Sie werden die Stunde verfluchen... Sterben und Vertreibung der Deutschen im Osten 1944–1949. München 1990.
261 Vgl. die Hinweise zu Tübingen in Kap. V, S. 78.
262 Siehe dazu nun Albrecht Lehmann, Im Fremden ungewollt zuhaus. Flüchtlinge und Vertriebene in Westdeutschland 1945–1990. München 1991; zur Integration und verspäteten Aufarbeitung in Ostdeutschland vgl. neuerdings Alexander von Plato/Wolfgang Meinecke, Alte Heimat – Neue Zeit. Flüchtlinge, Umgesiedelte, Vertriebene in der sowjetischen Besatzungszone und in der DDR. Berlin 1991.
263 Zit. nach Zayas, Die Anglo-Amerikaner (wie Anm. 237), S. 223.
264 Zit. nach ebda., S. 129.
265 Zur Biographie siehe u. a. R. Alton Lee, Harry S. Truman. Where Did the Buck Stop? New York usw. 1991.
266 FRUS (wie Anm. 21), The Conference of Berlin (The Potsdam Conference) 1945. 2 Bde., hier Bd. I, S. 3 f.
267 Ebda. S. 4 ff., und Churchill, Der Zweite Weltkrieg (wie Anm. 10), Bd. 6/2, S. 261 f.
268 Mastny, Moskaus Weg (wie Anm. 12); Wolfgang Wagner, Die Teilung Europas. Geschichte der sowjetischen Expansion bis zur Spaltung Deutschlands 1918–1945. Stuttgart 1960.
269 Gerd Ressing, Versagte der Westen in Jalta und Potsdam? Ein dokumentierter Wegweiser durch die alliierten Kriegskonferenzen. Frankfurt a. M. 1970.
270 Die Gründungsversammlung fand vom 25. 4. bis 26. 6. 1945 statt. Siehe dazu u. a. Heinrich v. Siegler, Die Vereinigten Nationen. Eine Bilanz nach 20 Jahren. Bonn – Wien 1966; Manfred von Juterczenka, Was tut die UNO? Idee und Wirklichkeit einer Weltorganisation. Düsseldorf 1971.
271 Abdruck bei Peter J. Opitz/Volker Rittberger, Forum der Welt. 40 Jahre Vereinte Nationen. Stuttgart 1986, S. 318–334; siehe ferner Leland M. Goodrich/Edward I. Hambro, Charter of the United Nations. London – Boston 1949, 3. Aufl. New York 1969.
272 William H. McNeill, America, Britain and Russia. Their Co-operation and Conflict 1941–1946. London – New York 1953.
273 Siehe Harry S. Truman, Memoiren. Bd. 1: Das Jahr der Entscheidungen (1945). Stuttgart 1955; Churchill, Der Zweite Weltkrieg (wie Anm. 10), hier Bd. 6, 2. Buch; William D. Leahy, I was there. The personal story of the Chief of Staff to Presidents Roosevelt and Truman, based on his notes and diaries made at the time. London – New York 1950; Robert Murphy, Diplomat unter Kriegern. Zwei Jahrzehnte Weltpolitik in besonderer Mission. Berlin ²1966, und zur Bewertung Moltmann, Amerikas Deutschlandpolitik (wie Anm. 15).

274 Vierheller, Polen und die Deutschlandfrage (wie Anm. 18); Wolfgang Wagner, Die Entstehung der Oder-Neiße-Linie in den diplomatischen Verhandlungen während des Zweiten Weltkrieges. Marburg 3. erw. Aufl. 1968.
275 Clement R. Attlee, As It Happened. London – Melbourne 1954.
276 Rolf Badstübner, Code »Terminal«. Die Potsdamer Konferenz. Berlin-Ost 1985.
277 Zur Dokumentation siehe: Die Berliner Konferenz der Drei Mächte. Der Alliierte Kontrollrat für Deutschland. Die Alliierte Kommandantur der Stadt Berlin. Kommuniqués, Deklarationen, Proklamationen, Gesetze, Befehle. Berlin-Ost 1946; Documents on British Policy Overseas. Serie I, Vol. I: The Conference at Potsdam July–August 1945. Ed. by Rohan Butler, M. E. Pelly. London 1984; FRUS (wie Anm. 21), The Conference of Berlin (The Potsdam Conference) 1945, 2 Bde. Washington 1960; Potsdam 1945. Quellen zur Konferenz der »Großen Drei«. Hrsg. von Ernst Deuerlein. München 1963; Teheran, Jalta, Potsdam. Dokumentensammlung. Hrsg. von Slava P. Sanakojew und B. L. Zybulewski. Frankfurt a. M. 1978.
278 Zayas, Die Anglo-Amerikaner (wie Anm. 237); siehe auch Kap. VIII.
279 Meissner, Rußland (wie Anm. 12), und Fischer, Sowjetische Deutschlandpolitik (wie Anm. 10).
280 James F. Byrnes, In aller Offenheit. Frankfurt a. M. o. J. [1947].
281 Zur Bewertung s. Michael Antoni, Das Potsdamer Abkommen – Trauma oder Chance? Geltung, Inhalt und staatsrechtliche Bedeutung. Berlin 1985; Ernst Deuerlein, Potsdam 1945. Ende und Anfang. Köln 1970; ders., Deklamation oder Ersatzfrieden? Die Konferenz von Potsdam 1945. Stuttgart 1979; Potsdam und die deutsche Frage. Mit Beiträgen von Ernst Deuerlein, Alexander Fischer, Eberhard Menzel und Gerhard Wettig. Köln 1970.
282 Siehe Fritz Faust, Das Potsdamer Abkommen und seine völkerrechtliche Bedeutung. Frankfurt a. M. ^{4}1969; Herbert Feis, Zwischen Krieg und Frieden. Das Potsdamer Abkommen. Frankfurt a. M. – Bonn 1962; Graml, Die Alliierten (wie Anm. 14); Jens Hacker, Sowjetunion und DDR zum Potsdamer Abkommen. Köln 1968; Gerhard Kegel, Ein Vierteljahrhundert danach. Das Potsdamer Abkommen und was aus ihm geworden ist. Berlin-Ost 1970; Wilfried Loth, Die Teilung der Welt. Geschichte des Kalten Krieges 1941–1955. München 1980; Ernst Nolte, Deutschland und der Kalte Krieg. München – Zürich 1974.
283 Zum Kriegsverlauf im Fernen Osten siehe den Überblick in: Das Deutsche Reich und der Zweite Weltkrieg, Bd. 6 (wie Anm. 6), S. 173 ff., und speziell zu den deutsch-japanischen Beziehungen Bernd Martin, Deutschland und Japan im Zweiten Weltkrieg. Vom Angriff auf Pearl Harbor bis zur deutschen Kapitulation. Göttingen 1969.
284 Zur Schlußphase des Krieges siehe Leon V. Sigal, Fighting to a Finish: The Politics of War Termination in the United States and Japan, 1945. Ithaca, N. Y. 1988.
285 Abdruck in Keesings Archiv der Gegenwart, XV. Jg. 1945. Frauenfeld o. J., S. 358.
286 Zur nach wie vor umstrittenen amerikanischen Entscheidung s. Martin J. Sherwin, A World Restored. The Atomic Bomb and the Grand Alliance. New York 1975; The Atomic Bomb. The Critical Issues. Ed. by Barton J. Bernstein. Boston 1976; L. Giovanitty/F. Freed, The Decision to Drop the Bomb. London 1967.
287 Robert Harris/Jeremy Paxman, Eine höhere Form des Tötens. Die geheime Geschichte der B- und C-Waffen. Düsseldorf – Wien 1983, S. 125 f.
288 Herbert Feis, Japan Subdued. The Atomic Bomb and the End of the War in the Pacific. Princeton, N. J. 1961.
289 John Newhouse, The Nuclear Age. From Hiroshima to Star Wars. London 1989 (dt: Krieg und Frieden im Atomzeitalter. Von Los Alamos bis SALT. München 1990); Gregg Herken, The Winning Weapon. The Atomic Bomb in the Cold War, 1945–1950. New York 1980.
290 Zur Diskussion der Verlustzahlen siehe Rüdiger Overmans: Die Toten des Zweiten Weltkriegs in Deutschland. Bilanz der Forschung unter besonderer Berücksichtigung der Wehrmacht- und Vertreibungsverluste. In: Der Zweite Weltkrieg. Analysen. Grundzüge. Forschungsbilanz. Hrsg. von Wolfgang Michalka. München – Zürich 1989, S. 858–873.
291 Siehe Norbert Elias, Humana conditio. Beobachtungen zur Entwicklung der Menschheit am 40. Jahrestag eines Kriegsendes (8. Mai 1985). Frankfurt a. M. 1985.
292 So der allgemeine Befund nach: Europa in Ruinen! Augenzeugenberichte aus den Jahren 1944–1948. Gesammelt von Hans Magnus Enzensberger. Frankfurt a. M. 1990. Siehe auch Heinrich Böll, Das Ende. Autoren aus 9 Ländern erinnern sich an die letzten Tage des Zweiten Weltkrieges. Köln 1985.
293 Siehe Wilfried Loth, Weltpolitische Zäsur 1945. Der Zweite Weltkrieg und der Untergang des alten Europa. In: Nicht nur Hitlers Krieg: Der Zweite Weltkrieg und die Deutschen. Hrsg. von Christoph Kleßmann. Düsseldorf 1989, S. 99–112.
294 Auf die aktuellen Bezüge dieser Vorgänge weisen neuerdings hin Klaus-Dietmar Henke/Hans Woller, Schaben an einem Gebirge der Schuld. Ein Dauerthema seit dem Zweiten Weltkrieg. Die Aufarbeitung der Vergangenheit. In: Süddeutsche Zeitung am Wochenende Nr. 282, vom 7./8. Dezember 1991.

295 Siehe hierzu die vielbeachteten Worte von Bundespräsident Richard von Weizsäcker: Zum 40. Jahrestag der Beendigung des Krieges in Europa am 8. Mai 1985. Bonn 1985.
296 Siehe Christoph Kleßmann, Untergänge – Übergänge. Gesellschaftsgeschichtliche Brüche und Kontinuitätslinien vor und nach 1945. In: Nicht nur Hitlers Krieg (wie Anm. 293), S. 83–97.
297 Siehe neuerdings Joe J. Heydecker/Johannes Leeb, Der Nürnberger Prozeß. Mit einem Vorwort von Eugen Kogon und Robert M. W. Kempner. 2 Bde. Köln 1985; Macht und Recht: Große Prozesse in der Geschichte. Hrsg. von Alexander Demandt. München 1991; Geoffrey Best: Nuremberg and after. The continuing history of war crimes and crimes against humanity. Reading: University of Reading 1984.
298 Andreas Hillgruber, Bilanz des Zweiten Weltkrieges. In: Der Zweite Weltkrieg (wie Anm. 290), S. 202.

Quellen- und Literaturverzeichnis

1. Unveröffentlichte Quellen aus folgenden Archiven:

Archiv des Instituts für Zeitgeschichte München
Bundesarchiv Koblenz
Bundesarchiv Abt. Potsdam
Bundesarchiv-Militärarchiv Freiburg
Bundesarchiv-Militärisches Zwischenarchiv Potsdam
Dokumentationsarchiv des österreichischen Widerstandes Wien
Dokumentationsarchiv des deutschen Widerstandes Frankfurt a. M.
Imperial War Museum London
National Archives Washington
Politisches Archiv des Auswärtigen Amtes Bonn
Public Record Office Kew-London
Zentrum für die Aufbewahrung historisch-dokumentarischer Sammlungen Moskau
Militärarchiv Prag

2. Aktenveröffentlichungen, Dokumentationen, Tagebücher, Briefsammlungen

Die Befreiung Berlins 1945. Eine Dokumentation. Hrsg. v. Klaus Scheel, Berlin-Ost 2. überarbeitete Aufl. 1985
Die Berliner Konferenz der Drei Mächte. Der Alliierte Kontrollrat für Deutschland. Die Alliierte Kommandantur der Stadt Berlin. Kommuniqués, Deklarationen, Proklamationen, Gesetze, Befehle. Berlin-Ost 1946
Bergsträsser, Ludwig: Befreiung, Besatzung, Neubeginn. Tagebuch des Darmstädter Regierungspräsidenten 1945–1948. Hrsg. von Walter Mühlhausen. München 1987
Beseler, Hartwig/Gutschow, Niels: Kriegsschicksale Deutscher Architektur. Verluste – Schäden – Wiederaufbau. Eine Dokumentation für das Gebiet der Bundesrepublik Deutschland. 2 Bde. Neumünster 1988

Besymenski, Lew: Die letzten Notizen von Martin Bormann. Stuttgart 1974
Besymenski, Lew: Der Tod des Adolf Hitler. Unbekannte Dokumente aus Moskauer Archiven. Hamburg 1968
Briefwechsel Stalins mit Churchill, Attlee, Roosevelt und Truman 1941–1945. Berlin-Ost 1961 (aus dem Russischen)
Churchill, Winston S.: Reden 1938–1945. 7 Bde. Zürich 1946ff.
Churchill & Roosevelt. The Complete Correspondence. Ed. by Waren F. Kimball. 3 Bde. Princeton 1984
Der deutsche Südwesten zur Stunde Null. Zusammenbruch und Neuanfang im Jahr 1945 in Dokumenten und Bildern. Hrsg. vom Generallandesarchiv Karlsruhe. Bearb. Hansmartin Schwarzmaier u. a. Karlsruhe 1975
Documents on British Policy Overseas. Series I, Volume I: The Conference at Potsdam July–August 1945. Ed. by Rohan Butler, M. E. Pelly. London 1984 (ergänzt durch: Microfiches of documents calendared in Documents on British Policy Overseas, Ser. I, vol. I)
Dokumentation der Vertreibung der Deutschen aus Ost-Mitteleuropa. In Verbindung mit A. Diestelkamp, R. Laun, P. Rassow, H. Rothfels bearbeitet von Theodor Schieder. 3 Bde. Groß Denkte/Wolfenbüttel – Bonn 1953–1961, Neudruck 8 Bde. München 1984
Dokumente Deutscher Kriegsschäden. Evakuierte. Kriegssachgeschädigte. Währungsgeschädigte. Die geschichtliche und rechtliche Entwicklung. Hrsg. vom Bundesminister für Vertriebene, Flüchtlinge und Kriegsgeschädigte. Bd. I. Bonn 1958
Das Ende des Schreckens. Dokumente des Untergangs. Januar bis Mai 1945. Hrsg. v. Erich Kuby. München 1956, 2. Aufl. 1961
Foreign Relations of the United States. Diplomatic Papers. Hrsg. v. Department of State. The Conference at Cairo and Tehran 1943. Washington 1961; The Conferences at Malta and Yalta. Washington 1955; 1945, Vol. III: European Advisory Commission, Austria, Germany, Washington 1958; The Conference of Berlin (The Potsdam Conference) 1945, 2 Bde. Washington 1960
Goebbels, Joseph: Tagebücher 1945. Die letzten Aufzeichnungen. Einführung Rolf Hochhuth. Hamburg 1977
Günther, Joachim: Das letzte Jahr. Mein Tagebuch, 1944–45. Hamburg 1948
Hartung, Hugo: Schlesien 1944/45. Aufzeichnungen und Tagebücher. München 1956
Hitlers politisches Testament. Die Bormann Diktate vom Februar und April 1945. Mit einem Essay von Hugh R. Trevor-Roper und einem Nachwort von André François-Poncet. Hamburg 1981

Höcker, Karla: Die letzten und die ersten Tage: Berliner Aufzeichnungen 1945 mit Berichten von Boleslaw Barlog et al. Berlin 1966
Hupka, Herbert: Letzte Tage in Schlesien. Tagebücher, Erinnerungen und Dokumente der Vertreibung. München 1981
Die Jalta-Dokumente. Vollständige deutsche Ausgabe der offiziellen Dokumente des U. S. State Departments über die Konferenz von Jalta. Göttingen 1957
Koller, Karl: Der letzte Monat. 14. April bis 27. Mai 1945. Tagebuchaufzeichnungen des ehemaligen Chefs des Generalstabes der deutschen Luftwaffe. Mannheim 1949, Neuaufl. Esslingen 1985
Kriegstagebuch des Oberkommandos der Wehrmacht (Wehrmachtführungsstab) 1940–1945. Band IV: 1. Januar 1944–22. Mai 1945. Eingel. u. erläut. v. Percy Ernst Schramm. 2. Halbbd. IV/8 mit Nachträgen. München-Herrsching 1982
Die letzten hundert Tage. Das Ende des Zweiten Weltkrieges in Europa und Asien. Hrsg. von Hans Dollinger, München 1965
Murawski, Erich: Der deutsche Wehrmachtbericht 1930–1945. Ein Beitrag zur Untersuchung der geistigen Kriegführung. Mit einer Dokumentation der Wehrmachtberichte von 1.7.1944 bis zum 9.5.1945. Boppard 1962
1945. Das Jahr der endgültigen Niederlage der faschistischen Wehrmacht. Dokumente ausgewählt u. eingeleitet v. Gerhard Förster u. a. Berlin-Ost 2. Aufl. 1985
1945. Ein Lesebuch. Hrsg. v. Klaus Bergmann und Gerhard Schneider. Hannover 1985
Die Niederlage 1945. Aus dem Kriegstagebuch des Oberkommandos der Wehrmacht. Hrsg. v. Percy E. Schramm. München 1962, 2. Aufl. 1985
Potsdam 1945. Quellen zur Konferenz der »Großen Drei«. Hrsg. v. Ernst Deuerlein. München 1963
Das Potsdamer Abkommen. Dokumentensammlung. Hrsg. v. d. Historischen Gedenkstätte des Potsdamer Abkommens Cecilienhof, Potsdam. Berlin-Ost 4. durchgesehene Aufl. 1984
Roosevelt and Churchill. Their Secret Wartime Correspondence. Ed. by Francis L. Loewenheim, Harold D. Langley und Manfred Jonas. London 1975
Schultz-Naumann, Joachim: Die letzten dreißig Tage. Das Kriegstagebuch des OKW April bis Mai 1945 – Die Schlacht um Berlin. Dokumente: Bilder und Urkunden. München 1980 (ältere Ausgabe u. d. T.: Die letzten 30 Tage. 20. April–22. Mai 1945. Stuttgart 1951)
Struss, Dieter: Das war 1945. Fakten, Daten, Zahlen, Schicksale. München 1980

Teheran – Jalta – Potsdam. Die sowjetischen Protokolle von den Kriegskonferenzen der »Großen Drei«. Hrsg. und eingeleitet von Alexander Fischer. Köln 1968, 2. Aufl. 1973
Teheran, Jalta, Potsdam. Dokumentensammlung. Hrsg. v. Slava P. Sanakojew und B. L. Zybulewski. Frankfurt 1978 (Dt. Ausgabe von: Teheran, Jalta, Potsdam. Moskau 1978)
Die unheilige Allianz. Stalins Briefwechsel mit Churchill 1941–1945. Mit einer Einleitung von Manfred Rexin. Reinbek 1964
Ursachen und Folgen. Vom deutschen Zusammenbruch 1918 und 1945 bis zur staatlichen Neuordnung Deutschlands in der Gegenwart. Hrsg. von Herbert Michaelis und Ernst Schraepler Bd. 23. Berlin o. J.
Zwischen Befreiung und Besatzung. Analysen des US-Geheimdienstes über Positionen und Strukturen deutscher Politik 1945. Hrsg. von Ulrich Borsdorf und Lutz Niethammer. Wuppertal 1976

3. Memoiren, Augenzeugen- und Dokumentarberichte und publizierte Gespräche

Ahlfen, Hans von: Der Kampf um Schlesien. Ein authentischer Dokumentarbericht. München 1961
Ahlfen, Hans von/Hermann Niehoff: So kämpfte Breslau. Verteidigung und Untergang von Schlesiens Hauptstadt. München 1959
Attlee, Clement R.: As It Happened. London–Melbourne 1954
Bernadotte, Graf Folke: Das Ende. Meine Verhandlungen in Deutschland im Frühjahr 1945 und ihre politischen Folgen. Zürich–New York 1945
Böll, Heinrich: Das Ende. Autoren aus 9 Ländern erinnern sich an die letzten Tage des Zweiten Weltkriegs. Köln 1985
Boldt, Gerhard: Die letzten Tage der Reichskanzlei. Wien 1947, 4. Aufl. Hamburg 1948
Byrnes, James F.: In aller Offenheit. Frankfurt o. J. (1947)
Churchill, Winston S.: Der Zweite Weltkrieg. 6 Bde. Stuttgart 1948 ff.
Dieckert, Kurt/Großmann, Horst: Der Kampf um Ostpreußen. Ein authentischer Dokumentarbericht. München 1960
Diem, Liselott: Fliehen oder bleiben? Dramatisches Kriegsende in Berlin. Freiburg 1982
Eisenhower, Dwight D.: Kreuzzug in Europa. Amsterdam 1948
Das Ende, das ein Anfang war. Die letzten Tage des Dritten Reiches. Erinnerungen von Conrad Ahlers, Walter Dirks u. a. Mit einer Einleitung von Thomas Urban. Freiburg 1981

Das Ende. Autoren aus 9 Ländern erinnern sich an die letzten Tage des Zweiten Weltkrieges. Heinrich Böll u. a. Köln 1985

Europa in Ruinen! Augenzeugenberichte aus den Jahren 1944–1948. Gesammelt von Hans Magnus Enzensberger. Frankfurt a. M. 1990

Geflohen und vertrieben. Augenzeugen berichten. Hrsg. von Rudolf Mühlfenzl. Königstein 1981

Gottseidank, wir leben. Augenzeugen berichten aus dem Jahre 1945. Zusammengestellt und hrsg. v. Maria Rosenkranz. München 1985

Hübler, Ursula: Meine Vertreibung aus Prag 1945/46. Erinnerungen an den Prager Aufstand 1945 und seine Folgen. Hrsg. von Juliane Wetzel. München 1991

Der Kampf um Berlin 1945 in Augenzeugenberichten. Hrsg. v. Peter Gosztony. Düsseldorf 1970, Neuausgabe 1985

Kempka, Erich: Die letzten Tage um Adolf Hitler. Erweitert u. erläutert v. Erich Kern. Preußisch-Oldendorf 1975, 2. Aufl. 1976

Kopelew, Lew: Aufbewahren für alle Zeit! München 6. Aufl. 1982

Kriegsgefangenschaft. Berichte über das Leben in Gefangenenlagern der Alliierten von Otto Engelbert, Hans Jonitz, Kurt Glaser und Heinz Pust. Hrsg. von Wolfgang Benz, Angelika Schardt. München 1991

Krockow, Christian Graf v.: Die Stunde der Frauen. Bericht aus Pommern 1944 bis 1947. München 1991

Lasch, Otto: So fiel Königsberg. München 1958

Lattre de Tassigny, Jean de: Histoire de la Première Armée Française ›Rhin et Danube‹. Paris 1949

Letzte Tage in Ostpreußen. Erinnerungen an Flucht und Vertreibung. Hrsg. v. Herbert Reinoß. München–Wien 1983, 2. Aufl. 1985

Linge, Heinz: Bis zum Untergang. Als Chef des Persönlichen Dienstes bei Hitler. München 2. durchgesehene Aufl. 1980

Leahy, William D.: I was there. The personal story of the Chief of Staff to Presidents Roosevelt and Truman, based on his notes and diaries made at the time. London–New York 1950

Lüdde-Neurath, Walter: Regierung Dönitz. Die letzten Tage des Dritten Reiches. Göttingen 3. erweiterte Aufl. 1964

Mensch, der Krieg ist aus! Zeitzeugen erinnern sich. Hrsg. v. Werner Filmer u. Heribert Schwan. Düsseldorf–Wien 1985

Montgomery, Bernard L.: Memoiren. München 1958.

Patton, George S.: Krieg, wie ich ihn erlebte. Bern 1950.

Peikert, Paul: »Festung Breslau« in den Berichten eines Pfarrers, 22. Januar bis 6. Mai 1945. Hrsg. v. Karol Jonca und Alfred Konieczny. Wroclaw–Warszawa–Kraków 1966

Schäfer, Hans-Dieter: Berlin im Zweiten Weltkrieg. Der Untergang der Reichshauptstadt in Augenzeugenberichten. München 1985

Schön, Heinz: Die »Gustloff«-Katastrophe. Bericht eines Überlebenden über die größte Schiffskatastrophe im 2. Weltkrieg. Stuttgart 1984
Scholz, Franz: Görlitzer Tagebuch. Chronik einer Vertreibung 1945/46. Berlin 1990
Schukow, Georgi K.: Erinnerungen und Gedanken. Stuttgart 1969
So erlebten wir das Ende: Als Deutschland den Zweiten Weltkrieg verlor. Erinnerungen. Hrsg. v. Udo Haltermann. Nettetal 1988
Solschenizyn, Alexander: Ostpreußische Nächte. Darmstadt-Neuwied 1976
Stettinius, Edward R. jr.: Roosevelt and the Russians. The Yalta Conference. Garden City–New York 1949
Truman, Harry S.: Memoiren. Bd. 1: Das Jahr der Entscheidungen (1945). Stuttgart 1955
Tschuikow, Wassilij: Das Ende des Dritten Reiches. München 1966
Unruhige Zeiten. Erlebnisberichte aus dem Landkreis Celle 1945–1949. Hrsg. von Rainer Schulze. München 2. Aufl. 1991
Vaubel, Ludwig: Zusammenbruch und Wiederaufbau. Ein Tagebuch aus der Wirtschaft 1945–1949. Hrsg. von Wolfgang Benz. München 2. Aufl. 1985
Wiek, Michael: Zeugnis vom Untergang Königsbergs. Ein »Geltungsjude« berichtet. Mit einem Vorwort von Siegfried Lenz. Heidelberg 4. Aufl. 1991

4. Darstellungen, Sammelbände und Biographien

8. Mai 1945 – ein Tag der Befreiung? Tübingen 1987
Armstrong, Anne: Bedingungslose Kapitulation. Die teuerste Fehlentscheidung der Neuzeit. Wien–München 1965
Antoni, Michael: Das Potsdamer Abkommen – Trauma oder Chance? Geltung, Inhalt und staatsrechtliche Bedeutung. Berlin 1985
The Atomic Bomb. The Critical Issues. Ed. by Barton J. Bernstein. Boston 1976
Auf der Flucht geboren: Kinder- und Mütter-Schicksale. Hrsg. von Bärbel Beutner. Leer 1986
Backer, John H.: Die Entscheidung zur Teilung Deutschlands. Die amerikanische Deutschlandpolitik 1943–1948. München 1981 (engl. Ausgabe: The Decision to divide Germany. Durham, N. C. 1978)
Bacque, James: Der geplante Tod. Deutsche Kriegsgefangene in amerikanischen und französischen Lagern 1945–1946. Berlin 4. Aufl. 1989, 9. Aufl. 1990 (engl. Originaltitel: Other Losses. Toronto 1989), TB-Ausgabe München 1992

Badstübner, Rolf: Code »Terminal«. Die Potsdamer Konferenz. Berlin-Ost 1985

Befreiung und Neubeginn. Zur Stellung des 8. Mai 1945 in der deutschen Geschichte. Wissenschaftl. Red.: Bernhard Weißel. Berlin-Ost 1968

Benz, Wolfgang: Potsdam 1945. Besatzungsherrschaft und Neuaufbau im Vier-Zonen-Deutschland. München 1986

Bidlingmaier, Ingrid: Entstehung und Räumung der Ostseebrückenköpfe 1945. Neckargemünd 1962

Blum, John M.: Deutschland ein Ackerland? Morgenthau und die amerikanische Kriegspolitik 1941–1945. Aus den Morgenthau-Tagebüchern. Düsseldorf 1968

Blumenstock, Friedrich: Der Einmarsch der Amerikaner und Franzosen im nördlichen Württemberg im April 1945. Stuttgart 1957

Böddeker, Günter: Der Untergang des Dritten Reiches. Mit den Berichten des Oberkommandos der Wehrmacht vom 6. Januar – 9. Mai 1945 und einer Bilddokumentation. München 1985

Böddeker, Günter: Die Flüchtlinge. Die Vertreibung der Deutschen im Osten. 4. Aufl. München 1985

Boelcke, Willi A.: Hitlers Befehle zur Zerstörung oder Lähmung des deutschen Industriepotentials 1944/45. In: Tradition 13 (1968), S. 301–316

Boltin, E. A./Rostschin, S. I.: Konnte die Sowjetarmee Berlin im Februar 1945 einnehmen? In: Zeitschrift für Militärgeschichte 5 (1966), S. 718–723

Bridgman, Jon: The End of the Holocaust. The Liberation of the Camps. London 1990

Brückner, Joachim: Kriegsende in Bayern 1945. Der Wehrkreis VII und die Kämpfe zwischen Donau und Alpen. Freiburg 1987

Brustal-Naval, Fritz: Unternehmen Rettung. 4. Aufl. Herford 1985

Buhite, Russell D.: Decisions at Yalta. Wilmington, Del. 1986

Carell, Paul/Böddeker, Günter: Die Gefangenen. Leben und Überleben deutscher Soldaten hinter Stacheldraht. Frankfurt–Berlin 1980, Neuaufl. 1990

Chiodo, Marco P.: Sie werden die Stunde verfluchen... Sterben und Vertreibung der Deutschen im Osten 1944–1949. München 1990

Christoffel, Edgar: Krieg am Westwall 1944/45. Das Grenzland im Westen zwischen Aachen und Saarbrücken in den letzten Kriegsmonaten. Trier 1989

Clauss, Max W.: Der Weg nach Jalta. Präsident Roosevelts Verantwortung. Heidelberg 1952

Clemens, Diane S.: Yalta. New York: Oxford Univ. Press 1970 (dt. Ausgabe u. d. T.: Jalta. Stuttgart 1972)

Conte, Arthur: Die Teilung der Welt. Jalta 1945. Düsseldorf 1965, Neuausgabe München 1967
Deuerlein, Ernst: Die Einheit Deutschlands. Bd. 1: Die Erörterungen und Entscheidungen der Kriegs- und Nachkriegskonferenzen 1941–1949. Darstellung, Dokumente. Frankfurt 2. Aufl. 1961
Deuerlein, Ernst: Deklamation oder Ersatzfrieden? Die Konferenz von Potsdam 1945. Stuttgart 1970
Deuerlein, Ernst: Potsdam 1945. Ende und Anfang. Köln 1970
Deutschland im zweiten Weltkrieg. Bd. 6: Die Zerschlagung des Hitlerfaschismus und die Befreiung des deutschen Volkes (Juni 1944 bis zum 8. Mai 1945). Von einem Autorenkollektiv unter Leitung von Wolfgang Schumann und Olaf Groehler. Berlin-Ost 1985
Deutschland 1945. Alltag zwischen Krieg und Frieden in Geschichten, Dokumenten und Bildern. Hrsg. v. Klaus Ruhl. Darmstadt 1984
Dullen, Allen/Gaevernitz, Gero v. S.: Unternehmen »Sunrise«. Die geheime Geschichte des Kriegsendes in Italien. Düsseldorf–Wien 1967
Elias, Norbert: Humana conditio. Beobachtungen zur Entwicklung der Menschheit am 40. Jahrestag eines Kriegsendes (8. Mai 1945). Frankfurt a. M. 1985
Elliot, Mark R.: Pawns of Yalta. Soviet refugees and America's role in their repatriation. Urbana: University of Ill. Press 1982
Euler, Helmuth: Die Entscheidungsschlacht an Rhein und Ruhr 1945. Stuttgart 3. Aufl. 1981
Faust, Fritz: Das Potsdamer Abkommen und seine völkerrechtliche Bedeutung. Frankfurt a. M. 1959, 4. Aufl. 1969
Feis, Herbert: Churchill, Roosevelt, Stalin. The War They Waged and the Peace They Sought. London 1957
Feis, Herbert: Japan Subdued – The Atomic Bomb and the End of the War in the Pacific. Princeton, N. J. 1961
Feis, Herbert: Zwischen Krieg und Frieden. Das Potsdamer Abkommen. Frankfurt a. M.–Bonn 1962
Fisch, Bernhard: Zur Begegnung von Sowjetsoldaten und deutschen Zivilisten in Ostpreußen 1944/45. In: Geschichte–Erziehung–Pädagogik 2 (1991), S. 320–330
Fisch, Jörg: Reparationen nach dem Zweiten Weltkrieg. München 1992
Fischer, Alexander: Sowjetische Deutschlandpolitik im Zweiten Weltkrieg 1941–1945. Stuttgart 1975
Fischer, Louis: The Road to Yalta. Soviet foreign relations 1941–1945. New York usw. 1972
Frieden im geteilten Europa 40 Jahre nach Jalta. Beiträge aus Ost und West. Dokumentation eines Diskussions-Forums in Berlin, Februar 1985. Hrsg. von der Initiatve Ost-West-Dialog. Berlin 1985

Gardner, Brian: 1945 oder Die versäumte Zukunft. Wien–Hamburg 1965

Gellermann, Günther W.: Die Armee Wenck – Hitlers letzte Hoffnung. Aufstellung, Einsatz und Ende der 12. deutschen Armee im Frühjahr 1945. Koblenz 1984

Gerdau, Kurt: »Albatros« – Rettung über See. 115 Tage bis zum Frieden. Herford 1984

Giovanitty, L./Freed, F.: The Decision to Drop the Bomb. London 1967

Girbig, Werner: ...mit Kurs auf Leuna. Die Luftoffensive gegen die Treibstoffindustrie und der deutsche Abwehreinsatz 1944–1945. Stuttgart 1980

Goguel, Rudi: »Cap Arcona«. Report über den Untergang der Häftlingsflotte in der Lübecker Bucht am 3. Mai 1945. Frankfurt a. M. 1972

Golücke, Friedhelm: Deutschlands Niederlage – eine Transportfrage? Der Altenbekener Eisenbahnviadukt im Bombenkrieg 1944/45. Schernfeld 1992

Graml, Hermann: Die Alliierten und die Teilung Deutschlands. Konflikte und Entscheidungen 1941–1948. Frankfurt a. M. 1985

Groehler, Olaf: Das Ende der Reichskanzlei. Berlin-Ost 3. ergänzte Aufl. 1976

Grube, Frank/Richter, Gerhard: Flucht und Vertreibung. Hamburg 1981

Gunter, Georg: Letzter Lorbeer. Vorgeschichte. Geschichte der Kämpfe in Oberschlesien von Januar bis Mai 1945. Darmstadt 1974

Hacker, Jens: Sowjetunion und DDR zum Potsdamer Abkommen. Köln 1968

Halle, Christian: Festung Alpen – Hitlers letzter Wahn. Wie es wirklich war. Ein Erlebnisbericht. Freiburg 1989

Hansen, Reimer: Das Ende des Dritten Reiches. Die deutsche Kapitulation 1945. Stuttgart 1966

Hastings, Max/Stevens, George: Victory in Europe. D-day to V-E day. Boston, Mass. usw. 1985

Haupt, Werner: 1945. Das Ende im Osten. Chronik vom Kampf in Ost- und Mitteldeutschland. Dorheim 1970

Haupt, Werner: Das Ende im Westen 1945. Bildchronik vom Kampf in Westdeutschland. Dorheim 1972

Haupt, Werner: Kurland. Die letzte Front. Schicksal von zwei Armeen. Bad Nauheim 1989

Hauptsache Frieden. Kriegsende. Befreiung. Neubeginn 1945–1949: Vom antifaschistischen Konsens zum Grundgesetz. Hrsg v. Peter Altmann. Frankfurt a. M. 1985

Heitmann, Jan: Das Ende des Zweiten Weltkrieges in Hamburg. Frankfurt a. M. usw. 1990

Hillgruber, Andreas: Zweierlei Untergang. Die Zerschlagung des Deutschen Reiches und das Ende des europäischen Judentums. Berlin 1986

Hnilicka, Karl: Das Ende auf dem Balkan 1944/45. Die militärische Räumung Jugoslawiens durch die deutsche Wehrmacht. Göttingen 1970 (= Studien und Dokumente zur Geschichte des Zweiten Weltkrieges, Bd. 13)

Irving, David: Der Untergang Dresdens. Gütersloh 1964

Italiaander, Rolf/Bauer, Arnold/Krafft, Herbert: Berlins Stunde Null 1945. Ein Bild/Text-Band. Düsseldorf 1979

Das Jahr '45. Dichtung, Bericht, Protokoll deutscher Autoren. Hrsg. von Hans Rauschning. Gütersloh 1970

Das Jahr 1945. Wege in die Freiheit: Erlebnisse und Ereignisse. Hrsg. von Peter Altmann. Frankfurt a. M. 1980

Jung, Hermann: Die Ardennen-Offensive 1944/45. Ein Beispiel für die Kriegführung Hitlers. Göttingen 1971

Die Kapitulation von 1945 und der Neubeginn in Deutschland. Symposium an der Universität Passau, 30.–31.10.1985. Hrsg. v. Winfried Becker. Köln–Wien 1987

Kee, Robert: 1945. The world we fought for. London 1986

Kegel, Gerhard: Ein Vierteljahrhundert danach. Das Potsdamer Abkommen und was aus ihm geworden ist. Berlin-Ost 1970

Kettenacker, Lothar: Krieg zur Friedenssicherung. Die Deutschlandplanung der britischen Regierung während des Zweiten Weltkrieges (= Veröffentlichungen des Deutschen Historischen Instituts London, Bd. 22). Göttingen–Zürich 1989

Kissel, Hans: Der Deutsche Volkssturm 1944/45. Eine territoriale Miliz im Rahmen der Landesverteidigung. Berlin–Frankfurt a. M. 1962

Kogelfranz, Siegfried: Das Erbe von Jalta. Die Opfer und die Davongekommenen. Reinbek 1985

Kösters, Hans G.: Essen Stunde Null. Die letzten Tage, März/April 1945. Düsseldorf 1982

Kolko, Gabriel: The Politics of War. The World and United States Foreign Policy, 1943–1945. New York 1968

Kowalski, Hans-Günther: Die »European Advisory Commission« als Instrument alliierter Deutschlandplanung 1943–1945. In: Vierteljahrshefte für Zeitgeschichte 19 (1971), S. 261–293

Kramp, Hans: Ruhrfront 1944/45. Zweite Schlacht am Hubertuskreuz zwischen Wurm, Ruhr und Inde. Geilenkirchen 1981

Kuby, Erich: Die Russen in Berlin 1945. München 1965, Gütersloh 1980

Kuhn, Ekkehard: Nicht Rache, nicht Vergeltung. Die deutschen Vertriebenen. München–Wien 1987
Kurowski, Franz: Armee Wenck. Die 12. Armee zwischen Elbe und Oder 1945. Neckargemünd 1967
Kurowski, Franz: Bedingungslose Kapitulation. Inferno in Deutschland 1945. Leoni am Starnberger See 1983
Kurtz, Michael, J.: Nazi Contraband: American Policy on the Return of the European Cultural Treasures, 1945–1955. New York 1985
Laloy, Jean: Wie Stalin Europa spaltete. Die Wahrheit über Jalta. Aus dem Französischen von Markus Schmid. Wien–Darmstadt 1990
Landesgeschichte und Zeitgeschichte: Kriegsende 1945 und demokratischer Neubeginn am Oberrhein. Hrsg. von Hannsmartin Schwarzmaier (= Oberrheinische Studien, Bd. 5). Karlsruhe 1980
Lee, R. A.: Harry S. Truman. Where Did the Buck Stop? New York 1991
Lehmann, Albrecht: Im Fremden ungewollt zuhaus. Flüchtlinge und Vertriebene in Westdeutschland 1945–1990. München 1991
Leiwig, Heinz: Finale 1945 Rhein-Main. Düsseldorf 1985
Die letzten hundert Tage. Das Ende des Zweiten Weltkrieges in Europa und Asien. Hrsg. von Hans Dollinger. Wiss. Beratung: Hans-Adolf Jacobsen. München 1965
Longmate, Norman: When we won the war. The story of victory in Europe, 1945. London 1977
Loth, Wilfried: Die Teilung der Welt. Geschichte des Kalten Krieges 1941–1955. München 1980
Loth, Wilfried: Weltpolitische Zäsur 1945. Der Zweite Weltkrieg und der Untergang des alten Europa. In: Nicht nur Hitlers Krieg. Hrsg. von Christoph Kleßmann. Düsseldorf 1989, S. 99–112
Lucas, James. Last Days of the Reich. The collapse of Nazi Germany, May 1945. London usw. 1986
Luedde-Neurath, Walter: Regierung Dönitz. Die letzten Tage des Dritten Reiches. Mit einem Nachwort »Die Regierung Dönitz in der heutigen wissenschaftlichen Forschung« von Walter Baum. Göttingen 3. erw. Aufl. 1964
Mabire, Jean: Berlin im Todeskampf 1945. Französische Freiwillige der Waffen-SS als letzte Verteidiger der Reichskanzlei. Preußisch-Oldendorf 1977
Magenheimer, Heinz: Abwehrschlacht an der Weichsel 1945. Vorbereitung, Ablauf, Erfahrungen. Freiburg 1976
Mammach, Klaus: Der Volkssturm. Das letzte Aufgebot 1944/45. Berlin-Ost 1981 (Lizenzausgabe Köln 1981)
Marienfeld, Wolfgang: Konferenzen über Deutschland. Die alliierte Deutschlandplanung und -politik 1941–1949. Hannover 1962

Mastny, Vojtech: Moskaus Weg zum Kalten Krieg. Von der Kriegsallianz zur sowjetischen Vormachtstellung in Osteuropa. München 1980 (engl. Original New York 1979)

McKee, Alexander: Dresden 1945. Das deutsche Hiroshima. Wien–Hamburg 1983

McNeill, William H.: America, Britain and Russia. Their Cooperation and Conflict 1941–1946. London–New York 1953

The Meaning of Yalta. Big Three diplomacy and the new balance of power. Ed. by John L. Snell. Baton Rouge 1958

Meissner, Boris: Rußland, die Westmächte und Deutschland. Die sowjetische Deutschlandpolitik 1943–1953. Hamburg 1953

Messerschmidt, Manfred: Die Wehrmacht in der Endphase. Realität und Perzeption. In: Aus Politik und Zeitgeschichte. Beilage zur Wochenzeitung Das Parlament Nr. B 32–33/89 vom 4. 8. 1989, S. 33–46

Messerschmidt, Manfred: Krieg in der Trümmerlandschaft. »Pflichterfüllung« wofür? In: Überleben im Krieg. Hrsg. von Ulrich Borsdorf und Mathilde Jamin. Reinbek 1989, S. 169–178

Mierzejewski, Alfred M.: The Collapse of the German War Economy, 1944–1945. Allied Air Power and the German National Railway. Chapel Hill–London 1988

Mitzka, Herbert: Zur Geschichte der Massendeportation der Ostdeutschen in die Sowjetunion im Jahre 1945. Ein historisch-politischer Beitrag. Einhausen 1985

Möller, Kurt Detlev: Das letzte Kapitel. Geschichte der Kapitulation Hamburgs. Hamburg 1947

Moltmann, Günter: Die Genesis der Unconditional-Surrender-Forderung. In: Probleme des Zweiten Weltkrieges. Hrsg. Andreas Hillgruber. Köln–Berlin 1967, S. 171–198 (auch in: Wehrwissenschaftliche Rundschau 6 (1956), S. 105–118, 177–188)

Moser, Arnulf: Das französische Befreiungskomitee auf der Insel Mainau und das Ende der deutsch-französischen Collaboration 1944/45. Sigmaringen 1980

Müller, Rolf-Dieter/Ueberschär, Gerd R./Wette, Wolfram: Wer zurückweicht wird erschossen! Kriegsalltag und Kriegsende in Südwestdeutschland 1944/45. Freiburg 1985

Münkler, Herfried: Machtzerfall. Die letzten Tage des Dritten Reiches dargestellt am Beispiel der hessischen Kreisstadt Friedberg. Berlin 1985

Murawski, Erich: Die Eroberung Pommerns durch die Rote Armee. Boppard 1969

Nawratil, Heinz: Vertreibungsverbrechen an Deutschen. München 1982

Nawratil, Heinz: Die deutschen Nachkriegsverluste unter Vertriebenen, Gefangenen und Verschleppten. Frankfurt a. M.–Berlin 1988
1945. Deutschland in der Stunde Null. Hrsg. von Wolfgang Malanowski. Hamburg 1985
1945. Ein Jahr in Dichtung und Bericht. Hrsg. von Hans Rauschning. Frankfurt a. M. 1965
Die Niederlage, die eine Befreiung war. Das Lesebuch zum 8. Mai 1945. Hrsg. von Ilse Brusis. Köln 1985
Niehaus, Werner: Endkampf zwischen Rhein und Weser. Nordwestdeutschland 1945. Stuttgart 1983
Nisbet, Robert. Roosevelt und Stalin. München 1992
Paul, Wolfgang: Der Endkampf um Deutschland 1945. Esslingen 1976
Pocock, Tom: 1945. The dawn came up like thunder. London usw. 1983
Posset, Anton: Das Ende des Holocaust in Bayern. In: Geschichtswerkstatt H. 19 (1989), S. 29–40
Potsdam und die deutsche Frage. Mit Beiträgen von Ernst Deuerlein, Alexander Fischer, Eberhard Menzel und Gerhard Wettig. Köln 1970
Rauchensteiner, Manfred: Der Krieg in Österreich 1945. Wien 1984
Rein, Heinz: Finale Berlin. Frankfurt a. M. 1980
Ressing, Gerd: Versagte der Westen in Jalta und Potsdam? Ein dokumentierter Wegweiser durch die alliierten Kriegskonferenzen. Frankfurt a. M. 1970
Rhodos, Richard: Die Atombombe oder Die Geschichte des 8. Schöpfungstages. Nördlingen 1988
Riedel, Hermann: Ausweglos...! Letzter Akt des Krieges im Schwarzwald, in der Ostbaar und an der oberen Donau Ende April 1945. Villingen–Schwenningen 1975, 3. Aufl. 1976
Riedel, Hermann: Halt! Schweizer Grenze! Das Ende des Zweiten Weltkrieges im Südschwarzwald und am Hochrhein in dokumentarischen Berichten deutscher, französischer und Schweizer Beteiligter und Betroffener. Konstanz 1983, 2. Aufl. 1984
Rose, Arno: Werwolf 1944–1945. Stuttgart 1980
Rose, Arno: Rammjäger. Radikaler Luftkampf. Stuttgart 1977
Rozanov, German L.: Das Ende des Dritten Reiches. Berlin-Ost 1965
Schäufler, Hans: 1945 – Panzer an der Weichsel. Soldaten der letzten Stunde. Stuttgart 1979
Schnabel, Thomas/Ueberschär, Gerd R.: Endlich Frieden! Das Kriegsende in Freiburg 1945. Freiburg 1985
Schön, Heinz: Ostsee '45. Menschen, Schiffe, Schicksale. Stuttgart 2. Aufl. 1984

Schultz-Naumann, Joachim: Mecklenburg 1945. Mit einem Vorwort von Andreas Hillgruber. München 1989

Schwan, Heribert/Steininger, Rolf: Besiegt, besetzt, geteilt. Von der Invasion bis zur Spaltung Deutschlands. Oldenburg usw. 1979

Schwan, Heribert/Steininger, Rolf: Als der Krieg zu Ende ging. Berlin 1981

Seidler, Franz W.: »Deutscher Volkssturm«. Das letzte Aufgebot 1944/45. München 1989

Sherwin, Martin J.: A World Restored. The Atomic Bomb and The Grand Alliance. New York 1975

Sherwood, Robert E.: Roosevelt and Hopkins. An Intimate History. New York 1948

Sigal, Leon V.: Fighting to a Finish: The Politics of War Termination in the United States and Japan, 1945. Ithaca, N.Y. 1988

Sipols, V.J./Cel'sev, I.A./Belezki, V.N.: Jalta–Potsdam: Basis der europäischen Nachkriegsordnung. Berlin-Ost 1985

Smith, Arthur L.: Churchills deutsche Armee. Die Anfänge des kalten Krieges 1943–1947. Bergisch Gladbach 1978 (engl. Original London 1977)

Smith, Arthur L.: Heimkehr aus dem Zweiten Weltkrieg. Die Entlassung der deutschen Kriegsgefangenen. Stuttgart 1985 (= Schriftenreihe der Vierteljahrshefte für Zeitgeschichte, Nr. 51)

Smith, Bradley/Agarossi, Elena: Unternehmen »Sonnenaufgang«. Köln 1981

Snell, John L.: The Meaning of Yalta. Big Three Diplomacy and the Balance of Power. Toronto 1956

Snell, John L.: Wartime Origins of the East-West-Dilemma Germany. New Orleans 1959

Steinert, Marlis G.: Die 23 Tage der Regierung Dönitz. Düsseldorf 1967

Ströbinger, Rudolf: Poker um Prag. Die frühen Folgen von Jalta. Zürich 1985

Sulzberger, Cyrus Leo: Such a peace. The roots and ashes of Yalta. New York 1982

Thies, Jochen/Daak, Kurt von: Südwestdeutschland Stunde Null. Die Geschichte der französischen Besatzungszone 1945–1948. Ein Bild/Text-Band. Düsseldorf 1979

Thorwald, Jürgen: Die große Flucht. Es begann an der Weichsel. Das Ende an der Elbe. Stuttgart 1962

Tieke, Wilhelm: Das Ende zwischen Oder und Elbe – Der Kampf um Berlin. Stuttgart 1981

Tissier, Tony Le: Der Kampf um Berlin 1945. Von den Seelower Höhen zur Reichskanzlei. Berlin 1991

Toland, John: Das Finale. Die letzten hundert Tage. München–Zürich 1968 (engl. Original New York 1966)
Tolstoy, Nikolai: Victims of Yalta. London usw. 1977
Trevor-Roper, Hugh R.: Hitlers letzte Tage. Frankfurt a. M. 1965
Ueberschär, Gerd R./Müller, Rolf-D.: Deutschland am Abgrund. Zusammenbruch und Untergang des Dritten Reiches 1945. Konstanz 1986
Die Unfähigkeit zu feiern. Der achte Mai. Hrsg. von Norbert Seitz. Mit Beiträgen von Lothar Baier u. a. Frankfurt a. M. 1985
Vagts, Alfred: Unconditional Surrender – Vor und nach 1943. In: Vierteljahrshefte für Zeitgeschichte 7 (1959), S. 280–309
Die Vertreibung der Deutschen aus dem Osten. Ursachen, Ereignisse, Folgen. Hrsg. von Wolfgang Benz. Frankfurt a. M. 1985
Vierheller, Viktoria: Polen und die Deutschland-Frage 1939–1949. Köln 1970
Wagner, Wolfgang: Die Teilung Europas. Geschichte der sowjetischen Expansion bis zur Spaltung Deutschlands 1918–1945. Stuttgart 1960
Wagner, Wolfgang: Die Entstehung der Oder-Neiße-Linie in den diplomatischen Verhandlungen während des Zweiten Weltkrieges. Marburg 3. erw. Aufl. 1968
Wegmann, Günter: Das Kriegsende zwischen Ems und Weser 1945. Osnabrück 1982
Weidauer, Walter: Inferno Dresden. Über Lügen und Legenden um die Aktion »Donnerschlag«. Berlin-Ost 6. Aufl. 1987
Weidenfeld, Werner: Jalta und die Teilung Deutschlands. Schicksalsfrage für Europa. Andernach 1969
Weizsäcker, Richard von: Zum 40. Jahrestag der Beendigung des Krieges in Europa. Ansprache am 8. Mai 1985. Bonn 1985
Werner, Hermann: Tübingen 1945. Hrsg. von Manfred Schmid. Stuttgart 1986
Westdeutschland 1945–1955. Unterwerfung, Kontrolle, Integration. Hrsg. von Ludolf Herbst. München 1986
Whitaker, Denis und Shelag: Endkampf am Rhein. Der Vormarsch der Westalliierten 1944/45. Berlin 1991
Whiting, Charles: The End of the War. Europa: April 15 – May 23, 1945. New York 1973
Whiting, Charles: Norddeutschland Stunde Null, April–September 1945. Düsseldorf 1980
Whiting, Charles: '45. The final drive from the Rhine to the Baltic. London 1985
Zámecmik, Stanislav: Kein Häftling darf lebend in die Hände des Feindes fallen. Zur Existenz des Himmler-Befehls vom 14./18. April 1945. In: Dachauer Hefte 1 (1985), S. 219–231

Zayas, Alfred M. de: Die Anglo-Amerikaner und die Vertreibung der Deutschen. Vorgeschichte, Verlauf, Folgen. München 6. erw. Aufl. 1981 (Original engl. London 1977)

Zayas, Alfred M. de: Anmerkungen zur Vertreibung der Deutschen aus dem Osten. Stuttgart 1986

Zerstört, besiegt, befreit. Der Kampf um Berlin bis zur Kapitulation 1945. Bearb.: Hans-N. Burkert, Klaus Matußek und Doris Obschernitzki. Berlin 2. Aufl. 1985 (= Stätten der Geschichte Berlins, Bd. 7. Hrsg. von Mitarbeitern des Pädagogischen Zentrums Berlin).

Ziemke, Earl F.: Die Schlacht um Berlin. Rastatt 1982

Zusammenbruch oder Befreiung? Zur Aktualität des 8. Mai 1945. Hrsg. von Ulrich Albrecht u. a. Berlin 1986

Abkürzungsverzeichnis

AA, A.A.	Auswärtiges Amt
a.a.O.	am angegebenen Ort
Abt.	Abteilung
ADAP	Akten zur deutschen auswärtigen Politik
A.K., AK	Armeekorps
Anh.	Anhang
Anl.	Anlage
Anm.	Anmerkung
AOK, A.O.K.	Armeeoberkommando
Aufl.	Auflage
b.	beim
BA	Bundesarchiv Koblenz
BA-MA	Bundesarchiv-Militärarchiv Freiburg
BA-MZA	Bundesarchiv-Militärisches Zwischenarchiv Potsdam
BBC	British Broadcasting Company
Bd., Bde.	Band, Bände
BdE	Befehlshaber des Ersatzheeres
Bearb.	Bearbeiter, bearbeitet
Bef., Befh.	Befehlshaber
Chefadj.	Chefadjutant
ChefGenSt	Chef des Generalstabes
Chef d. St.	Chef des Stabes
CIA	Central Intelligence Agency
Chefs.	Chefsache (Geheimhaltungsgrad)
ČSR	Tschechoslowakei
DAF	Deutsche Arbeitsfront
DDR	Deutsche Demokratische Republik
d. i.	das ist
Diss.	Dissertation
Dok.	Dokument
dt.	deutsch
EAC	European Advisory Commission

ebda.	ebenda
ed.	edited (herausgegeben)
F. H. Qu.	Führerhauptquartier
Flak	Flugabwehrkanone
FRUS	Foreign Relations of the United States
geb.	geboren
geh., g.	geheim
Gen.	General
Gen. d. Art.	General der Artillerie
Gen. d. Inf.	General der Infanterie
Gen. d. Geb. Tr.	General der Gebirgstruppe
Gen. d. Kav.	General der Kavallerie
Gen. d. Pz. Tr.	General der Panzertruppe
Gen. Feldm.	Generalfeldmarschall
Gen. Kdo.	Generalkommando
Gen. Lt.	Generalleutnant
Gen. Maj.	Generalmajor
Gen. Oberst	Generaloberst
GenQu, Gen. Qu.	Generalquartiermeister im OKH
GenSt	Generalstab
GenStdH	Generalstab des Heeres
Gestapo	Geheime Staatspolizei
gez.	gezeichnet
GFM	Generalfeldmarschall
g. K., g. Kdos.	geheime Kommandosache (Geheimhaltungsgrad)
Gr.	Gruppe
g. Rs.	geheime Reichssache (Geheimhaltungsgrad)
GWU	Geschichte in Wissenschaft und Unterricht
H	Heer; Heft
H. Gr.	Heeresgruppe
HJ	Hitlerjugend
HLKO	Haager Landkriegsordnung von 1907
H. Qu.	Hauptquartier
Hg., Hrsg.	Herausgeber
Höh. Kdo	Höheres Kommando
HSSPF	Höherer SS- und Polizeiführer
i. A.	im Auftrag
I. D.	Infanteriedivision
IfZ	Institut für Zeitgeschichte München
i. G.	im Generalstab
I.G. Farben	Interessengemeinschaft Farbenindustrie A. G.

IMG, IMT	Internationaler Militärgerichtshof
Inf. Div.	Infanteriedivision
JCS	Joint Chiefs of Staff
K	Karabiner
Kdo.	Kommando
Kdr.	Kommandeur
Kgf., Kr. Gef.	Kriegsgefangene
Korück	Kommandant des rückwärtigen Armeegebiets
Kp., Kpn.	Kompanie(n)
KPdSU	Kommunistische Partei der Sowjetunion
KTB	Kriegstagebuch
KZ	Konzentrationslager
L	Abteilung Landesverteidigung im OKW/WFSt
LKW, Lkw	Lastkraftwagen
Lw.	Luftwaffe
Me	Messerschmitt (Firmenname; Typenbezeichnung für Flugzeug)
MGFA	Militärgeschichtliches Forschungsamt
MGM	Militärgeschichtliche Mitteilungen
Mil.	Militär
MS	maschinenschriftliches Manuskript (Typoskript)
N, NL	Nachlaß
Nr.	Nummer
NS	nationalsozialistisch
NSDAP	Nationalsozialistische Deutsche Arbeiterpartei
NSKK	Nationalsozialistisches Kraftfahrkorps
NOKW	Nürnberger Dokument OKW-Prozeß
OB, Ob.	Oberbefehlshaber
Ob. d. L.	Oberbefehlshaber der Luftwaffe
Ob. d. M.	Oberbefehlshaber der Kriegsmarine
Ob. Kdo.	Oberkommando
Ob. West	Oberbefehlshaber West
Offz.	Offizier
o. J.	ohne Jahresangabe
OKH	Oberkommando des Heeres
OKL	Oberkommando der Luftwaffe
OKM	Oberkommando der Kriegsmarine
OKW	Oberkommando der Wehrmacht
o. O.	ohne Ortsangabe
Op.	Operations-
Op. Abt.	Operationsabteilung
PA	Politisches Archiv des Auswärtigen Amtes

Abkürzungsverzeichnis

Pz.	Panzer
Pz. AOK	Panzerarmee-Oberkommando
Qu	Quartiermeister
RAD	Reichsarbeitsdienst
RAF	Royal Air Force
R. d. L. u. Ob. d. L.	Reichsminister der Luftfahrt und Oberbefehlshaber der Luftwaffe
Red.	Redaktion
RGBl	Reichsgesetzblatt
RFSS	Reichsführer-SS
röm.	römisch (Zählung in römischen Zahlen)
Rs.	Reichssache
RSHA	Reichssicherheitshauptamt
S	Seite
SA	Sturmabteilung der NSDAP
SCAEF	Supreme Commander Allied Expeditionary Forces
SD	Sicherheitsdienst
SHAEF	Supreme Headquarters of Allied Expeditionary Forces
s. o.	siehe oben
sowjet.	sowjetisch
SS	Schutzstaffel der NSDAP
S. U.	Sowjetunion
s. w.	südwest
to.	Tonne
u. a.	unter anderem; und andere
UdSSR, USSR	Union der Sozialistischen Sowjetrepubliken
u. d. T.	unter dem Titel
U. K.	United Kingdom (Großbritannien)
USA	United States of America
v.	von
V 1	Vergeltungswaffe 1
V 2	Vergeltungswaffe 2 (Rakete)
Verf.	Verfasser
VfZG	Vierteljahrshefte für Zeitgeschichte
vgl.	vergleiche
v. H.	von Hundert (Prozent)
vol.	volume
vollst.	vollständig
W	Wehrmacht
Wehrm.	Wehrmacht

WFSt	Wehrmachtführungsstab (20.11.1939–8.8.1940 Wehrmachtführungsamt) im OKW
Wm.	Wehrmacht
z. B.	zum Beispiel
z. b. V.	zur besonderen Verwendung (Verfügung)
Ziff.	Ziffer
zit.	zitiert
z. T.	zum Teil
zus.	zusammen

Personenregister

Abramowitz, Moses 196–199
Antonescu, Ion 97
Attlee, Clement R. 125, 130f., 134
Axmann, Arthur 125, 86

Backe, Herbert 176
Barbie, Klaus 94
Becher, Kurt 88, 91f.
Below, Nicolaus v. 177
Beneš, Eduard 121
Bernadotte, Graf Folke 83
Bersarin, Nikolai E. 85, 193–195
Bevin, Ernest 131, 134
Bismarck-Schönhausen, Fürst Otto v. 95, 110, 141
Blaskowitz, Johannes 75
Boldt, Gerhard 182f.
Bormann, Martin 43, 45f., 50, 83, 86, 94, 97, 99f., 143, 155f., 168, 175–177, 182
Bradley, Omar N. 72, 74f.
Brandstädter (Oberst) 164, 170–172
Braun, Eva 32, 85
Brinon, Fernand de 98
Burgdorf, Wilhelm 86, 164, 176, 182
Byrnes, James F. 131f., 134

Chamberlain, Arthur Neville 12
Churchill, Sir Winston S. 12, 14–20, 35, 38–41, 72, 109, 118f., 121, 125–128, 130–132, 183f.
Clercq, Gustave (Staf) de 95

Davies, Joseph E. 131
Déat, Marcel 95, 98
Degrelle, Léon 95, 97
Devers, Jacob L. 72, 76
Dietrich, Sepp 62
Dönitz, Karl 50, 82f., 85f., 100–106, 108f., 128, 175f., 181
Doriot, Jacques 95, 98
Douhet, Guilio 35
Dulles, Alan F. 102

Eastland (Senator) 124
Eden, Sir Robert Anthony 119, 121, 131, 190f.
Ehrenburg, Ilja 113f.
Eichmann, Adolf 88, 94, 143
Eisenhower, Dwight D. 72, 75, 78, 104–106, 109, 192f., 202, 214
Ellgering, Theodor 158–161
Engelhardt, Konrad 116
Erhard, Ludwig 54

Fegelein, Hermann 83
Franco, Francisco Bahamonde 95
Frank, Hans 104
Friedeburg, Hans-Georg von 104, 106, 109, 180
Friedrich der Große 157
Funk, Walther 156, 176

Gaulle, Charles de 76
Giesler, Paul 26, 175
Goebbels, Joseph 27, 34, 36, 39, 44, 46, 49, 69, 81f., 84–86, 97, 99f., 112, 142, 156, 175–177
Göring, Hermann 27, 34, 82f., 175
Greim, Robert Ritter von 83, 106, 176
Gromyko, Andrei A. 131
Gussew, F. G. 190

Hanke, Karl 62f., 175f.
Harpe, Josef 60
Harris, Sir Arthur T. 35, 38, 41
Hassenstein, v. (Oberst) 156
Hausser, Paul 76
Heinrici, Gotthard 65
Hillgruber, Andreas 147
Himmler, Heinrich 13, 30, 36, 45, 48–50, 62, 80, 82f., 87f., 91–94, 97, 103, 108f., 142, 155f., 158, 171, 175
Hilpert, Carl 107
Hirohito, jap. Kaiser 12, 135, 143
Hitler, Adolf 11–15, 17, 23, 25–27, 31f., 34f., 37, 42–44, 48–53, 56–60, 62,

64f., 67–69, 71, 74–76, 78–87, 89f.,
93–96, 98–103, 108, 112f., 117, 121f.,
141f., 146, 154f., 162–164, 167–170,
172–177, 181–183
Horthy von Nagybánya, Miklós 97
Hübner, Rudolf 51, 164
Hupfauer, Theodor 176

Jodl, Alfred 104f.

Kammler, Hans 90
Keitel, Wilhelm 71, 106, 163, 180
Kersten, Felix 88
Kesselring, Albert 103
Koch, Erich 62f., 113
Koenig, Pierre 214
Körner, Theodor 45
Konjew, Iwan S. 65, 83
Kopelew, Lew 114
Kraus, Werner 45, 155
Krebs, Hans 82, 86, 176, 182
Kuschtschow (Generalmajor) 195
Kyrill, Prinz und Regent von Bulgarien 97

Lattre de Tassigny, Jean de 76, 78, 106, 181, 202
Laval, Pierre 95, 98
Leahy, William D. 134
Lewis, Robert 211f.
Ley, Robert 176

Mannerheim, Freiherr Carl Gustav von 96
Mikolajczyk, Stanislaw 129
Model, Walter 74
Mohnke, Wilhelm 84, 86
Molotow, Wjatscheslaw M. 19, 131f., 134, 191
Montgomery, Bernard L. 72, 75, 103, 202, 214
Morgenthau, Henry jr. 17, 55
Mussert, Anton 95, 97
Mussolini, Benito 80, 85, 94–97

Naumann, Werner 86, 176

Oppenhoff, Franz 50
Osobka-Morawski, Edward 129

Parsons (Captain) 211
Patton, George S. 72, 74–76
Pavelić, Ante 95, 97
Petacci, Claretta 96
Pétain, Philippe 95, 98

Portal, Sir Charles 39
Prützmann, Hans 49

Quisling, Vidkun 95, 97

Reinhardt, Georg-Hans 60
Reitsch, Hanna 83
Rendulic, Lothar 62
Ribbentrop, Joachim v. 103
Roosevelt, Franklin D. 14–19, 22, 34, 101, 121, 125, 127, 183f.
Russell, Bertrand 26
Rust, Bernhard 26

Salisch, v. (SS-Standartenführer) 156
Sauckel, Fritz 25–27, 45
Saur, Karl 176
Scheel, Gustav-Adolf 176
Schepmann, Wilhelm 45, 155
Schörner, Ferdinand 62, 176
Scholtz-Klink, Gertrud 32
Schukow, Georgi K. 65, 67, 83, 106, 181, 202, 214
Schulz, Friedrich 76
Schwerin von Krosigk, Lutz Graf 103, 106, 176
Seydlitz-Kurzbach, Walther v. 157
Seyß-Inquart, Arthur 175
Solschenizyn, Alexander 114
Spaatz, Carl 106, 181
Speer, Albert 51–53, 56, 71, 82, 111, 117, 167
Stalin, Josef V. 11f., 14–22, 26f., 60, 97, 102, 106, 118–121, 125–128, 130–134, 136, 139, 145f., 157
Stauffenberg, Claus Schenk Graf von 99
Steiner, Felix 83
Stettinus, Edward R. Jr. 119
Stumpff, Hans-Jürgen 106, 180
Szálasi, Ferenc 97

Tedder, Arthur W. 106, 181
Thierack, Otto G. 50, 161f., 176
Tibbets, Paul 211f.
Tiso, Josef 97
Todt, Fritz 52f.
Truman, Harry S. 121, 125f., 128, 130–132, 134
Tschuikow, Wassili I. 86

Wagner, Robert 45, 165f.
Wasinskij, Alexander 63
Weidling, Helmuth 83, 85f.
Wenck, Walther 82, 102

Wilhelm II., deutscher Kaiser 14
Wilson, Woodrow 15
Winant, John G. 190
Wlassow, Andrei A. 97, 104

Wyschinski, Andrei J. 131
Wöhler, Otto 166

Yamaguchi, Tsutomo 212f.

Die Zeit des Nationalsozialismus

Eine Buchreihe
Herausgegeben von Walter H. Pehle

Götz Aly/
Susanne Heim
**Vordenker der
Vernichtung**
Auschwitz und die
deutschen Pläne für
eine neue europäische Ordnung
Band 11268

Ralph Angermund
Deutsche Richterschaft 1919 - 1945
Band 10238

Avraham Barkai
Das Wirtschaftssystem des Nationalsozialismus
Ideologie, Theorie,
Politik 1933-1945
Band 4401

Ute Benz/
Wolfgang Benz (Hg.)
**Sozialisation und
Traumatisierung**
Kinder in der
Zeit des Nationalsozialismus
Band 11067

Wolfgang Benz (Hg.)
**Herrschaft und
Gesellschaft im
nationalsozialistischen Staat**
Band 4435

(Hg.) Wolfgang Benz/
Hans Buchheim/
Hans Mommsen
Der Nationalsozialismus
Band 11984

(Hg.) Wolfgang Benz/
Angelika Schardt
**Deutsche Kriegsgefangene im
Zweiten Weltkrieg**
Erinnerungen
Band 11918
(in Vorbereitung)

Dirk Blasius/
Dan Diner (Hg.)
**Zerbrochene
Geschichte**
Leben und
Selbstverständnis
der Juden in
Deutschland
Vom Mittelalter
bis zur Gegenwart
Band 10524

Fischer Taschenbuch Verlag

Die Zeit des Nationalsozialismus

Eine Buchreihe
Herausgegeben von Walter H. Pehle

Horst Boog/
Jürgen Förster/
Joachim Hoffmann/
Ernst Klink/
Rolf-Dieter Müller/
Gerd R. Ueberschär
**Der Angriff auf
die Sowjetunion**
Band 11008

A. von Borries (Hg.)
**Selbstzeugnisse des
deutschen Judentums 1861-1945**
Band 4357

Wilhelm Deist/
M. Messerschmitt/
Hans E. Volkmann/
Wolfram Wette
**Ursachen und
Voraussetzungen
des Zweiten Weltkrieges.** Band 4432

Georg Denzler/
Volker Fabrizius
**Christen und
Nationalsozialisten**
Band 11871
**Die Kirchen im
Dritten Reich**
Christen und Nazis
Hand in Hand?
Band 2: Dokumente. Band 4321

Dan Diner (Hg.)
**Ist der Nationalsozialismus
Geschichte?**
Zu Historisierung
und Historikerstreit
Band 4391
Zivilisationsbruch
Denken nach
Auschwitz
Band 4398

Hans Dollinger(Hg.)
**Kain, wo ist
dein Bruder?**
Was der Mensch im
Zweiten Weltkrieg
erleiden mußte -
dokumentiert in
Tagebüchern und
Briefen. Bd. 4374

Bernd Eichmann
**KZ-Gedenkstätten
in Europa**
Band 11781
(in Vorbereitung)

Gustave M. Gilbert
**Nürnberger
Tagebuch**
Band 1885

Albrecht Goes
Das Brandopfer
Erzählung. Bd. 1524

Fischer Taschenbuch Verlag

Die Zeit des Nationalsozialismus

Eine Buchreihe
Herausgegeben von Walter H. Pehle

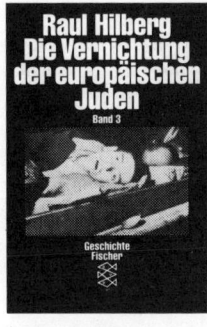

Günter Grau (Hg.)
Homosexualität in der NS-Zeit
Band 11254

Sebastian Haffner
Anmerkungen zu Hitler
Band 3489

Jost Hermand
Als Pimpf in Polen
Erweiterte Kinderlandverschickung
1940-1945
Band 11321

Raul Hilberg
Die Vernichtung der europäischen Juden
Drei Bände in Kass.
Band 4417

Eberhard Jäckel/
Jürgen Rohwer (Hg.)
Der Mord an den Juden im Zweiten Weltkrieg
Band 4380

Wieslaw Kielar
Anus Mundi
Fünf Jahre Auschwitz
Band 3469

Ernst Klee
»Euthanasie« im NS-Staat
Band 4326
Persilscheine und falsche Pässe
Wie die Kirchen den Nazis halfen
Band 10956

Ernst Klee
Was sie taten - Was sie wurden
Ärzte, Juristen und andere Beteiligte am Kranken- und Judenmord
Band 4364
»Die SA Jesu Christi«
Die Kirche im Banne Hitlers
Band 4409

Ernst Klee (Hg.)
Dokumente zur »Euthanasie« im NS-Staat
Band 4327

Fischer Taschenbuch Verlag

fi 1710 / 5 c

Die Zeit des Nationalsozialismus

Eine Buchreihe
Herausgegeben von Walter H. Pehle

(Hg.) Eugen Kogon/
Hermann Langbein/
A. Rückerl u.a.
Nationalsozialistische Massentötungen durch Giftgas
Eine Dokumentation. Band 4353

Helmut Krausnick
Hitlers Einsatzgruppen
Die Truppe des Weltanschauungskrieges 1938 - 1942
Band 4344

Hermann Langbein
...nicht wie die Schafe zur Schlachtbank
Band 3486

Georg Lilienthal
Der »Lebensborn e. V.«
Ein Instrument nationalsozialistischer Rassenpolitik
Band 11061

Karl Löwith
Mein Leben in Deutschland vor und nach 1933
Band 5677

A. Mitscherlich/
Fred Mielke (Hg.)
Medizin ohne Menschlichkeit
Dokumente der Nürnberger Ärzteprozesse
Band 2003

George L. Mosse
Die Geschichte des Rassismus in Europa
Band 10237

Rolf-Dieter Müller
Hitlers Ostkrieg und die deutsche Siedlungspolitik
Band 10573

Rolf-Dieter Müller/
Gerd R. Ueberschär
Kriegsende 1945
Die Zerstörung des deutschen Nationalstaates
Band 10837

Fischer Taschenbuch Verlag

Die Zeit des Nationalsozialismus

Eine Buchreihe
Herausgegeben von Walter H. Pehle

Hertha Nathorff
Das Tagebuch der Hertha Nathorff
Berlin - New York
Aufzeichnungen
1933 - 1945
Band 4392

Der Nationalsozialismus
Dokumente
1933-1945
Walther Hofer (Hg.)
Band 6084

Franz Neumann
Behemoth
Struktur und Praxis des Nationalsozialismus 1933-1944
Band 4306

E. Oberländer (Hg.)
Hitler-Stalin-Pakt 1939
Das Ende Ostmitteleuropas?
Band 4434

Walter H. Pehle (Hg.)
Der historische Ort des Nationalsozialismus
Annäherungen
Band 4445

Der Judenpogrom 1938
Von der »Reichskristallnacht«
zum Völkermord
Band 4386

Fred K. Prieberg
Musik im NS-Staat
Band 6901

Luise Rinser
Gefängnistagebuch
Band 1327

Ernst Schnabel
Anne Frank
Spur eines Kindes
Band 5089

G. Schoenberner
Der gelbe Stern
Die Judenverfolgung in Europa
1933 - 1945
Band 10601

Hans Scholl/
Sophie Scholl
Briefe und Aufzeichnungen
Inge Jens (Hg.)
Band 5681

Fischer Taschenbuch Verlag

fi 1710 / 4 e

Die Zeit des Nationalsozialismus

Eine Buchreihe
Herausgegeben von Walter H. Pehle

Inge Scholl
Die Weiße Rose
Band 11802

G. Schwarberg
Das Getto
Spaziergang in die Hölle
Band 10302

Michael Schwarz
**Felix Droese
Ich habe Anne Frank umgebracht**
Ein Aufstand der Zeichen. Bd. 3955

Gerda Szepansky
»Blitzmädel«, »Heldenmutter«, »Kriegerwitwe«
Frauenleben im Zweiten Weltkrieg
Band 3700

Gerda Szepansky
Frauen leisten Widerstand: 1933 - 1945
Band 3741

Gerd R. Ueberschär/Wolfram Wette
**Der deutsche Überfall auf die Sowjetunion
»Unternehmen Barbarossa« 1941**
Band 4437

Gerd R. Ueberschär/Wolfram Wette (Hg.)
Stalingrad
Mythos und Wirklichkeit einer Schlacht
Band 11097

Irmgard Weyrather
Muttertag und Mutterkreuz
Der Kult um die »deutsche Mutter« im Nationalsozialismus
Band 11517

Walter Otto Weyrauch
Gestapo V-Leute
Tatsachen und Theorie des Geheimdienstes
Band 11255

Robert Wistrich
Wer war wer im Dritten Reich?
Ein biographisches Lexikon
Band 4373

Fischer Taschenbuch Verlag

fi 1710 / 1 f

Moderne kritische Militärgeschichte

Horst Boog/
Jürgen Förster/
Joachim Hoffmann/
Ernst Klink/
Rolf-Dieter Müller/
Gerd R. Ueberschär
Der Angriff auf die Sowjetunion
Band 11008

Wilhelm Deist/
Manfred Messerschmidt/ Hans-Erich Volkmann/
Wolfram Wette
Ursachen und Voraussetzungen des Zweiten Weltkrieges
Band 4432

Horst Boog/
Werner Rahn/
Reinhard Stumpf/
Bernd Wegner
Die Welt im Krieg 1941 - 1943
2 Bände:
Band 1:
Von Pearl Harbor zum Bombenkrieg in Europa
Band 11698
Band 2:
Von El Alamein bis Stalingrad
Band 11699

Rolf-Dieter Müller
Hitlers Ostkrieg und die deutsche Siedlungspolitik
Die Zusammenarbeit von Wehrmacht, Wirtschaft und SS. Band 10573

(Hg.) Wolfram Wette/
Gerd R. Ueberschär
Stalingrad
Mythos und Wirklichkeit einer Schlacht
Band 11097
Der deutsche Überfall auf die Sowjetunion
»Unternehmen Barbarossa« 1941
Band 4437

Fischer Taschenbuch Verlag

Geschichte der Bundesrepublik Deutschland

Wolfgang Benz
Von der Besatzungsherrschaft zur Bundesrepublik
Stationen einer Staatsgründung 1946-1949
Band 4311

Zwischen Hitler und Adenauer
Studien zur deutschen Nachkriegsgesellschaft
Band 10718

Wolfgang Benz
Die Geschichte der Bundesrepublik Deutschland
Aktualisierte, erweiterte und illustrierte Neuausgabe
Vier Bände in Kass.
Band 4424
Die Bände sind auch einzeln erhältlich:
Band 1: Politik
Band 4420
Band 3: Gesellschaft
Band 4422
Band 4: Kultur
Band 4423

Wolfgang Benz
Rechtsextremismus in der Bundesrepublik
Band 4446

Deutsche Geschichte 1945-1961 Darstellung und Dokumente in zwei Bänden
Herausgegeben von Rolf Steininger
Band I
(z. Zt. vergriffen)
Band II: Bd. 4316

Fischer Taschenbuch Verlag

Geschichte der Bundesrepublik Deutschland

Deutsche
Geschichte
1962-1983
Dokumente in
zwei Bänden
Herausgegeben von
Irmgard Wilharm
Band I.
(z.Zt. vergriffen)
Band II: Bd. 4318

Hermann Glaser
**Die Kulturge-
schichte der
Bundesrepublik
Deutschland**
Drei Bände in Kass.
Band 10530
Die Bände sind auch
einzeln erhältlich:
**Band 1: Zwischen
Kapitulation und
Währungsreform
(1945-1948)**
Band 10527
**Band 2: Zwischen
Grundgesetz und
Großer Koalition
(1949-1967)**
Band 10528
**Band 3:
Zwischen Protest
und Anpassung
(1968-1989)**
Band 10529

Georg G. Iggers (Hg.)
**Ein anderer
historischer Blick**
Beispiele
ostdeutscher
Sozialgeschichte
Band 10834

Wilhelm
von Sternburg
Adenauer
Eine deutsche
Legende
Band 10151

Wilhelm
von Sternburg (Hg.)
**Die deutschen
Kanzler**
Von Bismarck
bis Kohl
Band 11916

Fischer Taschenbuch Verlag

Mentalitäts- und Sozialgeschichte

Günter Barudio
Paris im Rausch
Die Revolution
in Frankreich
1789-1795
Band 10503

Dirk Blasius
**Ehescheidung
in Deutschland
im 19. und
20. Jahrhundert**
Band 10406

Fernand Braudel,
Georges Duby,
Maurice Aymard
**Die Welt des
Mittelmeeres**
Zur Geschichte und
Geographie kultureller Lebensformen
Band 4443

Roger Chartier
**Die unvollendete
Vergangenheit**
Geschichte und die
Macht der Weltauslegung. Band 10968

Pierre Chaunu
**Europäische Kultur im Zeitalter
des Barock.** Bd. 7421

Alain Corbin
**Pesthauch
und Blütenduft**
Eine Geschichte des
Geruchs. Band 4402

N. Zemon Davis
**Frauen und
Gesellschaft am
Beginn der Neuzeit**
Studien über Familie, Religion und die
Wandlungsfähigkeit
des sozialen Körpers
Band 4403

N. Zemon Davis
**Humanismus,
Narrenherrschaft
und die Riten
der Gewalt**
Gesellschaft und
Kultur im frühneuzeitlichen Frankreich
Band 4369
**Der Kopf in
der Schlinge**
Gnadengesuche
und ihre Erzähler
Band 10335
**Die wahrhaftige
Geschichte von
der Wiederkehr
des Martin Guerre**
Band 4433

Georges Duby
**Der heilige
Bernhard und
die Kunst der
Zisterzienser**
Band 10727

Fischer Taschenbuch Verlag

fi 1702 / 3 a

Mentalitäts- und Sozialgeschichte

Richard van Dülmen
Reformation als Revolution
Soziale Bewegung und religiöser Radikalismus in der deutschen Reformation
Band 4366

Frauen vor Gericht
Kindsmord in der frühen Neuzeit
Band 4431

Hexenwelten
Magie und Imagination vom 16.-20. Jahrhundert
Band 4375

Verbrechen, Strafen und soziale Kontrolle
Studien zur historischen Kulturforschung III
Band 10239

Richard van Dülmen
Dynamik der Tradition
Studien zur histrischen Kulturforschung IV
Band 11052

(Hg.) R. van Dülmen, Norbert Schindler
Volkskultur
Zur Wiederentdeckung des vergessenen Alltags 16.-20. Jahrhundert
Band 3460

Arlette Farge, Jacques Revel
Logik des Aufruhrs
Die Kinderdeportationen in Paris 1750
Band 7419

François Furet, Denis Richet
Die Französische Revolution
Band 7371

Hermann Glaser
Industriekultur und Alltagsleben
Vom Biedermeier zur Postmoderne
Band 11751

Eva Labouvie
Zauberei und Hexenwerk
Ländlicher Hexenglaube in der frühen Neuzeit. Band 10493

Peter Laslett
Verlorene Lebenswelten
Geschichte der vorindustriellen Gesellschaft. Band 10561

Fischer Taschenbuch Verlag

Mentalitäts- und Sozialgeschichte

Maurice Lombard
Blütezeit des Islam
Eine Wirtschafts-
und Kultur-
geschichte
8.-11. Jahrhundert
Band 10773

W. J. Mommsen (Hg.)
**Das Ende der
Kolonialreiche**
Dekolonisation
und die Politik
der Großmächte
Band 4439

L. Niethammer u.a.
**Bürgerliche
Gesellschaft in
Deutschland**
Historische Ein-
blicke, Fragen,
Perspektiven
Band 4387

W. Reinhard (Hg.)
**Imperialistische
Kontinuität und
nationale Ungeduld
im 19. Jahrhundert**
Band 10576

Norbert Schindler
**Widerspenstige
Leute.** Studien zur
Volkskultur in der
frühen Neuzeit
Band 10576

W. Schivelbusch
**Geschichte der
Eisenbahnreise**
Zur Industrialisie-
rung von Raum und
Zeit im 19. Jahr-
hundert. Band 4414
**Das Paradies,
der Geschmack
und die Vernunft**
Eine Geschichte
der Genußmittel
Band 4413

Paul Veyne
**Die Originalität
des Unbekannten**
Für eine andere
Geschichtsschreibung
Band 7408

Michel Vovelle
**Die Französische
Revolution**
Soziale Bewegung
und Umbruch der
Mentalitäten
Band 4340

Heinrich
August Winkler
**Zwischen Marx
und Monopolen**
Der deutsche
Mittelstand vom
Kaiserreich zur
Bundesrepublik
Deutschland
Band 10405

Fischer Taschenbuch Verlag